읽기발달과 읽기장애

Kate Cain 저 | 윤효진·정경희 공역

READING DEVELOPMENT AND DIFFICULTIES

학지사

Reading Development and Difficulties
by Kate Cain

역자 서문

저자 Kate Cain은 서문에서 책 집필의 목적을 가장 먼저 이야기하였다. 저자는 학생들을 가르치면서 읽기에 대한 최신 입문서를 찾는 데 좌절감을 느꼈으며, 읽기발달과 읽기장애를 다루며 배경지식이 많이 필요하지 않은 책이 필요했다고 집필의 이유를 밝혔다.

『읽기발달과 읽기장애』 책을 번역하기로 결정한 계기도 저자의 집필 이유와 동일했다. 우리나라도 점차 읽기발달과 읽기장애에 대한 관심이 높아지고 많은 시·도 교육청과 일선 학교들은 읽기장애 학생에게 다양한 교육적 지원을 제공하고 있다. 그리고 동시에 이들을 교육하는 임상 전문가, 교육자에게 전문성도 요구되는 시점이었다. 대학교에서 학령기 언어장애, 읽기발달과 읽기장애 등을 가르치며 적절한 교재의 필요성을 느끼고 있었다. 읽기발달과 읽기장애의 수업용 교재로 사용할 수 있는 책을 찾는 것은 쉽지 않았다. 읽기 관련 서적의 대부분이 '읽기는 복잡한 인지 및 언어 처리 과정이다'로 읽기를 소개하며 시작하는 것처럼 다양한 언어 및 인지 기술, 지식, 그리고 이들의 복잡한 처리 과정들과 모델을 다루는 책을 찾는 것은 상당히 도전적인 일이었다.

Kate Cain이 집필한 이 책 『Reading Development and Difficulties』는 이러한 측면을, 전문적인 지식을 많이 요구하지 않으면서 동시에 꽤 폭넓고 깊게 다루고 있었다. 그래서 우리는 읽기발달과 읽기장애를 이해하는 교재로서 이 책이 훌륭하다고 생각했기 때문에 과감하게 이 책을 번역하기로 결심하였다.

이 책은 단어 해독과 읽기이해가 무엇인지, 어떻게 발달하는지 그리고 발달성 난독증과 읽기이해 부진 학생에 대해 전반적으로 아우르고 있다. 더 나아가 평가와 중재 그리고 읽기발달 모델도 다루고 있다. 용어를 한국어로 번역하고, 저자의 의도를 파악하여 번역하는 일은 쉽지 않은 과정이었다. 전문가들이 일반적으로 사용하는 용어를 선택하려고 최대한 노력하였으며, 의역보다는 원저자의 의도를 살펴 번역하려고 노력하였다.

역자들이 함께 번역하기로 결정하고 학지사와 계약한 지 꽤 오랜 시간이 지나서야 번역을 마무리하게 되었다. 오랜 시간 번역하는 동안 기다려 주신 학지사에 감사드리며, 꼼꼼히 교정해 준 편집부에 감사드린다.

이 책이 읽기발달과 읽기장애를 공부하는 교육자, 임상 전문가 등에게 도움이 되기를 바란다.

2024년 6월

역자 일동

저자 서문

이 책의 시작은 내가 처음으로 읽기에 대한 고급 과정을 가르치기 시작했을 때 하나의 최신 입문서를 찾는 데 좌절감을 가지면서 비롯되었다. 나는 단어 읽기와 읽기이해의 발달뿐 아니라 다양한 유형의 읽기장애를 다루고 배경지식이 많이 필요하지 않은 책을 원했다. 기존에 있는 어떤 책도 이를 다루는 책은 없었다. 하지만 나는 Blackwell Publishing의 전 직원이었던 Sarah Bird와 나의 동료이자 읽기 연구자인 Yvonne Griffiths의 격려가 없었다면 내가 찾고자 했던 책을 절대로 쓰지 못했을 것이다. 이 책을 쓰기 시작하도록 해 준 두 사람에게 감사를 드린다. 또한 책 출판의 다양한 측면을 지원하고 오랜 시간 인내심을 가지고 기다려 준 Wiley 팀원들(Andrew McAleer, Nicole Burnett, Elizabeth-Ann Johnston, Georgia King 및 Annie Rose)에게도 감사드린다.

그리고 책을 쓰는 과정에서 많은 사람의 도움을 받았다. 예술적 재능을 가진 사람들이 이 책의 독창적인 삽화를 제작했다. 1장과 3장의 'What a nice day'와 'Turtles' 삽화를 그린 Dean Chesher, 4장에서 사용된 그림, 9장의 'Soup'를 그린 Avril Walton에게 감사드린다. 또한 1장의 구어의 시각적 기록(Visual records of spoken language) 그림을 구성한 Stephanie Guillaume과 영국 수화 그림을 확인해 준 Lancaster 대학교의 Adult 대학 Sue Smith에게도 감사드린다.

이 책의 내용과 수년에 걸친 나의 생각은 이 분야의 수많은 뛰어난 연구자들의 연구에서 영감을 받았으며, 이 책에서 나는 전 세계 연구자들의 다양한 관점을 다루려고 노력했다. 다른 연구자들의 연구를 기술하고 해석하는 데 오류가 있다면 사과드린다. 이 과정에서 내용을 명확하게 하고 나를 격려해 준 사람들이 있다.

특히 조언해 준 Carsten Elbro와 모든 내용에 대해 통찰력을 가지고 세심한 검토를 해 준 Jane Oakhill에게 감사를 드린다. 또한 이 책을 읽는 독자의 관점에서 읽고 검토해 준 학생과 연구 조교들인 Stephanie Guillaume, Nicola Pooley, Macarena Silva와 Susannah Trotter에게 감사드리며, 이 책 전체에 대해 유용한 의견을 제공한 두 명의 익명 리뷰어와 시리즈 편집자인 Martyn Barrett에게도 감사드린다. 혹시 놓친 사람이 있다면 죄송하다.

마지막으로 특별히 두 사람에게 감사의 마음을 전한다. 『Author Author!』라는 책을 선물해 준 Jim은, 본인은 모르겠지만, 나에게 읽기이해 어려움에 대한 가장 멋진 예를 제공해 주었다. 그리고 항상 변함없이 곁을 지켜 준 Chris에게도 감사를 드린다.

2009년 12월

Kate Cain

차례

제2장 능숙한 단어 읽기 49

제3장 능숙한 읽기이해자 79

제7장 읽기이해 어려움 225

제8장 교육과 중재 259

제 1 장

읽기 연구 개관

핵심 용어

- 문어와 구어(written and spoken language)
- 알파벳 문자 체계(alphabetic writing system)
- 표어 문자 체계(logographic writing system)
- 음절성 문자 체계(syllable writing system)
- 읽기연령을 일치시킨 연구(reading-age match system)
- 종단 연구(longitudinal study)
- 중재 연구(training study)

오늘날 읽기능력은 가치 있고, 필수적인 능력이다. 선진국 사람들은 문어로 둘러싸여 있어 일상에서 글이 없는 삶을 상상하는 것이 어렵다. 우리는 학교나 직장으로 가는 길에 간판이나 광고와 같은 많은 문어를 읽는다. 우리는 직장 내에서 일을 위해서, 학교에서 학업이나 연구를 위해서 독서를 한다. 또한 우리는 여가 시간에 소설책이나 에세이, 뉴스나 잡지 그리고 인터넷 웹사이트나 기사 등을 읽는다. 기술의 발전으로 메일과 문자 메시지의 형태로 된 읽기는 주요한 사회적 의사소통 수단이 되었다. 개발도상국에서 읽기는 의료 및 농업기술과 같은 일상생활의 필수 정보에 대한 접근을 가능하게 했을 뿐 아니라 교육이나 고용의 기회를 얻을 수 있게 했다. 읽기는 다양한 형태로 우리의 직장과 일상생활에서 중요한 역할을 한다.

제 1 장 읽기 연구 개관

1. 읽기란 무엇인가

읽기는 분명히 중요한 기술이다. 사실 읽기는 하나의 기술 그 이상이다. 읽기는 다양한 능력, 전략과 지식 등의 조화가 필요하다. 능숙한 성인 독자는 읽기과정에 노력을 기울이지 않을 만큼 자연스럽게 읽기 때문에 읽기에 관여하는 요인의 수와 종류 그리고 그 각 요인이 읽기과정에 미치는 영향 등을 인식하기가 어렵다. 읽기는 우리가 당연하게 여기는 쉬운 능력일 수 있다. 다음의 짧은 단락을 통해 읽기와 관련된 요인을 살펴볼 수 있다.

> 헨리와 헨리의 여동생 루비는 고모할머니 댁으로 차를 마시러 가는 중이다. 그녀는 88세였다. 그들이 밖에 나왔을 때 비가 억수같이 쏟아지고 있었기 때문에 헨리는 우산(brolly)을 꺼냈다. 처음에 그들은 은행(bank)으로 걸어갔고, 그다음에 꽃집으로 갔다. 줄리아 고모할머니는 특히 알스트로메리아(alstroemeria)를 좋아했다.
>
> Henry and his younger sister Ruby were going to visit their great-aunt for tea. She was eighty-eight years old. When they stepped outside it was raining cats and dogs, so Henry fetched his brolly. First they walked to the bank and then to the florist's. Great-aunt Julia was particularly fond of alstroemeria.

이 단락을 읽고 의미를 이해하기 위해서 독자는 각 단어를 읽고 그 의미를 파악해야 한다. 단락을 읽을 때 각 줄로 시선이 움직이고, 각 단어에 시선이 멈춘다. 일부 단어는 의미가 친숙하지 않아서 이해하기가 어렵기도 하다. 예를 들면, alstroemeria는 흔히 페루의 백합으로 알려진 꽃의 이름이고, brolly는 우산의 속어이다. 또한 몇몇 단어는 글자와 소리의 대응이 일관적이지 않기 때문에, 읽기를 시작하는 아동이나 읽기에 어려움이 있는 사람은 정확하게 읽는 데 어려울 수 있다. 이 단락에서 aunt는 철자와 소리와의 규칙이 불규칙적이다. Aunt는 gaunt, flaunt나 daunt와 동일한 자소 배열을 가지고 있지만 발음은 다르다. great는 읽을 때 어려울 수 있는 단어 중 하나인데, eat은 비슷한 철자배열을 가진 단어, 예를 들면 feat, wheat, cheat와 발음이 같지 않다. 또 일부 단어는 하나 이상의 의미를 가진다. 예를 들면, '헨리와 루비가 오리에게 먹이를 주러 강에 가는가(Are Henry and Ruby going to the river to feed the ducks)?' 문장의 bank는 앞 단락 bank의 의미와 다르다. 그러므로 문맥을 고려하여 단어의 적절한 의미를 선택해야 한다.

단어를 읽고, 각 단어의 의미를 선택했으면 독자는 각 단어들을 연결하여 절과 문장의 의미를 이해해야 한다. raining cats and dogs는 영국식 영어에서 흔한 관용구(idiom)이다. 관용구는 문자 그대로의 해석이 아니라 비유적인 의미를 가진 구이다. 이 단락에서 이 관용구는 문자 그대로 하늘에서 고양이와 개가 떨어지는 것이 아니라 비가 심하게 내리고 있다는 것을 의미한다. 나이가 어린 독자나 영어가 모국어가 아닌 사람의 경우처럼 이 표현이 익숙하지 않다면, 이 비유적 의미를 기억에서 인출할 수 없으며 해당 문구는 텍스트의 맥락에서 이상하게 보일 것이다.

개별 문장을 이해하는 것뿐 아니라 독자는 일련의 연속된 문장의 의미를 통합해야 한다. 두 번째 문장의 그녀(she)는 고모할머니이다. 그녀는 헨리를 의미하지는 않는다. 헨리는 남자이기 때문에 그(he)로 언급되었을 것이다. 그녀는 88세이기 때문에 헨리의 여동생은 아닐 것이다. 독자는 또한 본문을 전체적으로 이해할 필요가 있다. 헨리와 루비는 왜 꽃집에 가는가? 차를 마시거나 다른 일로 친척집에 갈 때 선물을 가져간다는 일반적인 지식은 헨리와 루비의 행동을 이해하기 위한 추론에 필요하다. 그들은 고모할머니에게 줄 꽃을 사기 위해 꽃집에 갔다. 게다가 영국에서 차(tea)라는 용어는 여러 다른 의미로 사용될 수 있다. 차 한잔, 케이크나 샌드위치를 곁들인 차, 이른 저녁식사, 저녁식사 등이 포함된다. 이 단락에서 차의 의미가 명확하지는 않다(고모할머니에 대한 나의 경험은 그들이 케이크와 샌드위치를 즐기고 있을 거라는 추측을 하게 한다).

간단한 다섯 문장의 텍스트에 대한 이러한 분석은 읽기가 다양한 기술 및 처리 과정 그리고 여러 유형의 지식을 포함하는 복잡한 활동임을 보여 준다. 읽기 연구자들은 아이들이 어떻게 읽기를 배우는지 그리고 일부 아이들이 왜 어려움을 보이는지를 확인하기 위해 여러 요인을 연구한다. 읽기의 복잡성을 감안할 때, 아이들이 읽기를 배우는 방법과 일부 아이들이 적절한 읽기 기술을 습득하지 못하는 이유를 이해하는 것은 때때로 어렵게 보일 수 있다. 그러나 읽기과정에 대한 이해는 (적어도 일부에서는) 궁극적으로 보람 있는 것으로 간주한다. Huey(1968/1908)는 이것과 관련하여 다음과 같이 말했다. "우리가 읽을 때 우리가 무엇을 하는지를 완벽하게 분석하는 것은 심리학자의 업적의 절정일 것이다. 왜냐하면 이것은 인간 정신(human mind)의 가장 복잡한 일들을 설명하는 것이기 때문이다."

읽기에 필요한 인지 기술과 처리 과정 그리고 지식의 종류 때문에 읽기를 적절한 단위로 나누어 볼 필요가 있다. 읽기능력을 개념화하는 한 가지 방법은 읽기능력이 두 가지 요소로 구성되어 있다고 간주하는 것이다. 한 가지 요소는 단어 읽기(word reading), 즉 인쇄된 글자를 소리로 전환하여 단어의 의미를 인출할 수 있는 능력과 관련이 있다. 다른 구성 요소는 이해 능력과 관련되는 것으로, 개별적인 단어의 의미를 인출하고, 구와 절을 결합하여 문장을 만들고, 일련의 문장들과 단락에서 의미를 파악하는 것과 관련된다. 단어 읽기와 읽기이해의 이러한 구분은 읽기의 개념적 틀로 일반적으로 사용되는 『읽기에 대한 단순한 관점』(simple view of reading, Gough & Tunmer, 1986; Hoover & Gough, 1990)에서 확인할 수 있으며, 이 책을 구성하는 데 사용되었다. 숙련된 단어 읽기와 읽기이해 그리고 각 발달과정은 별도의 장에서 자세히 살펴보겠다. 마찬가지로 단어 읽기에 주요 어려움이 있는 아동과 읽기이해에 주요 어려움이 있는 아동이 경험하는 읽기 어려움도 이후의 각 장에서 살펴보겠다.

2. 문어와 구어와의 관계

읽기를 배우기 전에, 아이들은 단어 읽기와 읽기이해 발달의 토대가 되는 구어 능력이 발달한다. 하지만 구어의 단어를 이해하는 것과 읽은 글자의 의미를 이해하는 것은 동일하지 않다. 구어의 능숙함이 인쇄된 텍스트의 이해를 보장하지는 않는다. 그러므로 문어와 구어와의 관계를 고려하는 것이 필요하다. 이 관계는 우리가 어떻게 읽기 교육에 접근하고, 읽기 문제를 해결할지를 알려 줄 것이다. 읽기 시작 단계의 아동에게 어떤 기술을 가르쳐야 할 것인가? 어떤 기술과 전략, 지식에 대한 교육이 읽기 어려움을 경험하는 아동의 어려움을 개선할 수 있을 것인가? 아직 읽기를 시작하지 않은 아동에게 '읽기' 기술을 교육할 수 있을 것인가?

만약 읽기가 '구어를 단순히 적어 놓은' 것이면, 우리는 아이들이 인쇄된 글자를 구어의 형태로 해독하는 방법을 가르칠 필요가 있다. 그 외에는 없다. 실제로 일부 읽기 연구자들은 읽기를 배우고, 각 단어를 읽고 이해할 수 있으면, 이해는 뒤따를 것이라는 견해를 가지고 있다. 또 다른 관점은 문어와 구어의 공통점이 거의 없다는 것이다. 문어와 구어는 언어를 나타내는 데 사용되는 두 개의 시스템이며, 몇 가지 근본적인 측면에서 다르다. 만약 이런 경우라면, 읽기 교육은 단어 읽기능력 이상의 것이 필요할 것이다. Perfetti(1985)는 이 두 가지 입장을 '공통성'과 '특수성'의 관점으로 분류하였다. 그가 관찰한 바와 같이 어느 것도 문어와 구어의 관계에 대한 정확한 설명은 아니다.

1) 읽기의 독특한 점은 무엇인가

문어와 구어는 본질적으로 공통적인 언어적 토대를 공유하는 서로 다른 의사소통 방식이다. 두 방식을 비교하는 데 유용한 방법은 신호의 물리적 형태와 메시지의 사회적 기능이라는 두 가지 기본적인 측면에서 이 두 방식이 어떻게 다른지 살펴보는 것이다(Perfetti, 1985, 1994; Garton & Pratt, 1998). 문어와 구어의 특징은 다른 차이점도 가지고 있는데 〈표 1-1〉에 요약하였다.

<표 1-1> 문어와 구어의 차이점

문어(written language)	구어(oral language)
신호의 물리적 형태	
영구적	일시적
공간적	시간적
시각적	청각적
단어 경계	단어의 경계 없음
구두점	강세와 억양
다시 읽을 수 있음	기억 부담
메시지의 사회적 형태	
주제는 미리 정해짐	주제는 변경될 수 있음
탈맥락	공유된 참조물
공식적인 사용역	비공식적 사용역

출처: Garton & Pratt (1998); Perfetti (1985).

2) 신호의 물리적 형태

우리는 책(또는 컴퓨터 화면)의 단어를 읽기 위해 눈을 사용한다. 문어는 시각적[1)]

1) 명백한 예외는 점자인데, 점자는 돌출된 기호로 구성되며 시각장애인을 위해 만져서 읽는 시스템이다.

이고, 우리 앞에 있는 페이지에 공간적으로 표시된다. 반대로 우리는 실시간으로 말하는 단어를 듣기 위해 귀가 필요하다. 구어는 청각적이고 일시적으로 제시된다. 이러한 차이는 또 다른 중요한 차이로 이어진다. 문어는 영구적인 반면, 구어는 녹음되지 않는 한 일시적이다. 독자들은 이전의 정보가 계속 제시되어 있기 때문에 잘못 이해했거나 잊어버렸을 때 그 내용을 다시 검토할 기회가 있다. 반대로 청자는 기억하고 있는 정보에 의존해야 한다.

문어와 구어의 또 다른 차이는 개별 단어의 경계와 관련이 있다. 문어에서 단어의 경계는 명확하다. 각 단어 사이에는 빈 공간이 있다. 예를 들어, James Joyce의 『Finnegan's Wake』에서 'upturnpikepointandplace'처럼 문학적 효과를 위해 규칙을 어기지 않는 한 말이다. 구어에서는 단어 사이에 쉼이 거의 없다. 즉, 단어들이 쉼 없이 서로 연결될 수 있다. 이는 구어의 시각적 형태를 보여 주는 [상자 1-1]에 제시하였다. 능숙한 언어 사용자로서 구어의 이러한 특징을 인지하기는 어렵다. 하지만 학교에서 새로운 언어를 배우는 것과 같은 경험을 생각해 보자. 처음에는 원어민과 대화하거나 녹음된 대화를 들을 때보다 페이지에 쓰인 단어를 이해하는 것이 훨씬 쉬웠을 것이다. 왜냐하면 말의 흐름에서 단어는 잘 구별되지 않기 때문이다.

구어의 확실한 장점은 화자가 보통 손동작이나 얼굴 표정과 같은 비언어적 단서들과 강세나 억양과 같은 준언어학적(paralinguistic) 단서를 사용하면서 메시지를 전달한다는 것이다. 문어에서 저자는 문장 부호(느낌표, 쉼표, 물음표)를 사용하여 비슷한 효과를 얻을 수 있으며, 이탤릭체나 밑줄도 비슷한 기능을 한다. 하지만 문어의 이러한 특징은 구어의 비언어적 단서나 준언어학적 특징들만큼 강조나 초점 등의 의미를 전달하지는 못한다. 이러한 이유로 저자들은 말이 어떻게 전달되는지를 보여 주기 위해 지침을 포함한다. 예를 들면, "'글쎄 이제 곧 좋아질 거야.' 앤이 *쾌활하게* 말했다." "'나는 매우 다르게 생각해.' 엘리자베스가 곧 대답했다." [Jane Austen의 『설득』(Persuasion)에서]가 있다. 그리고 내가 가장 좋아하는 것은 "'아, 맞아.' *그녀의 목소리에는 경멸이 담겨 있어서* 샌드스트롬은 눈을 감았다"[Stieg

상자 1-1 구어의 시각적 기록(visual records of spoken language)

이 비교에 설명한 것처럼 구어를 시각적으로 표현하는 방법에는 여러 가지가 있다. 여러 다른 쓰기 체계는 소리(영어, 그리스어 또는 일본어 가타카나와 같은 알파벳 문자체계) 또는 의미(중국어)를 나타내는 다양한 방식으로 구어를 나타낸다. 수화는 청각장애인이 사용하는 시각 매체이기도 하다. 반면에 점자는 본질적으로 촉각 매체이지만 볼록한 점(여기서 색칠하여 표시됨)은 그림과 같이 시각적으로 표시될 수 있다. 영어 화자가 말하는 것을 녹음한 스펙트로그램(spectrogram)은 어떻게 말이 페이지에 있는 단어 사이의 쉼(break)을 따르지 않는지를 보여 준다.

스펙트로그램 (Spectrogram)	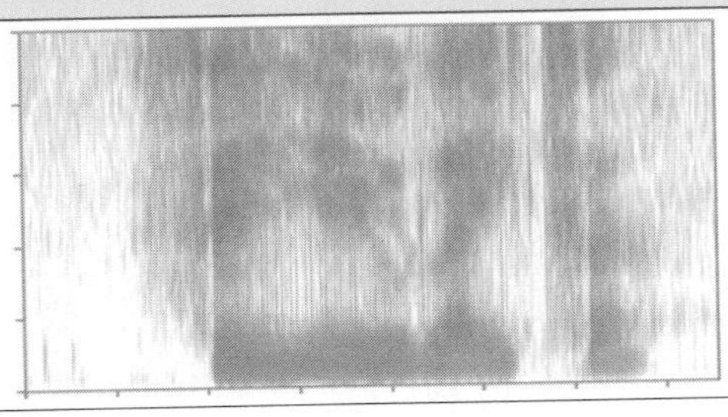
영어(English)	see you later
음성 기호 (Phonetic alphabet)	si ju le . r
그리스어 (Greek alphabet)	T μ
일본어 (Japanese syllabary)	じやあ、また あとで。
중국어 (Chinese syllabary)	再見
영어 문자 메시지 (English text)	C U L8R
점자 (Braille)	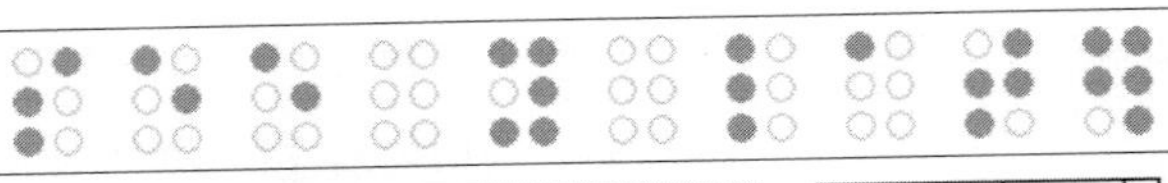
영국식 수화 (British Sign Language)	

출처: Whitney (1998).

Larsson의 『불을 가지고 노는 소녀』(The Girl Who Played with Fire)에서]이다. 이러한 지침은 독자의 해석을 가능하게 한다. 구어에서 풍자는 종종 억양으로 전달되어 청자의 해석을 도울 수 있다. 문어에서 독자는 문맥만을 사용하여 적절하게 해석해야 한다([그림 1-1] 참조).

[그림 1-1] 날씨가 참 좋네

3) 사회적 상황을 고려한 메시지 설계

문어는 일반적으로 구어와 다른 목적으로 사용되며, 이는 메시지의 내용과 형식 모두에 영향을 미친다. 그러므로 화자와 저자는 선택을 한다. 말은 일반적으로 상호작용적이며 대화식이다. 그래서 대화의 주제에 대한 선택은 대화자 간에 협상 가능하고, 종종 최근 영화에 대한 개인적인 의견이나 좋아하는 축구팀의 성적과 같은 지식의 공유나 공통관심사에 초점을 둔다. 반대로 글을 쓰는 저자는 미리 글의 주제를 선택한다. 이런 점에서 강의는 대화보다는 글로 된 텍스트에 훨씬 가깝다.

또한 화자와 저자는 각 방식에서 사용하는 실제 언어를 선택한다. 우리는 문어와 구어에서 다른 유형의 언어(혹은 사용역)를 사용하는 경향이 있다. 문어는 구어보다 더 형식적인 경향이 있다. 대부분의 구어는 일상적인 대화형식에서 사용한다. 분명히 사용역(register)은 문맥에 따라 다르다. 여러분은 친구들과 술을 마시러 갈 때 입을 옷과 면접을 볼 때 다른 스타일의 옷을 입는다. 마찬가지로 여러분의 학위 과정에 대해 친구들에게 얘기할 때와 잠재적인 고용주에게 자신이 그 직업에 적합한 지원자임을 설명할 때 같은 형식의 언어를 사용하지는 않을 것이다.

구어 기반 의사소통의 상호작용적 맥락은 정보의 흐름이 저자에서 독자로 이어지는 글과는 대조된다. 그래서 세심한 화자는 청자(아동, 성인, 비원어민)에 따라 제공하는 정보나 설명을 조정하며, 청자는 이해하지 못했을 때 의미를 명료화하기 위해 질문할 수 있다. 이는 저자와 독자 간에는 해당되지 않는다. 일부 학자들은 문어의 의미를 저자에서 독자로의 일방통행으로 개념화하는 데 동의하지 않는다. 글을 이해하는 것은 저자와 각 특정 독자 간에 의미에 대한 대화적 구성이며, 각 개인은 각기 다른 경험, 사전 지식 및 목표를 가질 것이라는 견해가 있다(Bakhtin, 1981). 분명히 이해의 적절성과 독자가 도출한 추론은 개인의 기술과 일반 지식에 달려 있다. 그러나 대부분의 텍스트는 저자가 의도한 핵심 내용을 가지고 있으므로 이상적으로는 비슷한 능력을 가진 능숙한 독자들은 모두 저자가 의도한 것과 거의 동일한 중심 내용을 도출할 것이다. 그렇지 않다면, 독서 모임에서 책의 내용에 대해 어떻게 토론할 수 있을까?

말은 공유되고 서로 지지하는 의사소통 맥락에서 사용된다. 문맥에는 실제 단어 외에 제스처, 억양, 표정이나 물리적 환경과 같은 추가 단서가 포함된다. 어린 아이들과의 대화는 종종 물리적으로 존재하는 사물을 포함하며("강아지를 봐."), 의도된 목적은 종종 매우 명확하다("뜨거운 난로를 만지지 마라."). 문어에 대한 초기 경험은 과자 상자의 상표명을 읽는 것과 같은 친숙한 상황 내에서 이루어질 수 있다. 하지만 대부분 문어는 '탈맥락'이다. 즉, '여기서, 지금'이 아니라 저자와 독자 사이에 공유된 물리적 맥락이 없으며, 텍스트는 과거, 미래, 혹은 허구적 사건과 관련되어 있을 수 있다.

읽기는 공유된 사회적 혹은 물리적 상황에 얽매이지 않는 언어의 해석을 포함한다. 메시지를 해석하는 맥락은 독자(혹은 청자)가 텍스트에 거는 기대와 이미 읽은 것(말하여진 것)으로부터 온다(Sperber & Wilson, 1995). 그래서 예를 들면, 우리는 헨리와 루비가 은행으로 걸어갔다는 문장을 그들이 은행을 털 수도 있다는 암시로 해석하지는 않는다. 다른 맥락, 예를 들면 'Bonnie and Clyde'에 대한 이야기에서는 우리는 그러한 의도로 추측할 수 있을 것이다.

4) 읽기를 배우기 시작하는 학생은 어떤 문제에 직면하는가

문어와 구어 검사는 쓰기가 단순히 '말을 쓰는 것'이 아님을 보여 준다. 전달 방식과 메시지의 기능 모두는 우리가 정보를 인식하는 방법을 결정한다. 또한 그것들은 정보의 내용과 사용역에 영향을 미치며, 우리와 글을 쓴 사람과의 관계에 영향을 미칠 수 있다. 게다가 읽기의 두 요소—단어 읽기와 이해—는 다른 수준의 주의나 언어적 단위와 관련이 있다. 그러므로 각 요소는 어린 독자들이 읽고 쓰는 능력으로 가는 여정에서 다른 도전으로 다가올 것이다. 즉, 인쇄된 글자를 어떻게 읽는지를 배우는 도전과 글의 의미를 이해하는 도전이 포함된다.

(1) 단어 읽기와 관련된 도전

글을 읽는 목적은 글을 이해하는 것이다. 읽기를 시작하는 독자들의 주요 과제는 인쇄된 글자가 가지는 의미에 접근하기 위해 인쇄된 부호들을 어떻게 해독하는지를 배우는 것이다. 읽기이해는 단어를 읽을 수 없다면 불가능하다. 이는 [상자 1-1]의 구어의 시각적 형태에서 영어, 그리스어, 일본어, 중국어 및 영어 문자 메시지와 같은 다른 문자 체계로 쓰여진 동일한 구문의 예를 볼 때 명백해진다. 물론 당신이 여러 언어를 사용하는 사람이 아니라면 말이다. 지금부터 표어(logographic), 음절(syllablic) 그리고 알파벳(alphabetic) 문자 체계 간의 광범위한 차이로 인해 나타나는 문제들을 살펴본 후에 다른 알파벳 문자 체계에 대해 논의할 것이다. 모든 문자 체계에서의 공통점은 단어 읽기를 배우는 것이 주로 단어나 단어의 하위 단위에 초점을 맞추는 것을 포함한다는 것이다. 즉, 쓰여진 단어를 구성하는 요소에 초점을 맞추는 것이다. 읽기발달에 대한 대부분의 연구는 알파벳 문자 체계에 중점을 두고 있으며, 그중에서도 특히 영어에 집중되어 있다는 점에 주목해야 한다. 중국어의 문해발달에 관심이 많다면 Hanley(2005)와 McBride-Chang(2004)의 연구들을 추천한다.

다른 문자 체계

언어마다 다른 철자 체계를 사용하기 때문에 독자는 각 언어마다 다른 도전에 직면한다. 예를 들면, 중국어나 중국어를 기반으로 하는 일본어의 간지는 표어 문자 체계(logographic system)를 사용한다. 이 체계는 소리보다는 단어의 의미를 부호화하고, 각 의미 단위(혹은 형태소)를 나타내기 위해 다른 기호(혹은 문자)를 사용한다. 각 문자에는 의미적 요소뿐 아니라 음성적(말소리) 요소도 있지만, 음성적 요소가 항상 발음에 대해 믿을 만한 가이드를 제공하는 것은 아니다. 중국어의 각 문자는 하나의 음절에 해당하며, 구어에서 약 450개의 다른 음절이 있다.

서로 다른 문자 체계의 장단점

각각의 문자 체계는 장단점이 있다. 표어 문자 체계(logographic system)에는 중국어가 있다. 중국어 구어체는 모음의 높낮이를 약간만 바꾸면 형태소의 의미가 달라지는 성조 언어이다. 결과적으로 한 음절에 5개 이상의 의미가 있을 수 있으며, 중국어에는 소리가 매우 비슷하지만 다른 의미를 가진 단어들이 많이 있다(McBride-Chang, 2004). 의미는 다르지만 소리가 같은 단어를 동음이의어(homophone)라고 한다. 예를 들어, 영어 단어 fair는 형용사로 '금발의' 머리, '창백한' 피부, '공평한' 결정이나 '맑은' 날씨를 칭할 수 있고, 명사로서는 '무역행사'나 '풍물 장터'를 의미한다. 영어에서 가장 많은 의미를 가졌다고 알려진 단어는 set이며, 세는 사람에 따라 424에서 464로 추정된다.

동음이의어는 중국어가 영어보다 더 많다. 중국어의 성조를 나타내는 문자 체계는 없다. 표어 문자 체계(logographic writing system)의 장점은 상징(symbol)이 의미를 명확하게 나타내기 때문에 많은 모호성을 방지한다는 것이다(영어 단어 fair의 다양한 의미는 중국어에서 모두 다른 글자로 사용된다). 그러나 독자는 우선 각 상징(symbol)을 배워야 한다(중국어는 상형 문자가 아니다). 그러므로 단점은 읽기를 배우기 시작하는 첫 6년 동안 약 2,570개의 문자를 배워야 한다는 것이다. 최근 일부 중국어 사전에는 최대 약 60,000개의 문자가 포함되어 있지만 텍스트에 있는 문자의 대부분(99%)은 약 2,400자이다(Hanley, 2005).

일본어 문자 체계는 구어의 음절 단위이며, 일본어에 허용되는 음절은 116개 정도이기 때문에 일본어를 나타내기에 좋은 문자 체계이다. 이와는 대조적으로 영어에서 표현 가능한 모든 음절을 쓰려면 약 15,000개의 글자가 필요하다(Frost, 2005). 따라서 음절 문자 체계(syllabic writing system)는 영어(또는 다른 알파벳 언어)에서 유용한 문자 체계는 아니다. 소리를 부호화하는 문자 체계의 주요 이점은 배워야 할 글자가 많지 않다는 것이다. 예를 들어, 영어의 26개 글자는 구어의 44개 음소를 나타내는 데 사용할 수 있다. 하지만 앞에서 언급했듯이 문자 체계가 의미를 담고 있지는 않다. 그래서 종종 단어의 의미(예를 들면, bank나 fair)를 명확하게 하기 위해 텍스트의 문맥에 의존해야 한다.

알파벳 문자 체계에 대한 추가 정보

모든 알파벳 문자 체계가 동일한 것은 아니다. 글자에 대한 소리 관계(각 자소를 발음하는 방법)의 일관성은 언어마다 다르다. 또한 소리와 글자 간의 일관성(각 음소를 쓰는 방법)도 다르다. 각 소리를 상징하는 언어의 문자 체계를 철자 체계(orthography)라고 한다. 일부 알파벳 언어는 표층(shallow) 혹은 투명한(transparent) 철자 체계이다. 이러한 언어에는 독일어, 스페인어, 핀란드어가 있으며, 대부분의 자소(개별 문자 또는 문자 조합)는 구어에서 동일한 음소를 나타낸다. 예를 들어, 독일어에서 문자 'a'는 움라우트[2]를 사용하지 않는 한 항상 동일한

---

2) 일부 언어에서 발음을 명시하기 위해 모음 위에 붙이는 표시.

방식으로 발음하며, der Ball, die Bank, der Park(Goswami, Ziegler, & Richardson, 2005)의 단어에서 'a' 의 발음은 동일하다. 결과적으로 각 자소에 해당하는 발음이 일관적이며, 이러한 특징은 단어 읽기를 습득하는 데 도움이 된다. 핀란드어 역시 자소와 음소가 상당히 일관적인 언어이다.

일부 알파벳 언어, 특히 영어는 자소와 음소 간에 일관되지 않은 관계를 가지고 있다. 이러한 철자 체계는 심층(deep) 혹은 불투명한(opaque) 철자 체계라고 한다. 영어의 'a'는 다른 음소를 나타내는 데 사용될 수 있다. 일례로, cat, father 그리고 ball의 'a' 발음을 비교해 볼 수 있다. 이는 영어는 단어의 글자가 항상 정확한 발음을 안내하는 것은 아니라는 것을 보여 준다. 왜냐하면 몇몇 자소들은 하나 이상의 발음을 가지고 있기 때문이다. 다음 시는 영어 발음의 복잡성에 대한 재미있는 설명이다.

Is English a dreadful language?

I take it you already know
Of tough and bough and cough and dough?
Others may stumble, but not you,
On hiccough, thorough, lough and through?
Well done! And now you wish, perhaps,
To learn of less familiar traps?

Beware of heard, a dreadful word
That looks like beard and sounds like bird,
And dead: it's said like bed, not bead –
For goodness sake don't call it 'deed'!
Watch out for meat and great and threat

(They rhyme with suite and straight and debt).

A moth is not a moth in mother,
Nor both in bother, broth in brother,
And here is not a match for there
Nor dear and fear for bear and pear;
And then there's dose and rose and lose –
Just look them up – and goose and choose,

And cork and work and card and ward,
And font and front and word and sword,
And do and go and thwart and cart –
Come, come, I've hardly made a start!

A dreadful language? Man alive!
I'd learned to speak it when I was five.
And yet to write it, the more I sigh,
I'll not learn how 'til the day I die.

Try reading this anonymous poem aloud: it is difficult not to mispronounce at least one or two words!

각 음소를 쓰는 방법의 일관성 정도도 언어마다 다르다. 프랑스어는 글자에 해당하는 소리는 상당히 일관적이지만 소리는 다른 글자로 쓰일 수 있다. 예를 들면, 자소 'o' 'au' 'eau' 'aux' 및 'eaux'는 모두 같은 소리로 발음된다(Harley, 2008). 독일어도 마찬가지인데, 비교적 일관적으로 각 글자에 해당하는 소리 규칙을 가지고 있지만 각 소리를 글자로 쓰는 방법은 일관적이지 않다. 이것은 영어뿐만 아니라 프랑스어와 독일어에서도 각 음소를 글자로 쓰는 방법이 하나 이상 있다는 것을 의미한다. 영어의 경우 my, pie, sigh와 bye에서 모두 /i/ 소리로 발음하는 것이 이러한 예이다. 이러한 특징의 결과로 다른 알파벳 언어보다 영어에서 글자와 소리의 관계에 대한 예측 가능성이 낮고, 영어를 사용하는 아이들은 독일어, 이탈리아어나 스페인어와 같은 매우 규칙적인 체계의 읽기를 배우는 아이들보다 일반적으로 읽는 것을 배우는 속도가 느리다(Seymour, Aro, & Erskine, 2003).

(2) 읽기이해와 관련된 도전 과제

구어와 문어에서 메시지 전달과 사회적 기능의 차이는 각 매체에서 사용되는 언어의 차이로 이어진다. Chafe와 Danielewicz(1987)가 지적한 바와 같이, '사람들은 말하는 방식과 다르게 글을 쓴다는 것은 의심의 여지가 없다'(p. 83). 문어는 아이들에게 친숙하지 않은 어휘나 구문구조를 사용한다. 또한 구어보다 더 긴 언어 단위 내에서 정보를 통합하는 것도 포함된다. 지금부터 어휘, 구문 및 통합과 같은 주제에 대해 논의할 것이다.

어휘

문어는 구어보다 더 풍부하고 다양한 어휘를 사용한다. 아동용 책에 성인들의 대화에서 일반적으로 사용되는 단어들보다 덜 친숙하고 덜 일반적인 단어가 포함되어 있다는 사실을 안다면 여러분들은 놀랄 수 있을 것이다. 법정과 같은 곳의 전문가 증언에는 종종 매우 구체적인 용어가 포함되는데, 여기에는 아동문학보다도 희귀한 단어가 적게 포함되어 있다. 이렇게 현저한 차이를 보이는 이유 중 하나는 화자는 실시간으로 언어를 산출하기 때문이다. 말할 때는 시간을 계획하거나 자신이 말한 것을 다시 한번 생각하고, 사용한 언어를 편집 또는 수정하거나 동의어 사전을 참고할 수가 없다. 또한 대화에서는 구어체를 더 많이 사용한다. 예를 들면, 영어 구어에서 child보다는 kid, bicycle보다는 bike를 사용하고, you know와 같은 간투사를 사용하는 경향이 있다(Chafe & Danielewicz, 1987; Redeker, 1984).

〈표 1-2〉에 제시된 것처럼 문어 및 구어의 말뭉치(corpora)를 조사하면 서로 다른 단어 유형의 분포에 대한 더 명확한 그림을 그릴 수 있다. 문어에서 종종 사용하는 일부 단어는 구어에서는 거의 사용하지 않는다. 5~7세용 동화책과 읽기 교육에서 사용한 어휘에 대한 연구는 희귀하고 잘 사용하지 않는 단어의 빈도에 대해 좋은 예를 제시한다(Stuart et al., 2003). Stuart 등이 분석한 아동용 책 글뭉치에는 268,000개 이상의 단어가 포함되어 있고 거의 10,000개에 달하는 서로 다른 단어를 포함하고 있다. 분석한 자료에서 단어의 51%는 한두 번만 사용된다. 이렇게 낮은 빈도로 사용되는 어휘들은 at, the, it과 같은 문법적인 기능어(function words)보다는 house, grow, jolly, easily와 같은 의미를 전달하는 내용어(content words)

<표 1-2> 문어 및 구어 자료의 어휘 비교

	구어와 문어의 주요 자료 출처의 평균값	
	중간값 단어의 순위[1] (Rank of median words)	1,000 단어당 희귀 단어 수[2]
인쇄된 텍스트		
성인용 책	1,058	52.7
아동용 책	627	30.9
유아용 책	578	16.3
성인 발화		
법정과 같은 곳의 전문가 증인	1,008	28.4
친구 혹은 배우자와 이야기하는 대학 졸업자	496	17.4

*참고: 1. 이 자료는 영어 자료에서 가져온 것이며, 각 값은 발생 빈도에 따라 순위를 매겼다(Carroll, Davies, & Richman, 1971). 중간값 단어의 순위는 5개의 서로 다른 표본에서 평균 단어의 빈도 순위이다.

2. 희귀 단어는 등급이 10,000보다 낮은 순위를 가진 단어로 정의한다.

출처: Hayes & Ahrens (1988).

일 가능성이 훨씬 높다.

이러한 통계는 읽기 시작 단계 아동이 단어를 읽을 때 두 가지 어려움에 직면할 수 있다는 것을 시사한다. 첫째, 어린이들은 구어에서는 경험하지 못한 친숙하지 않은 단어들을 접할 수 있다. 둘째, 어린이들은 내용어가 많이 포함된 책을 읽은 경험이 적을 수 있고, 결과적으로 이러한 단어가 문어에 드물게 나타나기 때문에 친숙해지고 기억에 저장할 기회가 부족할 수 있다. 읽기 시작 단계의 아동이 직면하는 주요 어려움은 그들이 알고 있는 단어지만 글자로서는 처음 접하는 단어를 그들의 어휘 사전(심성 어휘 사전 혹은 단어 저장소)에서 찾는 것이다(Gough & Hillinger, 1980).

문장 구조

또 다른 도전은 문장 구조에서 비롯된다. 작가와 화자는 다른 유형의 구문 구조를 사용하는 경향이 있다. 화자는 '~고'가 포함된 절을 사용한다면, 작가는 좀 더 정교하고 복잡한 장치를 사용하여 절을 연결한다. 이렇게 말과 글에서 차이가 있는 이유 중 하나는 사회적 맥락으로, 구어의 사용역은 덜 형식적이다. 구어 발화의 길이가 100단어를 넘을 수 있지만 가장 빈번한 길이는 한 단어이다. 문어는 구어보다 정규 분포를 따르며, 약 24단어 정도로 더 긴 경향이 있다(Chafe & Danielewicz, 1987; Redeker, 1984 참조). 이렇게 차이가 나는 한 가지 이유는 청자에게는 다시 검토할 글이 없기 때문에 화자인 우리가 구어 처리에 관여하는 추가적인 기억의 제약을 고려하여 덜 복잡한 문장 구조로 산출한다는 것이다.

통합

마지막으로 언급할 이해와 관련한 도전은 독자들이 종종 문장, 단락, 페이지의 확장된 정보를 통합해야 한다는 것이다. 비슷한 상황은 강의에서 나타나기도 하지만 대부분의 일상 대화에서는 이런 경우는 거의 없다. 독자는 다시 읽고, 세부 내용을 확인할 기회가 있지만 며칠 동안 읽어야 하는 방대한 양의 텍스트라면 많은 에피소드의 여러 주인공을 추적해야 한다.

『Harry Potter and the Deathly Hallows』(Rowling, 2007)에서 첫 번째 장에서만 말을 하는 6명의 주요 등장인물이 있고, 장면에 함께 등장하거나 언급되는 사람이 12명 더 있다. 총 36개의 장과 에필로그가 있으며 약 600쪽에 이른다. 어린이용 책이 반드시 구조가 단순할 필요는 없다. 『The House at Pooh Corner』(Milne, 1928)의 첫 장은 말하는 4명의 주요 등장인물이 있고, 3명이 더 언급되며, 에피소드에 따라 등장인물과 장소가 모두 바뀐다. 첫 두 개의 에피소드는 푸우가 피글렛을 방문하는 것과 이요르를 만나기 위해 여행하는 내용이다. 세 번째 에피소드는 푸우와 피글렛이 도착하기 전 이요르와 크리스토퍼 로빈에 초점이 맞추어져 있다.

5) 요약

구어는 읽기습득의 중요한 토대이지만, 문어와 구어의 주요 차이점은 읽기 습득 및 처리 과정에 영향을 미칠 수 있다. 첫째, 단어 읽기를 고려해야 한다. 각 언어를 나타내는 문자 체계는 의미 혹은 구어의 소리를 부호화한 것이다. 소리를 부호화한 알파벳 문자 체계들은 철자와 음소 간의 규칙성이 다르다. 그 결과 언어마다 읽기를 배우는 아이들이 직면하는 도전은 다양하다.

둘째, 이해를 고려해야 한다. 읽기와 말하기의 물리적 형태, 그리고 이 두 양식에서 메시지의 사회적 기능 차이는 이해에 영향을 미친다. 문어는 종종 구어에서 흔히 볼 수 없는 어휘와 구문구조를 사용한다. 게다가 문어는 종종 대화보다 더 길기 때문에 경우에 따라 기억 용량을 초과하기도 한다. 그러나 문어는 다시 읽을 수 있다. 읽기능력은 단어를 읽는 능력과 구어이해 능력에 달려 있지만 우리는 두 가지 양식이 이해와 의사소통 측면에서 고유한 도전을 가지고 있다는 것을 명심해야 한다.

3. 읽기발달과 읽기장애를 연구하는 방법

앞에서 구어와 문어의 형식과 내용에 차이가 있고, 이는 아이들이 단어를 읽고 글을 이해하는 것을 배울 때 특정한 도전에 직면할 수 있음을 살펴보았다. 지금부터는 단어 읽기와 읽기이해 발달을 살펴보고 단어 읽기나 읽기이해 발달이 적절하게 이루어지지 않는 특정 읽기장애에 대해 살펴볼 것이다. 읽기발달과 읽기장애 연구에서, 연구자들은 다양한 혁신적인 평가와 실험 설계(experimental design)를 개발했다. 심리학이나 읽기 연구를 처음 접하는 독자를 위해 간략하게 소개할 것이다.

1) 읽기를 평가하는 방법

읽기능력을 평가할 때 평가하고자 하는 것이 무엇인지를 명확하게 하는 것은 중요하다. 일반적으로 우리는 독자가 읽는 동안 단어를 읽고 글을 이해하는 과정을 평가한다. 단어 읽기에서는 아이가 어떻게 단어나 비단어를 발음하는지를 평가한다. 예를 들면, 그들이 비단어인 puscle을 puskell처럼 읽는지, 실제 단어인 muscle과 같은 라임으로 읽는지 평가한다. 3장에서는 비단어 읽기가 처음 보거나 비친숙한 단어를 소리 내어 읽을 때 사용되는 전략에 대한 유용한 정보를 제공할 수 있는지 살펴볼 것이다. 단어 읽기의 또다른 평가 방법은 유창성 혹은 속도이다. 즉, 일련의 단어나 비단어 목록을 읽는 데 걸리는 시간을 의미한다. 시간은 얼마나 많은 처리 과정이 필요한지를 보여 주는데, 쉬운 과제는 빨리 마칠 수 있으며, 어려운 과제는 시간이 더 오래 걸린다. 단어 읽기에 대한 시간 측정은 단어 읽기능력에 대한 효율성과 자동성에 대한 지표를 제공한다. 예를 들면, 친숙한 5음절의 단어 particularly보다 생소한 5음절 단어 alstroemeria를 읽는 데 더 긴 시간이 소요된다.

시간 제한이 있는 평가방법을 통해 읽기이해와 관련된 유용한 정보를 얻을 수 있다. 논리는 단어 읽기와 동일하다. 읽기이해 평가를 완료하는 데 걸리는 시간은 읽기이해와 관련된 처리 과정의 양을 반영한다. 따라서 Great-aunt Julia was particulary fond of alstroemeria(고모할머니 Julia는 특히 백합을 좋아했다)는 문장과 Great-aunt Julia was particularly fond of flowers(고모할머니 Julia는 특히 꽃을 좋아했다)의 두 문장의 예에서 보듯이 문장 길이의 차이를 고려한 후에도 이야기가 연관되도록 하기 위해 부가적인 생각이 필요한 문장을 읽을 때 시간이 더 오래 걸릴 것이다.

읽기이해에서 종종 사용되는 다양한 시간 제한이 있는 평가 방법이 있다. 앞과 같이 문장을 읽거나 한 단어를 읽는 데 걸리는 시간을 측정할 수 있다. 의미 점화 과제(semantic priming)에서는 목표단어를 다른 단어나 문장 혹은 글 뒤에 제시하고, 목표단어에 반응하는 데 걸린 시간을 측정한다. 이 과제는 단어를 소리 내어 읽거나 단어가 실제 의미 있는 단어인지 또는 그 의미가 텍스트의 전반적인 의미에 적절한지 등의 판단을 포함한다. 이 과제는 우리가 읽을 때 관련 개념이 활성화된다는 것에 근거한다. 그러므로 독자나 청자는 뜨거운 단어는 새와 같은 관련 없는 단어보다 태양 뒤에 제시될 때 더 빨리 반응한다. 마찬가지로, 뜨거운은 새가 가지에 앉았다라는 문장보다 아름다운 여름 날이다라는 문장 뒤에서 더 빨리 반응할 것이다. 또한 읽기이해 연구에서 내용에 대한 질문에 답하는 데 걸리는 시간도 측정할 수 있다.

또 다른 평가방법은 일반적으로 텍스트를 읽은 후에 측정한다. 이는 일반적으로 단어 읽기보다는 읽기이해의 측면, 특히 읽은 것의 결과물을 평가하는 데 사용된다. 예를 들어, 연구자가 텍스트 내용의 기억에 관심이 있다면 텍스트를 말하거나 텍스트의 문장 인식력을 평가할 수 있다. 기억이나 주요한 개념과 관련된 개방형 질문도 종종 사용된다. 이러한 평가방법들을 일반적으로 오프라인(off-line) 평가라고 부른다.

2) 읽기발달과 읽기장애 연구를 위한 실험 설계

많은 유형의 실험 설계가 읽기발달과 읽기장애를 연구하는 데 사용되었다. 모든 사람에게 실험 설계에 대한 고려가 우선적이지는 않을 수 있지만 실험 설계는 중요한 요인이다. 미디어는 점점 더 빈번하게 발달성 난독증(developmental dyslexia)과 같은 읽기장애와 다양한 의학적, 사회적 상황에서의 치료법을 보도한다. 적절한 실험 설계의 적용은 연구결과의 질을 평가할 수 있다. 아동의 읽기발달과 관련된 연구 결과를 평가하려면 연구 설계의 강약점에 대한 이해가 필수적이다.

불행히도 사용 가능한 연구 설계는 많고, 일부 독자는 왜 연구자들이 어떤 방법이 최선인지 결정하지 않고 그 방법을 사용했는지 궁금해할 수 있다. 지금부터는 가장 일반적으로 사용되는 연구 디자인의 목적과 강약점을 설명할 것이다. 앞으로 살펴보겠지만 '최고의' 연구 설계는 없다. 각 연구 설계는 고유한 강약점이 있으며, 특정 연구 문제를 살펴보는 데 적합하다. 또한 한 연구에 여러 연구 설계를 함께 사용하는 것도 가능하다. 예를 들면, 어떤 특정 변수가 단어 읽기 및 읽기 이해 발달 또는 실패와 관련이 있는지에 대한 합의된 증거를 찾기 위해 종단 연구에서 여러 유형의 중재 방법을 비교하는 연구를 진행할 수 있다(Bradley & Bryant, 1983).

(1) 기본적인 횡단 연구 설계

읽기발달 및 읽기장애에 대한 많은 연구들은 횡단 연구 설계를 사용해 왔다. 연구자들은 다른 읽기 집단(예를 들면, 나이 어린 아동과 그보다 나이 많은 아동 혹은 읽기 우수 아동과 읽기 부진 아동)의 데이터를 동시에 수집하고, 두 집단의 수행력을 비교한다. 앞서 알파벳 언어에서는 의미보다는 소리를 나타내는 방식을 어떻게 적용하는지에 대해 논의했다. 그래서 연구자들은 아이들이 구어의 소리를 조작하는 능력이 읽기 학습의 성공과 관계가 있는지에 관심을 가져왔다.

언어에서 구어의 소리를 조작하는 능력을 음운인식(phonological awareness)이라고 한다. 이러한 기술을 측정하기 위해 고안된 과제 중 하나는 음소 생략 과제이다. 생략 과제에서 아이들은 단어에서 음소를 제거해야 하는데, 예를 들면 'frog'의 'f' 소리를 생략한 후 말하도록 요구한다. 이러한 능력이 읽기능력과 관련이 있는지를 살펴보기 위해 연구자들은 읽기능력이 우수한 사람과 부진한 사람 간에 수행력을 비교한다. 이 디자인은 읽기 우수 아동과 읽기 부진 아동 집단에 적절한 아동을 선정하기 위해 일부 선별 검사나 사전 검사를 실시해야 한다. 이러한 방법은 본질적으로 두 능력 간에 연관성이 있는지 여부를 확인할 수 있는 비교적 간단하고 빠르며 효율적인 방법이다. 일반적으로 읽기능력이 우수한 독자가 읽기능력이 부진한 독자보다 음소 생략 과제에서 더 높은 점수를 얻으며, 이러한 과제의 수행력으로 읽기 시작 단계 아동의 읽기발달을 예측한다.

(2) 읽기 성공과 실패의 원인 연구: 연구 설계 쟁점

횡단 연구 설계는 두 변수 간의 연관성을 확인하는 데 유용하지만 이 연관성이 인과 관계를 설명해 주지는 않는다. 이를 설명하기 위해 우습지만 기억에 남는 예시를 들겠다. 5~12세 아동의 읽기능력과 키는 관련이 있을 것이다. 즉, 키가 큰 아동은 더 잘 읽는 경향이 있다. 이는 어린이의 키가 단어 읽기능력을 결정하거나 유발한다는 의미는 아니다. Ehri(1979)는 단어 읽기능력과 키라는 두 변수는 네 가지 방식 중 하나와 관련될 수 있다고 지적하였다.

1. 키는 읽기의 전제조건이다. 그래서 당신은 읽기를 배우기 전에 일정 수준의 키에 도달해야 한다.
2. 키는 단어 읽기발달을 촉진한다. 키가 큰 아동은 연령이 같은 또래의 키가 작은 아동보다 읽는 법을 더 빨리 배운다.
3. 키는 읽기의 결과이다. 읽으면 키가 커진다.
4. 이 예에서 키는 읽기와 우연적인 상관관계를 가진다. 나이가 더 많은 아동은

더 오랫동안 읽기 교육을 받았고, 발달할 수 있는 시간이 더 많았다.

횡단 연구 설계를 통한 비교는 이러한 방식을 구분하지 않는다. 그래서 횡단 연구 설계는 연구자들이 어떻게 두 변수가 서로 관련이 있는지를 확인하는 데에는 도움이 되지 않으며 인과 관계를 추론하는 데 사용해서는 안 된다. 인과 관계를 추론할 수 있는 이론적 근거가 있는 경우에도 인과 관계를 추론하는 것은 주의해야 한다. 앞의 예에서 '키'를 '음운인식'으로 대체해 보자. 구어에서 단어를 구성하는 소리에 대한 인식은 알파벳 언어에서 읽기를 습득하기 위한 전제 조건 혹은 촉진제가 될 수 있다. 또는 이러한 인식력은 읽는 것을 배우고 단어에 포함된 각 개별 소리가 자소로 표현되는 방식을 경험한 결과일 수 있다. 마지막으로 단어 읽기와 우연적인 상관 관계이며, 읽기발달과 관련이 없을 수도 있다.

분명히 어떤 기술이 단어 읽기 및 읽기이해 발달과 인과 관계가 있는지 파악해야 적절한 교수법을 개발할 수 있다. 또한 어떤 기술의 결함이 읽기장애를 야기하는지를 확인해야 읽기에 어려움이 있는 아동을 위한 중재 방법을 개발할 수 있다. 인과 관계를 탐색하기 위해 일반적으로 사용되는 세 가지 연구 설계가 있다. 첫째, 종단 연구는 일반적인 읽기발달을 촉진하는 기술과 읽기 어려움을 야기하는 요인을 확인할 수 있다. 둘째, 읽기능력 일치 비교는 읽기 실패의 원인을 살펴보는 연구에서 종종 사용한다. 셋째, 중재 연구는 읽기발달을 촉진하는 기술과 읽기장애를 초래하는 결함을 확인하는 데 사용한다.

(3) 종단 연구: 시간 경과에 따른 발달 추적

종단 연구에서 연구자들은 시간이 지남에 따라 능력 또는 능력 범위의 발달을 연구한다. 평가는 서로 다른 시점에 실시하며, 다음 두 가지를 평가할 수 있다. 첫째는 일부 변수가 이후 읽기능력(및 읽기능력의 증진)을 예측하는지이며, 둘째는 (초기) 읽기능력이 특정 변수의 예측 요인이라기보다는 그 특정 변수가 읽기발달을 보여 주는 더 좋은 예측변수인지이다.

이 연구 설계를 설명하기 위해 읽기이해 성장을 촉진할 수 있는 기술인 어휘 지식을 생각해 보자. 이 두 기술은 관련되어 있다. 더 나은 어휘 지식을 가진 아동은 일반적으로 어휘 지식이 부족한 아동보다 읽기이해 능력이 더 우수하다. 이러한 관계는 놀랍지 않다. 독자는 텍스트를 이해하기 위해 각 단어를 이해해야 한다. 시간의 경과에 따른 읽기이해 발달과 관련해서 어휘가 읽기이해 발달을 예측하는지 여부를 확인하고자 할 수 있다. 즉, 좋은 어휘력은 읽기이해 발달에 도움이 되는지이다. 만약 이러한 관계가 증명이 된다면 읽기이해를 잘하면 어휘 지식이 발달하는지에 대한 상호 관계도 살펴볼 수 있기를 원할 것이다.

분명히 초기 이해 능력은 이후 이해 능력과 관련이 있을 것이다. 시간이 지남에 따라 초기 어휘 지식이 읽기이해 발달을 촉진하는지를 확인하기 위해 우리는 초기 읽기이해 능력을 통제할 필요가 있다. 초기 읽기이해 능력을 통제한 후에도 초기 어휘능력이 여전히 이후 읽기이해 능력을 예측한다면 어휘능력이 읽기이해 발달의 인과적 역할을 한다고 합리적으로 가정할 수 있다. 이러한 논리는 상호 관계에 대한 연구에도 적용할 수 있다.

(4) 읽기능력 일치(또는 읽기 연령 일치) 설계

읽기능력 혹은 읽기 연령 일치 설계는 기본적인 횡단 연구의 변형으로, 발달성 난독증 연구에서 널리 사용되었다. 이 연구 설계에는 세 집단의 대상자가 필요하다. 우선 연령대를 일치시킨 읽기 우수 아동과 읽기 부진 아동 그리고 나이 어린 일반 발달 아동 집단이다. 마지막 나이 어린 일반 발달 아동집단은 또래 수준의 읽기능력을 가지고 있으며, 읽기 부진 아동과 읽기능력이 비슷한 아동집단이다. 이러한 연구 설계에 대한 개요는 Bryant와 Goswami(1986)를 참조하고 Cain, Oakhill과 Bryant(2000a)은 읽기이해에 대해 이러한 연구 설계를 확장하여 연구하였다.

읽기능력 일치 설계를 설명하기 위해 이전에 언급했던 음소 생략 과제와 단어 읽기능력 사이의 관계에 대한 예를 다시 들겠다. 횡단 연구 설계에서 이 두 능력은 관련되어 있지만 인과 관계의 방향성을 확립할 수는 없다. 즉, 음소인식 능력이 낮으면 단어 읽기가 제대로 되지 않는지, 단어 읽기능력이 낮으면 음소인식이 제대로 되지 않는지에 대한 관계의 방향성을 설정할 수 없다. 읽기 연령 일치 설계는 인과 관계의 가능한 방향성을 검증하거나 배제하는 데 사용할 수 있다. 즉, 우수한 음소 생략 능력은 우수한 읽기능력에서 비롯되는지를 확인할 수 있다. 여기에서 읽기 부진 아동과 읽기 연령을 일치시킨 그룹 간의 비교는 중요한 관심사이다. 음소 생략 과제에서 두 집단 간에 차이를 보일 경우, 두 집단은 읽기능력으로 일치시켰기 때문에 우수한 음소 생략 능력이 우수한 읽기능력으로부터 발생할 가능성을 배제할 수 있다.

이러한 연구는 강력한 연구검증인데, 왜냐하면 읽기 연령을 일치시킨 나이 어린 아동 집단은 일반적으로 인지 기술이 덜 발달되었기 때문이다. 이 연구 설계가 시사하는 것은 읽기능력을 일치시킨 나이 어린 아동이 나이가 더 많은 읽기 부진 아동과 단어 읽기능력에서는 일치하지만 음소 생략 과제에서는 다르기 때문에 다른 경로를 통해 나이가 더 많은 읽기 부진 아동과 비슷한 수준의 읽기능력에 도달했다는 것이다.

읽기 연령 일치 연구 설계에는 한계가 있다. 읽기능력과 논의가 되고 있는 능력 간에 한 방향의 인과 관계를 배제하는 데에만 사용할 수 있으며, 반대 방향을 증명하는 데에는 사용할 수 없다. 그러나 이 설계는 가능한 인과 관계가 있는 변수를 확인 또는 배제하는 비교적 간단한 방법이다. 이 연구 방법은 인과 관계에 대한 보다 강력한 검증을 제공하는 종단 연구나 중재 연구와 같은 비용과 시간이 많이 드는 연구 설계에 정보를 제공할 수 있다.

(5) 훈련 및 중재 연구

훈련 연구 또는 중재 연구는 두 가지 주요 목적이 있다. 우선 특정 훈련 프로그램이 목표 기술을 달성하는 데 도움이 되는지 여부를 평가하는 데 널리 사용되며, 특정 교수법이나 치료법의 효과를 확인하는 데 사용할 수 있다. 또 다른 용도는 인과 관계를 검증하는 것이다.

이 연구 설계를 설명하기 위해 읽기이해 발달 연구와는 다른 예를 들어 설명하겠다. 이 장의 시작 부분에서 텍스트를 이해하기 위해 추론하는 것이 왜 중요한지를 설명했다. 예를 들어, 헨리와 루비는 왜 꽃집에 갔나요?와 같은 추론(꽃을 사기 위해)을 위해 텍스트에 제시된 정보와 독자의 일반 지식의 통합이 필요하다. 추론과 우수한 이해 능력 간에 관계가 있다는 적절한 이론적 근거가 있으며, 또한 읽기이해에 어려움이 있는 아동은 추론에 어려움을 경험한다는 것을 보여 주는 많은 연구가 있다. 따라서 우수한 추론 능력은 우수한 읽기이해 능력의 후보 원인이다. 다르게 말하면, 낮은 추론 능력은 낮은 읽기이해 능력을 야기한다.

중재 연구에서 저조한 추론 능력이 이해 어려움을 야기한다는 가설을 증명하기 위해 읽기이해 부진 아동을 모집하고, 그들에게 추론 중재를 실시할 수 있다. 중재 후 중재 효과가 있는지를 살펴보기 위해 추론 능력을 평가하고, 이해 능력이 증진되었는지를 확인하기 위해 이해 능력을 함께 평가할 수 있다. 읽기이해 평가는 이 추론 중재가 추론뿐 아니라 읽기이해라는 더 광범위한 범위로 일반화되는지 확인하는 데 중요하다.

중재 연구의 중요한 구성 요소는 비교 집단이다. 앞의 예에서 비교 집단은 동일한 중재를 받은 읽기 우수 아동 집단이 될 수 있다. 대안적으로 두 읽기이해 부진 집단이 각기 다른 중재에 참여한 후에 수행력을 비교할 수 있다. 만약 A라는 추론 중재를 받은 읽기이해 부진 아동들이 B라는 추론 중재를 받은 읽기이해 부진 아동들보다 읽기이해에서 더 나은 진전을 보인다면, A 중재 프로그램이 이러한 진전과 인과적으로 관련이 있다는 타당한 증거가 된다.

중재 연구는 인과 관계에 대한 증거를 제공하는 최고의 설계로 종종 언급되지만, 중재 연구에서 결론을 내릴 수 있는 것에는 한계가 있다. 중요한 것은 중재 효과가 중재한 기술의 직접적인 향상 때문이 아닐 수 있다는 것이다. 예를 들면, 대부분의 추론은 독자의 일반 지식과 텍스트에서 제공된 정보의 통합에 의존한다. 아이들이 언제, 어디에서 추론이 필요한지 아는 것을 배웠다면, 이 진전이 향상된 통합 기술 때문인가 아니면 텍스트의 단서를 더 잘 식별할 수 있기 때문인가. 또 다른 가능성은 추론 인식과 확인에 대한 중재는 글을 읽을 때 글과 관련한 일반 지식의 활성화를 향상시킬 수 있다는 것이다. 우수한 읽기이해 (그리고 우수한 단어 읽기) 능력과 관련된 여러 기술의 복잡성을 고려할 때, 한 가지 기술에 대한 명확한 평가가 언제나 가능하지는 않다. 이러한 이유로 공통 매개 변수를 통해 중재가 수행력에 간접적으로 어떤 영향을 미칠 수 있는지를 고려하는 것이 중요하다 (이 문제에 대한 추가 논의는 Guthrie, Taboada, & Coddington, 2007 참조).

3) 요약

읽기 평가는 단어나 문장을 읽는 속도와 같은 온라인 평가와 읽은 후에 질문에 대답하는 것과 같은 오프라인 평가를 포함한다. 온라인 평가는 일반적으로 읽기와 관련된 과정의 효율성에 대한 통찰력을 제공하고, 오프라인 평가는 읽기 산물의 질에 대한 정보를 제공한다.

연구 설계에 대한 검토는 읽기발달과 인과 관계가 있는 변수를 명확히 규명하는 '가장 좋은' 방법은 없다는 것을 보여 주었다. 또한 일부 연구 설계는 일반적인 읽기발달 연구를 할 때 더 적합하고, 어떤 연구 설계는 읽기장애의 원인을 연구할 때 유용하다. 각 연구 방법들은 한계를 가지고 있으므로 여러 연구 방법을 조합하여 사용하고, 특정 변수가 단어 읽기 및 읽기이해 발달 또는 실패에 인과적으로 관련되어 있는지에 대한 수렴된 증거를 찾는 것이 현명하다.

좋은 소식은 연구자들이 주의 깊게 통제된 연구를 통해 단어 읽기 성공에 필요한 중요한 기술을 알아내는 데 큰 진전을 보였다는 것이다. 읽기이해 연구 또한 진전이 있었지만 좀 더 복잡한 읽기이해에 대한 연구 관심은 적었다. 중요한 것은 읽고 쓰는 것, 즉 문해력은 가르칠 수 있다는 것이다.

이 책의 나머지 부분에 대한 개요

다음 두 장은 능숙한 성인 독자에 관한 것으로 단어 읽기(2장)와 독해(3장)에 대해 살펴볼 것이다. 능숙한 성인 독자가 사용하는 기술, 전략, 지식을 확립한 후에 단어 읽기발달(4장)과 읽기이해(5장)를 살펴볼 것이다. 이어지는 두 장은 읽기 어려움에 초점을 맞춘다. 연령에 적절한 단어 읽기 기술을 습득하지 못한 아동(및 성인)(6장)과 읽기이해력에 어려움을 갖는 아동(7장)에 대해 검토할 것이다. 8장과 9장은 이전 장에서 설명한 교육/중재 및 평가에 대한 연구 및 이론에 관한 것이다. 마지막 장에서는 이 책에서 다루는 주요 주제를 정리하고, 읽기발달과 장애에 대한 우리의 지식이 읽기에 대한 단순한 관점(simple view of reading)의 개념적 틀에 어떻게 부합하는지 고찰한다.

핵심 요약

- 읽기와 읽기 습득은 두 가지 광범위한 인지 기술인 처리 과정과 지식과 관련된다. 이는 단어를 읽는 것과 읽은 내용을 이해하는 것과 관련이 있다.
- 구어를 문자 체계로 나타내는 방법에는 여러 가지가 있다. 일부 문자 체계는 단어의 의미를 나타내는 상징을 사용하고, 일부는 구어의 소리를 나타내는 기호를 사용한다. 각각의 문자 체계는 장점과 단점이 있다.
- 영어의 문자 체계는 44개의 소리를 나타내는 26개의 글자를 사용하지만 글자와 소리 간에 일대일 대응은 없다. 그래서 일부 글자는 여러 방식으로 발음될 수 있다. 예를 들어, 글자 'a'는 cat, father, ball에서 다른 소리로 발음되며, my, pie, bye의 /i/와 같은 소리는 다른 방식으로 쓰여질 수 있다.
- 구어와 문어를 살펴보면, 쓰기는 단순히 '기록된 말'이 아님을 알 수 있다. 구어와 문어 간에 메시지의 방식(mode)과 기능(function) 그리고 정보의 내용과 사

용역은 읽기 시작 단계의 독자에게 어려움을 줄 수 있다.

- 읽기의 과정과 산물을 평가하는 데 다양한 방법이 사용된다. 정확도와 시간 제한 측정(timed measure)은 단어 읽기와 관련된 과정을 측정하는 데 일반적으로 사용한다. 시간 제한 측정은 읽는 동안 이해와 관련된 과정을 평가하는 데 사용할 수 있다. 이해의 결과물은 종종 읽은 후에 시간 제한 없는 평가로 실시한다.
- 다양한 연구 설계는 읽기를 연구하고, 읽기와 관련한 기본적인 기술과 읽기 성공 간의 인과 관계를 살펴보기 위해 사용된다. 이러한 연구 설계에는 읽기능력 일치 비교, 종단 연구 그리고 중재 연구들이 포함된다. 각 연구 방법들은 한계가 있으므로 하나 이상의 연구 설계에서 나온 종합적인 증거를 찾아야 한다.

추가 읽기자료

Perfetti(1994)는 Garton과 Pratt(1998)와 마찬가지로 구어와 문어의 차이에 대한 훌륭한 개요를 제공한다. Cunningham과 Stanovich의 논문(Cunningham & Stanovich, 1998)에는 구어와 문어의 어휘 차이에 대한 좋은 소개가 포함되어 있다.

Cunningham, A.E., & Stanovich, K.E. (1998) What reading does for the mind, *American Educator, 22*: 8–15.

Garton, A., & Pratt, C. (1998) *Learning to Be Literate: The Development of Spoken and Written Language* (2nd ed.), Oxford: Blackwell Publishers.

Perfetti, C.A. (1994) Psycholinguistics and reading ability. In M.A. Gernsbacher (ed.), *Handbook of Psycholinguistics*, San Diego, CA: Academic Press, pp. 849–94.

Goswami와 Bryant(1990)는 여러 다른 철자 체계에 대해 설명하였으며, 또한 다른 실험 설계를 어느 정도 자세히 설명하였다(또한 실험 설계에 대한 간략한 검토는

Bishop, 1997, 9장 참조).

Bishop, D.V.M. (1997) *Uncommon Understanding: Development and Disorders of Language Comprehension in Children*, Hove: Psychology Press/Erlbaum.

Goswami, U., & Bryant, P.E. (1990) *Phonological Skills and Learning to Read*. Hove: Erlbaum.

알파벳 체계가 아닌 철자 체계에서의 읽기발달에 관심이 있다면 McBride-Chang(2004)과 Hanley(2005)의 연구부터 읽어 보는 것이 좋다.

Hanley, J.R. (2005) Learning to read in Chinese. In M.J. Snowling and C. Hulme (eds), *The Science of Reading: A Handbook*, Oxford: Blackwell Publishing, pp. 316–35.

McBride-Chang, C. (2004) *Children's Literacy Development*, London: Arnold.

용어 정의

읽기능력 혹은 읽기 연령을 일치한 연구 설계 (ability match or reading-age match design)	해독 부진 아동처럼 부진 아동의 수행을 동일한 읽기능력을 가진 나이 어린 아동의 수행과 비교하는 연구 설계
알파벳 문자 체계 (alphabetic writing system)	언어의 음소에 해당하는 문자가 있는 문자 체계
절(Clause)	주어나 서술어를 만드는 여러 단어의 조합
내용어 (content words)	명사(집), 동사(자라다), 형용사(즐거운), 부사(쉽게)와 같이 의미를 전달하는 단어이다. 또한 이 범주에 새 단어를 추가할 수 있기 때문에 open class words라고도 부른다.
횡단 연구 설계 (cross-sectional design)	다른 집단의 수행력을 비교하는 연구 설계

해독(decode)	문자나 문자열을 발음하는 능력
발달성 난독증 (developmental dyslexia)	단어 및 철자능력 발달에 어려움이 있는 상태
기능어 (function words)	문법적인 역할을 하는 단어로, 전치사(at), 한정사(the) 및 대명사(it)가 포함된다. 이 범주에는 고정된 수의 단어가 있으며, closed class word라고도 부른다.
자소 (grapheme)	음소를 나타내는 문자나 문자열이며, 예는 kiss라는 단어의 k, shop이라는 단어의 sh이다.
동음이의어 (Homophones)	소리는 같지만 의미가 다른 단어이며, 예를 들면 개와 관련된 bark과 나무와 관련된 bark, 또는 구입과 관련된 buy와 인사를 나타내는 bye가 있다.
추론 (inference)	텍스트의 다른 부분 또는 텍스트와 일반 지식 간을 서로 연결하기 위해 텍스트의 명시적 정보를 넘어서는 처리 과정
어휘 사전 (lexicon)	정신적 저장소 혹은 단어 사전으로 심상 어휘 사전(mental lexicon)이라고 부르기도 한다.
표의 문자 체계 (logographic writing system)	의미(단어나 형태소)에 해당하는 문자가 있는 문자 체계
종단 연구 (longitudinal study)	동일한 개인을 다른 시점에 측정을 실시하고, 일부 변수가 이후의 능력 그리고/또는 능력의 성장을 예측하는지 여부를 평가하는 데 사용하는 연구 설계
형태소 (morpheme)	의미를 가진 가장 작은 언어 단위이며, un-read-able에는 3개의 형태소가 있다.
비단어 (nonwords)	단어가 아닌 문자열로서, 항상은 아니지만 일반적으로 발음할 수 있는 단어이다. 비단어로 할 수 있는 blimket과 영어로는 발음할 수 있는 sbkln을 비교해 보자.
철자 체계 (orthography)	언어의 문자 체계이다. 표층(혹은 투명한) 철자 체계는 글자와 발음 간에 밀접한 관계가 있는 철자 체계이다. 심층(혹은 불투명한) 철자 체계는 글자와 발음 간에 일관된 관계가 없는 알파벳 철자 체계이다.

음소 (phoneme)	단어의 의미를 바꿀 수 있는 말소리의 가장 작은 단위이다. /k/는 kiss라는 단어의 k로 표시되는 음소이며, /m/은 miss에서 m으로 표시되는 음소이다. /ʃ/는 shop이라는 단어에서 sh로 표시되는 음소이며, /t/는 상단에 t로 표시되는 음소이다.
음소인식 (phonemic awareness)	음운인식의 한 유형으로, 특히 음소를 생각하고 조작하는 능력
음운인식 (phonological awareness)	구어의 말소리를 생각하고 조작하는 능력
점화 (priming)	하나의 자극이 이후의 자극에 대한 반응에 영향을 미칠 때 발생한다.
의미 점화 (semantic priming)	의미와 관련된 두 가지 자극의 제시를 포함한다. 일반적으로 촉진(facilitatory)과 관련된 것으로, 예를 들어 개라는 자극을 제시하면 이는 후속 목표단어인 뼈에 대한 더 빠른 반응으로 이어질 것이다.
문장(sentence)	하나 이상의 절로 구성된 문법 단위
음절 문자 체계 (syllabic writing system)	음절을 나타내는 문자 체계
음절 (syllable)	중단 없이 말할 수 있는 단어의 단위로, 모음 또는 모음과 자음으로 구성된다. Kiss와 shop은 단음절 단어의 예이며, kissing과 shopping은 이음절 단어이다.
구문(syntax)	언어에서 단어와 구의 순서를 지정하는 문법의 측면
훈련 및 중재 연구 (training and intervention studies)	적어도 한 그룹의 개인이 읽기와 같은 능력의 발달에서 인과적으로 관련되어 있다고 생각하는 지식, 기술 및 전략을 교육하는 연구 설계
모음 (vowel)	모음(a, e, i, o, u, 때때로 y)을 나타내는 알파벳 문자로, 모음은 성대가 열려 있는 상태에서 만들어지는 소리이다.
단어 재인(word recognition)	인쇄된 단어를 발음하고, 그 의미에 접근할 수 있는 능력

제2장

능숙한 단어 읽기

핵심 용어

- 빈도(frequency)
- 일관성(consistency)
- 규칙성(regularity)
- 문맥(context)
- 연결주의 삼중 읽기모델(connectionist 'triangle' model of reading)
- 읽기의 이중경로 모델(dual-route model of reading)

능숙한 독자가 되기 위해 두 가지의 일반적인 기술을 습득해야 한다. 즉, 개별 단어를 해독하는 능력과 텍스트를 이해하는 능력이 그것이다. 이 장은 첫 번째 능력인 단어 읽기를 다룰 것이다. 두 번째에 해당하는 텍스트 이해는 3장에서 다룰 것이다. 능숙하게 읽는 성인은 빠르게 별 다른 노력 없이 단어를 읽어 낸다. 각 단어를 처리하는 데 평균 250ms 이상 걸리고 몇몇 성인은 분당 800개 이상의 단어를 처리할 수 있기는 하지만 적절하게 이해하면서 읽을 때 평균적인 읽기 속도는 분당 단어 수(wpm)가 200개에서 300개 사이이다(Jackson & McClelland, 1975).

읽기발달 및 일부 독자에게 나타날 수 있는 읽기 어려움에 대해 논의하기 전에 능숙한 읽기에 대해 살펴봐야 하는 이유가 두 가지 있다. 능숙한 독자가 어떻게 단어를 처리하고 텍스트를 이해하는지에 대해 명확히 아는 것은 읽기발달과 어린 아동이 습득하고 발달해야 할 기술들을 위한 연구의 기본 틀(framework)을 마련해 준다. 성인들이 읽을 때 무엇을 하는지를 규명함으로써 아이들이 무엇을 배워야 하는지 확인할 수 있다. 능숙한 읽기의 온전한 체계를 이해하면 읽기 문제가 있거나 읽기 체계가 붕괴되었을 때 문제의 원인을 통찰해 낼 수 있다. 이 장에서는 우선 읽기 시작단계 아동이 단어를 유창하고 정확하게 읽기 위해 습득해야 할 기술과 지식에 대해 검토할 것이다. 다음으로 능숙하게 읽는 성인이 단어를 읽는 방법에 관한 다양한 모델을 살펴볼 것이다.

제2장 능숙한 단어 읽기

1. 단어 읽기: 평가와 변이의 원인

단어는 문장, 단락(paragraph) 그리고 더 긴 텍스트를 구성하는 의미의 기본 단위로 단어 읽기에 성공하기 위해서는 빠르고 정확하게 단어의 의미를 인출해 내야 한다. 이 장의 전반부에서는 단어 읽기 평가에 대해 살펴보고, 그 다음에 이 과정에 영향을 미칠 수 있는 몇 가지 다양한 요인들에 대해 집중적으로 다룰 것이다. 우리 언어에서 그 단어가 얼마나 자주 쓰이는지와 같은 몇몇 요인들은 단어 그 자체와 관련이 있다. 단어 읽기에 영향을 미치는 다른 요인들은 어휘 하위 수준과 관련이 있는데, 예를 들면 단어의 철자가 일반적인 발음규칙을 따른 정도와 같은 요인을 들 수 있다. 또한 문장의미가 단어 읽기에 영향을 미치는 방법처럼 문맥도 중요한 역할을 한다. 마지막 부분에서는 중요한 두 가지 단어 읽기 모델과 그 모델에서 능숙한 성인이 단어를 소리 내어 읽는 방식에 대해 어떻게 설명하고 있는지를 요약할 것이다.

1) 단어 읽기의 의미

단어 읽기능력에 영향을 미치는 요인들에 대해 살펴보기 전에 '단어 읽기(word reading)'라는 용어가 무슨 의미인지 알아보아야 한다. 독자가 알고 있는 의미단어(real word)들은 독자의 어휘집(알고 있는 모든 단어의 저장고)을 구성한다. '돌출부

(merlon)'와 같은 저빈도 단어는 큰 어려움 없이 읽어 낼 수는 있지만 그 단어를 전에 본 적이 없다면 그 독자의 어휘집 목록에는 없을 것이다. '돌출부(merlon)는 레이스 제작으로 만들어진 특별한 테두리 장식을 말하는가? 두 총구멍 사이의 단단한 부분을 가리키는 것인가? 아니면 조롱박 같은 종류인가?[1] 대부분의 독자들이 드물게 마주치는 악한 이야기(picaresque)나 트집 잡기(cavil) 같은 다른 단어의 경우 부분적인 의미가 어휘집에 저장되어 있을 수 있다.

단어 읽기에 대해서 말할 때, 단어를 정확하게 발음하는 능력을 가리키는 것인가? 아니면 그 의미에 접근하는 능력을 가리키는 것인가? 단어 읽기와 관련된 처리 능력을 측정할 수 있는 두 가지 공통 과제는 어휘판단 과제와 이름대기 과제이다. 이 과제들은 단어 읽기의 두 가지 양상인 발음과 의미 접근을 다루는 정도에 있어서 다르다. 어휘판단 과제에서는 목표단어가 단어인지 비단어인지를 판단하는 데 걸리는 시간을 기록한다. 이 과제에서는 독자에게 그들의 어휘집에 있는 단어목록에 목표단어의 문자열이 있는지 확인할 것을 요구하지만 단어를 정확하게 발음할 것을 요구하지는 않는다. 이름대기 과제에서는 단어를 발음하는 데 걸리는 시간이 녹음된다. 이름대기 과제는 독자가 단어 의미에 접근할 것을 요구하거나 보장하지 않는다. nelt와 같은 비단어는 독자의 어휘집에 저장되어 있지 않기 때문에 비단어로 식별될 수 있다. 또한 능숙한 독자들은 그것을 어려움 없이 발음할 수 있으며 이 처리 과정은 분명히 어휘집에 접근하는 것과는 관련이 없다. 단어 읽기 연구에서 사용된 다른 측정 변인은 시선 고정 시간 기록, 즉 해당 단어를 처리하는 데 걸린 시간과 그에 따른 어려움에 대한 암시가 포함되어 있다. '단어 읽기' 평가를 위해 고안된 과제들에 대한 요약은 〈표 2-1〉에 제시되어 있다. 분명한 것은 단어 처리에 관한 모든 측정 변인이 단어 의미 접근과 관련되지는 않는다는 것이다.

---

1) 『Guardian』 신문의 단어퍼즐 게임에서 인용된 예(2007. 08. 06.).

<표 2-1> 시각적 단어 재인 측정에 사용된 공통 과제 요약

과제	전형적인 자극	과제	무엇이 측정되는가?
이름대기	한 번에 하나씩 단어와 비단어 제시	단어 소리 내어 읽기	문자열을 발음하는 데 걸리는 시간
어휘판단	한 번에 하나씩 단어와 비단어 제시	이것은 단어인가?	심성어휘집(의미단어 목록들)에 있는 단어목록에 접근하는 시간
의미범주화	생물이나 무생물의 예처럼 한 번에 하나씩 제시 되는 다양한 범주의 단어들	판단: 이것은 생물인가요? 무생물인가요?	심성어휘집에 있는 단어 목록에 접근하는 시간
자기주도적 읽기	한 번에 하나씩 제시될 수 있는 문장이나 짧은 단락	각 항목을 제시한 후 참가자에게 질문에 대답하거나 판단하기를 요구(이 문장은 의미가 있나요?)	단어를 처리하는 시간. 시선추적 연구는 단어 읽기(고정)에 걸린 시간과 단어로 되돌아오는 데 걸린 시간(회귀)에 대한 정보를 제공

이해하기 위한 읽기를 의미하는 성공적인 읽기를 위해서 우리는 어휘집에 있는 단어를 인출해 낼 수 있어야 한다. 인쇄된 단어를 보고 직접 의미에 접근할 수 있는지 아니면 문자열을 먼저 소리로 변환시켜야 하는지는 단어 읽기를 설명하는 모델의 중요한 고려사항이다. 이 글의 논의과정에서는 단어 재인이라는 용어를 재인, 발음 그리고 의미 인출을 포함하는 광범위한 의미로 단어 읽기를 지칭하기 위해 사용하고 있다. 단어 재인에 대한 많은 연구는 문장으로 제시되는 문맥 없이 개별 단어를 독립적으로 처리하는 과정을 연구해 왔다. 그러나 읽기는 일반적으로 연속적인 텍스트이므로 문맥적 요인 및 이것이 개별 단어 읽기의 용이성에 영향을 미치는 방식을 검토할 것이다.

2) 단어 재인에 영향을 미치는 어휘 관련 요인: 빈도와 습득 연령

단어의 빈도는 언어 사용에서 그 단어가 얼마나 자주 나타나는가를 가리킨다. 문어에서 빈도 계산은 신문, 책이나 잡지 같은 인쇄된 언어자료 모음인 말뭉치로 정해질 수 있다. 백만 단어당 발생 빈도를 계산한다. 빈도 계산의 예는 1장 〈표 1-2〉, 문어와 구어 자료의 어휘 비교에 제시되어 있다. 빈도는 단어 재인의 속도를 높인다. 즉, 고빈도 단어를 저빈도 단어보다 더 빠르게 읽는 경향이 있다(Foster & Chambers, 1973). 습득 연령은 처음 단어가 학습된 나이를 의미한다(Carroll & White, 1973a, 1973b). 습득 연령은 단어 재인을 촉진한다. 즉, 더 일찍 학습한 것으로 평가되는 단어를 나중에 배운 단어들보다 더 빨리 읽는 경향이 있다.

단어 빈도 효과는 실제로는 습득 연령 효과라고 제안되어 왔으나 두 요인은 단어 읽기 속도에 독립적으로(중첩되기도 하지만) 기여한다(Ellis & Morrison, 1998). 초기에 학습된 몇몇 단어들은 아이들이 아마 거인이나 도깨비, 용에 대한 동화를 듣고 자랐기 때문에 습득된 것이지 실제로 우리 언어에서 특별히 자주 나오는 단어는 아닐 수도 있다. 빈도와 습득 연령 요인은 단어 길이 같은 다른 변인들을 통제한 후에도 독립적으로 단어를 처리하는 방식에 영향을 미친다.

3) 단어 재인에 영향을 미치는 어휘 하위 요인: 규칙성, 일관성, 형태론

언어가 다르면 그 언어를 표기하는 방식도 다르다. 중국어 문자 체계(writing system)는 구어 단어의 말소리를 나타내는 유럽어(요약은 1장을 참조)의 문자 체계와 달리 주로 단어의 의미(또는 형태소)를 나타낸다. 여기에서는 알파벳 문자 체계를 사용하는 언어에 초점을 둘 것이다. 중국어 같은 알파벳 문자 체계가 아닌 언어에서 단어 재인에 영향을 미치는 요인들에 대해 논의하려면 Perfetti와 Liu(2006)의 연구를 참조하라.

우리는 철자와 발음 사이의 관계라는 관점에서 영어 및 다른 알파벳 문자 체계에서의 단어를 설명할 수 있다. 알파벳 철자법이 두 요인 사이의 상당히 체계적인 관계를 맺고 있지만, 단어들 간의 변이성이 있으며, 대부분의 알파벳 철자법은 문어의 자소(문자/문자열)와 구어의 음소(말소리) 사이의 완벽한 일대일 대응 관계는 아니다. 예를 들어, 영어에서 gh 자소는 ghost에서 하나의 음소와 대응되지만 plughole에서 gh는 두 개의 다른 음소를 나타낸다. 그래서 gh(다른 글자 조합)는 문맥에 따라 하나 또는 두 개의 자소가 될 수 있다. gate, giant에서의 g 같은 몇몇 자음들은 다른 철자패턴에서는 다른 방식으로 발음되는데, book이나 pool과 같은 단어의 모음도 마찬가지이다.

이러한 '불일치' 단어 중 어떤 것들은 실제로는 규칙적이다. 예를 들어, 자소 c는 문맥에 따라 다르게 발음된다. 이것은 e, i나 y(cep, cinnamon, cycle을 생각해 보자) 문자 앞에 올 때 s로 발음된다. 다른 자소들의 발음은 단어 내 위치에 따라 정해지는데, 예를 들어 복수의 /s/는 일반적으로 /z/로 발음된다(cups, dates 두 경우는 예외). 이외에 aisle, yacht 같은 몇몇 단어들은 철자와 발음 사이의 관계가 다소 모호하기도 하다. 더 큰 단위인 라임에서의 철자와 발음 사이의 관계 역시 중요하다(음절의 라임은 book, shook의 -ook과 같이 어두자음 또는 자음군이 제거된 문자열이다).

단어 읽기에 필수적인 음운론적 정보의 표상 이외에 형태론적 지식도 어휘집에 저장되어 있다. 실제로 어휘집은 아마도 단순하게 전체 단어보다 형태소에 기반해서 구성되었을 가능성이 크다(Marslen-Wilson et al., 1994). 그래서 능숙한 단어 읽기와 특히 형태론적으로 복잡한 단어 읽기(part, arts, particle, parting, partly와 같은)를 생각할 때, 빠르고 정확한 단어 읽기에 대한 형태론의 영향을 고려해야 한다.

(1) 규칙성

규칙 단어는 일반적인 자소-음소 대응(GPC) 규칙에 따른다. 예를 들어, cat, start, speed는 규칙 단어의 예인데 자소-음소 대응규칙을 적용하여 발음할 수 있다. cat의 /c//a/와 /t/ 소리는 가장 일반적인 형태로 발음된다. beige, choir와 같은 불규칙 단어는 독자가 그 자소를 발음하는 가장 일반적인 방법에만 의존한다면 정확하게 발음할 수 없게 될 것이다.

규칙성은 능숙한 독자가 얼마나 빨리 단어를 읽을 수 있는지에 영향을 미친다. 불규칙적으로 발음되는 단어들은 규칙 단어보다 처리하는 데에 시간이 더 오래 걸린다(Stanovich & Bauer, 1978). 그러나 철자와 소리 사이의 규칙성이 모든 단어들에 똑같이 영향을 미치는 것은 아니다. 철자와 소리 대응의 규칙성과 단어 빈도 사이에 상호작용이 있다. 이것은 성인 독자가 고빈도이거나 저빈도이면서 규칙적인 또는 불규칙적인(또는 예외) 철자 패턴을 따르는 단어 읽기를 수행한 고전적 실험을 통해 보여 주었다(Seidenberg et al., 1984). turn, stop, name과 같이 규칙적 철자로 된 고빈도 단어와 done, give, said와 같이 불규칙 철자로 된 고빈도 단어를 읽을 때 걸리는 시간 차이는 없었다. 그런데 저빈도 단어에 대한 실험 결과는 다른 패턴을 보여줬다. 저빈도 단어의 경우 wail, lent, rink처럼 철자와 소리의 대응이 규칙적인 단어를 soot, pint, deaf와 같이 불규칙적인 철자의 단어보다 더 빨리 읽었다. 이 결과는 [그림 2-1]에 제시되어 있다.

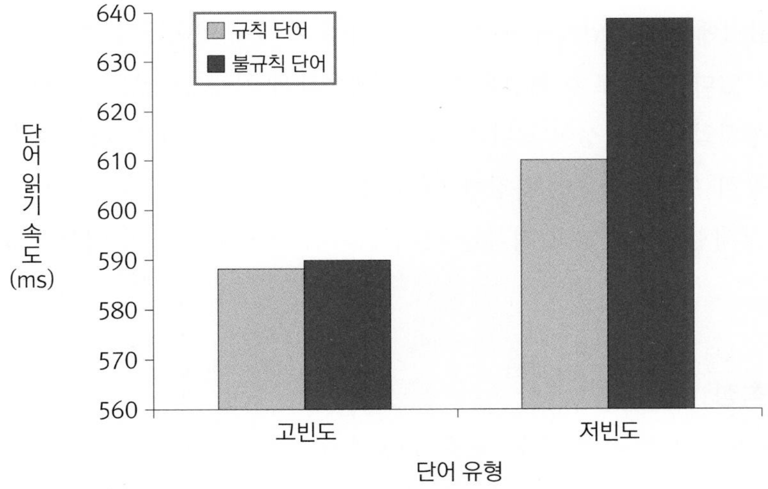

[그림 2-1] 규칙성이 저빈도 단어에서는 단어 읽기 속도에 영향을 미치지만 고빈도 단어에서는 그렇지 않음을 설명해 주는 그래프

출처: Seidenberg et al. (1984)의 표 4에서 인용.

(2) 일관성

일관성(Consistency)은 특정 철자 패턴이 대체로 같은 방법으로 발음되는지 여부에 관한 것이다. 같은 철자 패턴을 포함하고 있는 다른 단어들의 발음을 살펴보면 일관성을 탐색해 볼 수 있다. cat, mat, sat과 같은 단어는 모두 끝에 -at이라는 같은 라임을 포함하고 있다. 이 라임 단위는 bat, rat, pat, chat, flat, gnat에서와 같이 비슷한 철자로 된 단어들에서 모두 같은 소리로 발음되기 때문에 일관적이다. 이것들은 모두 일관성이 있는 단어들이다. 반대로 wash와 cash는 끝의 -ash가 다르게 발음될 수 있기 때문에 비일관적인 단어로 간주된다. 영어는 알파벳 철자체계를 사용하는 독일어, 스페인어나 핀란드어 같은 다른 언어들보다 불규칙이거나 비일관적인 단어들이 더 많다.

일관성은 단어 읽기 속도에 영향을 미친다. 즉, 비일관적인 단어들보다 일관적인 단어들을 더 빨리 읽는다. 이 차이를 설명해 주는 초기 증거는 Glushko(1979)의 연구에서 제시하였다. 이 연구에서는 dean(비슷한 철자로 된 bean, lean, glean 등의 단어들과 발음이 같은)과 같이 일관성이 있는 단어와 deaf(leaf, sheaf와는 발음이 다른)와 같이 비일관적인 단어를 읽는 데 걸리는 시간을 비교했다. 일관된 단어를 거의 30ms 더 빨리 읽었다. 이 연구에서 비단어(pseudo-word) 읽기도 살펴봤다. 이 단어들은 실제 영어 단어의 초성 자음을 바꿔서 만들어졌다. 비단어들은 단어 끝이 일관되게 발음되는(예: pink, link, mink) fink 같은 일관된 의미 단어나 pint와 mint에서처럼 두 가지 방법으로 비일관되게 발음될 수 있는 fint와 같은 비일관적 단어와 매칭되었다. 일관적인 의미 단어에서 만들어진 비단어를 더 빨리 읽었다. 이 결과는 문자열의 음운론적 부호화가 독자의 어휘 지식과 분리되지 않는다는 것을 시사해 주었다.

비일관적인 단어들이 모두 똑같지는 않다. 비일관적 단어 범주 내에서는 차이가 있는데 어떤 것은 다른 것보다 더 읽기 쉽다. 비일관적 단어는 같은 방법으로 발음되는 비슷한 철자로 된 단어들의 수와 상대적 빈도에 차이가 있다. wash와 cash는 둘 다 비일관적 단어다. 그러나 stash, mash, lash, gash처럼 -ash로 끝나는 대부분의 단어는 cash와 라임이 맞는다. 우리는 이웃철자와 관련지어서 단어의 철자와 소리 대응 특성을 설명할 수 있다. 이 용어를 활용해서 설명해 보면 wash는 같은 방식으로 발음되는 가까운 이웃철자가 거의 없고, 다르게 발음되어 장애물이 되는 이웃철자는 많다. 이웃단어는 읽기 속도에 추가적 영향을 미친다. 이에 대한 더 상세한 것은 [상자 2-1]를 참조하라.

상자 2-1 모든 단어는 똑같지 않다: 친구와 장애물의 역할

독자가 'book'과 같은 문어로 된 단어를 볼 때, 유사한 철자 패턴이 포함된 단어 표상들이 활성화된다. 알파벳 철자체계에서는 'look, cook, rook, shook'의 경우처럼 유사한 철자로 된 단어들은 대체로 똑같이 발음된다. 이 단어들은 모두 초성 자음 또는 자음군을 뺀 문자열인 '-ook'이라는 같은 라임이 포함되어 있다. 끝에 '-ook'이 있는 모든 단어들의 끝 부분이 똑같이 발음되기 때문에 'book'과 같은 단어들은 일관성이 있다. 그 이웃단어(word neighbours)들은 모두 '친구'로 간주될 수 있다. 다른 단어 'neat'의 경우 'feat, pleat'와 같이 '친구'인 이웃단어가 있기도 하지만 비슷하게 발음되지 않는 'great'와 같은 단어는 '장애물(enemy)'이 되기도 한다. 이러한 단어들이 비일관적인 단어로 간주되는 것이다. 일관된 단어들을 비일관된 단어보다 더 빨리 읽을 수 있다.

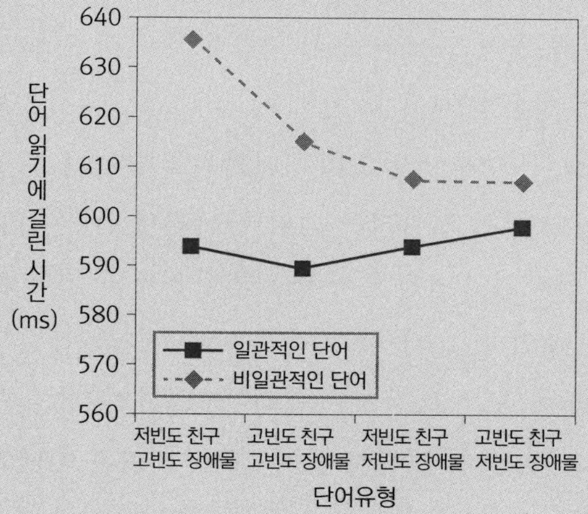

출처: Jared, McRae, & Seidenberg (1990)의 그림 2 수정.

Jared, McRae와 Seidenberg(1990)의 연구에서는 친구와 장애물의 단순한 숫자보다 빈도가 이름대기 속도에 영향을 더 미친다고 했다. 이 연구자들은 친구의 빈도(고빈도 대 저빈도)와 장애물의 빈도(고빈도 대 저빈도)에 있어서 차이가 있는 비일관된 단어를 조사했다. 이 단어 읽기에 걸린 시간을 일관된 단어(어떤 장애물도 없는 단어들) 읽기 시간과 비교했다. 일관된 단어와 비일관된 단어의 초성 글자, 길이, 친구 단어 수와 빈도를 일치시켰다. 이 논문의 실험 2의 결과는 그래프에 제시되어 있다.

일관된 단어를 비일관된 단어(그래프에서 아래쪽 굵은 선과 위쪽 점선을 비교해 보자)보다 더 빨리 읽는다. 비일관된 단어를 읽는 데 걸리는 시간은 친구와 장애물의 빈도(위쪽 점선)에 의해 영향을 받는다. 저빈도 친구와 고빈도 장애물을 가진 비일관된 단어들을 읽는 데 시간이 가장 오래 걸렸다.

(3) 형태론

단어는 의미의 최소단위(나눌 수 없는)인 형태소로 구성된다. 형태소는 cat, sad(자립형태소)처럼 하나의 단어이거나 cats에서 복수의 s, sadness의 -ness(의존형태소)처럼 단어의 일부가 될 수 있다. 형태론적 복합어에는 다음의 세 가지 주요 유형이 있다. 즉, cat, cats와 같은 구문적 굴절이 포함된 단어, kind, kindly, unkind, kindness처럼 기본단어(또는 어근)에서 새로운 단어가 만들어지는 파생어를 포함하는 단어 그리고 doghouse처럼 둘 또는 그 이상의 자립형태소를 포함한 합성어이다. 특히 파생어가 포함된 복합어는 읽기 연구자들에게 특별한 관심을 받아 왔다.

형태론적 구조는 능숙한 성인 독자의 단어 처리 속도에 영향을 준다. 형태론적으로 관련된 단어 friend를 시각적으로 제시하기 전에 friendly를 구어로 제시한다면 두 번째 항목인 friend가 단어인지 아닌지를 결정하는 데 필요한 시간을 줄여 준다. 이것이 점화(priming)의 예이다. tin을 보기 전에 tinsel을 들려 주는 경우처럼 검사 단어와 형태론적으로 관련성이 없는 점화는 단어판단과제에서 반응 속도를 빠르게 해 주지 않는다(Marslen-Wilson et al., 1994). 그래서 형태론적으로 복잡한 단어는 그 단어의 기본 단어를 점화할 수 있다. 이러한 결과들은 독자가 단어를 처리할 때 단어를 형태소 구성요소들로 분리해 낼 수 있다는 것을 나타내 준다.

영어에는 friend-friendly와 같이 단어의 철자에 음운론적 정보를 보존하고 있는 경우가 있다. 두 단어에 있는 friend가 같은 소리로 발음되기 때문에 이 단어들의 관계는 음운론적으로 투명하다고 한다. 그러한 단어는 sign-signature처럼 형태론적 정보(기본 단어의 철자)가 같아도 음운론적 정보가 보존되지 않는(기본 단어가 다른 단어에서 다르게 발음되는) 단어들과는 다르다. 일반적으로 우리는 두 유형 모두 점화의 정도가 동일하다는 것을 확인하게 된다. 따라서 friendly가 friend를 점화하는 것과 동일한 정도로 serenity는 serene을 점화한다(Marslen-Wilson et al., 1994).

또한 형태적으로 복잡한 단어는 의미론적 투명도의 관점에서도 설명될 수 있다. kind, kindly, unkind, kindness와 같은 단어들은 의미론적으로 투명한데, 이러한 단어가족(family of words)의 의미 차이는 공통된 기본 단어인 kind에 다양한 접사 -ly, un-, -ness 등이 더해진 것으로 쉽게 추론될 수 있기 때문이다. 의미론적으로 불투명한 다른 단어들이 있다. 예를 들어, form, inform, information 같은 단어들은 어근 단어 form의 의미가 다른 단어 안에서 의미적으로 명확하게 관련되어 있지 않다. 의미적으로 투명한 단어 쌍은 서로 점화가 된다. 즉, kind는 kindly 후에 제시되었을 때 어휘판단 시간의 속도가 빨라지는데, 이는 이 단어들을 처리할 때 독자가 그 단어를 구성하는 형태소로 분석한다는 것을 보여 주는 것이다. 반대로 의미론적으로 불투명한 단어 쌍은 서로 점화되지 않는다. 그것들은 전체로 처리(표상)되는 것 같다(Marslen-Wilson et al., 1994).

4) 단어 재인에 대한 문맥의 영향

단어를 읽는 방법에 관한 많은 연구는 주로 단단어 재인에 초점을 맞추고 있으나 우리는 일반적으로 단어를 고립된 단위로 읽기보다는 연속적인 텍스트의 일부로 읽는다. 대부분의 읽기상황에서 단어는 선행 및 후속 단어들과 관련해서 읽히고 해석된다. 여기에서는 문장 또는 담화 문맥이 단단어 읽기에 미치는 영향을 고려할 것이다. 또한 단단어의 점화와 관련된 연구를 논의할 것이다. 예를 들어, '오렌지' 같은 단어 제시가 '사과' 같은 목표단어에 대한 독자의 반응 속도에 얼마나 영향을 미치는가에 관한 것이다. 단단어 점화는 한 단어 문맥이라는 특별한 경우로 여겨질 수 있다. 문맥 내에서 제시 효과가 (문장이나 짧은 텍스트에서 제시될 때 얼마나 쉽게 읽히는지) 문장과 그것의 의미로부터 나오는 것인지 혹은 문장 내의 개별 단어로부터 나오는 것인지를 아는 것이 중요하다. 단단어, 문장과 담화 문맥을 함께 고려하는 것이 이 문제를 해명해 줄 수 있다.

(1) 단단어 문맥: 의미적 점화

단단어 점화의 효과는 일반적으로 이름대기나 어휘 판단과제로 측정된다. 이름대기 과제에서는 목표단어를 발음하는 데 걸린 시간이 기록된다. 어휘 판단과제에서 독자는 목표단어가 단어인지 아닌지를 판단하고 이때 걸린 시간이 기록된다. butter가 목표단어인 경우 선행하는 점화단어가 nurse일 때보다 bread일 때 더 빨리 이름대기할 수 있다. 마찬가지로 cake가 선행했을 때보다 tiger가 선행했을 때 lion이 단어인지 비단어인지 더 빨리 판단할 수 있다. 능숙한 독자는 목표단어가 점화와 관련된 것일 때 더 빨리 반응함으로써 점화 효과를 일관되게 보여 준다(Meyer & Schvaneveldt, 1971). 그 효과는 대체로 이름대기 과제보다 어휘판단 과제가 사용될 때 더 강력하다(Neely, 1991).

점화와 그에 대한 목표단어는 다른 방식으로 관련될 수 있다. butter-bread와 같은 단어짝에서 두 단어는 관련이 있다. bread라고 말했을 때 특정 집단 사람들의 마음속에 떠오르는 것을 말하도록 한다면 일반적으로 butter라고 반응할 것이다. lion과 tiger도 비슷한 방식으로 관련된다. 또한 단어들은 fridge-cheese의 예처럼 기능적인 속성과 관계로 연결될 수 있고, bread-cake의 예처럼 공통 범주에 의해 관련될 수도 있다. 또한 이 예시들은 연관성이 없기도 하다. 즉, bread-butter 사이에서 발견되는 것과 같은 수준의 연관성을 공유하고 있지 않다. 〈표

2-2>에 더 많은 예시가 있다. 단어 bread와 butter는 다양한 측면에서의 의미를 공유한다. 즉, 둘 다 음식물이고, 밀가루로 만들어졌고, 비슷한 가게(빵가게)에서 그리고 비슷한 장소(슈퍼마켓 내 인근 판매대)에서 판다. 그러나 cake는 앞에 기술된 산출과제에서 bread에 대한 전형적인 반응이 아닐 것이다. 목표단어가 bread-butter처럼 관련된 단어에 의해 점화될 때 butter라는 단어 재인을 촉진하는 것은 아마 두 가지 원인으로 인해 발생한 것이다. 즉, bread가 제시될 때 의미적 정보가 활성화된다는 것과 두 단어가 자주 함께 들리기(읽히기) 때문에 발생하는 촉진효과이다(Moss & Gaskell, 1999).

(2) 문장 문맥: 예측인가 점화인가

단어들은 도움이 되는 적절한 문맥에서 제시되었을 때 더 빨리 처리된다. 예를 들어, 단어 flower는 The person liked the flower(그 사람은 꽃을 좋아했다)와 같은 중립적인 문장형태나 The dog was chased by the flower(개가 꽃에게 쫓겼다)와 같은 비문에서보다 The gardener picked the flower(정원사는 꽃을 꺾었다)와 같은 문장에서 제시될 때 더 빨리 잘 읽힐 것이다. 지원적인 문맥에서 쉽게 단어를 읽을 수 있도록 촉진해 주는 것은 무엇인가? 이에 대해 예측과 점화라는 두 가지 대안적 설명이 있다.

<표 2-2> 연관성이 다른 범주 및 기능 관련 단어의 예

연관된 단어			
범주적으로 관련된 단어 짝		기능적으로 관련된 단어 짝	
왕(king)	여왕(queen)	망치(hammer)	못(nail)
컵(cup)	받침 접시(saucer)	우산(umbrella)	비(rain)
소금(salt)	후추(pepper)	허리띠(belt)	바지(trouser)

연관되지 않은 단어			
범주적으로 관련된 단어 짝		기능적으로 관련된 단어 짝	
돼지(pig)	말(horse)	오븐(oven)	감자(potato)
코(nose)	머리(head)	휴게실(lounge)	소파(sofa)
호수(lake)	산(mountain)	서커스(circus)	사자(lion)

출처: Moss et al. (1995).

예측은 문맥의 촉진 효과를 설명할 수 없다. 문장 틀은 문장의 종결부분을 제한하기에 충분하지 않다. 이것은 문장을 검토해 보면 쉽게 알 수 있다. The dog ran after the라고 시작하는 문장은 cat, ball, rabbit 등으로 끝날 수 있다. 독자는 문장이 어떻게 끝날지 정확하게 예측할 수 없다. 선행 논문에서는 독자가 기능어(the, a, for, and, or, then 등)의 34%, 내용어(명사, 동사, 형용사 등)의 11%만 정확히 예측할 수 있다고 하였다(Gough & Eren, 1999).

Stanovich와 West(Stanovich & West, 1981, 1983; West & Stanovich, 1978)의 고전적 실험연구는 점화 설명을 지지해 준다. 한 실험에서 일치하는 문장과 불일치 문장 틀을 제시하고 아동과 성인이 뒤이어 나오는 단어를 읽는 데 걸리는 시간을 기록했다(West & Stanovich, 1978). 목표단어 cat의 일치하는 문장 형태는 The dog ran after the……이고, 불일치 형태는 The girl sat on the…… 이다. 문장 틀 없이 단어만 읽었을 때의 속도를 기준으로 삼아서 비교하기 위해 비문맥 조건의 기초선을 측정하였다. 모두 일치하는 문장 틀로 제시된 조건에서 목표단어를 더 빠르게 읽었다. 성인독자는 불일치 조건에 방해를 받지 않았다. 즉, 이 문장의 종결부분에 있는 cat을 읽는 시간이 문맥 없이 단어를 제시했을 때보다 유의하게 더 걸리지 않았다. 성인이 다음에 나올 가능성이 있는 단어를 예측해서 그 단어를 읽었다면 그들은 아마 chair를 예상했을 것이다. 이 예측 전략은 그들의 읽기 시간을 늦췄을 것이다. 목표단어의 점화는 일치하는 문장 틀로 제시된 조건하에서 효과가 있다는 것이 가장 그럴듯한 설명이다.

(3) 문장과 담화 문맥: 점화 효과의 근원

The dog ran after the cat(그 개가 고양이 뒤를 쫓아 갔다)이란 문장에서 목표단어 cat이 점화될 수 있는 두 가지 다른 방식이 있다. 첫 번째는 단어 dog인데 이것은 단어 대 단어 결합 또는 어휘 간 점화의 예이다. 두 번째는 문장의 의미에서 나오는 문장 점화의 예이다. 어휘 간 점화가 발생한다는 몇 가지 근거가 있다. 두 개의 관련된 단어가 같은 절 안에서 나타날 때, 예를 들어 왕 다음에 여왕이 나오는 경우, 연결된 짝의 두 번째 단어를 응시하는 시간이 덜 걸린다(Carroll & Slowiaczek, 1986). 그러나 어휘 간 점화 효과는 제한적으로 나타나는 것 같다(Morris, 2006). 점화효과의 상당수는 텍스트의 전체적인 의미가 특정 단어를 점화하기 때문에 발생할 수 있다. 한 선행연구(Morris, 1994)에서 어휘 간 점화와 문장 점화의 효과를 연구했다. 같은 열쇠 단어이지만(barber, trimmed, moustache) 문장의 메시지와 목표단어 사이의 관계가 결정적으로 다른 단어가 포함된 문장을 읽을 때 성인의 안구운동을 기록하였다.

1a The friend talked to the barber and trimmed the moustache after lunch(친구는 점심식사 후에 이발사와 이야기를 나누고 콧수염을 다듬었다).

1b The friend talked as the barber trimmed the moustache after lunch(친구는 점심식사 후 이발사가 콧수염을 다듬는 동안 이야기를 나누었다).

독자들은 문장 1a에서 제시되었을 때보다 의미기반 문맥(문장 1b)에서 제시되었을 때 moustache를 처리하는 데 시간이 덜 걸렸다. 이 연구는 문장의 전체 의미가 목표단어 처리를 촉진할 수 있다는 것을 보여 준다. 어휘 간 점화 효과만 유일한 점화의 근원이라면 문장 1a와 1b에서 moustache를 응시하는 데 걸리는 시간은 차이가 없었을 것이다.

이러한 견해는 더 긴 텍스트를 포함한 Hess, Foss와 Carroll(1995)의 일련의 실험 연구에 의해 지지받았는데, 그 텍스트에서는 이야기의 전체 주제 혹은 단순히 마지막 구문이 목표단어를 점화할 수 있었다(이 대조의 예는 <표 2-3>을 참조하라). 성인은 목표단어(주어진 예에서 poem)가 마지막 문장하고만 관련될 때보다 그 이야기의 주제와 관련될 때 더 빨리 읽는다. 이러한 결과들은 모두 문장과 담화 문맥이 단어를 쉽게 읽는 데 영향을 줄 수 있다는 것을 시사해 준다.

<표 2-3> Hess 등(Hess t al., 1995)이 사용한 자료의 응용

관련된 주제-관련된 마지막 문장
영문과 학생은 매우 좋아하던 여자를 만났다. 그는 한동안 그녀를 흠모했지만 자신의 마음을 어떻게 표현해야 할지 확신이 서지 않았다. 그 영문과 학생은 말로 자신을 표현하려고 애쓸 때 항상 긴장이 되어서 시를 썼다.
관련된 주제-관련 없는 마지막 문장
공학도인 학생은 매우 좋아하던 여자를 만났다. 그는 그녀를 한동안 흠모했지만 자신의 마음을 표현하는 방식에 확신이 서지 않았다. 그 공학도는 말로 자신을 표현하려고 애쓸 때 항상 긴장이 되어서 시를 썼다.
관련 없는 주제-관련된 마지막 문장
영문과 학생은 그녀가 힘들어하고 있는 수업을 듣고 있었다. 학기말에 제출해야 할 큰 프로젝트 과제가 있었는데 그녀는 미루고 있었다. 결국 마지막 주말에 영문과 학생은 시를 썼다.
목표단어 'poem'을 읽는 시간이 이 텍스트의 구체적인 관심이다.

5) 요약

능숙한 독자가 단어를 쉽게 처리하는 능력은 많은 요인들에 의해 영향을 받는다. 이 요인들 중 몇 가지는 해당 언어권에서의 단어빈도처럼 그 단어 자체에 특정적이다. 몇몇 요인은 단어의 내적 구조와 관련된다. 예를 들면, 문자열이 규칙적인 자소-음소 대응원리(GPC rules)를 따르는지, 또는 단어 내 철자 단위들이 그 단위가 포함된 다른 단어들에서도 같은 방법으로 발음되는지 등이다. 문맥과 같

은 다른 요인들은 단어 외적인 것이다. 단어를 읽는 방법에 대한 모델은 이 광범위한 효과를 설명할 수 있어야 한다. 후반부에 두 모델을 고찰할 것이다.

2. 능숙한 단어 재인 모델

이 장의 후반부에서는 단어 읽기에 영향을 미치는 두 가지 계산주의 모델에 대해 요약 설명할 것이다. 이중경로 연쇄 모델(dual-route cascaded model: DRC)은 Coltheart 등(Coltheart et al., 2001)의 이중경로 모델(dual-route model)을 발전시킨 것이고, 연결주의자의 삼중 모델(triangle model)은 Seidenberg와 그의 동료들에 의해 개발되었다(Plaut et al., 1996; Seidenberg & McClelland, 1989). 두 모델은 능숙한 단어 재인과 단어 읽기의 어려움을 설명하기 위해 개발되었다. 둘 다 단어 재인에 대한 새로운 행동 데이터를 설명하기 위해 초기 버전에서 다듬어지고 수정되었다. 여기서는 이 모델들에 대한 상세한 비평이나 비교는 하지 않을 것이다. 이 글의 목표는 독자에게 단어 읽기에 활용되는 처리 과정과 절차에 관한 두 가지 중요한 설명에 대한 개요를 제공하는 것이다.

단어 재인 모델 개발의 핵심 쟁점은 독자가 어떻게 문자열의 발음에 접근하는가이다(지금까지 의미 접근에 대한 연구는 적은 편이다). 어휘적 접근은 다양한 방식으로 이루어질 수 있다. 독자가 인쇄물에 있는 익숙한 단어로부터 직접 어휘집의 표상(representaation)에 접근할 수 있게 하는 직접 경로가 있을 수 있다. 개별 문자나 문자열을 처리해서 그 발음에 접근한 후 이 소리들을 합성함으로써 단어를 읽을 수 있게 되는 조합경로(assembled route, 간접경로)도 있을 수 있다. 조합 경로에서 어휘적 접근은 자소-음소 대응(GPC)규칙에 대한 지식을 통해 이루어진다.

이 두 가지 경로(직접과 간접경로)는 둘 다 읽기의 이중경로 모델에 포함된다(Coltheart, 1978). 즉, 이중경로 연쇄 모델(Dual-route cascade: DRC)은 이중경로 모델의 계산주의 버전(computational version)이다(Coltheart et al., 2001). 이와 대조적으로 Plaut 등(Plaut et al., 1996)이 제시한 연결주의의 삼중 모델과 같은 읽기의 다른 계산주의 모델은 철자와 음운 정보가 어휘적 접근으로 이어지는 방식에 대해 좀 더 상호작용적인 설명을 제공한다.

이 두 모델은 모델의 설계(구조)가 구체화되는 방식에 대한 접근법이 다르다. 이중경로 연쇄(DRC) 구조(그리고 초기 이중경로 모델)는 모델 설계자들에 의해 명시되었는데, 이는 행동 데이터에 의해 지원되는 시각적 단어 재인에 관한 이론적 모델을 기반으로 하고 있다. 반면, 삼중 모델과 같은 연결주의 모델은 역방향 학습(back-propagation)으로 알려진 학습 알고리즘에 의한 일련의 학습 시행을 거쳐서 개발되었다. 예를 들어, 문자열을 정확하게 '발음'하기 위해 모델이 특정 입력에 대한 정확한 반응(결과)에 접근할 때까지 네트워크의 부분들 사이의 연결이 조정되는 것이다.

1) 이중경로 연쇄 모델

이중경로 연쇄 모델(Dual-route cascade model: DRC)의 핵심 구조는 [그림 2-2]에 제시되어 있다. 주목해야 할 네 가지 중요한 특징이 있다. 첫째, 두 가지 경로는 단어 읽기를 위해 제안되었다. 둘째, 이 경로들은 연속적인 처리 과정(serial processing) 또는 병렬적 처리 과정(parallel processing)이 포함되는지 여부에 따라 다르다. 셋째, 이 모델은 연쇄적인 활성화 흐름을 포함한다. 넷째, 어휘집 형태로 된 단어 수준의 표상이 제공된다.

(1) 단어 읽기의 두 경로

이중경로 연쇄 모델(DRC)은 단어 재인이 발생할 수 있는 두 가지 다른 경로를 포함한다. 앞에서 설명된 직접적인 어휘 경로와 간접적인 비어휘(조합) 경로가 그것이다. 독자가 두 경로를 사용하는 것을 경주(race)의 관점으로 생각해 볼 수 있다. 독자가 단어를 처리할 때, 문자를 확인하면 두 경로가 동시에 활성화되는데 이때 경주에서 이긴 경로가 발음을 '결정한다'. 능숙한 독자가 알고 있는 의미 단어, 즉 어휘사전에 등록되어 있는 단어라면 직접 경로 모델이 경주에서 이겨 더 빠르게 활성화된다. 두 어휘 경로들은 실제 이중경로 연쇄 모델에 포함되어 있는데 둘 다 어휘사전에서 해당 단어의 철자 표상에 접근함으로써 단어를 읽게 된다. 어휘 의미 경로([그림 2-2]에서 좌측에 있는)는 인쇄된 단어를 보는 것부터 그 단어를 읽을 때까지 다음과 같이 진행된다. 문자 탐지기, 철자입력 어휘집, 의미체계, 음운산출 어휘집, 음소 체계. 이 통로는 일반적으로 친숙한 의미 단어(real word)를 읽는 데 사용된다. 직접 어휘 경로는 의미체계를 건너뛰고 철자입력 어휘집에서 음운산출 어휘집으로 즉시 전달된다. 이 경로를 통해 단어를 읽을 수는 있지만 이해는 못할 수도 있다. 비단어를 어휘경로로 '읽을' 수는 없지만 철자가 비슷한 의미 단어가 활성화되면서 음운 정보를 활성화시킬 것이다. 예를 들어, 비단어 wint는 win, lint, pint 등의 단어를 활성화시킬 것이다.

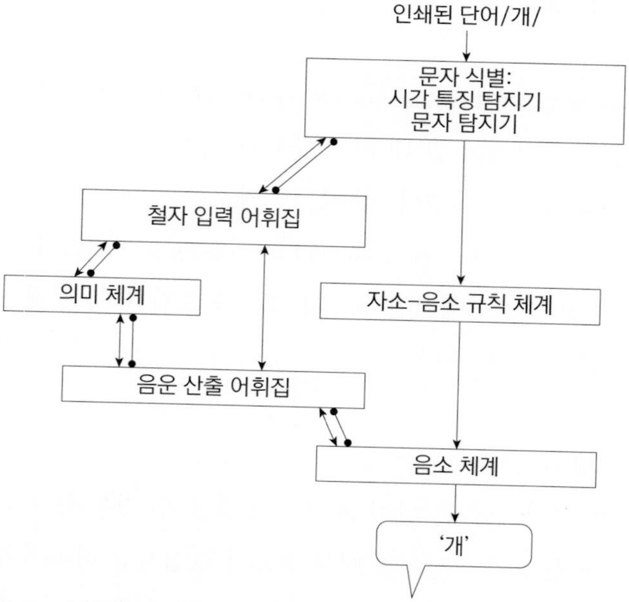

[그림 2-2] 시각적 단어 재인과 소리 내어 읽기에 대한 이중경로 연쇄 모델을 단순화한 표현

출처: Coltheart et al. (2001).

비어휘 경로(nonlexican assembling route)는 [그림 2-2]에서 우측 도표에 제시되어 있다. 이 경로는 문자열을 발음으로 바꾸기 위해 자소-음소 대응(GPC)규칙을 사용한다(그래서 GPC 경로라고 한다). 이 경로는 말소리를 조합하는 절차를 포함하고 있기 때문에 직접 경로보다는 느릴 것이다. 이 경로는 독자가 잘 모르는 단어나 비단어(pseudo-word)를 읽을 수 있게 해주는데, merlon과 tegwop과 같은 단어 읽기를 예로 들 수 있다. 이 경로는 izland를 island로 읽는 예에서처럼 의미단어이지만 비친숙한 단어를 읽을 때 부정확하게 읽을 수 있다. 가장 규칙적(또는 일반적) 읽기가 자소-음소 대응(GPC)규칙에서 발음을 조합함으로써 생성되기 때문에 이 처리 과정을 규칙화(regularization)라고 한다.

(2) 연속 처리와 병렬 처리 과정

어휘와 비어휘의 두 경로는 단어 읽기에 사용된 처리 과정이 다르다. 비어휘 경로는 새로운 단어나 비단어 읽기에 사용되는데 연속적인 처리 체계이다. 문자열은 왼쪽에서 오른쪽으로 처리되면서 발음으로 변환된다. 연속적(또는 순차적) 처리 절차가 포함된다는 것을 뒷받침하는 근거는 비단어 읽기 연구에서 제시되는데 비단어의 길이가 길수록 짧은 것보다 더 느리게 읽힌다고 한다(Weekes, 1997). 어휘 경로는 정보가 병렬 처리되는 완전 상호작용식 체계이다. 중요한 특징은 정보처리 과정이 연속적 방식으로(cascaded fashion)으로 일어난다는 것이다. 입력된 정보는 인쇄된 단어이다. 처리가 시작되고 시각적 자질 단위들이 활성화될 때 문자 탐지기 같은 다음 단계가 활성화된다. 따라서 정보는 모델 내 모든 수준을 활성화시키며 즉각적으로 전달된다.

(3) 이중경로 연쇄 모델과 연구결과

이중경로 연쇄 모델은 앞에서 검토했던 빈도와 일관성에 관한 많은 연구결과를 설명해 줄 수 있다. Coltheart 등(Coltheart et al., 2001)은 성인 읽기에 영향을 미치는 동일한 요인들이 모델의 실행력(performance)에 영향을 미치는지 비교했다.

이 모델의 성능은 우수했다. 이중경로 연쇄 모델은 고빈도 단어가 더 빨리 접근한다고 가정함으로써 저빈도 단어보다 고빈도 단어를 더 빨리 '읽을' 수 있었다. 또한 단어가 저빈도일 때, 이 모델에서는 규칙 단어보다 불규칙 단어를 읽는 데 시간이 더 오래 걸렸다(Seidenberg et al., 1984 참조). 이 효과에 대한 설명은 직접 경로에서는 철자법과 상관없이 친숙한 단어(고빈도)가 가장 빠르게 접근하게 된다는 것이다. 반면에 저빈도 불규칙 단어 읽기는 직접 접근될 수 없으며, 단어의 예외 부분에 대한 규칙적인 발음과 불규칙적 발음 사이의 경쟁으로 어려움을 겪을 것이다. 두 경로 모두 규칙 단어에서 같은 반응(발음)이 나오지만 불규칙 단어에서는 상반되는 반응이 나올 수 있다. 더욱이 비단어 읽기는 저장된 철자-소리 대응(spelling-to-sound correspondences) 지식을 통해 읽기 때문에 실제 영어 단어와의 유사성에 영향을 받는다.

그래서 이중경로 연쇄 모델에 내장된 구조와 처리 과정은 능숙한 독자가 의미단어 읽는 방식을 잘 설명해 준다. 또한 이중경로 연쇄 모델은 후천성 난독증(acquired dyslexia)의 읽기 강점과 약점을 설명해 줄 수도 있다. 이 모델에 대한 더 상세한 논의는 Coltheart(2005; Coltheart et al., 2001)의 연구에 제시되어 있다.

2) 삼중 모델: 읽기의 연결주의 모델

단어 읽기에 대한 연결주의 모델은 뇌가 정보를 학습하고 표상하는 방식에 대한 모델로 개발되었다. 이 모델은 문어 읽기와 피드백에 대한 경험을 통해(대부분의 아동이 읽기를 배우는 것처럼) 인쇄된 단어를 소리로 바꿔고 그 의미에 접근하는 방식을 학습하는 기본 처리 요인(뉴런과 같은)들의 네트워크를 구성한다. 이런 모델은 읽기발달, 능숙한 읽기 및 읽기장애를 시뮬레이션하는 데 사용될 수 있다. 삼중 모델(The triangle model)은 연결주의 모델이며 [그림 2-3]에 묘사되어 있다. 이 모델이 개발되었을 때 다양한 버전들이 있었는데 지금까지 연구의 주된 관심은 철자와 음운 사이의 연결이다. 즉, 인쇄된 단어를 정확하게 '읽도록' 모델을 훈련하는 것이다(의미론으로 이 모델이 확장된 것을 보려면 Harm & Seidenberg, 2004 참조). 이 모델이 왜 종종 삼중 모델로 불리는지는 [그림 2-3]을 통해 확인할 수 있다.

(1) 단어 표상 및 읽기 방식

처리요인들의 네트워크는 단어의 철자와 음운(그리고 의미)을 표현하는 단위들의 그룹으로 여겨질 수 있다. 이 그룹이나 층위들은 [그림 2-3]에 그려진 좀 더 큰 타원들이다. 그림에서 색칠된 작은 타원들은 숨겨진 단위들이다. 숨겨진 단위들은 다른 유형의 정보 표상들을 연결해 준다. 이 숨겨진 단위들을 통해 한 유형의 말단 단위들(예를 들어, 철자 표상과 같은)은 다른 유형의 모든 단위들(음운 표상의 예처럼)과 연결되어 있다. 숨겨진 단위는 네트워크가 입력된 것(철자)과 인출된 것(발음) 사이의 복잡한 배열을 학습하고, 표상할 수 있도록 해 준다. 각 층위에서의 활성화는 최신 입력된 것과 과거 경험이나 지식 같이 이전에 입력된 것 둘 다에 의해 결정된다.

철자 표상은 문자나 그것들의 시각적 특징일 수 있고, 음운 표상은 음소나 음성적 특징일 수 있다. 두 모델 간 중요한 차이는 이중경로 연쇄 모델이 단어 차원의 표상이 포함되는 데 반해 삼중 모델은 그렇지 않다는 것이다. 삼중 모델에서 표상들은 단일한 국지적 단위라기보다 여러 단위에 걸친 활동 패턴으로 분포되어 있다(비록 그 표상의 수준이 다른 연결주의 모델에서 사용되기는 하지만). 그 결과 개별 단어의 철자나 발음에 대응하는 단일 단위는 없다. 문어의 입력은 철자 단위 전반에 걸쳐 있는 활성화 패턴이다. 이 활성화는 네트워크를 통해 확산되며, 이로 인해 단어의 발음에 대응하는 음운 단위 전체에 걸쳐 활성화 패턴이 형성된다. 활성화의 흐름은 모델이 입력(철자 패턴)에 반응(읽기)하는 방식을 통제하는 각각의 연결망 사이의 비중에 의해 조절된다. 학습이나 훈련 단계에서 단어를 읽는 모델의 인출은 목표 발음과 비교된다. 그런 다음, 성능을 향상시키기 위해 단위 간의 비중이 조정된다.

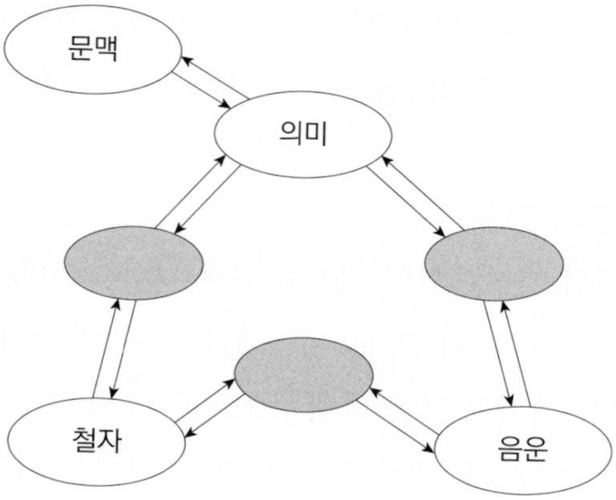

[그림 2-3] 읽기의 '삼중' 연결주의 모델 표상

출처: Plaut et al. (1996).

(2) 삼중 모델과 연구 결과

훈련을 받으면 이 모델은 능숙하게 읽는 성인의 읽기 수행에 잘 맞는다. 또한 후천성 난독증 독자의 단어 읽기 오류 형태를 유의하게 예측해 주기도 한다. 예를 들어, 이 모델은 저빈도 단어보다 고빈도 단어를 더 빨리 읽을 수 있다. 빈도 효과는 흔하게 나타나는 단어 단위들 사이의 활성화 패턴이 시간이 지남에 따라 강화되기 때문에 발생한다. 또한 이 모델은 이웃 단어들의 일관성에 대해서도 민감하다. 이 일관성 효과는 cash와 dash의 예에서처럼 단어들의 라임이 똑같이 발음된다면 철자가 유사한 단어들은 철자와 음운 층위 모두에서 유사한 활성화 패턴이 나타나고, wash처럼 발음이 덜 비슷하다면 다른 패턴으로 활성화되기 때문에 발생한다.

단어 읽기의 연결주의 모델은 고도로 상호작용적이며, 철자, 음운, 의미 그리고 문맥 사이의 연결을 구체적으로 명시해 준다. 그렇기 때문에 이 모델은 앞서 기술한 많은 문맥 효과를 설명할 수 있어야 한다. 지금까지 모델의 이러한 측면은 구현되지 않았다. 이 모델에 대한 개괄적 설명은 Seidenberg(2005)를, 더 상세한 설명은 Plaut 등(Plaut et al., 1996)을 참조하기 바란다.

3) 두 모델 비교

두 모델 모두 독자가 어떻게 인쇄된 단어를 독립적으로 재인하는지에 관한 중요한 연구 결과들을 설명할 수 있다. 두 모델은 이 처리 과정을 설명하고 모형화하는 다양한 방식을 제시하고 있다. 이중경로 모델은 연속적 방법으로 정보를 처리하는 경로가 포함되는 반면, 삼중 모델은 모든 처리 과정이 병렬 처리된다는 가정하에 작동된다. 이중경로 모델은 단어에 대한 정보 저장을 어휘집의 목록으로 개념화한다. 삼중 모델은 단어를 전체로 표상하지 않는다. 삼중 모델에서 단어들은 철자, 발음 및 의미의 분산된 표상 형태로 저장되어 있어서 여러 단어에 공통된 특징들이 공유되거나 연관될 수 있다. 이중경로 모델은 발음에 이르는 두 경로가 명확히 포함되어 있고, 삼중 모델을 검토해 보면 이 모델 또한 철자와 음운 간의 직접 경로와 의미를 경유하는 간접 경로 두 가지를 포함할 수도 있다는 점을 시사한다(Coltheart, 2005 참조). 문맥 효과는 어떤 모델에서도 아직 설명해 주지 못하고 있다.

4) 요약

시각적 단어 재인은 복잡한 처리 과정이다. 읽기 정확도와 용이성은 해당 언어에서의 단어 빈도수, 단어의 문어와 구어 형식 사이의 관계 그리고 단어가 나타난 문맥에 의해 영향을 받는다. 단어 재인을 설명하는 다양한 모델들은 빈도, 일관성, 문맥의 효과를 모형화하고 설명하기 위한 다른 해결 방법을 채택해 왔다. 그러나 후자는 현재 탐색이 부족한 실정이다. 성인 단어 읽기를 모형화하는 주요 접근법 중 어느 것이든 능숙한 독자가 개별 단어를 읽는 방식에 대한 '진실된' 설명이라고 말하기는 어렵다. 현재 각 모델의 상대적 장점에 대한 많은 논쟁이 있고, 둘 다 추후 몇 년에 걸쳐 발전하고 확장될 것이다.

더욱이 두 모델 모두 전형적 또는 비전형적으로 발달하는 아동의 읽기 습득이 아니라 능숙한 읽기와 후천성 읽기장애를 설명하기 위해 개발되었다. 그래서 현재 어느 모델이든 읽기발달을 설명하는 데 도움이 될 수 있는 정도는 제한적이다. 그중 Ehri(1992)는 철자에서 의미로 직접 연결되는 이중경로 모델의 어휘 경로 특성에 대해 의문을 품었다. 그녀는 읽기를 배울 때 단어 철자와 음운 사이의 체계적인 연결이 형성되고 기억에 저장된다고 주장한다. 이 관점에 의하면 일견 단어(sight word) 읽기가 단어 읽기의 이중경로 모델에서 어휘 경로의 시각-의미적 연결이라기보다 시각-음운론적 연결이기 때문에 가능하다(Ehri의 단어 읽기발달 이론은 4장 참조).

삼중 모델은 피드백에 기반한 학습 알고리즘이 있다. 이 특징은 표면적으로는 읽기발달 연구에 더 적절한 틀처럼 보이게 한다. 특정 학습 알고리즘을 포함하고 있다는 것이 아동이 단어 읽기를 학습하는 방법에 대한 심리학적 사실이며 정확한 설명이라는 의미는 아니지만(Coltheart et al., 2000 참조), 그런 알고리즘을 포함시키는 것은 읽기발달 과정에서 음운과 철자(그리고 의미)가 기여하는 바를 이해하기 위해 필요하다. 삼중 모델은 비전형적 읽기발달, 즉 발달성 난독증(Harm & Seidenberg, 1999)과 의미접근(Harm & Seidenberg, 2004)을 시뮬레이션하기 위해 확장되어 왔다. 지금까지 두 모델의 한계는 거의 배타적으로 일음절 단어에서 훈련되었다는 것이다. 그래서 sign, signature처럼 다음절이고 형태적으로 복잡한 단어에서 형태소 발음의 비일관성을 설명해 주지 못한다.

이 모델들은 영어 읽기 연구를 위해 서로 다르긴 하지만 유용한 틀을 마련해 준다.[2] 중요한 것은 이 모델들이(그리고 이전의 모델들도) 능숙한 읽기뿐 아니라 읽기발달과 특히 단어 읽기 어려움에 대한 연구를 시뮬레이션하는 데 탁월한 작업을 수행해 왔다는 것이다. 그 결과 발달성 난독증 아동의 문제가 무엇인지에 대한 지식이 다양한 틀과 이론적 접근에 의해 상당히 확장되어 왔는데, 이는 6장에서 다루게 될 것이다.

---

2) 앵글로 중심으로 집중된 읽기 연구가 능숙한 단어 읽기의 부정확한 모델을 이끌어 내는지에 대한 설명을 위해 Share(2008) 연구를 참조.

핵심 요약

- 언어가 다르면 구어를 표기하는 다른 시스템을 사용한다. 영어나 많은 유럽어들 같은 알파벳 철자법은 개별 문자와 문자 조합(자소)을 통해 구어(음소)의 말소리를 표현한다.
- 알파벳 철자법은 철자와 발음 사이의 관련성에 관한 규칙이 다양하다. 영어는 자소와 음소 간의 일대일 대응이 아니다. 규칙 단어는 일반 자소-음소 대응(GPC)규칙을 따르지만 불규칙이나 예외 단어들에 이 규칙들이 적용된다면 부정확하게 발음될 것이다.
- 단어 읽기는 단어의 발음과 단어의미 접근을 모두 포함한다.
- 이름대기 과제는 의미 단어와 비단어 읽기의 정확도와 속도를 측정하기 위해 사용될 수 있다. 이 과제에서는 우리 언어에 자주 나오는 단어들과 일찍 배우는 단어들을 더 빨리 읽는 경향이 있다.
- 읽기의 용이성은 단어의 일관성에 의해 영향을 받는다. 일관된 단어는 cat, rat, bat와 같이 철자 패턴을 공유하는 모든 단어들이 항상 같은 방법으로 읽히는 공통의 철자 패턴을 공유한다. 비일관적인 단어들은 pint, mint의 예처럼 다른 방법으로 발음될 수 있는 단위를 포함한다.
- 단어의 형태론적 구조는 그것이 얼마나 빨리 처리되느냐에 영향을 준다. 특히 의미적으로 투명한 단어들은 그 형태소 구성요소로 분석되지만 의미적으로 불투명한 것들은 그렇지 않다.
- 단어가 지원적 문맥에 나타나면 더 빨리 읽힌다. 그러한 효과는 예측을 통해 발생하는 것이 아니다. 독자는 문장에서 다음 단어를 관습적으로 (또는 정확하게) 추측하지 않는다. 문맥 효과는 아마도 어휘 사이, 문장 및 담화 점화의 결과이다.
- 단어 읽기의 이중경로 모델은 인쇄된 단어 읽기에 집중한다. 이 모델은 단어를 읽기 위한 두 가지 경로를 포함한다. 즉, 인쇄물에서 어휘사전을 통해 발음으로 가는 직접적 어휘 경로와 철자 대 말소리 대응규칙을 활용하여 발음을 조합하는 간

접적 어휘 하위 경로이다.

- 삼중 모델은 단어 읽기의 연결주의 모델이다. 이 모델은 철자, 음운, 의미와 문맥 사이의 연결을 포함한다. 지금까지 이 모델에 대한 대부분의 연구는 인쇄된 단어 읽기에 초점을 두어 왔다.

추가 읽기자료

Coltheart와 Plaut(2005)의 『The Science of Reading』에 읽기에 대한 이중경로 및 연결주의적 접근법에 대해 매우 쉽게 이해할 수 있는 챕터가 있다.

Coltheat, M. (2005) Modelling reading: The dual-route approach. In M. Snowling and C. Hulme (eds), *The Scienc of Reading: A Handbook*, Oxford: Blackwell Publishing, pp. 6-23.

Plaut, D. C. (2005) Connectionist approaches to reading: In M. Snowling and C. Hulme (eds), *The Scienc of Reading: A Handbook*, Oxford: Blackwell Publishing, pp. 24-38.

Harley(2008)의 『The Psychology of Language』에 두 모델에 대한 훌륭한 개요와 일반적인 연결주의 모델링에 대한 좋은 소개도 있다.

Harley, T. (2008) *The Psychology of Language: From Data to Theory* (3rd), Hove: Psychology Press.

두 모델이 영어 문자 체계의 불규칙성을 다루기 위해 개발되어 왔기 때문에 읽기에 대한 보편적 설명을 제공하지 못한다는 비평을 받아왔다. 읽기 연구가 앵글로족 중심으로 집중되어 있다는 것이 능숙한 단어 읽기와 단어 읽기발달에 대한 우리의 이해를 얼마나 잘못된 길로 이끄는지에 대해 더 보려면 Share(2000)를 참조하라.

Share, D.L. (2008) On the anglocentricties of current reading research and the practice: The perils of overreliance on 'outlier' orthography, *Psychological Bulletin*, 134: 584–615.

용어 정의

후천성 난독증(acquired dyslexia)	뇌손상으로 인한 읽기 어려움
역방향 학습 (back-propagation)	모델이 주어진 입력 값에 대한 정확한 반응(출력)에 근접할 때까지 입력과 출력 짝 사이의 연결이 조정되는 연결주의 모델에 사용되는 학습 알고리즘, 예를 들면 문자열에 대한 정확한 '발음'
의존형태소 (bound morpheme)	홀로 쓰일 수 없고, 다른 형태소에 붙어서 쓰여야 하며, 단어의 수나 시제 등를 변형시키는 형태소. 예를 들어, cats에서 접미사 '-s'는 복수를 표시해 주고, jumped에서 '-ed'는 과거시제를 표시해 준다.
연결주의 '삼중' 읽기 모델 (connectionist 'triangle' model of reading)	다양한 강도의 결합으로 연결된 인쇄된 단어의 특징, 발음 및 의미를 나타내는 단위의 네트워크를 포함하는 읽기의 계산주의 모델
파생형태소 (derivational morphemes)	파생형태소는 'un-' 같은 접두사와 '-ly'와 같은 접미사가 해당될 수 있다. 이 형태소가 기본 형태소에 더해지면 unkind, kindly, unkindly와 같은 새로운 단어를 만들어 낸다.
담화 (discourse)	한 문장 이상의 길이로 된 텍스트를 설명하기 위해 사용되는 용어

단어 읽기의 이중경로 모델 (dual-route model of word reading)	인쇄물 형태에서 의미로 가는 직접경로와 인쇄물 형태에서 음운을 걸쳐 의미로 연결되는 간접경로(조합경로)의 두 가지 방식으로 단어를 읽을 수 있는 단어 재인 모델
자립 형태소 (free morpheme)	cat, jump, kind와 같은 단어처럼 홀로 쓰일 수 있는 형태소. 형태적으로 복잡한 단어에서 기본 형태소로 언급될 수 있다.
굴절 형태소 (inflectional morphemes)	영어에서 굴절 형태소는 모든 접미사이며, 단어의 기능을 표시하기 위해 사용되는 것이다.
어휘 판단 과제 (lexical decision task)	연구참여자의 문자열에 제시된 단어 처리 과정을 측정하는데 사용된 과제로, 대상자는 제시된 자극이 실제 단어인지 아닌지를 가능한 한 빨리 결정해야 한다.
라임(rime)	어두자음이나 자음군 다음에 나오는 음절의 부분. 예를 들어, '-ook' 는 look, shook의 라임 단위이다.

제3장

능숙한 읽기이해자

핵심 용어

- 대용어(Anaphor)
- 배경지식(Background knowledge)
- 전반적 응집성(Global coherence)
- 정신 모델(Mental model)
- 접속사(Connective)
- 추론(Inferences)
- 국소적 응집성(Local coherence)
- 상황 모델(Situation model)

이 책을 읽을 때의 목표는 읽은 것을 이해하는 것이다. 이해는 일반적으로 독서의 목표이다. 그렇다면 이해한다는 것은 무엇이며, 어떤 기술이 관련되어 있는가. 능숙한 성인 독자의 경우 잘 쓰인 글을 읽고 이해하는 과정은 대부분의 상황에서 비교적 자동적이다. 성인 독자는 단어의 의미를 쉽게 인출하며, 개별 문장의 의미를 생성하고, 텍스트에서 연속적인 문장을 연결하여 통합된 의미에 대한 응집력 있는 표상을 구성한다. 독자가 두 문장의 연결을 위해 추론하는 데 요구되는 처리 시간은 138ms만큼 짧다(Clark & Haviland, 1977).

이해 연구의 유용한 출발점은 능숙한 읽기이해의 결과물을 고려하는 것이다. 우리가 텍스트를 읽거나 들을 때 기억하는 것과 (당신이 놀랄 수도 있는) 잊는 것을 검토하는 것으로 이를 확인할 수 있다. 이러한 정보는 독자가 구성하는 텍스트의 의미 표상의 특성에 대한 유용한 통찰력을 제공할 수 있다. 이 장의 첫 부분에서는 기억하는 것과 잊는 것에 대해 살펴볼 것이다. 두 번째 부분에서는 독자가 텍스트를 처리하고 의미를 구성하는 데 영향을 미치는 요인을 살펴볼 것이다. 응집력, 추론 및 사전 지식의 역할을 도울 수 있는 텍스트의 기능이 논의에서 포함될 것이다. 마지막 부분에서는 읽기이해 모델을 검토하고, 이 모델들이 읽기이해 과정과 결과물을 설명하는 방법에 대해 살펴볼 것이다.

제3장 능숙한 읽기이해자

1. 우리가 잊는 것과 기억하는 것은 무엇인가

단어를 읽고 의미에 접근한 후에, 각 문장의 의미를 파악해야 한다. 우리는 단순히 단어가 배열되는 순서로만 의미를 파악할 수는 없으며, 문장의 통사론적 구조가 정확한 의미를 파악하기 위해 종종 중요할 수 있다. 다음을 비교해 보자.

1a The child read the story to the teacher(아이는 선생님에게 이야기를 읽어 주었다).

1b The child was read the story by teacher(아이는 선생님에 의해 이야기를 들었다).

핵심 단어의 순서가 두 문장 내에서 동일하지만 의미(누가 읽었는지)는 다르다. 1a 문장은 능동형 문장으로, 주어는 책을 읽는 아이이다. 1b 문장은 수동형 문장으로 선생님이 책을 읽는 주체이다. 단어의 순서와 문장 구조는 우리가 문장을 이해하는 데 영향을 미친다. 그러나 독자는 정확한 어순과 의미를 전달하는 데 사용된 특정 구문구조를 종종 잊어버린다.

1) 우리는 무엇을 잊는가

텍스트의 정보 망각은 Sachs(1967)의 고전 실험에서 설명되었다. 이 실험은 읽기 대신 듣는 것이 포함되었지만 결과는 듣기와 읽기이해 모두에 적용된다. Sachs의 연구에서, 참여자들은 다음과 같은 문장이 포함된 짧은 이야기를 들었다. He sent a letter about it to Galileo, the great Italian scientist(그는 위대한 이탈리아 과학자인 갈릴레오에게 그것에 관한 편지를 보냈다). 이야기의 핵심 문장을 제시한 직후 또는 80~160음절의 이야기를 더 들려준 후에 문장 재인 과제(sentence recognition test)를 실시하였다. 문장 재인 과제에서 청자에게 문장을 제시하였고, 이전에 들었던 이야기에 동일한 문장이 있었는지 물어보았다.

수행력은 즉각적으로 물어보았을 때 우수하였다. 청자는 이전에 들었던 단어, 문장 구조나 의미가 다른 문장을 정확하게 이전에 들었던 문장과 다르다고 판단하였다. 하지만 지연 후에 과제를 실시했을 때 청자는 의미에 근거하여 판별하는 것으로 나타났다. 참여자들은 He sent Galileo, the great Italian scientist, a letter about it(그는 위대한 이탈리아 과학자인 갈릴레오에게 그것에 관한 편지를 보냈다)와 같이 원본과 다른 단어 순서일지라도 동일한 의미를 가진 문장을 이전에 들었던 문장으로 인식하였다. 이는 문장의 의미는 동일하지만 다른 문장 구조(수동태)로 쓰여진 문장에서도 마찬가지였다. 그 예시 문장은 A letter about it was sent to Galileo, the great Italian scientist(그것에 관한 편지는 이탈리아인 위대한 과학자인 갈릴레오에게 보내졌다)이다. 정확하게 다른 문장으로 판단한 유일한 문장은 등장인물의 역할을 바꾸어서 원래 문장의 의미가 바뀐 문장으로, 예를 들어 Galileo, the great Italian scientist, sent him a letter about it(이탈리아의 위대한 과학자 갈릴레오는 그것에 관해 그에게 편지를 보냈다)였다. 이 연구 결과의 요약은 〈표 3-1〉에 제시하였다. 이 연구는 우리가 텍스트의 표면적인 세부 사항을 빨리 잊는다는 것을 시사한다.

<표 3-1> 우리는 무엇을 잊는가? Sachs(1967)의 연구 결과 요약

이야기에 포함된 목표 문장: He sent a letter about it to Galileo, the great Italian scientist

제시 문장	목표 문장과의 관계	잘못 인식할 가능성	
		즉각적인 평가	지연된 평가
He sent Galileo, the great Italian scientist, a letter about it (그는 위대한 이탈리아 과학자인 갈릴레오에게 그것에 관한 편지를 보냈다)	단어 순서 변화: 의미 유지	낮음	높음
A letter about it was sent to Galileo, the geat Italian scientist (그것에 관한 편지는 이탈리아인 위대한 과학자인 갈릴레오에게 보내졌다)	구문구조 변화: 의미 유지	낮음	높음
Galileo, the great Italian scientist, sent him a letter about it (위대한 이탈라인 과학자인 갈릴레오는 그것에 관한 편지를 그에게 보냈다)	의미 변화	낮음	낮음

출처: Sachs (1967).

2) 우리는 무엇을 기억하는가

표면적인 세부 사항을 '잊는' 것에 대한 또 다른 예시는 우리가 기억하는 것과 텍스트의 의미를 표상하는 방법에 대한 통찰력을 제공한다. Bransford, Barclay와 Franks(1972)가 이에 대해 연구하였다. 그들은 다음과 같은 문장을 제시하였다.

2a Three turtles rested on a floating log, and some fish swam beneath them(세 마리의 거북이가 떠다니는 통나무에 걸쳐 있고, 몇 마리의 물고기가 그들 아래로 헤엄쳐 갔다).

2b Three turtles rested beside a floating log, and some fish swam beneath them(세 마리의 거북이가 떠다니는 통나무 옆에 있고, 몇 마리의 물고기가 그들 밑으로 헤엄쳐 갔다).

2a와 2b 문장에 설명된 상황은 [상자 3-1]의 그림에 나와 있는 것처럼 다르다.

3분 간격으로 참여자에게 재인 과제를 실시하였다. 새로운 문장을 제시하고, 참여자들에게 그 문장이 이전에 들었던 문장인지를 판별하도록 하였다. 새로운 문장은 다음과 같다.

2c Three turtles rested on a floating log, and some fish swam beneath it(세 마리의 거북이가 떠다니는 통나무에 걸쳐져 있고, 몇 마리의 물고기가 그 아래로 헤엄쳐 갔다).

2d Three turtles rested beside a floating log, and some fish swam beneath it(세 마리의 거북이가 떠다니는 통나무 옆에 있었고, 몇 마리의 물고기가 그 아래로 헤엄쳐 갔다).

새로운 문장의 일부는 원래 문장과 동일한 상황을 묘사하였다. 예를 들면, 2c 문장은 2a 문장과 단어 하나가 다르지만 동일한 상황이다. 다른 문장(2d)은 단어 하나가 다르며 상황도 다르다. 2d 문장은 2b의 문장에서 묘사된 상황과 다르다. 이 연구에서 청자는 2c 문장과 같이 원래 제시하였던 문장과 동일한 상황을 묘사한 문장을 이전에 들었던 문장으로 잘못 인식할 가능성이 높았다. 그리고 다른 상황을 묘사한 문장을 이전에 들은 적이 없는 문장으로 더 잘 판단할 수 있었다. 이 연구는 우리가 텍스트가 기술된 방식보다 텍스트가 기술한 상황을 기억한다는 것을 보여 준다.

상자 3-1 우리는 무엇을 기억하는가

세 마리의 거북이가 떠다니는 통나무에 걸쳐 있고, 물고기 몇 마리가 그들/그 아래로 헤엄쳐 갔다.

Bransford, Barclay와 Franks(1972)의 연구에서 텍스트 유형에 설명된 장면의 삽화이다. 왼쪽 상단의 그림은 동일한 상황을 두 개의 다른 문장으로 표현하는 방법을 보여 준다. 독자와 청자는 이런 경우처럼 두 문장이 동일한 장면을 설명할 때 새로운 문장을 이전에 들은 원래의 문장으로 잘못 인식하는 경우가 많다. 이러한 결과는 우리가 정보를 전달하는 데 사용하는 정확한 단어보다는 텍스트에 의해 설명된 상황을 기억하는 경향이 있음을 시사한다.

세 마리의 거북이가 떠다니는 통나무 옆에 있었고, 물고기 몇 마리가 그들 아래로 헤엄쳐 갔다.

세 마리의 거북이가 떠다니는 통나무 옆에 있고, 물고기 몇 마리가 그 밑으로 헤엄쳐 갔다.

3) 요약

일반적으로 텍스트의 정확한 표현은 빠르게 잊지만, 의미에 대한 기억은 오래 유지된다. 이러한 결론이 언제나 완전히 맞지는 않은데, 왜냐하면 몇몇 상황에서는 정확한 표현에 대한 기억이 유지되기 때문이다. 농담의 정확한 표현이 얼마나 중요한가를 생각해 보자. [상자 3-2]의 연구는 정확한 표현이 기억되는 상황을 잘 보여 주는 예시이다. 그러나 대부분의 상황에서 우리 기억은 의미에 대한 것이며,

정확한 표현에 대한 기억보다는 텍스트에 묘사된 상황에 대한 표상을 구성한다. 능숙한 읽기이해 모델과 우리가 의미를 표상하는 방법을 살펴볼 때 이러한 연구 결과를 고려해야 한다.

상자 3-2 단어가 중요한 경우

우리가 읽거나 들은 정보에 대한 정확한 단어를 기억하는 특별한 상황이 있다. 즉, 표현 그대로 기억하는 경우는 강의 중 농담이나 여담과 같은 정보(Kintsch & Bates, 1977)와 정확한 단어 선택이 말, 풍자나 칭찬, 욕설과 같은 추가정보를 전달할 때 더 잘 나타난다. 또한 해당 문구가 화자의 스타일 및 청중과의 관계에 대한 정보를 전달할 때 정확한 문구에 대해 더 잘 기억할 가능성이 높다.

Keenan, MacWhinney와 Mayhew는 교수 연구 세미나에서 산출된 구 재인 테스트(phrase recognition test)를 통해 단어에 대한 청자의 기억을 연구하였다(Keenan, MacWhinney & Mayhew, 1977). 청중들은 특정 표현에 대한 기억력이 평가될 것이라는 사실을 알지 못했기 때문에 이 연구는 우리에게 자연스런 환경에서의 언어 기억력에 대한 통찰을 제공한다. 세미나 후 1~2일이 지나고 청자는 '개인적으로 의미가 있고', 화자의 스타일을 반영한 진술일 때 정확한 표현과 다른 말로 바꾸어 표현한 것을 잘 구별하였다. 그들은 다른 유형의 발화에 대해서는 앞의 발화처럼 잘 구별하지 못했다.

표현 그대로를 기억하는 또 다른 예는 Gibbs와 Nagaoka(1985)의 연구이며, 이들은 단편소설의 마지막 문장으로 제시된 **I need some bread(나는 돈이 필요해)**와 같은 속어의 기억에 관심이 있었다. 속어로 사용되었을 때가 같은 이야기에서 **I need some money(나는 돈이 필요해)**와 같이 동일한 의미지만 문자 그대로의 의미일 때보다 더 잘 회상하는 것으로 나타났다.

따라서 많은 연구들에 따르면 문장의 의미에 대한 기억은 그것의 형태(단어의 순서 또는 구문 구조)에 대한 기억보다 더 오래 지속된다는 사실이 밝혀졌다. 하지만 정확한 표현이 화자가 사용하는 특정한 표현을 통해 화자의 태도와 같은 부가 정보를 전달하는 특별한 상황에서는 표면적인 형태에 대한 장기 기억이 가능하다.

2. 국소적 응집성과 전반적 응집성

독자가 텍스트의 의미를 표상하는 방법에 대한 다양한 이론을 다루기 전에 텍스트 이해와 관련한 처리 과정 및 지식을 고려하는 것이 중요하다. 무엇을 기억하는지에 대한 토론에서 단일 문장의 재인 능력을 살펴보았지만 읽기이해는 일반적으로 담화(discourse)라 불리는 여러 문장으로 구성된 텍스트에 관한 것이다. 단어를 읽는 방식에 영향을 미치는 다양한 요소가 있는 것처럼 문장을 연결하고 의미를 구성하는 것과 관련한 여러 다른 요소와 처리 과정이 있다. 이러한 처리 과정은 독자가 텍스트의 국소적 그리고 전반적 응집성을 확립하도록 해 준다.

국소적 응집성(local coherence)은 인접한 문장 간의 관계를 의미한다. 능숙한 읽기이해자는 연속적인 문장의 정보를 통합하고, 그렇게 함으로써 의미 표상을 일관되고 국소적으로 응집력 있게 만든다. 전반적 응집성(global coherence)은 텍스트 내의 문장들이 서로 의미가 통하는지 그리고 각 문장이 전체 주제와 연결되는지 여부와 관련된다. 전반적 응집성을 만들기 위해 독자는 배경지식과 장기 기억으로부터 인출한 정보를 서로 통합하여 내포된 세부 내용의 의미를 파악해야 한다(Graesser, Singer, & Trabasso 1994; Long & Chong, 2001).

국소적 그리고 전반적 응집성에 대한 예시는 다음의 짧은 문장을 분석함으로써 확인할 수 있다(Suh & Trabasso, 1993의 연구).

> 베티는 엄마에게 선물을 드리고 싶었다.
>
> 그녀는 백화점에 갔지만 모든 것이 너무 비싸다는 것을 알았다.
>
> 베티는 스웨터를 짜기로 결정했다.
>
> Betty wanted to give her mother a present.
>
> She went to the department store, but she found that everything was too expensive.
>
> Betty decided to knit a sweater.

베티에 대한 내용을 의미 있게 이해하려면 독자는 각각의 문장에 나타난 정보가 서로 어떻게 연결되는지를 알아야 한다. 독자는 각 문장을 연결하고, 의미를 통합해야 한다. 앞의 예에서 통합 과정을 돕는 두 유형의 결속 장치(cohesive device)가 있다. 하나는 she와 같은 대용어(anaphor)이며, 다른 하나는 but과 같은 절간 접속사(interclausal connetive)이다. 예를 들어, 독자는 두 번째 문장의 she는 첫 번째 문장에서 소개된 주인공 베티를 의미한다는 것을 알아야 연속적인 문장들을 연결할 수 있다.

또 다른 유형의 처리 과정은 추론으로, 마지막 문장을 앞 문장과 통합하는 데 필수적이다. 여기에서 독자는 스웨터가 엄마를 위한 선물이라고 추론할 것이다. 또한 독자는 저자가 명시적으로 제공한 정보를 보완하기 위해 배경지식을 활용할 필요가 있다. 일반적으로 가게에서 선물을 사고 판다는 지식은 두 번째 문장을 이해하는 데 필요하다.

이러한 처리 과정 외에도 전략을 적절하게 사용하는 독자는 읽는 동안 그들의 이해 정도를 확인한다. 이는 예를 들어 대명사에 대한 지시어가 적절한지, 또는 추론을 해야 하는지 등에 대한 여부를 식별하는 데 도움을 준다. 이러한 처리 과정을 이해 모니터링(comprehension monitoring)이라고 하며, 어린 독자들이 개발해야 하는 중요한 기술이기도 하다(5장과 7장 참조).

1) 결속 장치: 대용어와 절간 접속사

결속 장치인 대용어와 절간 접속사는 텍스트 내에서 자주 나타난다. 이러한 장치는 독자가 절과 문장 사이를 연결하여 국소적 응집력을 유지하는 데 사용한다.

(1) 대용어

대용어(anaphor)의 한 예시는 다음 문장의 대명사 she이다. Joe told a joke to Justine. She thought it was very funny(조는 저스틴에게 농담을 했다. 그녀는 그 농담이

매우 재미있다고 생각했다). she는 첫 문장의 저스틴을 의미한다. 대용어는 그것 자체에는 의미가 거의 없다. she는 앞 문장을 통해 특정한 의미를 취한다. 조의 이름은 남성이기 때문에 선행자가 될 수 없다. 대명사는 종종 문어에서 사용되며, 대명사 지시(pronominal reference)는 국소적 응집성을 확립하는 데 필수적이다. 대용어의 또 다른 예는 한정 대명사(definite pronoun) it이다. 예를 들면, John looked for his yoga bag. It was in the hallway(존은 그의 요가 가방을 찾았다. 그것은 복도에 있었다) 문장에서 it은 요가 가방을 의미한다. 또한 부정 대명사(indefinite pronoun)인 one 이다. Steph has a new squash racquet, and I want one too(스테프는 새로운 스쿼시 라켓을 가지고 있고, 나도 새로운 것을 원했다)의 문장에서 보는 것처럼 one은 스테프의 것이 아니라 또 다른 새로운 것을 가리킨다.

성인 독자는 글을 읽으면서 의미의 통합을 위해 대용어를 사용한다. 이는 Garnham과 Oakhill 등의 연구로 입증되었다. 일례로 Garham과 Oakhill(1985)의 연구에서 성인 독자에게 두 개의 절이 포함된 문장을 제시했다.

3a Melissa lent a pen to Karen, because she wanted to write a letter(멜리사는 카렌에게 펜을 빌려 줬는데 그녀가 편지를 쓰고 싶어 했기 때문이다).

3b Paul lent a pen to Karen, because she wanted to write a letter(폴은 카렌에게 펜을 빌려 줬는데, 그녀가 편지를 쓰고 싶어 했기 때문이다).

3a 문장에서 두 주인공인 멜리사와 카렌은 모두 여성이다. 3b 문장에서는 폴과 카렌의 성별이 다르다. Garham과 Oakhill은 각 절을 읽는 데 걸린 시간을 측정하는 온라인 평가를 실시하였다. 연구 결과 성인 독자는 두 주인공이 같은 성별일 때 두 번째 절을 읽는 데 확실히 시간이 더 오래 소요되는 것을 확인하였다.

또 다른 연구에서 Garham과 Oakhill은 특정 직업에 대한 독자의 고정관념을 연구하였다. 인정하고 싶지 않을 수 있겠지만, 대부분의 독자는 고정관념이 강한 직업에 종사하는 사람일 때 그들의 성별에 대해 정형화된 견해를 가지고 있었다(자세한 내용은 [상자 3-3] 성별에 대한 추론 참조).

상자 3-3 성별에 관하여

• 먼저 다음의 이야기를 읽어 보자.

> 한 남자와 그의 아들이 여행을 떠났다. 그들은 고속도로를 운전하다가 큰 사고를 당했다. 그 남자는 죽었고, 아들은 크게 다쳤지만 살아 있었다. 아들은 급히 병원으로 옮겨져 응급 수술을 받아야 했다. 수술실에 들어서자 외과 의사는 소년을 바라보며 "나는 이 수술을 할 수 없어. 이 소년은 내 아들이야."라고 말했다(Sanford의 원본, 1985, p. 311.).

• 어떻게 이러한 일이 일어날까?

일부 독자는 이 단락을 이해하는 데 어려움이 없다고 보고하지만 많은 사람들은 명백한 불일치로 인해 혼란스러워한다. 기본적으로 외과 의사는 남자 성별로 간주한다. 평가 연구(rating study)에서 성인들은 일반적으로 외과 의사를 남성으로 평가한다.

Reynolds, Garnham과 Oakhill(2006)은 위와 유사한 지문을 구성했으며, 주요 차이점은 **소년이 병원으로 옮겨졌을 때 지나가던 외과 의사는 "맙소사 내 아들이야."라는 문장에 변화를 준 것이다.**

이러한 지문의 변화는 '비일관적인' 지문(지나가던 외과의사)과 '일관적인' 지문(지나가던 간호사)을 비교할 수 있다. '비일관적인' 지문에서 비슷한 유형의 지문을 읽은 적이 없는 독자의 거의 60%는 이해의 어려움을 보고했다. 게다가 그들 모두가 외과 의사와 아들 간의 정확한 관계를 알아낼 수 있는 것은 아니었다. 반면, '일관된' 지문인 간호사가 있던 지문은 어려움이 보고되지 않았다. 다른 독창적인 많은 지문들을 이 논문에서 찾을 수 있다.

후속 실험에서 독자들은 간호사가 말할 때보다 외과 의사가 말할 때 중요한 대사를 읽는 데 더 오랜 시간이 걸렸다. 이러한 결과는 독자가 읽을 때 등장인물에 대한 성별 정보를 추론하고 통합한다는 것을 의미한다. 그래서 남성으로 유추된 외과의사가 부상당한 소년이 "내 아들이야."라고 외칠 때와 같은 유형의 지문에서 방해를 받는 이유이다.

예를 들면, 우리는 흔히 아이를 돌봐 주는 사람은 여성일 것으로 생각하고, 축구 선수는 남성일 것으로 생각한다. 심리학자와 같은 직업은 성별에 관계없이 할 수 있는 직업이라는 점에서 성별과 관련해서는 중립적이다. 한 연구에서 독자는 적절하거나 부적절한 대명사가 포함된 문장을 읽었다. 아기를 봐 주는 사람은 비디오를 보기 위해 앉았다. 그때 그녀는/그는 아이가 우는 것을 들었다의 문장을 보자. 독자는 '그'(부적절한 형태)가 포함된 문장을 읽을 때 더 오랜 시간이 소요되었으며, 이는 읽기이해에 혼란이 생겼음을 의미한다(Carreiras et al., 1996). 이 연구는 능숙한 독자는 책을 읽을 때 대용어가 문장을 통합하는 데 사용된다는 것을 보여 준다.

(2) 절간 접속사

결속 장치의 또 다른 유형은 절간 접속사(interclausal connective)로, because, but, after가 이에 해당한다. 접속사는 의미를 가지고 있기 때문에 대용어와는 구별된다. 즉, 접속사는 각 문장이나 절의 의미를 연결하거나 통합하는 방법을 알려 준다. 이러한 방식으로 접속사는 텍스트 해석을 안내하는 역할을 한다. 다음의 두 문장을 비교해 보자.

4a Hannah was late, so she took the bus(한나는 늦었다. 그래서 그녀는 버스를 탔다).

4b Hannah was late, because she took the bus(한나는 늦었다. 왜냐하면 그녀는 버스를 탔기 때문이다).

첫 번째 문장에서 버스를 타는 행위는 한나가 늦은 것에 대한 결과이다. 아마도 버스가 걷는 것보다는 목적지에 도착하는 더 빠른 방법일 것이다. 두 번째 문장에서는 한나가 늦은 이유는 버스를 탔기 때문이다. 아마도 버스가 고장 났거나 교통체증에 걸렸을 것이다. because와 so는 인과 접속사(causal connective)의 예이다. 두 접속사는 인과 관계의 방향을 지정한다. 다른 유형의 접속사인 after나 before

는 두 사건의 순차적인 순서를 보여 주는 반면, although나 but은 대조적인 관계를 나타낸다.

능숙한 성인 독자는 이러한 접속사의 다양한 의미에 민감하다. 다음의 두 문장을 비교해 보자.

5a Tim was full up, **after** he ate a slice of cake(팀은 케이크 한 조각을 먹은 후에 배가 불렀다).

5b Tim was full up, **so** he ate a slice of cake(팀은 배가 불러서 케이크 한 조각을 먹었다).

성인은 5a 문장보다 5b와 같은 문장에서 두 번째 절을 읽을 때 더 오랜 시간이 소요된다. 이는 부적절한 접속사(5b와 같이)가 포함된 문장이 이치에 맞지 않기 때문에 읽기를 방해한다는 것을 나타낸다. 성인 독자는 또한 5b와 같은 문장을 '이치에 맞음'으로 판단할 가능성이 적다(Murry, 1997). 인과성을 나타내는 because와 같은 접속사는 능숙한 성인 독자에게 텍스트에 대한 추론 생성을 증가시키고, 기억을 향상시키기 때문에 이해에 특히 중요할 수 있다(Caron, Micko, & Thuring, 1988; Golding et al., 1995; Mills, Golding, & Barker, 1995).

결속 장치는 성인 독자가 글을 읽는 동안 사용되며, 독자들이 텍스트의 의미를 응집력 있게 표상할 수 있도록 안내할 수 있는 처리 과정의 지침 역할을 하는 것으로 보인다(Givón, 1992 참조). 5장과 7장에서 이러한 결속 장치에 대한 지식과 사용이 어린 독자들에게 어떻게 발달하는지 (혹은 발달에 실패하는지) 고찰할 것이다.

2) 추론

작가는 모든 세부 사항을 설명하지는 않는다. 그렇게 한다면 다소 길고 지루한 텍스트를 만드는 결과를 초래할 것이다. 결과적으로 독자는 텍스트의 다른 부분들을 연결하고, 일반적인 지식을 사용하여 누락된 세부 정보를 채워야 한다. 앞서 제시한 베티에 대한 글을 보자. 마지막 문장인 베티는 스웨터를 짜기로 결정했다를 읽을 때 독자는 그 스웨터가 베티 엄마를 위한 선물이라는 것을 추론해야 한다. 그렇지 않다면 그 문장은 지금까지 이야기의 맥락에서 이상해질 것이다. 추론에는 다양한 분류가 있지만(자세한 분석은 Graesset et al., 1994 참조), 다른 목적을 가지는 두 유형으로 광범위하게 분류할 수 있는데, 이 두 유형은 필수적(necessary) 추론과 정교한(elaborative) 추론이다.

(1) 필수적 추론

필수적 추론(necessary inference)은 텍스트의 각 부분 사이를 연결하고, 텍스트 전체 내용을 이해하는 데 필요하다. 필수적 추론은 응집성 추론(coherent inference)이라고 불리기도 하는데, 이 추론은 텍스트 의미에 대해 응집력 있는 표상을 구성하기 위해 문장들을 연결하는 데 필요하기 때문이다. 이러한 유형의 추론이 특히 두 문장을 연결하기 위해 사용되는 경우 브리징 혹은 백워드 추론(bridging or backward inference)으로 불릴 수 있다. 예를 들면, 릭은 뷔페 테이블로 걸어갔다. 케이크는 맛있어 보였다는 문장에서 독자는 국소적 응집성을 확립하기 위해 케이크는 뷔페에 있는 음식 중 하나일 가능성이 있음을 추론해야 한다.

(2) 정교한 추론

정교한 추론(elaborative inference)은 반드시 필요한 추론은 아니지만 텍스트의 의미에 대한 표상을 풍부하게 할 수 있다. 예를 들면 주말에 찰리는 새로운 과일나무를 심기 위해 구덩이를 팠다. 그는 항상 자신의 사과를 재배하기를 원했다라는 문장을 읽었다면, 찰리가 삽을 사용했다고 추론하는 것이 합리적일 것이다. 그러나 이 추론은 두 문장을 연결하고 전반적인 내용을 이해하기 위해 반드시 필요하지는 않다. 이러한 유형의 추론을 포워드 추론(forward inference)이라고 부른다.

일반적으로 능숙한 성인 독자는 두 가지 다른 기능의 추론(필수 및 정교)에 민감하며, 정교한 추론보다는 필수적 추론을 더 많이 한다(e. g. Singer, 1994; Whiteney, Ritchie, & Clark, 1991). 여기에서 필수적인 추론이 필요한지 정교한 추론이 필요한지를 문맥이 결정한다는 점에 유의하는 것이 중요하다. 다음 문장을 살펴보자. 주말에 찰리는 구덩이를 팠다…… 삽은 낡은 나무 손잡이를 가지고 있었다. 앞의 예문과 달리, 두 번째 문장에서 언급된 삽은 첫 번째 문장의 땅을 파는 행위를 하는 데 사용했다는 것을 추론할 필요가 있다. 그렇지 않다면 두 문장은 연결되지 않는다.

(3) 어떤 추론 유형이 언제 필요한가

추론에 관한 중요한 질문 중 하나는 어떤 추론 유형이 만들어지고, 언제 필요한지에 관한 것이다. 답은 추론을 측정하는 방법에 따라 다르다. 깨지기 쉬운 유리 꽃병이 바닥으로 떨어졌다와 같은 문장을 읽거나 들은 후에 사람들은 깨지기 쉬운 유리 꽃병이 바닥에 부서졌다로 종종 잘못 인식할 것이다(Johnson, Bransford, & Solomon, 1973). 그러나 이러한 유형의 재인 평가는 오프라인 평가로서, 독자나 청자가 문장이 제시되자마자 꽃병이 부서졌다는 정교한 추론을 하는지는 보여 주지 못한다. 글을 읽은 후 재인 문장이 제시되는 시점에 추론을 할 수도 있을 것이다.

Corbett와 Dosher(1978)의 연구는 이 점을 잘 보여 준다. 연구자들은 '삽'이라는 단어가 제시 문장인 식료품 가게 주인은 구덩이를 팠다, 식료품 가게 주인은 삽으로 구덩이를 팠다, 식료품 가게는 쇠스랑으로 구덩이를 팠다에 대한 좋은 회상 단서(recall cue)가 된다는 것을 확인했다. 이 연구 결과는 삽이라는 단서는 아마도 파다라는 행동과 관련하여 회고적 기능을 하고 있다는 것을 시사한다. 현재 이러한 정교한 추론은 글을 읽은 후 평가하는 시점에 생성된다고 보고 있다.

연구자들은 독자가 글을 읽을 때 어떤 추론이 만들어지는지에 대해 다양한 입장을 취했다. 독자는 정교한 추론보다는 필수적 추론을 더 많이 하지만 무엇이 그 필수성을 결정하는가? McKoon과 Ratcliff(1992)가 제시한 미니멀리스트(minimalist)의 견해는 독자가 전반적 응집성보다는 국소적 응집성을 위해 필수적 추론을 하며, 이러한 추론은 쉽게 이용 가능한 배경지식에서 도출된다고 보았다.

하지만 독자가 추론을 하는지 여부를 평가하는 것 외에 쉽게 이용 가능한 지식을 구성하는 것은 무엇이며, 어떻게 평가할 수 있는지에 대해서는 명확하지 않다(이 문제에 대한 추가 논의는 Garnham, 1992 참조). 구성주의자(constructionist)의 입장은 몇 가지 중요한 요소가 추론을 형성하는 데 영향을 미친다는 것으로, 독자의 읽기 이해 목표, 국소적 및 전반적 응집성을 확립할 필요성, 그리고 왜 일화(episode)가 발생했고, 정보가 저자에 의해 명시적으로 언급되었는지를 이해하거나 설명할 필요성 등이 포함된다(Graesset et al., 1994, 2007). 이러한 요소들은 5장의 읽기이해 발달의 맥락에서 추론을 살펴보고, 7장에서 추론의 어려움이 읽기이해 어려움에 어떻게 영향을 미치는 지를 살펴볼 때 다시 한번 고려할 것이다.

3) 배경지식

배경지식은 다른 방식으로 이해에 영향을 미칠 수 있다. Bransford와 Johnson의 연구들은 그림이나 주제에 의해 제공되는 사전 지식이 이해력에 어떠한 영향을 미치는지를 보여 준다(Bransford & Johnson, 1973). 주제와 관련하여 사용된 텍스트의 예는 〈표 3-2〉에 나와 있다. 글을 읽기 전에 주제에 대한 정보를 제공받은 참여자가 나중에 주제에 대한 정보를 받은 사람들보다 더 많은 정보를 회상하고 지문을 더 잘 이해할 수 있다고 평가했다. 주제는 각주에 나와 있다. 그림 제시를 하였던 연구에서도 비슷한 효과가 나타났다(Bransford & Johnson, 1973).

이 연구들은 읽거나 듣는 동안 맥락이 존재한다면 기억을 하는 데 도움이 된다는 것을 보여 준다. 또한 국소적 및 전반적 응집성 간에 차이를 보여 주었다. 〈표 3-2〉를 읽을 때, 독자는 의미 표상을 위해 각 문장을 연결함으로써 국소적 응집성을 확립할 수 있었다. 하지만 그들은 주제에 대한 사전 지식의 도움 없이는 전반적인 응집성을 구축하기 어렵다.

<표 3-2> Bransford와 Johnson(1973)에서 사용한 이야기 예시[1)]

예시
절차는 사실 매우 간단하다. 먼저 당신은 그것들을 여러 다른 그룹으로 정리한다. 물론 해야 할 것이 얼마나 있느냐에 따라 하나로도 충분할 수 있다. 만약 시설이 부족해서 다른 곳으로 이동해야 한다면 다음 단계이며, 그렇지 않으면 꽤 준비가 잘 되어 있는 것이다. 너무 무리하지 않는 것이 중요하다. 즉, 너무 많은 것보다 한 번에 적게 하는 것이 더 낫다. 단기적으로 중요하지 않아 보일 수 있지만, 문제가 쉽게 생길 수 있다. 또한 실수는 비용이 많이 들 수 있다. 처음에는 전체 절차가 복잡해 보일 수 있다. 하지만 머지않아 그것은 삶의 또 다른 부분이 될 것이다. 가까운 미래에 이 일의 필요성이 사라진다고 예측하기는 어렵지만 누구도 그때를 말할 수는 없다. 절차가 완료되면 그것들을 다시 다른 그룹으로 정리한다. 그러고 나서 그것들을 적절한 위치에 배치할 수 있다. 결국 그들은 한 번 더 사용되고, 전체 절차를 반복해야 한다. 그런데 이것은 삶의 일부이다.

배경지식이 이해에 영향을 미칠 수 있다는 또 다른 증거는 he와 she와 같은 대명사 처리에 대한 연구에서 나타났다. 앞서 직업에 따라 성별을 연결하려는 우리의 성향을 이용한 연구를 언급하였다. 이 연구에서 독자는 글을 읽을 때 텍스트의 의미를 표상하기 위해 직업의 성별을 활성화하고 성별을 부여하려는 것으로 나타났다(Carreiras et al., 1996). 그들은 성별에 대한 고정관념을 억제하도록 권고하더라도 억제하는 것이 어렵다는 것을 확인하였다(Oakhill, Garnham, & Reynolds, 2005; 자세한 내용은 [상자 3-3] 참조).

또 다른 연구에서는 특정 영역과 관련한 지식이 많은 사람과 그렇지 않은 사람을 통해 독자의 지식을 조절했다. 연구자들은 독자가 가진 지식의 양이 기억과 텍스트 이해에 영향을 미치는지를 연구하였는데, 일반적으로 영향을 미친다. Spilich 등은 야구 용어, 규칙 및 경기 방법에 관한 지식이 많은 학생과 적은 학생을 선정하였다. 그러고 나서 각 집단에게 야구 경기에 대한 가상의 설명을 제시하

1) 이 지문의 주제: 세탁(washing clothes)

였다. 야구 경기에 대한 지식이 많은 학생 집단은 그렇지 않은 학생 집단보다 더 잘 요약을 하였으며, 더 자세한 정보를 회상하고, 질문에 더 적절한 대답을 하였다(Spilich, Vesonder, Chiesi, & Voss, 1979).

텍스트 기억과 이해력에 지식이 미치는 효과는 독자가 구성하는 텍스트 표상의 질에 나타날 수 있다. 왜냐하면 독자는 배경지식을 사용하여 텍스트의 구와 문장 간의 개념적 연결을 하고 지식에 기반한 추론을 하기 때문이다. 이를 연구하기 위해 Long 등은 TV 시리즈 〈Star Trek〉의 지식이 많은 대학생과 적은 대학생을 선정하였다. 학생들은 〈Star Trek〉에 대한 짧은 글을 읽었다. 후속 기억 평가(subsequent memory test) 결과, 배경지식이 많은 학생과 그렇지 않은 학생들은 〈Star Trek〉에 대한 기억 표상(memory representation)이 질적으로 다른 것으로 나타났다. 지식이 많은 학생들은 배경지식을 통해 텍스트에 제시된 정보에 접근하고 통합할 가능성이 더 높았다(Long & Prat, 2002; Long et al., 2006 참조).

이러한 연구들은 특정 관심사나 지식을 활용하여 실험을 진행하였으며, 연구 결과의 시사점은 더 많은 실제적인 이해 과정으로 확장되었다. 예를 들어, 추론은 해당 추론을 하는 데 필요한 관련 배경지식을 가지고 있는 독자에 따라 다르다. 글을 더 많이 읽는 독자는 세상사 및 다양한 주제에 관한 더 많은 정보를 접하게 되고, 따라서 배우게 될 것이다(Stanovich, 1993). 결과적으로 이러한 독자들은 글을 덜 읽거나 지식 기반이 적은 독자들보다 읽은 것에 대한 의미 표상을 더 잘 구성할 수 있을 것이다. 분명히 나이 어린 독자들은 나이가 더 많고 능숙하고 경험이 풍부한 독자보다 지식이 적을 것이다. 추론과 읽기이해 발달에서 지식의 영향은 이후 장에서 살펴볼 것이다.

4) 요약

텍스트 의미를 적절하게 표상하려면 독자는 국소적 및 전반적 응집성을 확립해야 한다. 텍스트(및 의미에 대한 표상)는 각 인접한 문장들이 서로 연결된다면 국소적으로 응집력이 있다. 대용어와 접속사와 같은 결속 장치는 일반적으로 국소적 응집성을 확립하는 데 도움이 된다. 각 문장이 글의 주제와 연결되어 있다면 텍스트의 의미 표상은 전반적으로 응집력이 있다. 추론 및 배경지식은 일반적으로 전반적 응집성과 관련이 있다.

3. 텍스트 표상 모델

지금까지 의미 표상에 대한 중요한 사실을 강조하였다. 우리는 읽거나 들은 텍스트의 정확한 표현을 잊는 경향이 있지만, 그 의미에 대한 기억은 더 오래 지속된다. 텍스트에 대한 우리의 기억은 텍스트 자체의 단어나 구문구조보다는 묘사된 상황을 반영한다. 글을 읽을 때 결속 장치나 추론을 사용하여 국소적 및 전반적 응집성을 확립한다. 추론과 텍스트의 의미 표상에 통합된 정보는 주제에 대한 사전 지식과 지금까지 읽은 텍스트에 대한 지식의 영향을 받는다. 숙련된 읽기이해 모델과 텍스트의 의미에 대한 표상을 구성하는 방법은 이러한 결과를 설명할 수 있어야 한다.

다양한 이론에 대한 검토와 비판은 이 부분의 목적이 아니다. 목표는 능숙한 독자의 읽기이해 과정과 읽기이해의 결과물을 설명하는 이러한 모델의 주요 특징을 살펴보는 것이다. 이 정보는 5장의 읽기이해 발달과 7장의 읽기이해 어려움을 설명하기 위한 틀이 될 것이다.

1) 표상의 특성

일반적으로 독자(혹은 청자)는 실제 텍스트에 대한 설명보다는 텍스트에 묘사된 상황을 표상한다는 데 동의한다. 이러한 표상을 정신 모델(mental model) 혹은 상황 모델(situation model)이라고 한다(이후 상황 모델이라는 용어를 사용할 것이다). 특히 이 분야에서는 표상의 특성을 강조하고, 연구를 주도하는 두 가지 이론인 정신모델 이론(Johnson-Laird, 1983)과 구성-통합 모델(construction-integration model)(Kintsch, 1998)을 주목한다.

정신모델 이론은 텍스트 이해 연구를 위한 기본 체계로 사용되었다. 독자가 구축하는 상황 모델은 다차원적이다. 여기에는 사건의 시간적 순서, 사건 간의 인과적 관계, 사람과 사물 간의 공간적 관계, 주인공의 동기와 의도, 주인공과 사물에 대한 정보(Johnson-Laird, 1983; Zwaan & Radvansky, 1998)를 포함한다. 대용어 연구의 대부분은 앞서 결속 장치와 배경지식에서 논의한 것처럼 우리가 부호화하는 정보와 등장인물을 추적하는 방법에 초점을 맞추었다. 텍스트에서 제공하는 공간 정보의 특성과 상황 모델에서 해당 정보가 표상되는 방법도 아마도 앞서 논의했던 Bransford, Barclay와 Franks의 연구 때문에 많은 주목을 받았다(Bransford, Barclay, & Franks, 1972).

Glenberg, Meyer와 Lindem(1987)의 실험은 독자가 구성하는 의미 기반 표상의 몇 가지 중요한 특징을 잘 보여 준다. 이 실험에서 성인은 〈표 3-3〉의 텍스트와 유사한 짧은 단락을 읽었는데, 여기에서 주요 개념은 공간적으로 주인공과 연관되는지 연관되지 않는지이다. 예를 들어, 독자들은 주인공이 조깅 내내 운동복 상의를 입고 뛰는 버전(개념과 주인공이 공간적으로 연결됨) 혹은 달리기 전에 운동복 상의를 벗는 버전(공간적으로 연결되지 않음)을 읽었다. 글을 읽은 후에 독자들에게 '운동복 상의'라는 단어를 제시하였고, 글 단락에 이 단어가 있었으면 '예', 없었으면 '아니요'로 대답하도록 요구하였다.

<표 3-3> Glenberg, Meyer와 Lindem(1987) 연구의 텍스트

세팅 문장 (setting sentence)	존은 8월에 마라톤을 준비하고 있었다.
관련된 중요 문항 (기울인 글씨의 관련 정보와 굵은 글씨의 중요 단어)	몇 가지 워밍업 운동을 한 후 그는 **운동복 상의**를 *입고* 조깅을 했다.

관련되지 않은 중요 문장 (기울인 글씨의 관련되지 않은 정보와 굵은 글씨의 목표단어)	몇 가지 워밍업 운동을 한 후 그는 **운동복 상의**를 *벗고* 조깅을 하러 갔다.
필러 텍스트 (Filler text)	그는 큰 어려움 없이 호수 주위를 반쯤 조깅했다.
재인 평가 문항 (이 단어가 글에 나왔나요?)	운동복 상의

독자들은 주인공이 운동복 상의를 입고 있을 때보다 더 이상 입고 있지 않을 때(연결되지 않음)에 '예'라고 반응하는 데 더 오래 걸렸다. 추가 실험에서 Glanberg 등은 연결되지 않은 조건에서 개념(운동복 상의)이 대명사(it)로 참조되는 마지막 문장을 읽는 데 더 오랜 시간을 소요하며 처리하는 것을 밝혔다. 이러한 연구 결과는 능숙한 독자가 구성하는 의미 기반의 표상은 이해를 이끄는 맥락을 제공한다는 것을 보여 준다. 예를 들어, 주인공이 운동복 상의를 입고 있는 경우와 같이 개념이 전면에 있을 때 응답이 더 빠르고 이해도 더 쉽다는 것이다.

구성-통합 모델의 중요한 특징은 서로 다른 수준의 표상이 형성된다는 것이다. 텍스트에 대한 초기 처리 과정은 개별적인 단어의 의미와 문장의 구문구조 형태에 대한 표층 표상(surface representation)으로 이어진다. 텍스트 기반(textbase)은 텍스트가 제공한 개념에 대한 표상으로, 표층 표상을 분석하여 명제를 구성한다. 정확한 단어과 구문구조는 이 수준의 표상에서 부호화되지 않는다. 텍스트 기반에서의 양질의 표상은 텍스트의 내용에서 나온 상호 연관된 일련의 명제를 포함하고 있으며, 응집력 있고 정확하다. 텍스트 기반에 대한 좋은 비유는 잘 정리된 요약으로, 독자가 텍스트의 내용을 충분히 정확하게 재현할 수 있게 한다. 구성-통합 모델에서 상황 모델은 좀 더 정교한 표상이며, 읽기의 목적, 동기 그리고 추론 외에도 장기 기억(독자의 배경지식과 경험)과 정보를 통합하는 것을 포함한다.

2) 언어 입력의 역할

텍스트 처리 과정에 대한 가장 영향력 있는 이론은 (주로) 상향식 처리 과정 모델(bottom-up model of processing)이다. 독자(혹은 청자)는 예를 들어, 각 페이지의 단어와 같은 언어 입력을 하고, 지식을 활성화하면서 의미를 구성하고, 텍스트와 기존의 일반 지식으로 개념들을 연결한다. 이러한 텍스트 처리 과정과 모델의 구성은 결속 장치(Givón, 1992)와 같은 문법적 특징과 독자의 목표, 전략적 처리 과정에 의해 설명될 수 있다(Magliano, Trabasso, & Graesser, 1999).

3) 처리 과정의 순환

의미 기반 표상의 구성(상황모델)은 텍스트가 제공한 정보와 각 개인의 언어, 화용 및 세상사 지식 그리고 개인의 현재 기억 용량 간의 상호작용을 포함한다는 데 일반적으로 동의한다. 즉, 지금까지 구성한 텍스트의 표상이다. 텍스트 이해에 대한 두 모델은 처리 과정의 순환에 대한 세부 설명을 포함하는데, 이는 텍스트 이해에 대한 역동적이고 상호작용하는 특성을 강조하는 역할을 한다.

Kintsch의 구성-통합 모델에 따르면, 이해는 독자의 제한된 이해 용량(memory capacity) 때문에 순환된다. 이해는 구성(construction) 단계와 통합(integration) 단계로 이루어져 있다. 구성 단계에서 단어의 의미가 활성화되고, 명제가 형성되며, 국소적 응집성을 위해 필요한 추론을 한다. 이 단계의 결과물(output)은 맥락에 의존하지 않는다. 예를 들면, bank라는 단어를 읽을 때 의미는 돈과 관련된 은행이라는 의미와 강가의 둑이라는 의미 모두 활성화한다. 통합 단계에서 전반적인 응집성이 만들어지고, 맥락이 처리 과정에 영향을 준다. 예를 들면, bank라는 단어의 원하지 않는 의미는 지금까지 구성한 의미 표상인 현재 맥락에 맞지 않는 것이며, 이는 곧 비활성화되거나 폐기될 것이다. 전반적 응집성을 만들기 위해 필요한 추론도 하게 될 것이다.

읽기의 랜드스케이프 모델(The Landscape Model of Reading, 개요는 Rapp & van den Broek, 2005 참조)은 텍스트의 각 절 또는 구에 해당하는 처리 과정의 순환을 설명한다. 서로 다른 개념의 활성화는 영향을 미치는 4개 요인으로 인해 순환마다 달라질 것이다. 4개의 요인은 현재 순환의 텍스트 입력, 이전 순환으로부터 온 정보, 지금까지 구축한 텍스트 표상 그리고 개인의 배경지식이다. 읽거나 듣는 동안 활성화된 개념은 의미 기반 표상에 통합될 것이다. 활성화의 강도는 그것들이 이미 언급되고, 현재 표상에서 특징지어질 경우 증가할 것이다. 이런 식으로 이해의 결과물은 처리 과정에 영향을 미친다.

4) 텍스트 언어를 이해하는 데 사용되는 처리 과정과 메커니즘은 구체적인가

이해에 대한 논의를 통해, 읽기든 말하기든 동일한 텍스트에 대한 이해 처리 과정과 결과물을 비교할 수 있다고 제안하였다. 언어는 각각 눈과 귀로 입력되지만, 모두 입력은 동일(단어)하다. 짧은 영화나 일련의 그림으로 이야기가 제시된다면 어떠한가? 시청자는 일련의 사건을 이해하기 위해 비슷한 표상을 구성하는가? 대답은 '예'인 듯하다.

Gernsbacher(1990)의 구조 구축 체계(Structure Building Framework)는 양식에 구애받지 않는 인지 처리 과정이 읽기, 듣기 혹은 심지어 일련의 그림을 볼 때 상황 모델을 구성하는 데 사용된다는 가정에 기초한다. 이는 대학생을 대상으로 한 연구를 통해 입증되었는데, 각 매체의 이야기를 이해하는 능력은 매우 관련이 높았다(Gernsbacher, Varner, & Faust, 1990). Gernsbacher는 두 가지 일반적인 인지 처리 과정이 상황 모델을 구성하는 데 사용된다고 제안하였다. 독자는 새롭게 들어오는 정보를 이미 구성한 표상에 연결하지만 새로운 정보가 관련이 적다면 새로운 하위구조로 이동하여 다시 구축한다. 예를 들면, 새로운 정보를 통합하여 응집력 있는 표상을 유지할 수 없는 경우이다. 따라서 그에 따른 표상은 여러 하위 구조를 가질 수 있다.

연결(혹은 통합) 처리 과정과 이동을 돕는 메커니즘은 억제와 활성화이다. bank라는 단어가 제시되었을 때, 맥락에 적절하지 않은 의미일지라도 여러 의미가 즉각적으로 활성화된다. 능숙한 성인 독자는 관련이 없는 의미는 0.5초 이내로 빠르게 억제한다. 또한 활성화를 증가시키기도 하는데, 초점이 맞춰져 있거나 중요한 위치에 있는 정보는 활성화를 증가시킬 것이다. 예를 들어, That defence lawyer is a shark(피고측 변호인은 상어다)라는 은유에서 상어와 같은 은유적 수단의 속성은 상어라는 단어가 일반적이고 문자 그대로의 의미로 사용될 때보다 더 활성화되고 접근하기 쉬울 것이다(Gernsbacher et al., 2001).

5) 요약

텍스트 표상의 특성과 이를 구성하는 방법에 대한 여러 숙련된 텍스트 이해 모델들 간에는 광범위한 합의가 있다. 독자는 텍스트 그 자체에 대한 간단한 설명보다는 텍스트가 묘사한 상황에 해당하는 표상을 구성한다. 주인공, 사물 그리고 사건의 관계가 부호화된다. 상황 모델의 구성은 역동적이다. 연속적인 텍스트를 읽었을 때 이미 구성한 표상으로 통합해야 한다. 상황 모델과 이 모델의 중요한 특징은 특정 양식에 제한되지는 않으며, 우리는 유사한 방식으로 읽거나 그림을 보거나 듣는 것을 이해한다.

적절한 상황 모델을 구성하는 것은 성공적인 이해를 위해 필수적이며, 정보가 기존의 지식과 통합되기 때문에 독자가 텍스트로부터 배우고 해당 지식을 다른 상황에 적용할 수 있도록 한다. 이런 의미에서 '이해는 지각적인 부분과 개념적인 부분의 합 그 이상이다'(Caccamise & Synder, 2005, p. 10).

핵심 요약

- 능숙한 독자와 청자는 화자의 특징적인 표현이나 속어처럼 특별한 의미가 없다면 메시지를 전달하는 데 사용되는 정확한 표현은 잊는 경향이 있다. 대신 그들은 묘사된 상황을 기억한다.
- 성공적인 이해는 정신 모델 혹은 상황 모델이라고 불리는 의미 기반의 표상으로 이어진다. 적절한 모델은 독자가 텍스트로부터 학습하고 다른 상황으로 지식을 적용할 수 있는데, 이는 습득한 정보가 기존의 지식 구조와 통합되기 때문이다.
- 텍스트에 대한 적절한 의미 기반 표상은 국소적 및 전반적인 수준에서 응집력이 있다. 독자는 인접한 문장 사이에 정보를 통합할 때 국소적 응집성을 확립한다. 독자는 텍스트에 나타난 정보와 개념을 연결하고, 일화 간의 인과 관계를 식별하고, 정보가 전반적인 주제와 어떻게 연결되는지를 확인할 때 전반적 응집성이 가능해진다. 전반적 응집성을 확립하기 위해 독자는 자신의 배경지식에 의존할 수 있다.
- 독자는 응집성을 유지하기 위해 텍스트의 절과 문장을 연결하는 대용어, 절간 접속사와 같은 결속 장치를 사용할 수 있다. 대용어는 Jane washed the dishes before she left for work(제인은 그녀가 일하러 나가기 전에 접시를 씻었다)의 she와 같은 대명사가 포함된다. 절간 접속사는 앞의 문장에서 사건의 시간적 순서를 나타내는 before가 해당된다.
- 추론은 텍스트의 각 문장과 부분을 연결하고, 누락된(혹은 내포된) 세부사항을 확인하기 위해 필요하다. 일부 추론은 필수적이며, 이는 응집성을 확립하는 데 필요하다. 또 다른 추론 유형은 정교한 추론이라 불리는데, 이러한 추론은 독자의 이해를 풍부하게 하지만 응집성을 확립하는 데 필수적이지는 않다.
- 텍스트에 대한 관련 지식을 가진 독자와 청자는 그러한 지식이 없는 독자보다 더 잘 기억하고 이해한다.

- 텍스트 처리 과정은 순환을 한다. 독자는 의미를 처리하기 위해 문장이나 단락이 끝날 때까지 기다리지 않으며, 텍스트의 상황 모델은 어느 정도는 이어지는 텍스트를 이해하기 위해 맥락의 일부를 형성한다.
- 글을 이해하기 위한 처리 과정과 메커니즘은 구어나 이야기 구조를 따르는 일련의 그림 자료를 이해하는 데에도 사용될 수 있다.

추가 읽기자료

능숙한 이해와 추론의 역할과 관련한 좋은 검토는 Graesser, Millis와 Zwaan(1997)과 Graesser, Singer와 Trabasso(1994)의 연구에서 볼 수 있다.

Graesser, A.C., Millis, K.K., & Zwaan, R.A. (1997) *Discourse comprehension, Annual Review of Psychology*, 48: 163-89.

Graesser, A.C., Singer, M., & Trabasso, T. (1994) Constructing inferences during narrative text comprehension. *Psychological Review, 101*: 371-95.

Rapp와 van den Broek(2005)의 논문은 읽기이해의 역동적 특성에 대해 적절한 소개를 한다.

Rapp, D.N., & van den Broek, P. (2005) Dynamic text comprehension: An integrative view of reading. *Current Directions in Psychological Science, 14*: 276-9.

Kintch의 구성-통합 모델(Construction-Integration Model)에 대한 최근 개요는 Kintsch와 Rawson(2005)을 참조하라.

Kintsch, W., & Rawson, K.A. (2005) Comprehension. In M.J. Snowling and C. Hulme (eds), *The Science of Reading: A Handbook*, Oxford: Blackwell

Publishing, pp. 209–26.

그리고 Garnham과 Oakhill(1996)은 텍스트 이해의 정신 모델 이론에 대한 접근 가능한 소개를 제공한다.

Garnham, A., & Oakhill, J. (1996) The mental models theory of language comprehension. In B.K. Britton and A.C. Graesser (eds), *Models of Understanding Text*, Mahwah, NJ: Lawrence Erlbaum Associates, pp. 313–39.

용어 정의

대용어 (Anaphor)	대명사 'it, he, they' 혹은 앞서 나온 단어나 구를 참조하는 명사구 'the boy'
상향식 처리 과정 (Bottom-up processing)	데이터 기반 처리 과정. 언어 처리 과정에서 언어 입력은 데이터(data)이다.
이해 모니터링 (Comprehension monitoring)	사람이 텍스트에 대한 이해 정도를 모니터링하고 평가하는 처리 과정
정교한 추론 (Elaborative inference)	텍스트의 의미에 대한 표상을 풍부하게 하는 추론이지만 글을 이해하기 위해 반드시 필요한 것은 아니다.
전반적 응집성 (Global coherence)	텍스트 내에서 문장의 의미가 서로 관련되고 전체 주제와 관련되어 있을 때 확립된다.
절간 접속사(Interclausal connectives)	after, because, although와 같은 단어이며, 이들은 절이나 문장 간의 관계를 나타낸다.
지식 기반 추론(Knowledge-based inference)	독자가 관련된 지식를 가지고 있는 경우에만 가능한 추론이다.
국소적 응집성 (Local coherence)	인접한 문장의 의미가 서로 관련이 있을 때 확립된다.

장기 기억 (Long-term memory)	비교적 영구적인 정보를 포함하는 기억 저장소(memory store)
정신 모델(Mental model)과 상황 모델(Situation model)	이 용어들은 독자가 구성한 표상으로, 모두 텍스트로 설명되는 사건이나 상황을 묘사한 것을 의미한다.
필수적 추론 (Necessary inference)	국소적 혹은 전반적 응집성을 확립하기 위해 필수적인 추론이다.
오프라인 평가 (Off-line measure)	원래의 자극을 처리한 후에 수행력을 평가하는 것으로, 예를 들면 단락을 읽은 후에 이해 질문에 대답하는 것이 포함된다.
온라인 평가 (On-line measure)	자극을 처리하는 동안 수행력을 평가하는 것으로 읽기 소요 시간(reading time)이나 시선 움직임(eye movement)이 포함된다.
대명사 (Pronoun)	명사나 명사구 대신 사용되는 it, he, she와 같은 기능어(function word)
명제 (Proposition)	명제는 개별 문장이나 절 내에서 가장 작은 의미 단위이며, 참이나 거짓일 수 있는 진릿값(truth value)을 가질 수 있다. Jake carries the book(제이크는 책을 가지고 다닌다)의 문장을 본다면, 제이크는 책을 가지고 다니거나 가지고 다니지 않는다. 구성 요소에 대한 분석은 행위인 carry(가지고 다니다), 가지고 다니는 행위자 Jake(제이크)와 피동작주인 운반되는 책. 이 문장은 단일 명제로 쓰여질 수 있다. CARRY [JAKE, BOOK]
회상 단서 (Recall cue)	이전에 제시된 자극물을 회상하기 위해 사용하는 단서와 같은 자극물
문장 재인 검사 (Sentence recognition test)	기억이나 이해를 평가하는 데 사용하는 검사로, 참여자에게 텍스트를 먼저 제시한 후에 목표 문장이 텍스트에 있었는지 여부를 판단하도록 한다.
표층 수준 표상(Surface-level representation)	텍스트에 있는 개별 단어와 문장 구문구조의 의미를 표상하는 것
텍스트 기반 (Textbase)	텍스트에서 제시된 개념의 표상으로, 표층 표상의 분석으로부터 명제로 구성된다.

제4장

단어 읽기 학습

핵심 용어

- 유추(analogy)
- 해독(decoding)
- 음운론적 재부호화(phonological recoding)
- 일견단어 읽기(sight word reading)
- 문자 지식(letter knowledge)
- 음운처리(phonological processing)
- 음운인식(phonological awareness)
- 음소(phonemes)
- 어두자음과 라임(onsets and rimes)

읽기는 인쇄된 단어를 통한 의미로의 접근을 포함한다. 따라서 유창한 단어 읽기는 성공적인 읽기이해를 위해 결정적으로 중요하다. 인쇄물에 있는 단어 읽기가 어려운 아동은 일반적으로 텍스트의 의미를 이해하기 어려울 것이다. 결과적으로 단어 읽기능력은 읽기 학습 초기 단계에서 읽기이해를 제한하는 주요한 요인들 중 하나이다. 인쇄된 단어를 읽는 아동의 능력과 읽은 것을 이해하는 능력 사이의 밀접한 관계는 어린 아동의 단어 읽기와 읽기이해 변인 간에 자주 관찰되는 높은 상관관계(r=.70 이상)로 설명된다(Juel, Griffith, & Gough, 1986; Vellutino et al., 2007).

이 장에서 초점을 두고 있는 것은 아동들이 어떻게 유창하게 단어를 읽게 되는가이다. 우선 이 장의 첫 부분에서는 비친숙한 단어를 읽기 위해 아동들이 사용한 다양한 방법들이나 전략들을 살펴볼 것이다. 두 번째 부분은 단어 읽기 습득을 돕는 지식과 처리 과정을 다룰 것이다. 세 번째 부분에서는 읽기 학습 과정에서 이러한 전략, 지식, 처리 과정들이 어떻게 그리고 언제 사용되는지를 설명하는 틀로써 단어 읽기발달에 관한 Ehri(1995)의 모델을 활용할 것이다. 마지막 부분에서는 단어 읽기발달을 촉진하는 기술들에 대해 살펴볼 것이다. 이는 시간 경과에 따른 단어 읽기발달을 추적하는 종단 연구와 단어 읽기를 성취해 내기 위해 중요하다고 생각되는 기술을 가르치는 중재 연구들을 참고하여 탐구할 것이다.

제4장 단어 읽기 학습

1. 단어를 읽는 방법

단어를 읽는 네 가지 방법이 있다. 일견 단어 읽기, 단어의 각 글자 해독(음운론적 재부호화), 알고 있는 단어로 유추해서 읽기 그리고 문맥에서 예측해서 읽기이다. 일견 단어 읽기는 친숙한 단어를 읽는 데 사용되고, 다른 전략들은 비친숙한 단어를 읽는 데 사용될 수 있다.

1) 일견 단어 읽기

독자가 인쇄물이나 컴퓨터 스크린에서 친숙한 단어, 이전에 여러 번 읽었던 단어들을 볼 때 해당 단어에 대한 기억이 활성화된다. 이 기억에는 그 단어의 철자, 발음 그리고 의미에 대한 정보가 포함된다. 이 자동적 처리 과정에 대한 설명은 [그림 4-1]에 제시되어 있다. [그림 4-1]에서 그림 위에 겹쳐서 씌여진 단어가 아니라 그림에 있는 사물의 이름대기를 해 보자. 단어가 친숙하고 발음과 의미가 자동적으로 활성화되기 때문에 이 과제를 수행하는 것은 어렵다. 첫 줄과 마지막 줄에 있는 그림처럼 그림에 쓰인 단어가 같은 의미 범주일 때 그림의 사물 이름대기는 더 어렵다.

자동적이고 상대적으로 노력이 덜 드는 단어 읽기를 일견 단어 읽기라고 하는데, 이것은 능숙한 성인 독자가 대부분의 단어를 읽는 방법이다(Ehri, 1992). 일견 단어 읽기는 기억에 저장된 단어를 인출해서 읽는 것이라고 생각할 수 있다. 이는 단순히 yacht나 pint와 같이 불규칙하거나 비일관적인 단어를 읽기 위한 전략이 아니다. 독자가 이전에 충분히 그 단어를 읽을 기회가 있었고, 그 단어에 대한 접근 및 검색 가능한 기억이 있는 한 이 방법으로 단어를 읽을 수 있다.

[그림 4-1] 가능한 한 빨리 그림의 이름을 대는 과제인 경우 의미적으로 관련있는 단어들과 함께 인쇄된 그림들은 방해를 받는다.

일견 단어 읽기에 대한 상반되는 견해가 있다. 방금 설명한 것은 Ehri(1992)가 단어 재인의 이중경로 모델에서 일견 단어 읽기의 개념에 대한 대안으로 개발한 것인데 이것은 2장에서 검토하였다. 이중경로 모델에서 일견 단어 읽기는 단어의 시각적 형태와 그 의미 사이의 직접적 연결이 이루어졌을 때 발생한다(어휘 경로). 인쇄된 단어와 그 의미 사이의 연결은 본질적으로 임의적이며 해당 단어의 음운체계에 대한 접근(발음)은 구어에서 확립된 음운과 의미 사이의 연결에서 나온 것이다. 일견 단어 읽기에 대한 이러한 관점은 단어의 인쇄된 형태에 대한 기억과 그것의 의미 사이의 연결에서 음운정보의 입력을 포함하지 않는다.

일견 단어 읽기에 대한 Ehri(1992)의 관점은 일견 단어 읽기를 위해 사용된 경로가 본질적으로 시각-음운론적(visual-phonological)이라는 것이다. 이 관점에 따르면 시각적 단서들(문자들, 자주 나타나는 문자열, 전체단어)과 발음 사이의 연결은 단어를 읽을 때 설정된다. 따라서 이 결합은 임의적이라기보다 체계적이다. 일단 단어를 여러 번 읽으면 개별 문자들, 문자열 및 전체 단어와 그것의 발음 사이에 다양한 연결이 만들어지고, 이것들은 의미에 빠르고 정확하게 접근할 수 있게 해 줄 것이다. 이 관점에 따르면 친숙한 단어를 '일견' 단어로 읽을 때 발음과 의미가 둘 다 접근된다.

2) 음운론적 재부호화

독자는 비친숙한 단어를 볼 때 개별 문자의 소리를 내고 그것들을 합성해서 읽으려고 할 수 있다. 예를 들어, cat란 단어를 합성하기 위해 /c/ /a/ /t/를 발음해 보는 것이다. 이러한 단어 읽기 방법을 음운론적 재부호화 또는 해독(decoding)이라고 한다. 위의 예처럼 독자는 각각의 문자나 문자열(자소)과 관련되어 있는 말소리(음소)를 인출한다. 때때로 독자는 개별 문자 수준에서 작업하는 대신 -est 같이 자주 나오는 음절이나 -ing 같은 형태소를 나타내는 문자열에 해당하는 말소리를 인출할 수 있다. 음운론적 재부호화(phonological recoding)로 단어를 읽는 방식은 당신이 외국어 읽기를 배울 때 사용한 방법일 수 있다.

영어에서의 읽기 학습은 단어의 문자 수와 말소리의 수가 항상 직접 대응되는 것은 아니기 때문에 다른 몇몇 알파벳 언어에서의 읽기 학습보다 조금 더 복잡하다. 어떤 음소들은 shop에서의 sh 소리처럼 두 개의 문자 또는 이중 문자(digraphs)로 표시되는데, 이 두 문자가 때로는 mishap에서처럼 두 개의 말소리로 표현되기도 한다. 이중 문자에 대한 지식은 발음하는 데 도움이 될 수 있다. 예를 들어, nn이나 pp 같은 이중 자음(double consonants)은 종종 단모음을 표시해 준다. hoping, hopping을 비교해 보자. 두 개의 모음이 결합하여 그중 한 모음의 소리를 나타내 주는 분할 이중 모음자(split vowel digraphs)는 '묵음 e 규칙'과 마찬가지로 발음에 대한 지침을 제시해 주기도 한다. mop과 mope, spin과 spine, rat와 rate 및 dun과 dune을 대비해 보자.

음운론적 재부호화는 아이들이 비친숙한 단어를 읽을 수 있도록 하는 역할을 넘어서 다른 두 번째의 역할이 있다는 증거가 있다. 음운론적 재부호화가 독자에게 철자지식을 습득할 기회를 제공하는 자기 교수 메커니즘(self-teaching mechanism)으로 작용한다고 제안되어 왔다(Share, 1995). 독자가 비친숙한 단어를 소리 내어 읽기 위해 이 전략을 성공적으로 사용하게 될 때 문자와 그 문자에 대응하는 발음 사이의 관계를 배울 수 있다. 더 자세한 설명은 [상자 4-1]을 보라.

상자 4-1 자기 교수 가설: 읽기로 스스로 읽는 법을 가르칠 수 있는가

Share(1995)의 자기 교수 가설은 음운론적 재부호화(또는 해독)가 인쇄된 단어 학습을 가능하게 한다고 제안한다. 독자가 비친숙한 단어를 만났을 때 독자의 글자-소리 대응 지식과 해독 기술은 인쇄된 문자를 구어 말소리로 변환시킬 수 있다. 단어 해독은 특정 문자나 문자열 및 그것들의 음운론적 표상에 독자의 주의를 집중시킨다. 이런 방법으로 아동은 특정 단어의 철자 정보를 습득하고 통합할 기회를 얻게 된다. 이 지식은 아동이 빠르고 효율적인 단어 재인 능력을 발달시키기 위해 중요하다.

Share(1999)는 히브리 아동을 대상으로 이 자기 교수 가설을 검증했는데 이 히브리어는 규칙적 철자법을 가지고 있다. 아동들은 새 단어가 네 번이나 여섯 번 반복되는 짧은 이야기를 읽었다. 새 단어는 Yait과 Yate의 예처럼 한 쌍의 동음이의어이다. 다음은 Cunningham 등(Cunningham et al., 2002)이 사용한 샘플 이야기 텍스트의 발췌문이다.

그린란드 북쪽은 그들 말로 세계에서 가장 추운 곳이다. 그 도시 이름은 Yait이다. Yait에는 일 년 내내 눈과 얼음이 있다. 겨울에 기온은 항상 0도 안팎이고 하루의 대부분이 어둡다. 항상 북쪽에서 찬바람이 불어 온다. 그러나 Yait에 대한 몇 가지 좋은 점들도 있다.

3년 후에, 몇 가지 다양한 방법으로 철자 학습을 평가했다. 우선, 아동들에게 목표단어 Yait를 동음이의어 Yate, 그리고 철자가 비슷한 두 개의 방해단어 Yoit와 Yiat 중에서 선택할 기회

를 제공했다. 아동들은 고빈도로(73.5%) 이야기에서 제시된 것을 목표단어로 찾아냈는데 이는 아동들이 그 단어의 철자구조에 대한 무엇인가를 학습했다는 것을 나타낸다. 또한 아동들은 동음이의어 짝인 Yate보다 목표단어 Yait를 더 빨리 읽었다. 그 단어의 철자도 더 잘 썼다. 네 번이냐 여섯 번이냐의 반복 조건 간에는 거의 차이가 없었다. 아동들은 읽기를 통해 철자 지식을 습득하는 것 같다.

유사한 연구들에서 불규칙 철자체계인 영어 독자의 철자 학습이 확인되었다(Cunningham et al., 2002). 아동들은 묵독과 같이 더 자연스런 읽기 상황에서 철자법을 익힌다는 증거도 보여 주었고(de Jong & Share, 2007), 일주일 동안 새로 학습한 정보를 유지할 수 있었다(Nation, Angell, & Castles, 2007).

3) 유추해서 읽기

유추해서 읽으려면 독자는 비친숙한 단어를 읽기 위해 그들이 알고 있는 비슷한 철자로 된 단어의 정보를 이용한다. 예를 들어, fable 같은 새로운 단어를 발음하기 위해 table 같은 친숙한 단어의 발음 지식을 활용한다. 어린 아동의 유추적 읽기능력을 탐구한 연구는 상당히 많다. 핵심 쟁점 중 하나는 읽기발달 과정 중에서 아동이 비친숙한 단어를 읽기 위해 유추를 사용할 수 있는 시기가 언제인가이다. 읽기 시작단계 독자가 유추를 활용할 수 있는가? 아니면 Marsh 등(Marsh et al., 1981)이 제안한 것처럼 유추가 이미 순차적 해독 기술(sequential decoding skill)을 습득한 더 능숙한 독자들만 사용하는 정교한 전략인가?

전통적 연구에서 Goswami(1986)는 5~7세 사이 아동 세 집단의 유추 사용능력을 비교했다. 세 집단에는 단단어 읽기 검사에서 어떤 단어도 읽을 수 없는 글을 읽지 못하는 아동 집단 그리고 연령에 적합한 수준의 단어 읽기능력을 지닌 약간 나이가 많은 아동 두 집단이 포함되었다(Goswami, 1988 참조). 아동들에게 beak와 같은 단서 단어를 보여 주고 그 단어의 발음법을 들려주었다. 그리고 나서 단서 단어와 시작 소리가 같은 bean 같은 단어와 끝소리가 같은 peak 같은 단어, 또는 문자를 공유하고 있으나 단어의 시작 부분이나 끝부분이 유사하지 않은 bask

같은 단어를 보여 주었다. 두 집단 아동은 단어의 시작과 끝부분에서 유추를 활용할 수 있었다. 아동들이 beak라는 단어를 보면 bask보다 bean이나 peak를 더 정확하게 읽을 가능성이 있다. 단서 단어인 beak의 예에서 단서 단어와 라임이 같은 단어 유추를 더 잘했는데, 더 많은 아동들이 bean보다 peak를 더 정확하게 읽었다. 이러한 결과는 유추가 읽기발달의 초기 단계에서 활용될 수 있는 조기에 출현하는 전략이라는 것을 시사해 준다. 몇몇의 경우 글을 읽지 못하는 아동들조차도 beak와 peak의 경우처럼 단서 단어와 끝부분이 같을 때 새 단어를 정확하게 읽었다. 글을 읽지 못하는 아동들이 명백하게 유추를 활용한다는 것은 이 전략이 읽기 시작 단계 아동들에게 유용하게 적용될 수 있다는 제안으로 이어졌다.

Goswami가 이 연구를 발표한 이후 아동의 유추 활용에 대한 많은 관심이 있어 왔다. 아동들은 단어 읽기능력이 발달하고 유추 가능한 단어가 더 많이 저장되어 있을수록 유추를 더 많이 활용한다(Bowey & Hansen, 1994; Bowey & Underwood, 1996). 일부 연구에서는 유추가 초보수준의 음운론적 재부호화 능력을 가진 초기 읽기 단계 아동들에게만 유용하다고 주장한다. 이 쟁점에 대한 추가 내용은 [상자 4-2]를 참조하라.

상자 4-2 아동이 언제 유추 전략을 처음 사용할 수 있는가?

유추 전략을 활용한 읽기는 비친숙한 단어를 읽기 위해 아는 단어의 철자 패턴에 대한 지식의 활용과 관련이 있다. 예를 들어, 'swish'와 같은 비친숙한 단어를 읽기 위해 'fish' 같은 친숙한 단어 지식을 활용하는 것이다. Goswami는 유추가 단단어 읽기 과제에서 어떤 단어도 정확하게 읽지 못하는 아동들이 사용할 수 있는 읽기발달 초기 단계에 활용되는 전략이라고 결론지었다(Goswami, 1986, 1988, 1990).

나이가 어린 아동들이 유추를 활용할 수 있다는 것은 의심의 여지가 없다. 그러나 몇몇 연구자들은 어린 아동이 단어를 음운론적으로 재부호화할 수 있게 되기 전에 유추를 활용할 수 있다는 강력한 주장에 의문을 제기했다. 이것은 새로운 단어 읽기를 위해 철자 유추를 성공적으로 활용하는 것은 지식과 기술의 여러 측면에 의존하고 있어서 유추가 매우 정교한 기술로 보이게 하기 때문이다. 이 과정을 설명하기 위해, 전에 본 적이 없는 단어 'fog'를 인쇄물에서 만난 아동이 어떻게 아주 익숙한 단어인 dog에 대한 유추를 활용해서 이 단어를 읽는지를 생각해 보자. 첫째, 아동은 두 단어 'fog'와 'dog'가 비슷하면서도 다르다는 것을 인지해야 한다. 둘째, 아동은 각각의 문어와 그 단어의 구어 버전을 서로 다른 시작 소리(f와 d)와 두 단어 모두 같은 끝소리(og) 부분으로 분리해야 한다. 아동들은 문어와 구어의 분절음들이 어떻게 대응되는지 이해해야 한다. 또한 새 단어의 시작 부분(문자 f)이 어떤 말소리로 표현되는지(즉, /f/) 알아야 하고, 'fog'를 발음하기 위해 이 말소리를 친숙한 끝소리 'og'와 합성할 수 있어야 한다. 단어들의 표상, 말소리들의 분리와 합성은 모두 단기 기억을 활용한다. 게다가 단어 'dog'가 친숙한 단어가 아니라면 아동은 'fog'를 분석하는 동안 단기기억에서 그 단어의 소리와 시각적 표상을 인출하고 표상해 낼 수 있어야 한다. 이러한 이유로 몇몇 연구자들은 글을 읽지 못하는 독자들조차도 새로운 단어를 읽기 위해 유추를 사용할 수 있다는 Goswami의 강력한 가설에 의문을 제기했다.

Ehri와 Robbins(1992)는 읽기가 가능한 집단과 읽지 못하는 집단으로 나누어 두 집단의 유추 활용능력을 연구했다. 각 집단 내 대상 아동들 중 한 팀은 전이 단어 세트(transfer set of word)와 유사한데 관습적인 철자법에 따라 쓰이지 않은 단어 세트를 읽도록 훈련받았고, 다른 팀은 전이 단어세트와 비슷하지 않은 유사한 통제 단어 세트를 읽도록 훈련받았다. 따라서 모든 아동들은 같은 전이 단어 세트에 대해 검사받았다. 예시는 다음에 제시되어 있다(가르친 각 문자열의 발음은 괄호에 있다).

유추 단어 세트	통제 단어 세트	전이 단어
KAAV(cave)	RAAN(rain)	SAAV(save)
Miin(mine)	FiiT(fight)	Siin(sign)

유추 단어에서 훈련된 아동들은 통제 단어에서 훈련된 아동보다 전이 단어에서 더 많은 단어를 읽었다. 이 결과는 아동들이 단순히 문자가 유사한 것보다 알고 있는 단어와 끝부분이 비슷할 때 비친숙한 단어 읽기 수행력이 더 좋다는 Goswami의 이전 연구를 지지해 준다. 유추 단어 세트 읽기를 배운 글을 읽지 못하는 아동들은 통제 단어세트를 배운 아동들보다 전이 세트에서의 수행력이 더 좋지는 않았다. 이 결과는 아동이 알고 있는 단어에 대한 유추를 활용해서 새로운 단어를 읽을 수 있게 되기 전에 어느 정도의 음운론적 재부호화 기술이 반드시 필요하다는 것을 시사해 준다.

4) 문맥을 통한 예측

비친숙한 단어를 '읽기' 위해 독자는 몇 가지 문맥 지원 자원을 활용할 수 있다. 여기에는 지금까지 읽은 텍스트에 대한 기억, 주제와 관련된 지식 그리고 구문적 제약에 대한 지식이 포함된다. 예를 들어, I spread butter on my br……라는 문장에서 명사 bread는 동사 bring이나(구문론적 제약 규칙에 기반한) 명사 broom보다(화용론 또는 배경지식적 제약) 이어질 가능성이 더 많다. 독자의 문맥 활용에 대해 이야기할 때 '예측'이란 용어는 오해의 소지가 있다. spread, butter 및 bread 같은 대부분의 의미를 전달하는 내용어에 대한 예측 가능성은 평균적으로 약 10%이다(Gough & Wren, 1999). 앞에 사용된 예에서 bread가 가장 예측 가능한 종결이지만 I went to the shops to buy some pa……와 같은 문장 형태를 생각해 보자. 의미 있는 문장을 완성하기 위해 최종 단어에 포함되는 것들은 paint, paper, paprika, pasta, pastry 그리고 patterns(뜨개질이나 바느질할 경우에)이다. 다음에 나올 가능성이 가장 높은 단어를 예측하거나 추측하는 것은 성공적인 읽기 전략이 아니다.

문맥 활용을 조사하기 위해 연구자들은 The dog ran after the cat(개가 고양이를 뒤쫓았다)와 같은 문장이나 The girl sat on the cat(소녀가 고양이 위에 앉았다)처럼 문장의 시작 부분에 의해 강력하게 예측되는 문장의 마지막 단어를 읽는 데 걸리는 시간을 측정했다. 모든 독자들은 마지막 단어 cat이 예측적인 문맥에 있을 때(또는 일치할 때), 그 단어를 더 빨리 읽는 경향이 있다. 그러나 단어가 앞에 나오는 문맥으로 지원되지 않을 때 아동의 읽기는 혼란스럽고 느려진다(West & Stanovich, 1978; West et al., 1985). 성인은 단어 재인이 빠르고 자동화되어 있기 때문에 도움이 되지 않는 문맥 때문에 느려지지 않는다. 성인들은 일견 단어로 저장된 기억을 통해 많은 단어들을 자동적으로 읽을 수 있기 때문에 읽기를 위해 문맥에 의존할 필요가 없다. 능숙하지 않은 아동들은 단어 읽기가 능숙한 성인의 수준과 많이 차이 나기 때문에 읽을 때 문맥을 활용할 가능성이 더 크다. 몇몇 주장과는 대조적으로(Smith, 1971) 단어 읽기에서의 문맥 활용은 능숙한 읽기보다 덜 능숙한 읽기의 특징처럼 보인다.

문맥은 다른 전략들과 함께 사용될 수 있다. yacht나 aunt 같이 불규칙적 철자법의 단어들도 발음에 음운 단서가 포함되어 있다. 따라서 어린 독자들은 자소-음소 대응 지식(음운론적 재부호화)을 문맥과 함께 사용해서 비친숙한 단어를 읽는 데 도움을 받을 수 있다.

5) 요약

능숙한 독자는 친숙한 단어를 비교적 쉽게 읽는다. 전에 그 단어를 본 적이 있기 때문에 기억에 저장된 발음과 의미에 자동적으로 접근되기 때문이다. 비친숙한 단어를 읽기 위해 음운론적 재부호화, 유추에 의한 읽기 그리고 문맥을 통해 추론하기 같은 다양한 전략들을 사용할 수 있다. 아동들은 음운론적 재부호와 유추에 의한 읽기를 활용할 수 있는 문어와 구어 사이의 관계에 대한 몇 가지 지식이 필요하다. 문맥의 활용은 종종 우수한 해독 기술을 습득하지 못한 독자들이 사용하는 덜 능숙한 읽기를 나타내는 것이다.

2. 단어 읽기발달을 돕는 기술과 지식

효과적인 읽기 교수와 정확한 읽기 행동 모델을 개발하기 위해 어떤 기술이 위에서 개괄적으로 설명된 전략을 지원하고 단어 읽기발달을 주도하는지 확인할 필요가 있다. 특정 기술과 단어 읽기능력 향상 간의 인과 관계는 이 장의 세 번째 부분에서 중점적으로 다루어질 것이다. 이 부분에서는 지식과 핵심 기술 및 그것들의 단어 읽기와의 관련성을 검토하였다.

1) 인쇄물 인식

어린 독자는 읽기 위해 문어의 기본적인 관습에 대해 알아야 한다. Clay(1981)는 (영어에서는) 페이지 좌측에서 우측 방향으로 읽고, 각 단어 사이의 공간이 있다는 지식과 같이 아이들이 습득해야 하는 중요한 지식들을 자세히 설명하였다. 인쇄물의 개념은 〈표 4-1〉에 상세하게 설명되어 있다. 그것들은 읽기와 밀접하게 관련된 읽기 전 단계 기술(pre-reading skills)로 간주될 수 있다.

<표 4-1> 인쇄물에 대한 주요 개념

Clay는 자연스런 읽기 상호작용에서 아동의 지식을 평가하기 위해 인쇄물에 대한 개념 검사(Concepts about Print Test)를 개발했다. 검사자는 먼저 아동에게 "이 이야기를 선생님이 읽어 줄 거예요. 그런데 ○○가 나를 도와주면 좋겠어요."라고 말한다. 그러고 나서 검사자는 인쇄물 관습에 대한 더 깊고 정교한 이해 수준을 묻는 일련의 질문을 한다. 이 중 몇 가지가 다음에 설명되어 있다.

개념	개념 측정 방법
책의 방향	아동에게 책을 전달하고 "이 책의 앞부분을 나에게 보여 주세요."라고 요청한다.
의미를 전달하는 인쇄물	아동에게 "선생님이 이 이야기를 읽어 줄 거예요. ○○이가 선생님을 도와주세요. 읽기 시작할 곳이 어딘지 보여 주세요. 어디에서 읽기 시작해야 하나요?"와 같이 말한다. 아동은 그림이 아닌 텍스트를 가리켜야 한다.
지시 규칙	아동에게 "어디에서 시작해야 하는지 알려 주세요."라고 말하고 나서 "어느 방향으로 가야 하나요?" "그다음은 어디로 가야 하나요?"라고 이어 말한다. 왼쪽 윗부분을 가리키고, 왼쪽에서 오른쪽으로 이동하고, 그러고 나서 왼쪽으로 다시 돌아오면 점수를 받는다.
문자 개념	대문자에 대응하는 소문자를 지적하면 점수를 받는다. 예를 들어, '이런 작은 글자를 찾아 주세요'. '대문자'를 가리킬 수 있고, '단어의 첫 글자'를 가리킬 수 있다.
단어 개념	아동은 한 단어를 가리키고 그다음 두 단어를 가리킬 수 있다.

출처: Clay (1981).

학령기 시작 시기(5세와 6세 사이) 아동들의 인쇄물 관습(print convention)에 대한 인식 능력은 기본적인 언어 능력의 영향을 고려한 후에도 후기 단어 읽기와 읽기이해 능력을 예측해 준다(Tunmer, Herriman, & Nesdale, 1988). 부모와 4~6세 아동 사이의 공동 책 읽기 빈도는 인쇄물 관습에 대한 아동의 지식과 관련이 있다(Purcell-Gates, 1996). 즉, 부모와 더 많이 책 읽기 활동을 한 아동은 책이 어떻게 작동하는지 더 잘 이해할 가능성이 있다. Justice, Bowles와 Skibbe는 교사가 또래에 비해 발달이 느린 학령전기 아동들을 식별할 수 있는 인쇄물 개념 지식에 관한 측정변인을 검증하였다(Justice, Bowles, & Skibbe, 2006).

2) 문자 지식의 중요성

'abc만큼 쉬운'이란 말은 읽기 학습 과정에 대해 생각할 때, 특히 심층 철자 체계로 된 영어 같은 언어에서는 쉽게 떠올릴 수 있는 말이 아니다. 읽기는 습득하는 데 몇 년이 걸릴 수 있고, 누군가에게는 힘든 일이다. 읽기 전단계 아동의 알파벳 지식은 후기 읽기 성공에 대한 좋은 예측요인이다(Share et al., 1984). 대부분 글자 이름에는 단어의 철자와 발음을 연결시키는 데 사용할 수 있는 소리를 포함하고 있기 때문에 글자 이름에 대한 지식은 단어 읽기 습득에 직접적으로 영향을 미칠 수 있다. 예를 들어, 문자 B는 단어 bee와 bean의 첫소리를 포함하고 있고, 문자 P는 단어 people과 peel 첫소리를 포함하고 있다.

읽기 학습 과정에서 단어를 읽기 위해 아동들이 언제 글자 이름과 글자 소리에 대한 지식을 활용할 수 있는지를 검사할 수 있는 몇 가지 독창적인 과제가 고안되었다. 그런 과제 중 하나는 bead나 bud를 표현하기 위해 'BD'를 사용하는 것 같이 고안해 낸 단순한 철자가 포함되어 있다. 첫 번째 예시에서 문자 B의 이름은 단어 bead의 시작 부분에 /bi/와 같은 소리를 포함하고 있다. 두 번째 예시에서 글자 B의 소리는 bud의 초성인 /b/와 같지만, 글자이름에 포함된 모음소리는 단어 bud에 포함되어 있지 않다. 읽기 전단계 아동(읽기 검사에서 어떤 단어도 읽을 수 없는 아동)

과 초보 독자(읽기 검사에서 몇 개 단어만 읽을 수 있는 독자)는 bud에서처럼 그 글자 소리만 같을 때보다 bead처럼 단어의 시작 부분이 글자 이름과 같을 때 고안된 철자 목록 읽기를 더 쉽게 배울 수 있었다(Treiman & Rodriguez, 1999).

3) 음운처리 능력

음운처리 능력은 언어의 소리 구조를 이용한다. 세 가지 유형의 음운처리 능력이 단어 읽기발달과 관련된 것으로 여겨져 왔다. 즉, 음운인식, 빠른 이름대기(rapid automatized naming) 그리고 구어 단기 기억(verbal short-term memory)이다(Treiman & Rodriguez, 1999).

(1) 음운인식

음운인식은 단어의 소리 구조를 식별하고 조작하는 능력이다. 음운인식 과제에 대한 수행력은 단어 읽기 및 철자쓰기 능력의 발달과 강하게 관련되어 있다(Bryant et al., 1990; Muter et al., 2004).

음운인식 과제는 음절, 음절 내 단위, 음소 등 크기가 다양한 단위에 대한 인식을 활용할 수 있다. 가장 큰 분절 단위는 음절인데 metaphisical은 다섯 음절 'met-a-phi-si-cal'로 이루어져 있다. 음절은 음절 내 단위로 다시 나눌 수 있다. 읽기 연구에서 연구되는 가장 일반적인 음절 내 단위는 어두자음과 라임이다. 어두자음은 met의 첫소리 /m/, train의 첫소리 /tr/의 경우처럼 어두의 자음이나 자음군이다. 라임은 et와 ain의 예처럼 음절 내에서의 모음과 후속 자음이다. met에는 세 개의 음소, /m/ /e/ /t/가 있고, train은 네 개의 음소, /t/ /r/ /ai/ /n/이 있다. 이 분절의 예시와 음운인식을 평가하기 위해 사용된 몇 가지 과제가 〈표 4-2〉에 제시되어 있다. 이러한 작업이 얼마나 어려울 수 있는지에 대해 생각해 보려면 직접 시도해 보라. FOX를 거꾸로 말하면 무엇인가?

<표 4-2> 음운인식 측정을 위해 고안된 과제의 예

단위 수준	과제	지시내용	답
음절	수 세기	unicorn의 소리 수만큼 두드리세요.	3
	분리	pencil의 각 부분을 말해 보세요.	pen-cil
	생략	cowboy를 말해 보세요. 이제 cowboy에서 boy를 빼고 말해 보세요.	cow
어두자음/라임	판단(라임)	dish 또는 chair 중 어떤 단어가 fish와 라임이 같은가요?	dish
	이상한 단어 찾기(어두자음)	pig-bat-pen 중 이상한 단어는 무엇인가요?	bat
	이상한 단어 찾기(라임)	book-cook-jump 중 이상한 단어는 무엇인가요?	jump
음소	수 세기	boot의 소리 수만큼 두드리세요.	3
	합성	/c/ /a/ /t/을 합하면 무슨 소리가 되죠?	cat
	거꾸로 말하기	skip의 소리를 거꾸로 말해 보세요.	picks
	생략(자음)	table에서 /t/ 소리를 빼고 말해 보세요.	able
	생략(자음군에서 자음)	trump에서 /p/ 소리를 빼고 말해 보세요.	trum

일반적으로 어린 아동은 음절을 가장 쉽게 탐지하고 음소 탐지를 가장 어려워한다. 6세경에 아동들은 다양한 단어들의 음절 수 세기 과제를 성공적으로 해낼 가능성이 높지만 이 나이에 음소 탐지는 종종 어려움을 겪는다(Liberman et al., 1974). 음운인식 과제의 난이도는 음운단위의 크기와 관련될 뿐 아니라 포함된 처리 과정과도 관련이 있다(McBride-Chang, 1995, 2004).

아동(그리고 몇몇 성인)은 음소 생략 과제를 특히 어려워한다. 음소생략 과제에서 검사자는 아동에게 "train을 /r/ 소리를 빼고 말해 보세요."라고 요구할 수 있다. 정확하게 반응하기 위해서 아동은 생략되어야 하는 음소를 알아내고, 그것을 생략하고, 이전의 train과 새로운 tain이라는 표상을 단기 기억에 유지하고 있어야 하며, 명확하게 반응(tain)해야 한다. 다른 과제들에는 말소리 단위의 조작이 포함되어 있지 않다. 판단과제에서 아동은 "cat는 bat와 라임이 같은가요?"와 같은 질문을 받을 수 있다. 이 반응은 개별 음운단위(at)를 명확하게 산출할 것을 요구하지는 않으며, 학령 전 아동들도 이 과제는 잘 수행한다. 그래서 어떤 과제들은 관련된 말소리 단위 때문에 다른 것보다 더 어렵고, 어떤 과제는 관련된 처리 과정 때문에 어려운데, 몇몇 과제는 말소리 단위와 처리 과정 둘 다 관련되기 때문에 특히 어렵다.

읽기 경험은 아동이 이 과제를 수행하기 위해 사용하는 전략에 영향을 미칠 수 있다. 읽기와 철자 쓰기가 우수한 아동은 이 과제들이 청각적으로 제시되어도 과제에 반응하기 위해 소리의 연쇄보다는 단어의 철자를 활용하는 것처럼 보인다. 예를 들어, 두 단어의 음소 수가 같아도 아동들은 종종 rich보다 pitch가 더 음소가 많다고 한다(Ehri & Wilce, 1980; Stuart, 1999 참조). 이러한 이유 때문에 음운인식 과제에서 비단어를 사용하는 것이 현명할 수 있다. 비록 비단어가 철자화될 수는 있어도 그런 자극은 음운인식과제에 대한 철자지식의 영향을 최소화시킨다.

(2) 빠른 자동 이름대기

빠른 자동 이름대기(Rapid Automatized Naming: RAN) 과제는 글자, 숫자, 색이나 사물들 같은 친숙한 항목들의 배열에서 대상자에게 가능한 한 빨리 이름을 말하도록 요구한다. 검사자료의 예는 〈표 4-3〉에 있다. 빠른 이름 대기 수행력은 읽기 우수아와 부진아를 구별해 준다(Denckla & Rudel, 1974, 1976). 이 능력은 5~8세 아동들의 현재 단어 읽기능력과 관련되어 있고 초기 읽기 습득단계에서 단어 읽기발달을 예측해 준다(Manis, Seidenberg, & Doi, 1999; Torgensen et al., 1999; Wagner et al., 1997).

빠른 자동 이름대기는 음운 능력을 포함하고 있다. 다시 말해, 아동들은 글자나 숫자 같이 시각적으로 제시된 각각의 상징들을 구어의 형태로 재부호화해야 한다. 이러한 이유 때문에 빠른 이름대기는 의미에 접근할 수 있게 해 주는 문자열의 음운론적 재부호화에 중요한 기술을 활용하는 것으로 여겨진다(Wagner &

Torgesen, 1987). 빠른 자동 이름대기는 초기 단어 읽기발달과 더 강력하게 관련되는 것으로 보이며 후기 발달에 미치는 영향은 적을 수 있다(Torgensen et al., 1997).

(3) 구어 단기 기억

구어 단기 기억 과제는 비단어나 단어 또는 숫자 목록 회상 같은 구어 자극의 반복과 관련되어 있다. 따라말하기 검사와 이것들이 언어발달에 관련되는 방식은 Gathercole과 그의 동료들이 상당히 자세히 연구해 왔다. 비단어 따라말하기 과제에서 아동은 glistow, trumpetine, defermication의 예처럼 복잡도가 점점 증가하는 비단어를 따라 말하도록 요구받는다(Gathercole & Baddeley, 1996). 비단어 따라말하기는 새로운 (구어)단어를 배우는 능력과 밀접하게 관련되어 있으며(Gathercole et al., 1997), 어휘 발달을 예측해 준다(Gathercole & Baddeley, 1989). 5~6세 측정된 비단어 따라말하기는 4년 후 단어 읽기능력과 관련된다(Muter & Snowling, 1998).

<표 4-3> 빠른 자동 이름대기(RAN)를 평가하기 위해 사용된 자료들의 예

각 과제에서 아동들은 먼저 각 자극들의 예를 천천히 이름대기 한다(글자, 숫자, 색, 사물). 그러고 나서 (다음에서 보이는) 이런 종류의 자극이 있는 페이지를 제시하고, 가능한 한 빨리 페이지 위에 있는 항목들을 읽도록 요구한다. 그렇게 하는 데 걸리는 시간을 기록한다.

글자 빠른 이름대기						
t	a	c	n	k	s	t
k	s	t	c	n	a	k
a	c	n	k	a	t	s
n	t	c	s	k	c	a
숫자 빠른 이름대기						
4	2	5	3	1	8	4
3	4	6	5	4	3	2
4	8	3	2	8	1	5
1	2	8	4	2	2	3

회상능력 측정과제는 주로 의미단어나 숫자 목록이 포함된다. 이 과제는 이 항목들을 순서대로 회상해 내는 것이고 수행력의 최고 한계선에 도달할 때까지 항목의 수가 점점 늘어난다. 예를 들어, 가장 쉬운 단계의 숫자 회상은 '1–6' 같이 두 개의 숫자를 회상하는 것이다. 아이들이 두 개의 숫자를 회상할 수 있으면 '6–4–8'의 예시처럼 회상할 숫자의 수를 3개까지 늘리고, 그러고 나서 '7–3–1–6'과 같이 4개까지 늘려 나가면서 과제는 더 어려워진다. 이 방법으로 측정된 회상능력은 5~7세 때 음운인식과 단어 해독 둘 다와 상관이 있다. 그러나 과제의 항목들이 청각보다 시각적으로 제시될 때(컴퓨터상에), 회상 기억과 단어 읽기 사이의 관련성은 더 강력하다(Wagner et al., 1993).

(4) 음운처리 능력들 간의 관계

앞에서 설명한 세 가지 다른 음운처리 능력들은 모두 구어 처리를 포함하고 있고 모두가 단어 읽기능력 및 발달과도 관련되지만, 그것들이 모두 같은 것은 아니다. 구어로 제시된 음운인식 과제와 시각적으로 제시된 빠른 이름대기 과제의 수행과 관련된 처리 과정에는 명백한 차이가 있다. 후자의 경우 연구 대상자는 시각적으로 제시된 자극을 처리하고 순서대로 배열해야 한다.

빠른 자동 이름대기(RAN) 과제가 음운인식 같은 다른 과제들에서 사용되는 것과 정확히 동일한 음운처리 능력을 측정하지 않는다는 증거가 있다. 첫째, 빠른 자동 이름대기 수행력은 음운인식 검사 점수와 상관이 아주 높지는 않다. 일반적으로 –.14에서 –.31 범위 내의 상관관계가 있다(음수값인 이유는 빠른 자동 이름대기 과제에서의 낮지만 빠른 시간이 더 정확하고 따라서 더 높은 음운인식 점수와 관련이 있기 때문이다(Manis, Doi, & Bhadha, 2004; Manis, Seidenberg, & Doi, 1999). 빠른 자동 이름대기는 다른 음운처리 검사로 예측되는 분산과는 독립적으로 현재 및 미래의 읽기 분산을 예측해 준다(예: Manis et al., 1999). 둘째, 빠른 이름대기 검사에서 수행력이 낮은 몇몇 아동들이 음운인식 검사에서는 잘하기도 한다(Powell et al., 2007). 또한 단어 읽기능력과 빠른 자동 이름대기 과제 수행이 관련되는 이유는 둘 다 읽기에 대한 특정 기술보다 정보에 대한 빠른 순차적 처리와 관련되고 전반적인 처리 속도를 활용하기 때문이라고 제안되었다(Kail, Hall, & Caskey, 1999).

기억은 확실히 읽기에 중요하지만, 구어 음운기억 검사가 다른 음운처리 검사들과 얼마나 독립적인지 판단하는 것은 어렵다. 음소 생략 과제에서 검사자가 말한 단어를 정확하게 표상해 내는 것은 과제를 성공적으로 수행하기 위해 매우 중요하다. 이상한 단어 찾기 과제(〈표 4-2〉) 같은 음운인식 과제는 짧은 단어 목록 저장과 관련된다. 그림 단어 자극은 기억 부담을 줄이기 위해 사용되었다(Bradley & Bryant, 1983). 다른 연구에서는 구어 단기 기억의 독립적인 측정이 포함되어 있어서 통계분석에서 기억이 통제될 수 있었다(Wagner et al., 1993).

4) 형태론적 지식

2장에서 우리는 형태적으로 복잡한 단어는 세 가지 범주에 포함된다고 배웠다. 즉, dog, dogs와 같은 굴절어, kind, kindly, unkind, kindness와 같은 파생어, mousetrap 같은 합성어이다. 형태론적 단위에 대한 아동들의 인식 능력이 아동의 읽기발달에 얼마나 영향을 미치는지와 관련된 연구분야에 대한 관심이 점점 증가하고 있다.

굴절 형태소와 파생 형태소 인식 능력은 연령에 따라 증가한다. 특히 파생 형태소에 대한 지식과 사용능력은 학령 전부터 성인기까지 오랜 기간에 거쳐 발달한다(Carlisle, 2004). 파생 접미사 범주에는 두 가지 유형이 있는데, calm, calmly, calmness의 경우처럼 기본 단어(또는 어근)의 발음이 변하지 않는 것과 magic-magician, deduce-deduction, total-totality, symbol-symbolic의 경우와 같이 발음이 변하는 것이 있다. 후자의 예에서 접미사는 기본 단어의 강세나 특정 자음의 발음을 변화시킨다. 독자에게 어려운 문제는 기본 형태에서는 특정 자소가 하나의 음소를 나타내는데 파생형태에서는 다른 것을 나타낸다는 점이다. 이런 이유 때문에 음운인식 능력 이외에 형태인식 능력이 단어 읽기와 관련될 수 있다.

몇몇의 연구들에서 형태 처리과제 수행력과 단어 읽기 사이의 관련성을 보여 주었다. He was blinded by the bright/brighten/brightly/brightness와 같은 문장의 완성을 위해 적절한 단어를 선택하는 9~12세 아동의 능력은 현재 아동의 단어 읽기능력과 유의하게 관련되며, 음운기술과 어휘 지식 이외에도 단어 읽기에 독립적으로 영향을 미친다(Singson, Mahony, & Mann, 2000). 형태 처리 능력은 또한 7~11세 사이의 읽기능력 발달에도 기여한다. Deacon과 Kirby(2004)는 초기 읽기 발달 시기의 초기 형태인식 능력이 지능과 음운인식을 고려한 후에도 단어와 비단어 읽기의(또한 읽기이해에도) 분산을 유의하게 예측한다는 것을 보여 주었다. 참고로 형태인식 능력은 초기 읽기능력을 통제한 후에도 읽기능력에 영향을 미쳤다.

5) 요약

읽기 전단계 아동의 인쇄물 관습에 대한 지식은 아마도 가정이나 유치원에서의 문해자료 노출을 통해 아동이 책에 대해 배운 것을 나타내는 것이다. 문자 지식도 일찍 습득되며 아동들은 읽기에 도움을 얻기 위해 문자 이름에 있는 말소리 지식을 활용할 수 있다. 지식의 두 측면은 모두 읽기 학습에서의 초기 진전을 예측해 준다. 음운인식, 빠른 이름대기, 음운기억을 포함하는 다양한 음운 능력은 단어 읽기와 관련해서 연구되었다. 최근의 연구는 형태인식 능력이 음운인식 능력 이외에도 읽기발달에 독립적인 역할을 한다는 것을 보여 주었다. 음운인식 능력은 최근의 많은 연구에 초점이 되어 왔고, 특히 이 능력이 미치는 영향에 대해서는 이 장의 후반에서 더 상세하게 다룰 것이다.

3. 단어 읽기발달 단계

앞에서 검토한 단어 읽기의 네 가지 방법, 즉 일견 단어 읽기, 음운론적 재부호화, 문맥을 통한 유추는 능숙한 독자가 되기 위한 과정과 관련된 Ehri의 영향력 있는 모델의 특징이다(Ehri, 1995). Ehri의 모델은 글을 읽지 못하는 독자에서부터 능숙하게 일견 단어를 읽는 독자가 되기까지의 과정을 설명하려고 한다. 이 모델의 핵심은 문자 체계에 대한 아동의 지식 발달 및 구어와 문어 사이에 형성된 관계나 연결이다. 그래서 인쇄물에 대한 지식, 글자 및 음운처리 기술은 중요하다. 우리가 앞에서 살펴본 것처럼 일견 단어 읽기에 대한 Ehri의 개념화는 단어의 문어 형식과 그 발음 사이의 연관성을 포함하고 있다. Ehri의 읽기발달 모델에 네 단계가 있는데, 각 단계는 문어의 글자 형태와 그것들이 표현하는 구어 단어 사이의 질적으로 다른 유형의 연결과 관련된다. 이 내용들은 다음에 설명되어 있다.

1) 알파벳 전 단계

제목에 제시된 바와 같이 알파벳 전 단계의 읽기 수준인 아동은 알파벳 지식이 거의 없거나 전혀 없다. 이 아동들은 새로운 단어를 읽을 수 없기 때문에 독립적 독자로 간주될 수 없다. 그러나 이 단계의 아동들은 어느 정도의 읽기능력이 있는 것처럼 보일 수 있다. 읽기 행동처럼 보이는 한 가지 예는 환경 인쇄물 읽기(reading environmental print)로 알려져 있는 것이다. 우리는 유명한 음료와 패스트푸드에 관한 것들처럼 익숙한 맥락에 들어 있고 로고와 함께 제시된 간판들로 둘러싸여 있다. 아동들은 종종 맥락 안에서 단어를 보게 될 때 그것을 말한다. 나의 조카 중 한 명은 2세 때 나의 아버지와 함께 영국에서 유명한 DIY 가게에 갔을 때 이것을 멋지게 보여 줬다. 그 아이는 간판을 가리키며 B & Q라는 문자를 읽었다. 이 행동에 대한 나의 설명을 (조숙한 읽기 행동의 표현이라기보다 환경 인쇄물 읽기에 대한 증거) 문제의 자랑스러워하는 할아버지가 받아들였는지는 확실하지 않다. 주의 깊게 통제된 연구에서 나온 설명은 가장 열렬한 부모나 조부모조차도 설득할 수 있다. Masonheimer 등은 3~5세 사이의 읽기 전단계 아동들을 연구대상으로 선정하였는데, 이 아동들은 예를 들어, 금색 아치가 있는 맥도날드처럼 상표가 로고와 함께 원래 맥락에서 제시되었을 때 자주 본 몇몇 상품의 이름을 '읽을' 수 있었다. 아동들은 금색 아치가 없는 맥도날드 같이 로고 없이 단독으로 제시된 단어를 읽을 때와 문맥과 글씨체는 똑같은 상황에서 Pepsi가 'Xepsi' 'Pewsi' 또는 'Pepso'로 글자를 일부 바꿔서 제시하였을 때 이를 탐지하는 과제의 수행력이 매우 낮았다(Masonheimer, Drum, & Ehri, 1984).

읽기 전 단계 아동들은 look이라는 단어에 있는 두 눈이나 dog라는 단어 끝에 있는 꼬리처럼 선택된 시각적 단서를 특정 단어와 연결시키는 것을 배워서 단어를 '읽을' 수도 있다. 아동들이 이 단어를 읽을 수 있는 특징은 시각 단서이지 알파벳 단서는 아니다. 이에 대한 좋은 예가 Gough, Juel과 Griffith(1992)의 연구에 나와 있다. 그들은 5세 아동에게 플래시 카드에 제시된 단어를 읽도록 가르쳤다. 하나의 카드는 구석에 지문이 찍혀 있다. 이 카드의 '깨끗한' 버전을 사용한 후속 검사에서 연구 집단의 절반 미만이 그 단어를 읽을 수 있었다. 하지만 지문이 있지만 단어는 없는 카드를 제시했을 때 거의 모든 아동들이 단어를 '읽을' 수 있었다. 아동들은 특정 지문과 단어 사이의 연관성을 학습한 것이다.

이 단계 아동들은 관련된 단서 때문에 몇몇 개별 단어를 읽는 것처럼 보일 뿐 아니라 부모나 양육자와 함께 반복적인 읽기를 통해 기억하고 있는 완전한 이야기를 '읽을' 수도 있다. 이러한 유형의 '읽기'는 문어와 구어 사이의 연관성을 형성하지 않고 수행된다. 부모가 읽어 주는 동안 페이지상의 단어를 정확하게 가리킬 수 있는 아동은 알파벳 지식과 음운인식 능력이 더 좋다(Ehri & Sweet, 1991). 이 단계의 아동은 소수의 단어 세트 읽기를 배울 수 있지만 단 몇 분만 지나도 이 새 단어를 잊어버린다(Mason, 1980). 독립적인 읽기로 발달하고, 진전되기 위해서 아동들은 알파벳에 대해서 배워야 하고 언어의 소리 구조에 대한 지식을 발달시켜야 한다.

2) 부분적 알파벳 단계

아동이 몇 가지 글자 이름이나 글자와 소리 연결을 배우고, 이 지식을 단어 읽기에 사용할 수 있을 때 부분적 알파벳 읽기 단계에 있다고 간주된다. 예를 들어, 아동은 'd'와 'g' 글자를 인지하고 그 글자의 소리를 기억하고 있기 때문에 dog라고 쓰인 단어를 읽는 법을 회상해 낼 수 있다. 이 단계에서 단어의 초성과 종성 글자는 더 두드러진 단서이다. 이 알파벳 지식은 부분적일 뿐이다. 그래서 두 단어가 같은 글자와 소리를 포함하고 있기 때문에 dig를 dog로 잘못 읽을 수 있다. 이 단계의 읽기발달 시기 동안 아동들은 모음 소리 구별하는 것을 특히 어려워한다.

읽기 전 단계 아동들은 짧은 단어 목록 읽기를 배울 수 있지만 시간이 지연된 후 같은 단어로 다시 검사했을 때 실수를 한다. 이런 결과는 읽기 전 단계 아동들이 문어와 기억 속에 있는 그 단어의 표상 사이의 적절한 연결을 형성해 내지 못한다는 것을 시사하는 것이다. 아마도 아동들은 임의적이고 비체계적인 연결을 만들었을 것이다. Ehri와 Wilce(1985)는 〈표 4-4〉에 표시된 두 종류의 단순화시킨 철자 읽기를 가르침으로써 이러한 아이디어를 테스트했다. 음성 철자법(phonetic spellings)은 원래의 단어와 소리를 공유하는 글자가 포함된 단순화된 철자이다. 단어 knee의 단순화된 음성 철자는 'NE'이다. 주요 글자 소리는 존재하지만 그 글자의 크기나 형태는 독특한 단어 형태로 만들어지지 않았다. knee와 시각적으로 구별되는 철자는 'Fo'이다. 이 글자는 단어 knee에 포함된 말소리를 공유하고 있지 않지만 철자는 독특한 모양으로 되어 있다.

<표 4-4> Ehri와 Wilce(1985)가 사용한 자료의 예

원래의 단어	소리와 관련된 철자	시각적으로 구별되는 철자
knee	NE	Fo
giraffe	JRF	WBC
balloon	BLUN	$_{XGS}T$
turtle	TRDR	$Y^{m}P$
mask	MSK	$_{U}H_{E}$
scissors	SZRS	$Q_{DJ}K$

출처: Ehri & Wilce(1985)의 표 1에서 수정.

읽기 전 단계 아동과 읽기 초보 단계 아동은 배운 단어를 읽기 위해 사용하는 단서가 달랐다. 사전 검사에서 어떤 단어도 읽을 수 없었던 아동들은 단순화된 음성 철자보다 시각적으로 구별되는 단어를 더 많이 배웠다. 초보 독자와 읽기 우수아는 단어의 글자와 실제 소리 사이의 연결이 있는 단순화된 철자 목록에 있는 단어를 더 많이 배웠다. 이 결과는 읽기 전단계 아동들은 구어와 문어 사이의 연결에 대한 지식이 없기 때문에 이 지식을 이용할 수 없다는 것을 시사해 준다.

Rack과 그의 동료들은 어린 아동의 부분적 알파벳 단서 활용에 대해 좀 더 연구했다(Rack et al., 1994). 그들은 구어 단어의 단순화된 철자를 배우는 아동의 능력을 평가했다. 목표단어와 소리를 공유하는 단순화된 철자의 두 가지 유형이 있다. 이것들은 목표단어와의 관련성이 얼마나 긴밀한가에만 차이가 있었다. Ehri와 Wilce(1985)의 연구에서 사용된 자극과 달리 단순화된 철자의 두 유형은 형태나 크기는 다르지 않아서 시각적으로 매우 유사했다. 목표단어 table에서 단순화된 철자는 dbl과 kbl이다. 단순화된 철자 dbl에서 글자 d는 table의 첫글자인 t와 유성성이라는 하나의 자질이 다르다. 유성성은 소리가 날 때, 성대가 울리는지 아닌지를 나타내는 것으로 t는 무성음, d는 유성음이다. 두 글자는 같은 위치에서 조음이 된다. 단순화된 철자 kbl에서 k는 무성음이고 글자 t와 구강 내의 다른 위치에서 조음이 된다. 이런 작은 대조에도 불구하고 아동들은 kbl과 table 사이의 연관성보다 dbl과 table 사이의 연관성을 더 쉽게 배웠다.

이 연구들은 읽기 초기 단계에 대해 두 가지 중요한 점을 시사해 준다. 첫째, 알파벳 지식이 없는 아동들은 형태같이 단어를 기억할 특정 단어 단서를 활용한다. 이 아동들은 글자 소리와 철자 사이의 규칙을 활용할 수 없다. 둘째, 읽기 시작 단계에 있는 아동들은 읽기발달 아주 초기 단계에도 구어에서의 말소리와 그것들이 문어로 표현되는 방식 사이의 관련성에 민감하다.

3) 완전 알파벳 단계

어린 독자의 다음 발달단계는 완전한 알파벳 지식을 배우고, 그래서 자소(graphems)와 그것의 구어 짝 사이의 관계를 습득하는 것이다. 그래서 −est 같이 흔히 나오는 철자 패턴조차도 계속 한 글자 한 글자씩 읽을 수 있다. 이 읽기발달 단계에서 아동은 일견 단어를 습득하기 시작한다. 아이들이 여러 번 본 단어는 기억에 저장되고 개별 글자를 소리 내지 않고 읽을 수 있게 된다. 아동들은 또한 문맥을 통한 예측과 음운론적 재부호화로 단어를 읽을 수도 있다. 또한 유추전략을 사용해서 읽으며, 아주 친숙한 단어는 일견단어 읽기를 통해 빠르고 효율적으로 접근하게 될 것이다.

일견 단어 읽기에 대한 근거는 Ehri와 Wilce(1983)의 연구에 나와 있다. 그들은 능숙한 독자가 bat와 man 같은 간단하고 친숙한 단어를 한 자리 숫자 7 같은 것을 읽을 때만큼 빨리 읽는다는 것을 알았는데, 이것은 기억을 통해 친숙한 단어를 읽는다는 것을 나타내는 것이다. 그들은 jad나 tuk 같은 비단어 읽기에 시간이 더 오래 걸리는데 이는 이것들을 해독해야 하기 때문이라고 주장했다. 반대로 덜 능숙

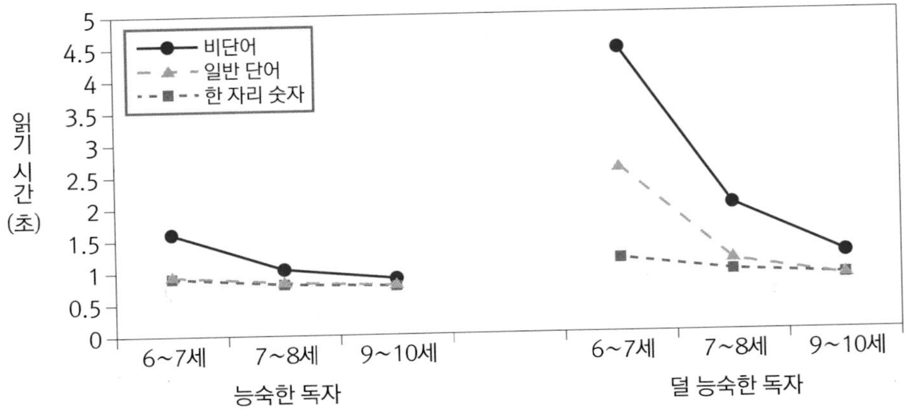

[그림 4-2] CVC비단어, 일반 의미단어와 한 자리 숫자를 읽는 데 걸린 초당 평균 시간

출처: Ehri & Wilce(1983)의 그림 1 응용.

한 독자는 친숙한 단어와 비단어 읽기에서 유사한 패턴을 보이는데, 이는 아동이 두 단어 세트를 모두 해독했다는 것을 나타내는 것이다. 읽기 시간은 [그림 4-2]에 나타나 있다.

4) 통합 알파벳 단계

아동들이 철자에 대한 지식을 더 잘 활용하고, 읽기 경험이 더 쌓임에 따라 at, eat, est 같이 공통적인 철자 패턴을 공유하는 단어를 접하게 되고, 그 문자열의 발음을 기억하게 될 것이다. 예를 들어, bat, cat, fat, hat, mat와 sat는 모두 at라는 단위가 같고, feat, meat, seat, pleat 그리고 cheat는 모두 eat이라는 단위가 같다. 일단 학습이 되면 이 문자열은 통합된 단위(consolidated unit)로 간주될 수 있으며, 이 지식은 각각의 글자를 해독하는 것보다 이 단위를 포함하는 비친숙한 단어를 아동들이 더 빠르고 정확하게 읽게 해 줄 수 있다. 영어와 같은 언어에서는 가장 일반적인 방법으로 비친숙한 단어를 읽으면 great와 같이 불규칙적인 단어의 경우 발음 오류를 초래할 수도 있다는 점에 주의해야 한다.

7~9세 사이 어린 독자들은 단어 읽기를 돕기 위해 공통된 철자 패턴을, 특히 라임 단위에서 사용하기 시작한다. 아동들은 kiss나 miss와 같이 라임이 같은 의미 단어수가 적은 fiss를 읽을 때보다 main, vain, train, brain의 예처럼 라임이 같은 의미 단어가 여러 개 있는 비단어 tain을 더 정확하게 읽는다. 또한 단어의 끝에 나타나는 -ness, -ing나 단어의 시작 부분에 나타나는 un- 같이 자주 나오는 접사에 대한 지식은 다음절 단어를 읽고 쓰는 데 도움이 될 것이다.

통합 알파벳 단계는 Ehri의 모델의 마지막 단계이다. 이 단계에서 아동은 문맥을 통한 예측, 해독, 유추로 단어를 읽을 수 있고, 가장 중요하게는 일견 단어로 읽을 수 있다. 일견 단어 읽기는 능숙한 읽기의 표지이며 인쇄된 단어의 발음과 의미에 빠르고 효과적으로 접근할 수 있게 한다.

5) 요약

단어 읽기발달에 대한 Ehri의 설명은 읽기 습득 과정에서 나타나는 다양한 단어 읽기 방법을 설명해 준다. 어린 독자가 사용 가능한 전략의 범위는 현재 읽기발달 '단계'의 특징을 나타낸다. 이 전략들은—음운론적 재부호화, 유추, 문맥을 통한 예측, 일견 단어 읽기—문어와 구어 관계에 대한 아동의 지식에 의존하는 정도가 다르다. 문어에 대한 아동의 지식과 경험이 발달함에 따라 그들의 레퍼토리에 점점 더 정교한 전략을 추가하게 될 것이다. 그래서 아동은 글자-소리(print-sound) 관계에 대한 지식이 없는 읽기 전 단계로부터 기억에 빠르게 접근할 수 있도록 개별 단어와 공통 철자 패턴을 충분히 자주 접하게 되는 능숙한 독자단계로 발달하게 된다.

4. 읽기발달을 주도하는 것은 무엇인가

앞에서 우리는 단어 읽기능력의 발달에 관한 단계 모델과 아동들이 단어 읽기를 습득하고 능숙한 독자가 되는 전략에 대해 알아보았다. 이 부분에서는 초기 언어능력과 단어 읽기발달 사이의 관련성을 탐구한 연구들을 살펴보려고 한다. 이 연구들은 어린 독자들이 단어를 읽는 데 사용한 전략보다는 단어 읽기 정확도와 속도에 초점을 맞추고 있다. 이 연구들의 대부분은 다양한 유형의 음운인식에 중점을 두면서 어떤 음운능력이 단어 읽기발달의 진전을 예측하는 요인인지 알아보는 데 초점을 두고 있다.

1장에 두 가지 기술이 인과적으로 관련될 수 있는 네 가지 다른 방법에 대한 Ehri의 분석(1979)을 제시했다. 음운인식과 단어 읽기발달 간의 인과 관계에 관한 증거를 살펴보기 전에 여기서 이것을 검토해 보는 것은 가치 있는 일이다. 두 가지 능력 사이의 인과 관계에 관한 첫 번째 유형은 음운인식 같은 기술이 단어 읽기의 전제조건이라는 것이다. 이 관계가 '실제' 상황이라면 아동은 단어 읽기능력을 습득하기 전에 일정 수준의 음운인식 능력이 발달되어야 한다는 의미이다. 이와 관련되어 있는 두 번째 견해는 음운인식 능력이 단어 읽기발달의 촉진자여서 음운인식 능력이 좋은 아동이 그렇지 않은 아동보다 읽기에서 더 나은 진전을 이룬다는 것이다. 두 능력 간 관계에 대한 세 번째 유형은 매우 다르다. 이 관계는 다른 방향일 수 있는데, 읽기 중재 과정이 음운인식 능력을 발달시키는 데 도움이 되기 때문에 음운인식이 읽기 학습의 결과로 나타날 수 있다는 것이다. 마지막으로 음운인식 능력은 단어 읽기의 우연적 상관관계(incidental correlation)일 수 있다.

지금은 음운론적 능력과 단어 읽기발달이 밀접히 관련된다는 수많은 근거들이 있다(Wagner & Torgesen, 1987). 따라서 우리는 증거가 음운인식의 역할을 전제 조건이나 촉진자로서 지지하는지 혹은 후속 결과로서 지지하는지에 초점을 맞출 수 있다. 인과 관계의 두 가지 대조적인 방향은 [그림 4-3]에 나타나 있다. 전제조건과 촉진자 입장은 둘 다 인과 관계의 같은 방향을 제시하는데(상위 모델) 후속 결과 입장에서는 방향이 다르다(하위 모델).

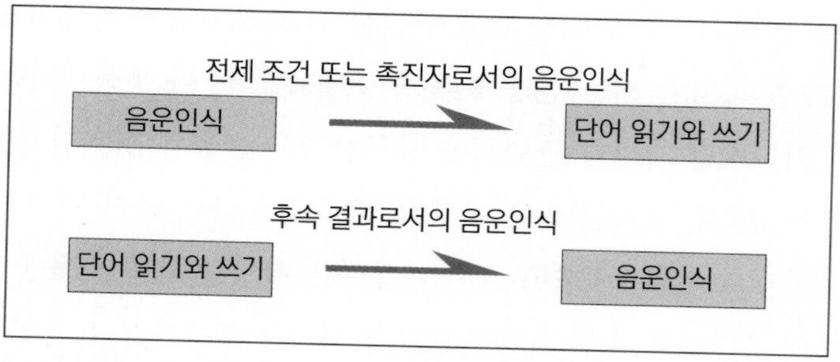

[그림 4-3] 음운인식과 단어 읽기 및 쓰기 사이의 인과 관계를 설명하는 모델

1) 음운인식이 단어 읽기의 전제조건 또는 촉진자라는 근거

읽기발달에 대한 종단 연구와 읽기 전 단계 독자 및 나이가 어린 독자를 대상으

로 한 중재 연구에서의 증거는 둘 다 음운인식이 단어 읽기발달에 도움이 된다는 견해를 뒷받침한다.

(1) 종단 연구

이 관계를 설명하기 위해 Bryant와 그의 동료들이 실행한 고전적 종단 연구를 살펴볼 것이다(Bryant et al., 1990). 이 연구에서 아동들은 읽기발달 초기 단계, 4세 6개월과 5세 6개월 때 어두자음 및 라임인식과 음소인식 능력을 측정하는 과제를 수행했다. 어두자음 및 라임인식 능력은 이상한 단어 찾기 과제를 사용하여 측정하였고, 음소인식 능력은 음소 탈락 과제로 측정하였다(〈표 4-2〉 참조). 연구자들은 이 음운인식 과제 수행력이 아동들이 6세 6개월 되었을 때 단어 읽기(쓰기) 능력을 얼마나 예측해 주는지 살펴보았다. 연구자들은 읽기에 영향을 주는 것으로 알려진 지능과 사회적 배경을 통제했다.

어두자음과 라임에 대한 민감성은 두 가지 역할을 하는 것 같다. 음소인식에 대한 영향을 통해 후기 단어 읽기능력과 간접적으로 관련된다는 것과 읽기발달에 구체적이고 직접적으로 영향을 미친다는 것이다. Bryant 등의 주요 연구 결과를 단순화한 모델은 [그림 4-4]에 제시되어 있다. 저자는 라임에 대한 민감성은 음소에 대한 민감성으로 이어지고, 이는 읽기 학습에 상당한 영향을 미친다고 제안했다(간접적 관계). 게다가 그들은 라임인식이 특유의 방식으로 읽기 발달을 돕는다고 주장하는데, 이는 아마도 읽기에서 유추의 역할 때문일 것이다.

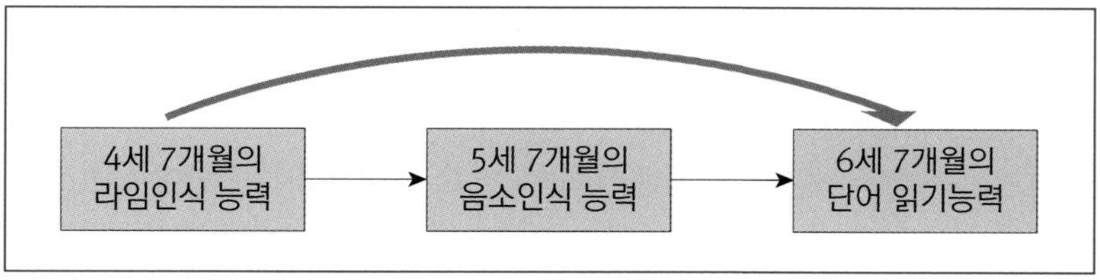

[그림 4-4] 초기 음운인식과 읽기 습득 간의 관계에 대한 Bryant 등의 주요 연구 결과를 단순화한 모델

다른 종단 연구는 단어 읽기발달에서 음운인식의 중요한 역할을 지지해 준다. Muter와 그의 동료들은 4세 9개월 아동들의 라임과 음소인식 능력을 다양하게 측정하였다. 그러고 나서 이 측정치들과 1년과 2년 후에 측정한 후기 단어 읽기 사이의 관계를 살펴보았다. 라임과 음소인식 변인 간의 약한 관계만 나타났다. 즉, 라임인식 과제에서의 높은 점수가 음소인식에서의 높은 점수를 보장하지는 않았다. 이 결과는 이 두 유형의 음운단위 인식이 상대적으로 독립적이라는 것을 시사하는 것이다. 라임인식이 아니라 음소인식이 후기 단어 읽기능력의 강력한 예측자였다. 문자 소리에 대한 지식 역시 후기 단어 읽기능력을 결정하는 데 중요한 역할을 한다. 이 연구 결과에 대한 모델은 [그림 4-5]에 제시되어 있다. 결과의 패턴은 음소인식과 알파벳 지식이 성공적인 단어 읽기발달을 위한 토대라는 것을 시사해 준다(Muter et al., 2004).

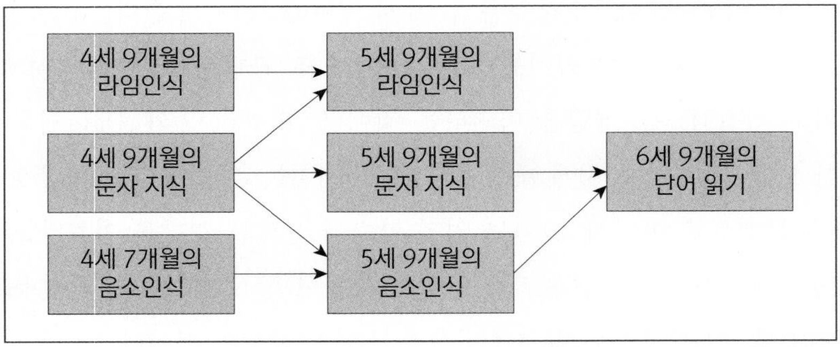

[그림 4-5] 초기 음운인식, 문자 지식과 읽기 습득 사이의 관계에 관한 Muter 등(2004)의 주요 결과를 단순화한 모델
(초기 평가에서의 문자지식과 음소탈락은 후기 평가에서의 단어 읽기와 관련됨)

두 연구는 읽기 습득에 대한 음소인식의 중요성을 보여 주었다. Muter 등의 연구 역시 문자 지식에 대한 강력한 역할을 보여 주었다. 라임인식과 읽기발달 사이의 관계에 관한 각각의 연구에서 나온 결과는 차이가 있다. 어두자음/라임과 음소인식을 측정한 다른 연구 집단이 실행한 연구들에서는 두 능력 모두 후기 읽기능

력과 관련이 있었다(이 작업과 최근 논의에 대한 검토는 Bowey, 2002 참조). 이 작업들에서 얻을 수 있는 주요 결론은 음운인식이 단어 읽기능력 발달을 촉진하고 음소인식은 읽기발달 초기 과정에서 특히 영향력 있는 역할을 한다는 것이다.

(2) 중재 연구

종단 연구 결과는 아동들이 음운 단위를 탐지하도록 중재받은 연구에 의해 뒷받침되었다. 이 연구들에서 사용된 중재의 특징은 매우 다양하다. 어떤 연구자는 아동들에게 말소리의 합성이나 분리를 훈련시켰고, 다른 연구자는 범주화 과제를 통해 소리 인식을 훈련시켰다. 다른 연구들은 음절, 어두자음과 라임, 음소를 포함한 다양한 단위 수준에서의 인식을 훈련시켰다. 일반적으로 구어에서 아동의 말소리 인식 훈련은 읽기 습득을 촉진시킨다.

이러한 유형의 중재 연구(training studies)에 대한 실례는 두 가지 다른 유형의 음운 훈련의 효과를 비교한 Bradley와 Bryant(1983; 1985)에 의해 수행된 연구이다. 연구의 시작 시점에서 아동들은 6세였다. 한 집단은 음운론적 범주화(phonological categorization)에 대한 훈련을 받았다. 아동들은 예를 들어, hen, hat과 hen, man과 같이 익숙한 사물의 이름(컬러 사진과 함께 묘사된)이 같은 시작소리나 끝소리를 포함할 수 있다는 것을 배웠다. 두 번째 집단은 비슷한 훈련을 받았지만 이들에게는 부가적으로 가르치는 소리를 플라스틱 글자로 표현하는 방법을 보여 주었다.

연구자들은 다른 기술에 대한 훈련을 받은 통제집단도 포함시켰다. 훈련받은 통제집단의 포함은 중요하다. 이것은 음운인식 중재를 받은 집단의 이점이 단순히 언어에 대한 추가적 또는 개별적인 관심과 노출 때문일 수 없다는 의미이다. 통제 훈련 집단은 개념적 범주에 기반해서 단어를 범주화하는 것을 배웠다(무생물 대 생물, 실내 사물과 실외 사물). 훈련받지 않은 통제집단은 정규 학급 활동 이외에 어떤 특별한 중재도 받지 않았다.

아동들은 2년 동안 중재를 받았다. 8세 때, 아동들은 읽기, 철자 그리고 수학 평가를 받았다. 음운론적 범주화 훈련을 받은 집단은 두 통제집단보다 높은 읽기 점수를 얻었다. 글자와 함께 훈련받은 집단은 철자쓰기 평가에서 가장 좋은 점수를 얻었다. 다른 연구들(예: Lundberg, Frost, & Petersen, 1988)과 비슷하게 효과는 읽기에 특화되어 있다. 중재로 수학 능력이 더 좋아지지는 않았다. 일반적으로 명시적 글자-소리 대응하기(letter-to-sound mapping)를 훈련한 연구들은 그렇지 않은 연구보다 더 성공적이다(Mann & Wimmer, 2002). 음운인식 훈련에서 글자의 활용은 8장에서 더 논의될 것이다.

(3) 요약

종단 연구와 중재 연구는 음운인식이 읽기발달을 촉진한다는 집중적인 증거를 제시해 준다. 초기 음운인식은 후기 단어 읽기능력을 예측해 주고 음운인식은 훈련될 수 있으며 훈련은 결과적으로 더 나은 읽기발달을 야기한다. 그리고 음운인식의 영향은 일반적인 교육적 성취나 학습이 아니라 읽기 및 쓰기능력에 특화되어 있다.

2) 음운인식이 읽기 학습의 결과라는 근거

초기 음운인식이 읽기 학습을 촉진시킨다는 위에 제시된 증거에도 불구하고 음운인식이 문해력에 대한 노출에 의해 생길 수 있다는 증거도 있다. 이 인과 관계의 방향에 대한 주요한 증거는 나라 간 경제와 문화 차이를 이용한 연구에서 나왔는데, 다양한 문자 체계에서 독자의 읽기 학습 발달을 비교하였다.

경제적으로 취약한 나라들은 아동기 동안 교육의 기회가 부족하기 때문에 문해력이 있는 성인이 전체적으로 많지 않다. 성인 문해력 프로그램이 시행되었을 때, 연구자들은 한때는 문맹이었으나 지금은 읽기가 학습된 집단과 문맹으로 남아 있는 집단으로 나누어 성인 집단을 비교할 수 있었다. 이 유형의 전통적 연구는 1970년대 포르투갈에서 Morais와 그의 동료들이 실행하였다. 연구자들은 비단어에서 음절과 음소를 더하거나 빼라고 요구하는 과제에서 문맹자와 전문맹자(exilliterates)의 수행력을 비교했다. 일반적으로 문맹자가 전문맹자보다 음절과 음소 조작 과제 모두에서 더 수행력이 낮았으나 음소 과제에서는 차이가 훨씬 더 컸다. 연속 네 음에서 마지막 세 음을 다시 불러야 하는 음악 탈락 과제에서는 집단 간 차이가 없었다. 즉, 문맹자는 이 음악 탈락 과제에서는 부진한 수행력을 보이지 않았다. 전문맹자의 우수한 수행력은 읽기 학습에 대한 경험이 구어에서 말소리 인식 능력을 확장시켜 준다는 점을 시사해 준다.

충분한 교육기회가 있는 나라에서는 문화 및 교육적 실행의 차이가 '후속 결과' 가설을 검증하는 데 활용되어 왔다. 미국이나 영국 같은 영어권 나라들에서 학령 전 아동들은 종종 집에서 문해력 수업을 받는다. 일반적으로 이 아동들은 몇 가지 알파벳 기초 지식을 갖추고 유치원[또는 영국의 유치반 1학년(reception class)]에 들어가는데, 거기서 아동들은 초등 1학년이 시작되기 전에 문해력에 기반한 활동을 통해 알파벳 지식을 확장한다. 독일, 오스트리아, 스위스 같은 독일어권 나라에서는 아동들이 초등 1학년에 들어가면서 문해력 교육이 시작된다. 일반적으로 아동들은 집이나 유치원에서 글자의 이름이나 소리를 배우지 않는다.

Mann과 Wimmer(2002)는 이러한 차이를 이용하여 6, 7, 8세 미국과 독일 아동을 대상으로 문해력과 음소인식 능력에 대한 평가결과를 비교하였다. 나이가 더 어린 경우, 미국 아동이 알파벳 지식과 음소인식에서 같은 연령의 독일 아동보다 더 수행력이 높았다. 7~8세 아동의 경우, 음소인식 능력은 두 언어권 집단 간 차이가 없었다. 문맹과 전문맹 간의 비교에서처럼 이 결과는 문해력에 대한 노출이 음소인식 발달에 도움이 된다는 것을 시사해 준다.

읽기 경험의 촉진자 역할에 대한 더 많은 증거는 일본과 미국 아동의 음절과 음소인식 능력을 비교한 연구에서 나온다(Mann, 1986). 일본 아동은 음절 문자 체계 읽기 학습을 하고 미국은 알파벳 체계 읽기 학습을 하고 있다. 읽기발달 시작 단계에서 미국 아동은 음소인식 검사에서 일본 아이들보다 훨씬 잘했다. 예를 들어, 단어에서 음소 수세기와 단어 첫소리 음소 탈락과제에서 더 정확하게 반응했다. 이러한 결과는 알파벳 문자 체계에서의 읽기 학습 경험이 음소인식을 촉진한다는 것을 시사해 준다.

흥미로운 것은 더 나이 든 일본 아동들은 비슷한 과제에서 음소를 조작할 수 있다는 것이다. 이러한 흥미로운 결과에 대한 Mann의 해석은 경험적 요인이 일본 아동의 음운인식을 촉진하는 역할을 한다는 것이다. 예를 들어, 음절 체계인 가나는 언어의 음운론을 나타낸다. 텍스트에서 일반적으로 동일한 자음으로 시작하는 가나는 모두 같은 열에 표시되고, 모음 소리를 공유하는 가나는 같은 행에 그리고 단독 모음은 종종 별도의 열에 표시되는 체계적인 그리드(grid)로 구성된다. 그래서 이 체계에 대한 경험은 음소인식 촉진에 도움이 될 수 있다.

다른 문해력을 경험한 화자의 음운인식 능력 비교에서는 적어도 음소인식은 읽기 중재에 의해 크게 향상된다는 것을 보여 준다. 여기서 검토된 중재 연구들은 이러한 견해를 뒷받침해 준다. 두 가지 음운 훈련 체제를 포함한 연구에서 글자 또는 읽기에 대한 명시적 참조물과 함께 음운인식을 포함한 중재를 했을 때 더 큰 이득을 얻었다(Ball & Blachman, 1991; Braddley & Bryant, 1983, 1985; Cunningham, 1990). 이런 결과들은 일부 연구자들로 하여금 명시적 음운인식이 문해력에 대한 노출의 결과로 나타날 수 있다고 제안하게 했다(Castles & Coltheart, 2004; Gombert, 1992).

3) 요약

단어 읽기발달과 음운 단위에 대한 민감성은 밀접하게 연관된 능력이다. 여러 연구들을 살펴보았을 때 분명히 불일치하는 결과들은 있었다. 첫 번째로 [그림 4-3]에서 보여 준 인과 관계의 양방향에 대한 증거가 있다. 종단 연구와 중재 연구는 음운인식이 단어 읽기를 잘 하도록 이끈다는 관점을 지지해 주며, 다른 독자 집단을 비교한 연구는 읽기 중재가 음운인식을 강화시킬 수 있다는 증거를 제시해 준다. 확실히 상호적인 관계에 대한 가능성과 지지가 있다. 기초적인 음운 능력이 읽기 습득에 도움을 줄 수 있고, 반대로 읽기 학습 경험이 음운인식 능력을 향상시킬 수 있다.

두 번째 불일치는 어두자음과 라임인식의 중요성에 관한 것이다. 아동들은 아주 어린 나이에 라임에 민감하다. 그들은 음소인식 과제를 할 수 있게 되기 전인 3세에 라임 판단 과제를 수행할 수 있다. 동요와 단어 게임은 많은 가정에서 흔히 하는 것이다(Bryant et al., 1990; Maclean, Bryant, & Bradley, 1987). 음소인식 과제는 어린 아동에게는 매우 어렵다. 이러한 이유로 음소인식 및 이것과의 읽기발달 간의 관련성에 대한 대부분의 연구들은 아동이 읽기 시작하기 전이나 일부 초기 글자 지식를 갖게 되기 전까지는 아동을 대상으로 연구하지 않았다. 이것은 특히 원인과 결과를 구분하기 어렵게 한다(Castles & Coltheart, 2004).

음소인식의 중요성은 일부 연구자들이 라임인식이 읽기발달에 그다지 중요하지 않다고 제안하게 했다(MacMillan, 2002). 그러나 문해력의 일부 측면에서는 예를 들어, 읽기보다는 철자쓰기의 경우, 라임 단위가 다른 것보다 더 중요할 수 있으며, 라임의 영향은 후기 읽기발달 단계에 특히 중요해진다(예를 들어, 통합적 읽기 단계).

라임 단위는 다른 언어보다 일부 알파벳 언어에 더 중요할 수 있다. 일부 알파벳 언어는 다른 것보다 음운과 철자 간의 관계가 훨씬 더 일관적(규칙적)이다(검토를 위해 1장을 보라). 영어는 특별히 비일관적이다. cat, was, car, made, saw에서의 'a'처럼 글자가 여러 가지 다양한 방법으로 읽히고, my, pie, rye에서 /i/ 소리처럼 같은 말소리가 다른 문자열로 표현될 수 있다. 실제로 영어는 개별 음소에 대응하는 문자나 문자열보다 라임이나 음절에 대응하는 문자열이 조금 더 일관적인데, 예를 들어 단어 끝부분의 -ight는 항상 같은 방법으로 발음된다.

결과적으로 다른 언어의 독자들은 읽기 전략에 대한 다른 레퍼토리가 필요할 수 있다. 일관된 철자체계의 독자는 자소-음소 대응에 집중하고 음운론적 재부호화 전략을 사용해서 아주 잘 읽을 수 있다. 반면, 영어처럼 좀 더 비일관된 철자체계의 독자는 읽기발달에 도움을 얻기 위해서는 음운론적 재부호화와 자소-음소 지식 이외에 더 큰 언어 단위인 라임에 대한 지식이 필요할 수 있다.

핵심 요약

- 단어를 읽는 네 가지 다른 방법이 있다. 일견 단어로, 단어의 개별 글자 해독으로(음운론적 재부호화), 아는 단어에 대한 유추처리로, 그리고 문맥을 통한 예측으로 읽는 것이다.
- 일견 단어 읽기는 능숙한 독자가 친숙한 단어를 읽는 방법이다. 그들이 친숙한 단어를 보게 될 때 그 단어의 발음과 의미에 대한 기억이 활성화된다.
- 음운론적 재부호화(또는 해독)는 비친숙한 단어의 글자를 소리 내고 그 소리들을 합성해서 읽는 전략이다. 이것을 자기 교수 메커니즘이라고 한다. 이런 방법으로 단어 읽기에 성공한 경험을 통해 아동들은 글자와 그것을 나타내는 소리 사이의 관계에 대해 배울 수 있다.
- 유추에 의한 읽기는 아는 단어의 지식을 활용하여 단어의 시작이나 끝부분에 공통적으로 포함되어 있는 연속적인 문자열을 식별해서 비친숙한 단어를 읽는 전략이다. 이 전략은 읽기발달 초기 단계에 사용될 수 있지만 아동들이 이 전략을 성공적으로 활용하기 위해 어느 정도의 음운론적 재부호화 능력이 필요하다.
- 문맥을 통한 예측은 대부분의 문맥이 가능한 단어의 범위를 확실하게 제한해 주지 않기 때문에 비친숙한 단어 읽기를 위한 믿을 만한 방법이 아니다.
- 읽기발달에 대한 Ehri의 모델은 글을 읽지 못하는 아동부터 일견 단어 읽기가 가능한 능숙한 독자가 되기까지의 진행과정을 설명해 준다. 다양한 읽기 단계에서, 독자는 문자 체계 및 구어와 문어 사이의 관계에 대한 지식에 따라 다양한 전략을 활용할 수 있다.
- 인쇄물 인식, 알파벳의 문자의 이름과 소리에 대한 지식 그리고 음운처리 능력은 모두 아이들이 얼마나 쉽게 읽기를 배울 것인지를 예측해 준다. 음운처리 능력은 음운인식, 빠른 자동 이름대기 그리고 구어 음운기억이 포함된다.
- 형태 처리는 음운처리 능력 외에도 읽기발달에 독립적인 역할을 한다.
- 음운인식은 단어 읽기발달과 가장 밀접하게 관련된 음운처리 능력이다. 음절,

어두자음 및 라임 같은 음절 내 단위, 그리고 음소와 같이 다양한 크기의 음운 단위에 대한 인식 능력을 평가할 수 있다.

- 어린 독자의 음운인식 능력은 후에 단어 읽기 성공을 예측해 준다. 초보 읽기 단계 아동은 라임 단위를 음소 단위보다 더 쉽게 조작하지만 음소인식은 후기 읽기 성공에 대한 강력한 예측자로 보인다.
- 읽기 학습 경험은 음운인식, 특히 음소인식 능력을 향상시켜 준다.

추가 읽기자료

일견 단어 읽기와 그것이 어떻게 발달하는지에 대한 Ehri의 견해를 더 읽어 보려면 Ehri의 두 편의 논문(1992, 2005)을 읽어 보라.

Ehri, L.C. (1992) Reconceptualizing the development of sight word reading and its relationship to reading. In P.B. Gough, L.C. Ehri amd R. Treiman(eds), *Reading Acquisition*, Hillsdale, NJ: Lawrence Erbaum Associates, pp. 107–43.

Ehri, L.C. (2005) Development of sight word reading: Phases and finding. In M.J. Snowling and C. Hulme (eds), *The Science of Reading: A Handbook*, Malden, MA: Blackwell Publishing, pp. 135–54.

읽기 학습에 대한 음운 능력의 역할과 그것들이 다른 언어에 영향을 미치는 방식에 대해 더 알기를 원하면 McBride–Chang(2004), 특히 2장을 보라. 이 장은 측정변인 문제에 대해 잘 서술한 부분도 있다.

McBride–Chang, C. (2004) *Children's Literacy Development*, London: Arnold.

Goswami와 Bryant(1990)는 고전적이며 특히 읽기 학습의 후속 결과에 관한 주요 연구들과 개념적 쟁점에 대한 좋은 자료들이다.

Goswami, U., & Bryant, P.E. (1990) *Phonological Skills and Learning to Read*, Hove: Lawrence Erlbaum Associates

Bowey(2002)는 읽기발달에서 어두자음/라임과 음소인식의 역할에 대한 최근의 연구와 쟁점을 검토하고 있다.

Bowey, J.A. (2002) Reflections on onset-rime and phoneme sensitivity as predictors of beginning word reading, *Journal of Experimental Child Psychology, 81*: 29-40.

이 장은 형태론적 능력과 읽기발달 사이의 관계를 다뤘다. 형태론 발달과 읽기와 쓰기 발달에서 이것의 역할에 대해 더 알아보려면 Nunes와 Bryant(2009)를 보라.

Nune, T., & Bryant, P. (2009) *Children's Reading and Spelling: Beyond the First Steps*, Oxford: Wiley-Blackwell.

용어 정의

유추 (analogy)	table에 대한 지식을 활용해 fable를 읽는 예와 같이 아는 단어와의 유사성을 통해 비친숙한 단어를 읽는 과정
상관관계 (correlation)	두 변인이 얼마나 밀접하게 공변하는지를 나타내는 통계적 용어로 대개 0은 전혀 관계가 없으며, +(또는 -)1은 완벽한 정적(또는 부적) 상관관계가 있음을 표시하는 상관지수로 표현된다.
해독 또는 음운론적 재부호화 (decoding or phonological recoding)	단어를 읽기 위해 자소(또는 라임 같은 더 큰 단위)를 이에 대응하는 음소로 바꾸고 이 소리들을 합성해서 비친숙한 단어를 읽는 과정

이중 문자 (digraph)	ghost에서 'gh'나 goat에서 'oa'의 예처럼 하나의 음소를 나타내기 위해 사용된 글자 쌍. 분할 이중 모음자는 mate에서의 'a' 'e' 글자처럼 인접해 있지는 않지만 'a'의 장모음 소리(mat에서 'a'와 비교해 보라)를 발음하기 위해 단일 단위로 함께 작동한다.
이중 자음 (double consonants)	하나의 소리로 발음되며 일반적으로 단모음 뒤에 오는 두 개 자음이다. 예로 hoping과 hopping을 비교해 보라.
문맥을 통한 예측 (prediction from context)	문맥 단서를 활용하여 비친숙한 단어를 읽는 과정으로 종종 부분 해독과 결합하여 사용된다.
일견 단어 읽기 (sight word reading)	어휘 기억에서 직접 발음에 접근하여 읽을 수 있는 친숙한 단어

제5장

읽기이해 발달

핵심 용어

- 어휘(vocabulary)
- 구문(syntax)
- 기억(memory)
- 추론과 통합(inference and integration)
- 이해 모니터링(comprehension monitoring)
- 텍스트 구조(text structure)

이 장에서는 읽기이해 발달과 읽기이해를 돕는 기술 및 지식을 살펴볼 것이다. 1장에서 읽기 학습은 단어 읽기와 읽은 내용을 이해하는 두 가지 구성 요소를 포함하고 있다고 소개하였다. 이 장의 첫 부분에서는 일반적인 발달 과정 동안 단어 읽기, 듣기이해와 읽기이해 사이의 변화하는 관계를 탐구할 것이다. 3장에서 살펴본 능숙한 성인 읽기이해 모델의 일반적인 합의는 좋은 이해력이란 텍스트의 의미에 대한 응집력 있는 표상을 구성하기 위해 텍스트의 문자 그대로의 의미를 넘어 텍스트 내의 개념들 및 텍스트와 일반 지식을 연결하는 것을 포함한다는 것이다. 두 번째 부분에서는 읽기이해를 지원하는 기술과 지식의 발달을 검토할 것이다. 마지막 부분에서는 효과적이고 효율적인 텍스트 이해의 발달에서 각 기술의 상대적 중요성과 좋은 읽기이해 경험이 특정 언어 기술과 지식의 성장에 어떻게 영향을 미칠 수 있는지를 살펴볼 것이다.

제5장 읽기이해 발달

1. 단어 읽기, 듣기이해, 읽기이해 간의 관계

1장에서 논의한 바와 같이 성공적인 읽기이해는 각 페이지의 단어를 읽는 독자의 능력에 달려 있다. 이러한 이유로 단어 읽기능력은 읽은 내용에 대한 독자의 이해를 제한할 것이다. 많은 노력을 기울이고 부정확하게 읽는 단어 해독은 느리고 비효율적으로 의미에 접근하게 만들 것이다. 결과적으로 기억과 인지 처리 과정은 텍스트의 의미를 파악하기보다는 주로 단어를 해독하는 것에 사용될 것이다. 1장과 3장에서 논의했듯이 읽기와 듣기이해력은 관련이 있다. 우리는 읽고 있는 텍스트와 읽어 주는 텍스트를 이해하기 위해 동일한 기술과 처리 과정을 사용한다. 이러한 이유로 듣기이해는 읽기이해의 중요한 토대가 된다.

1) 단어 읽기와 읽기이해

단어 읽기와 읽기이해는 일반적으로 어린 독자들에서 정적 관련성을 갖는다. 만약 아이가 어떠한 단어를 해독하지 못하거나 정확하게 읽지 못한다면 그들은 그것을 이해할 수 없을 것이다. 이러한 경우 특히 그 단어가 텍스트의 의미에 필수적이라면 해당 단어를 포함하는 문장이나 단락의 이해가 어려울 것이다. He thought the girl was very pretty(그는 그 소녀가 매우 예쁘다고 생각했다)와 He thought the girl was very petty(그는 그 소녀가 매우 옹졸하다고 생각했다)의 두 문장의 의미 차이를 생각해 보자. 두 문장은 오직 한 글자만 다르다. 정확한 단어 해독은 의미에 접근하는 데 필수적이다. 그러므로 읽기 교육의 시작 단계에서 단어 읽기 기술을 가르치는 것은 중요하다.

단어 읽기와 읽기이해 사이의 관련 정도는 아동의 단어 읽기능력이 향상되고, 더 많은 처리 자원이 이해를 위해 사용될 때 감소하는 경향이 있다. 여러 읽기 연구들을 분석한 결과는 어린 아동부터 나이 든 연령 집단에 이르기까지 이 두 기술의 상관관계의 강도가 꾸준히 감소하는 것을 보여 주었다(Gough, Hoover, & Peterson, 1996). 이 패턴은 [그림 5-1]의 왼쪽 열에 나타나 있다. 특히 (알파벳 쓰기 체계에서) 철자법의 투명도(transparency)와 단어 읽기 유창성의 두 요소는 단어 읽기와 읽기이해의 관계에 영향을 미칠 수 있다.

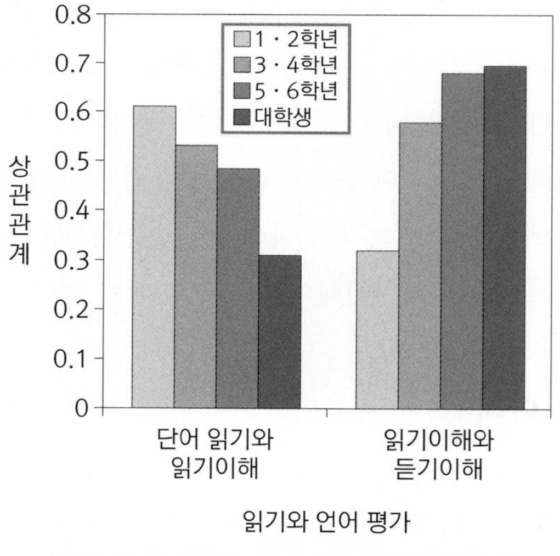

연령이 증가함에 따라 단어 읽기와 읽기이해 상관관계는 줄어들었고, 읽기이해와 듣기이해 간 상관관계는 증가하였다.

[그림 5-1] 연령에 따른 단어 읽기, 읽기이해, 듣기이해 간의 관계 변화

출처: Gough, Hoover, & Peterson(1996)에서 발췌.

(1) 투명도

다양한 연령대에서 단어 읽기와 읽기이해 간 관계의 정도는 (부분적으로) 쓰기 체계의 투명도에 따라 달라질 수 있다(알파벳 철자체계를 사용하는 경우). 영어는 불투명한 철자체계(opaque orthography)로, 글자나 글자 조합이 둘 이상의 소리를 가질 수 있다. 단어 내의 철자와 발음 간의 관계가 더 규칙적인 다른 언어들이 있다. 투명한 철자체계(transparent language)를 사용하는 아이들은 각 단어의 철자가 발음에 대해 꽤 정확한 지침을 제공하기 때문에 영어로 읽는 것을 배우는 아이들보다 기본적인 단어 읽기를 더 빨리 배운다. 네덜란드어나 프랑스어와 같은 투명한 철자체계에서는 읽기 교육이 시작되는 첫 한두 해 동안에도 해독 능력보다 듣기이해 능력이 읽기이해 능력을 결정하는 중요한 요인이 된다(de Jong & van der Leij, 2002; Megherbi, Seigneuric, & Ehrlich, 2006).

(2) 유창성

독자는 글을 읽고 이해하기 위한 적절한 처리 자원을 확보하기 위해 단어를 정확할 뿐 아니라 효율적으로 읽어야 한다. 따라서 유창성(단어 읽기의 정확도와 속도)과 같은 단어 읽기의 광범위한 평가는 단어 읽기의 정확도만 사용하는 것보다 읽기이해 발달에 대한 단어 처리 과정의 영향력을 더 잘 설명한다. 이름대기 속도(naming of speed)는 단어 읽기 유창성의 전조로 간주되며, 아이들이 읽기를 배우기 전에 평가할 수 있다. 아이들이 색깔, 글자나 그림을 명명하는 속도는 읽기 교육의 첫 몇 년 동안 단락글을 이해하는 것과 관련이 있으며, 이러한 능력에 대한 초기 측정은 이후 읽기이해와 관련이 있다(Aarnoutse, van Leeuwe, & Verhoeven, 2005; Johnston & Kirby, 2006; Parrila, Kirby, & McQuarrie, 2004).

일단 아이들이 읽을 수 있게 되면, 단어 읽기 유창성을 측정하는 것보다 좀 더 자연스러운 방법은 짧은 단락글의 단어를 정확하게 읽는 데 걸린 시간을 측정하는 것이다. 이런 평가는 아동의 현재 읽기이해 능력과 관련이 있다(Jenkins et al., 2003). 그러나 이러한 방식으로 측정한 유창성 능력은 일반적인 인지 능력을 통제한 후에는 읽기이해와 관계가 없는 것으로 나타났다(Goff, Pratt, & Ong, 2005). 텍스트를 유창하게 읽는 것은 성공적인 읽기이해 자체의 현상일 수 있다. 일부 연구는 (문맥 없이) 단어를 빠르게 읽는 훈련은 읽기이해 능력을 거의 향상시키지 못했다는 결과를 발견하기도 하였다(Fleischer, Jenkins, & Pany, 1979). 이 두 기술 간의 관계를 이해하기 위해서는 유창성 훈련이 읽기이해 능력의 지속적인 향상으로 이어지는지 여부를 확인하는 중재 연구 및/또는 발달을 추적하는 종단 연구가 필요하다.

2) 읽기이해와 듣기이해

문어와 구어를 이해하는 것은 같은 것이 아니다. 1장에서 논의한 바와 같이 각각의 양식에서 일반적으로 사용되는 언어의 사용역, 형식 및 화용 기능 등에 차이가 있다. 읽기와 듣기이해 간에 또 다른 차이점은 각각에 서로 다른 전략이 중요하다는 것을 의미한다. 예를 들면, 문어를 처리할 때는 텍스트를 다시 읽거나 어려운 텍스트를 천천히 읽을 수 있다. 반면, 이야기를 듣거나 연극을 볼 때는 속도를 조절할 수 없다.

읽기와 듣기의 두 양식에서 비롯되는 차이에도 불구하고, 같은 유형의 텍스트를 이해하는 능력을 비교한다면 동일한 기술과 처리 과정이 읽기이해와 듣기이해 모두를 뒷받침한다. 따라서 읽기이해와 듣기이해는 단어 해독기술이 상당히 자동화된 읽기발달 단계에서 더 강한 관련성을 갖는다. 여러 다른 연령대에서 읽기와 듣기이해 간의 관계에 대한 비교에서 연령이 증가함에 따라 이 두 관계의 강도가 증가하였다는 결과가 이를 뒷받침한다(Gough, Hoover, & Petersen, 1996). 이것은 [그림 5-1]의 오른쪽 열에 제시하였다.

듣기이해(혹은 읽기이해가 아닌 것)를 단순히 청각적 전달의 개념으로만 제한할 필요는 없다. 3장의 성인 읽기이해 능력에서 언급했듯이 Gernsbacher 등은 성인 연구에서 글과 청각 자극($r=.92$) 그리고 청각 자극과 만화 형식($r=.72$)으로 제시된 이야기를 이해하는 능력 간에 강한 상관관계가 있다는 것을 보여 주었다

(Gernsbacher, Varner, & Faust, 1990). 아동 연구에서도 동일한 패턴이 나타났다. van den Broek 등은 여러 다른 매체를 통해 제시된 이야기 이해 간의 관계를 살펴봄으로써 아이들의 이해 능력은 보편적이라는 개념을 직접 실험하였다. 연구 결과 4세, 6세, 8세의 아동에서 들려준 이야기와 텔레비전으로 제시된 이야기 간에 상관관계가 있었고, 두 능력은 8세 때의 읽기이해와 상관관계가 있는 것으로 나타났다(Kendeou et al., 2008).

3) 요약

읽기의 초기 단계에서는 단어 읽기능력이 그들의 읽기이해 능력을 제한한다. 단어 읽기능력이 향상되고 유창해짐에 따라 듣기이해 능력이 읽기이해 능력에 대한 좋은 지표가 된다. 읽기를 시작하는 단계의 아동에게 읽기이해를 평가하는 것은 어려우며, 아직 읽기를 배우지 않은 아동에게 읽기이해를 평가하는 것은 불가능하다. 그러나 van den Broek(2005) 등의 연구는 문해 교육이 시작되기 전에 듣기이해 과제나 시청각 이해 과제를 통해 읽기이해에 중요한 기술을 평가할 수 있다는 것을 제안하였다. 또한 이러한 미디어를 사용하여 읽기이해에 필요한 토대가 되는 능력을 키울 수 있다.

2. 읽기이해를 지원하는 기술과 지식

이전 장에서 어떻게 단어 읽기능력이 음소, 형태소, 음절, 음절 내 단위 및 단어 자체와 같은 다양한 크기의 언어 단위에 집중할 것을 요구하는지 살펴보았다. 마찬가지로, 읽기이해를 위해 독자는 다양한 크기의 언어 단위에 초점을 맞춰야 한다. 간단하게 하기 위해 이 부분을 단어, 문장 및 담화 각각의 이해에 영향을 미치는 지식과 기술로 나누었다.

1) 단어

어휘는 우리가 가지고 있는 단어 의미에 대한 지식과 관련이 있다. 형태론은 단어 구조, 특히 단어 내 의미의 가장 작은 단위인 형태소에 대한 우리의 지식과 관련이 있다. 따라서 둘 다 단어의 이해에 대한 것이다.

어휘 지식은 다양한 방법으로 측정할 수 있다. 예를 들어, 고양이, 도마뱀, 고슴도치와 새의 그림 중에 털(furry)이 있는 그림을 가리키도록 아이들에게 요구할 수 있다. 이러한 지식을 종종 수용어휘(receptive vocabulary)라고 한다. 또는 예를 들면, '털이 있는(furry)'이라는 단어를 사용하여 문장을 산출하도록 요구함으로써 단어를 표현하는 능력(표현어휘, expressive vocabulary)을 측정할 수 있다. 또 다른 평가 방법은 단어의 의미를 설명하도록(정의하기) 아동에게 요구하는 것이다.

어휘 지식은 읽기이해와 밀접한 관련이 있으며, 어휘 평가에서의 수행력은 읽기이해 검사의 수행력을 예측하는 데 좋은 지표를 제공한다(Carroll, 1993). 개별 단어를 이해하는 것은 텍스트 내의 문장과 특정 뉘앙스를 완전히 이해하는 데 필수적이다. 생각해 보자. He looked at the neglected bonsai with despair. It would take time and patience to train it(그는 방치된 분재를 절망적으로 바라보았다. 그것을 키우기 위해서는 시간과 인내가 필요하다). 만약 bonsai(식물)가 borzoi(개)로 대체된다면 짧은 텍스트의 의미는 매우 달라질 것이다. 이런 식으로 어휘는 텍스트 이해의 기본 요소로 간주될 수 있다.

어휘는 Paris(2005)가 제한 없는 기술(unconstrained skills)이라고 부르는 것의 한 예이다. 글자 지식과 같은 제한된 기술(constrained skills)은 빠르게 학습할 수 있으며, 결국 모든 요소를 학습한다. 일반 아동은 정규 교육을 받기 시작한 직후에 알파벳 대부분의 글자를 안다. 어휘와 같은 제한 없는 기술은 제한된 기술보다 훨씬 더 긴 발달 궤적을 가지고 있다. 사실 우리는 항상 배울 새로운 단어가 있기 때문에 평생 동안 계속해서 어휘를 습득한다. 그래서 어휘는 읽기 습득의 초기 단계뿐 아니라 생애 전반에 걸쳐 읽기이해에 중요한 영향을 미칠 수 있다.

어휘 지식은 단순히 어휘의 의미를 아는 것 이상이다. 단어 의미에 대한 지식은 폭(breadth)으로 부르며, 얼마나 많은 단어를 알고 있는가에 대한 것이다. 어휘의 또 다른 측면은 깊이(depth)로, 개별 단어 사이의 관계와 연관성에 대한 지식을 의미한다. 어휘의 성장은 독자의 어휘집에 새로운 단어를 추가하고, 이미 알고 있는 단어의 의미를 정교화하고 통합할 뿐 아니라 관련된 단어 간의 의미의 연관성을 수립하고 강화하는 것을 포함한다. 최근 연구는 어휘 지식의 깊이가 폭보다 아동의 읽기이해 능력과 더 밀접한 관련이 있음을 보여 주었다(Ouellette, 2006; Tannenbaum, Torgesen, & Wagner, 2006). 게다가 나이 어린 아동보다 나이가 더 많은 아동에서 읽기이해 능력과 어휘지식이 더 강한 연관성을 갖기도 한다. 한 연구에서 수용어휘와 읽기이해 간의 상관관계가 초등 2학년에서는 $r=.46$, 5학년에서는 $r=.66$으로 증가하였다(Protopapas et al., 2007).

형태론적 지식(morphological knowledge)은 단어의 형태학적 구조에 관한 지식이다. 그것은 일반적으로 상위언어기술(metalinguistic skills)인 형태인식(morphological awareness) 과제로 평가한다. 4장에서 다룬 음운인식은 또 다른 종류의 상위언어 능력이다.

상위언어능력과 관련된 과제는 언어에 대한 의도적이며 통제된 사고를 포함한다. 형태인식을 평가하는 과제는 아동에게 단어의 굴절이나 파생된 형태로 변형시키거나 파생된 형태의 단어를 분리하도록 요구한다. 다음은 각각의 과제에 대한 전형적인 예시이다.

1 Monty plays. Monty is playing. Monty runs. Monty is ________.
(몬티는 논다. 몬티가 놀고 있다. 몬티는 달린다. 몬티는 ________.)

2 Farm. My uncle is a ________.
(농장. 삼촌은 ________입니다.)

3 Driver. Children are too young to ________.
(운전자. 아이들은 너무 어려서 ________.)

형태론적 지식은 읽기 교육의 첫 몇 년 동안 상당히 발달하며, 형태학적 지식은 읽기 학습과 문어에 대한 경험을 통해 어느 정도는 습득되기도 한다(Carlisle, 2004). 10세 전후가 되면 어휘의 성장은 형태학적으로 복잡한 단어의 습득을 통해 이루어진다. 예를 들면, jurisdiction, prejudicial, judiciary와 같은 복잡한 단어는 모두 judge라는 기본 단어에서 파생된 것을 아는 것이다(Nagy & Anderson, 1984). 형태인식 과제에서의 수행력이 9세와 11세 아동의 읽기이해 능력을 설명한다는 것은 놀라운 일이 아니다(Carlisle, 2000).

2) 문장 이해

독자는 문장의 단어를 읽고 의미를 인출한 후에 문장의 의미를 확립해야 한다. 개별 단어의 의미에 대한 지식이 항상 문장을 이해하는 데 충분한 것은 아니다. 예를 들어, 다음 두 문장에서 누가 누구에게 무엇을 했는지를 알기 위해서는 문법 구조에 의해 의미가 어떻게 제한되는지에 대한 이해가 필요할 수 있다. The model was stalked by the photographer(모델은 사진 작가에 의해 스토킹되었다)와 The model stalked the photographer(모델은 사진 작가를 스토킹했다) 이 두 문장은 동일한 단어를 사용했지만 의미는 다르다. 일반적인 언어발달에서 아동들은 기본적인 문법과 구문 습득이 5세 정도에 완성되지만 좀 더 미묘한 특징과 복잡한 구문구조는 그 이후에 숙달한다(Berman, 2007; Garton & Pratt, 1998).

읽기 연구자들이 읽기와 관련한 문장 이해 능력을 살펴볼 때 일반적으로 구문지식이나 문장 이해 능력보다는 구문인식(syntactic awareness) 능력을 측정한다. 구문인식 능력은 상위언어기술의 또 다른 예이다. 구문인식 검사는 일반적으로 문장이 문법적으로 맞는지 여부, 문장 내 문법 오류의 수정 혹은 무작위로 배열된 단어를 적절하게 배열하여 문장을 만드는 과제로 평가한다. 당신이 만약 스타워즈 영화 팬이라면 단어 배열 수정하기(word order correction)에 대한 경험이 있을 것이다. 등장인물 중 한 명인 요다는 Much to learn you still have와 같이 문장 내의 단어 배열이 표준 영어 구문을 따르지 않는 문장으로 말한다. 구문인식 능력을 평가하는 데 사용할 수 있는 다양한 과제들의 예시를 [상자 5-1]에 제시하였다.

상자 5-1 구문인식 능력을 평가하는 방법

구문인식 평가에서, 아동에게 "나는 틀린 문장들을 읽을 거예요. 네가 그것을 고쳐서 더 좋은 문장으로 만들어 주세요."라고 일반적으로 요청한다. 그런 다음 아동에게 피드백을 제공하며 연습문제들을 실시한다. '단어 배열 수정하기'에 사용된 항목은 잠재적으로 두 명사 모두 합리적으로 행위를 할 수 있거나(예시 1), 혹은 두 명사의 위치가 바뀌면 구문적인 오류로 인식되는 예이다(예시 2). 문법 오류 수정 과제에 사용되는 항목은 다양한 유형의 오류가 포함될 수 있다. 아래의 예시 3~5는 주어-연결동사 일치(subject-copula verb agreement), 주어-동사 일치 및 시제 일치 오류 유형이다.

- 구문인식: 문장 배열 수정하기 과제(word order correction task)
  1. 자극: the donkeys the horse races
     정답: The horse races the donkeys(말이 당나귀와 경주한다)
  2. 자극: the girl the kitten brushes
     정답: The girl brushes the kitten(소녀가 고양이를 빗질한다)

- 구문인식: 문법 오류 수정 과제(grammatical correction task)
  3. 자극: the baby are sick
     정답: The baby is sick 혹은 The babies are sick
  4. 자극: The girls climbs the tree
     정답: The girls climb the tree 혹은 The girl climbs the tree
  5. 자극: Yesterday, John learn his spellings
     정답: Yesterday, John learned his spellings

개별 문장의 이해가 더 긴 텍스트 단위의 이해와 어떻게 관련되어 있는지 쉽게 알 수 있다. 문장에 대한 지식은 또한 덜 직접적인 방식으로 읽기이해를 도울 수 있다. Tunmer와 Bowey(1984)는 구문인식이 아이들이 읽기 오류를 확인하고 수정하는 데 도움이 될 수 있다고 제안하였다. 이를 통해 아이들이 자신이 읽은 것을 이해했는지 여부를 평가하는 능력인 이해 모니터링을 향상시킬 수 있다(아래 참조). 이러한 관계에 대한 연구 증거들이 있는데, 초기 읽기발달 단계에서의 구문 인식 능력은 일반적인 인지 능력을 통제한 후에도 이후의 더 긴 텍스트에 대한 읽기이해를 예측한다(Demont & Gombert, 1996; Muter et al., 2004)는 것이다.

3) 담화 기술

담화는 한 문장 이상의 더 긴 언어 단위를 의미한다. 두 개 이상의 문장을 이해해야 한다면 상황 모델, 즉 텍스트의 의미에 대한 통합적이고 응집력 있는 표상을 구성하기 위한 기술과 과정을 고려해야 한다. 3장에서 보았듯이, 이를 위해 독자는 연속된 문장을 통합하고 텍스트에 명시적으로 기술되지 않은 세부 사항을 파악하기 위해 추론을 해야 한다. 독자는 또한 텍스트에 대한 자신의 이해를 모니터링하여 비친숙한 단어나 추론을 해야 할 필요가 있는지를 확인해야 한다. 텍스트의 기본 구조, 예를 들어 이야기에서 어떻게 사건이 인과적으로 연결되었는지가 상황 모델에 입력된다. 추론과 통합, 이해 모니터링 및 텍스트 구조에 대한 지식이라는 세 가지 광범위한 기술은 어린 아동의 읽기이해 능력과 모두 관련이 있다(Cain, Oakhill, & Bryant, 2004; Oakhill, Cain, & Bryant, 2003). 여기서는 각 기술과 그 기술의 발달에 대해 자세히 살펴보고, 각 기술이 어떻게 읽기이해를 도울 수 있는지를 설명할 것이다. 보시다시피 이러한 기술과 지식 기반은 어린 연령대부터 발달하기 시작하며, 이는 읽기 교육이 시작되기 전 읽기이해 발달의 토대를 제공하는 비독서 활동을 통해 키워질 수 있다.

(1) 추론과 통합

추론은 독자가 텍스트에 저자가 쓴 것 이상을 이해해야 할 때 이루어진다. 결혼기념일이어서 톰은 집으로 오는 길에 꽃가게에 들렀다는 문장을 읽는다면, 결혼기념일과 꽃가게에서 살 수 있는 것들에 대한 지식을 사용하여 톰이 그의 아내를 위해 꽃을 사러 꽃가게에 들렀다는 것을 추론할 수 있다. 명사와 대명사의 참조 대상을 이해하는 것은 추론의 또 다른 형태이다. 예를 들어, 데니스는 모든 사람에게 술을 따랐다. 그 샴페인은 품질이 좋은 술이다의 문장에서 독자는 데니스가 사람들에게 친절하게 따른 술은 두 번째 문장에서 언급한 샴페인이라는 것을 추론해야 한다. 추론은 텍스트를 읽을 때 국소적 응집성과 전반적 응집성을 확립하고, 개별 문장, 사건 및 일화의 관계를 이해하는 데 필수적이다.

일부 추론은 이야기에서 등장인물이 왜 특정한 행동을 했는지를 이해하는 데 필요하다. 예를 들어, 사람들은 보통 밤새도록 침실 불을 켜 두지 않지만, 켜 두었다면 자야 할 시간에 귀신 이야기를 듣고 무서워하는 결과로 나타난 행동으로 볼 수 있다. 귀신 이야기를 들은 후 불을 켜 두는 것을 이해하기 위해 추론이 필요할 때 (이유/추론: 등장인물이 무서웠기 때문에), 9세 아동은 나이가 더 많은 아동이나 성인만큼 추론할 수 있었는데, 이는 그 추론을 할 수 있는지와 관련된 질문에 대답하는 것을 통해 확인하였다(Casteel, 1993). 읽기 전단계 아동도 듣거나 TV로 본 이야기에 제시된 정보로부터 추론할 수 있다는 여러 증거가 있다(Kendeou et al., 2008). 그래서 어린 아동들도 이야기의 사건을 이해하기 위해 특정 추론이 필요하다는 것에 민감한 것으로 보인다.

그러나 어린아이들이 읽을 때 필요한 모든 추론을 자발적으로 하는 것은 아니다. 즉, 추론 질문이 추론을 촉진하는 역할을 하며, 특정 추론과 관련된 질문을 하지 않는다면 독자는 추론을 하지 않을 수 있다. 일부 연구에서는 어린 독자는 응집성을 확립하는 데 필요한 일부 추론을 성인만큼 하지 않는다는 것으로 나타났다(예: Ackerman, 1986). 추론은 어릴 때부터 발달하는 기술인 동시에 읽기 교육이 시작된 첫 몇 년 동안 지속적으로 발달하는 기술이기도 하다.

추론과 일반 지식

추론은 독자가 추론의 기초가 되는 일반 지식을 가지고 있는 경우에만 가능할 수 있다. 다음 두 문장을 보자.

> Don never missed an episode of 'Top Gear'. He was a real petrolhead(던은 'Top Gear'를 놓치지 않고 모두 보았다. 그는 진짜 자동차에 열광적이었다).

두 문장 사이의 관계를 이해하기 독자는 'Top Gear'가 인기 있는 자동차 쇼이며, petrolhead는 자동차에 매우 관심이 많은 사람을 묘사할 때 사용하는 단어라는 것을 알아야 한다. 추론능력 발달을 연구할 때 추론능력의 향상과 지식 성장의 영향을 분리하는 것은 어렵다. 많은 일반적인 추론을 이끌어 내는 지식은 나이 어린 아동이 나이가 더 많은 아동이나 성인보다 덜 풍부하거나 덜 완벽할 것이다. 따라서 연구자가 직면하는 한 가지 문제는 성인과 나이가 더 많은 아동이 어린 아동보다 더 많은 지식이나 더 나은 추론 기술을 가지고 있기 때문에 추론을 더 잘 할 수 있는지를 규명하는 것이다.

이 문제에 대한 훌륭한 해결책은 Barnes 등에 의해 고안되었다(Barnes, Dennis, & Haefele-Kalvaitis, 1996). 그들은 6세에서 15세 아동의 추론능력을 연구하였다. 모든 연령대 그룹에서 '조건을 동일하게 하기 위해' 그들은 Gan이라 불리는 가상의 행성에 관한 새로운 지식을 가르쳤다. 가르친 지식과 이야기는 〈표 5-1〉에 제시하였다. 일단 아동은 새로운 지식을 학습한 후에 여러 일화를 들었다. 각 일화 후에 일련의 질문을 했다. 한 가지 질문은 이야기의 응집성을 위한 필수적 추론을 한 경우에만 정확하게 대답할 수 있다. 추론을 하기 위해 아이들은 텍스트의 정보와 학습한 지식을 연결해야 했다. 또 다른 질문은 각 아동이 비슷한 방식으로 정교한 추론을 했는지 여부와 관련되었다. 모든 에피소드와 질문에 대답한 후에 지식에 대한 기억 정도를 다시 한번 평가하였다. 회상할 수 있는 지식 기반 항목에 대한 질문들만 분석에 포함하였다. 그 결과는 [그림 5-2]에 제시하였다. 모든 연령 집단에서 필수 추론과 정교한 추론 사이에 차이가 있었으며, 추론능력은 나이가 들수록 향상되었다.

각 개인이 동일한 지식을 가지고 있을지라도 지식의 접근성, 즉 이해하는 동안 지식이 얼마나 쉽게 활성화되고 인출되는지는 다를 수 있다. Barnes 등은 지식 접근성의 효과를 평가하였다. 그들은 6~9세 아동들이 학습한 지식 기반의 사실에 접근하는 속도가 그들이 추론을 할 가능성과 관련이 있음을 발견하였다.

<표 5-1> Gan 이야기 연구에서 지식 기반 항목, 일화 및 질문의 예시

관련 지식 기반 항목

Gan에 사는 곰은 파란색 털을 가지고 있다. Gan의 거북이는 발에 스케이트가 붙어 있다.

일화 8에서 발췌

너무 추워서 데크와 탄도 가방에서 코트를 꺼냈다. 그들은 곰털로 만든 외투를 입었다. 길이 얼고 미끄러워지는 데는 오래 걸리지 않았다. 데크와 탄은 계속 얼음에 미끄러졌다.

추론과 관련한 질문

정교한 추론 질문: 데크와 탄은 그들의 가방에서 무엇을 꺼냈나요?
정답: 파란색 곰 털 코트(또는 이와 유사한 것)

필수적 추론 질문: 데크는 무엇을 원했나요?
정답: 그는 거북이여서 스케이트(또는 이와 유사한 것)를 탈 수 있다.

출처: Barnes, Dennis, & Haefele-Kalvaitis(1996).

이 연구는 지식의 차이를 통제했기 때문에 지식 성장 이외의 요인이 지식 기반의 추론 기술 발달을 뒷받침해야 된다는 것을 보여 주었다. 또한 어린 아이들의 추론능력은 관련 정보의 접근성에 의해 제한될 수 있음을 시사한다.

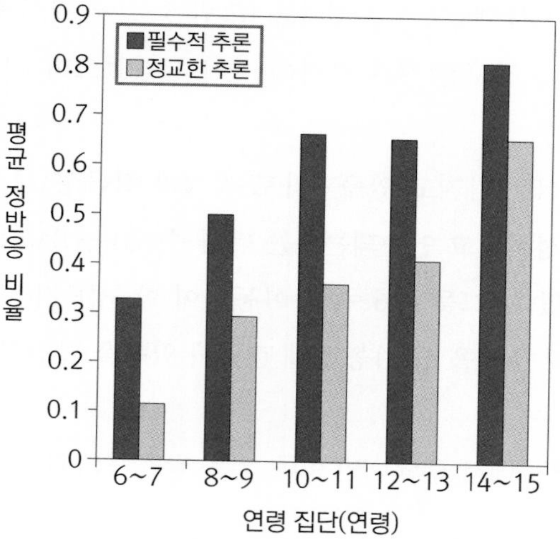

모든 연령 집단은 정교한 추론보다 필수적 추론을 더 잘 하였고, 이는 이야기 응집성에 민감함을 보여 준다. 두 유형의 추론에 대한 수행력은 연령이 증가할수록 향상되었다.

[그림 5-2] 6~15세 아동의 필수적인 추론과 정교한 추론

출처: Barnes et al. (1996).

(2) 이해 모니터링

이해 모니터링은 텍스트가 이치에 맞는지 여부를 확인하는 것과 같이 자신의 이해를 평가하고 만약 이해가 되지 않는다면 앞으로 돌아가 다시 읽거나 추론을 하는 행동을 취하는 각 개인의 능력이다. 우리 모두는 때때로 이해의 실패를 경험한다. 읽을 때 문장이 말이 안 되는 것을 발견하고 여러분이 두 페이지를 넘겼다는 것을 깨달은 적이 있는가? 능숙한 성인 독자는 그들이 읽은 (혹은 들은) 것을 이해했는지를 인지하고 있다. 이해하지 못했다면, 그들은 다시 읽는 (혹은 화자에게 명료화 요구하기) 것과 같은 교정 전략을 사용한다. 그래서 어린 아동들이 자신의 이해를 모니터링하는 능력은 그들의 읽기이해를 제한시킬 수 있다.

이해 모니터링을 평가하는 데 사용되는 일반적인 방법은 오류 탐지 과제(error detection task)이다. 아이들은 모순되거나 일반적이지 않은 이상한 정보가 포함

된 텍스트를 읽거나 듣는다. 이러한 오류를 탐지하는 능력은 텍스트가 이치에 맞는지 여부를 묻거나 '이치에 맞지 않은 부분'이 있는지를 질문하는 방식으로 평가한다. 아동의 이해 모니터링에 대한 초기 연구에 따르면 어린 아동은 종종 자신이 읽거나 들은 텍스트에 대해 이해하지 못했다는 사실을 깨닫지 못하는 것으로 나타났다.

아동 이해 모니터링에 대한 고전 연구는 Markman(1979)이 수행하였다. 이 연구에서 8, 10, 11세 아동에게 불일치하는 정보가 포함된 짧은 이야기를 들려주었다. 그 예는 〈표 5-2〉에 제시하였다. 일부 아동은 불일치하는 정보(아이스크림을 구운 후 칼로 자르기)가 명시적으로 언급되는 텍스트를 들었다. 불일치하는 정보인 두 줄의 모순된 텍스트는 베이크드 알래스카(Baked Alaska) 아이스크림은 뜨거워지면 녹는다와 베이크드 알래스카를 만들 때 아이스크림은 단단하게 유지되고 녹지 않는다이다. 또 다른 아이들은 불일치 정보(아이스크림을 구운 후 칼로 자르기)가 강조되지 않은 암묵적 조건의 이야기를 들었다. 각 단락에서 불일치 정보에 대한 탐지는 '모든 것이 말이 되는가?'와 '내가 너에게 말하지 않은 뭔가가 있는가?'를 포함한 일련의 질문으로 평가하였다. 아이들이 암묵적 조건에서는 문제를 거의 발견하지 못했다는 것을 확인하였다. 96%의 아동은 질문 후에 문제가 있다는 것을 찾지 못했다. 수행력은 명시적 조건에서 더 좋았지만, 이 조건에서도 각 연령대의 절반은 문제가 있다는 것을 탐지하지 못했다.

<표 5-2> Markman의 불일치 탐지(inconsistency detection) 과제 예시

텍스트의 첫 부분

세계 어디에서나 아이들이 먹고 싶어 하는 것 중 하나는 아이스크림이다. …… 아이스크림으로 다양한 디저트를 만들 수 있다. 일부 고급 레스토랑에서는 베이크드 알래스카라 불리는 아이스크림으로 만든 특별한 디저트를 제공한다.

명시적 조건에서 계속

그것을 만들기 위해 그들은 아이스크림을 매우 뜨거운 오븐에 넣는다. **베이크드 알래스카 아이스크림은 뜨거워지면 녹는다.** 그런 다음 오븐에서 아이스크림을 꺼내 바로 제공한다. **그들이 베이크드 알래스카 아이스크림을 만들 때 아이스크림은 단단하게 유지되고 녹지 않는다.**

암묵적 조건에서 계속

그것을 만들기 위해 그들은 아이스크림을 굽는다. 다 굽자마자 그들은 칼로 잘라서 바로 제공한다.

(*참고: 명시적 조건에서 굵은 글씨로 된 텍스트는 모순된 문장들이다.)

출처: Markman (1979).

모니터링의 실패 이유

Markman의 연구는 다음과 같은 질문을 던진다. 왜 (일부) 아이들은 명백하게 불일치하는 것을 발견하지 못했을까? Markman(1979)은 그 연구에서 아이들이 텍스트의 핵심 부분을 기억하지 못하거나 어른(검사자)을 비판하는 것을 꺼렸을 가능성을 배제하였다. 또 다른 가능성은 아이들이 자신의 이해력을 모니터링하지만 텍스트에서 연구자가 목표로 하는 것과는 다른 텍스트 양상에 초점을 두었다는 것이다.

이해 실패로 이어지는 여러 다른 유형의 문제가 있는데, 모르는 단어, 텍스트에 포함된 두 정보의 불일치 그리고 텍스트의 정보와 배경지식 사이의 충돌이 포함된다. 각 예들은 〈표 5-3〉에 나와 있다. 이 세 오류 유형을 탐지하기 위해 독자는 다음과 같은 다양한 것들에 집중해야 한다. 첫째는 어휘로서, 그들이 각 단어의 의미를 알고 있는지 여부, 둘째, 내적 일치로, 텍스트의 다른 부분들에서 제시된 정보가 서로 통합될 수 있는지 여부이며, 마지막은 외적 일치로 텍스트의 정보가 자신의 배경지식과 일치하는지 여부이다.

<표 5-3> Baker가 연구한 세 유형의 오류 예시

알버트라는 예쁜 토끼(Albert the pretty rabbit)

옛날에 알버트라는 토끼가 있었다. 그는 매우 부드럽고 짙은 갈색 털을 가지고 있었다.[a] 그는 매우 푹신하고 아름다운 웰킨을 가지고 있었다.[b] 다른 모든 토끼들은 알버트의 눈처럼 하얀 털을 갖고 싶어 했다.[a] 알버트는 스미스 아저씨의 농장에서 먹는 것을 좋아했다. 농장에는 좋은 것들이 많이 자랐다. 알버트는 특히 그곳에서 자라는 아이스크림을 좋아했다.[c] 스미스 아저씨는 토끼가 그의 농작물을 먹는 것을 좋아하지 않았다. 알버트는 운이 좋아서 절대 잡히지 않았다.

- 핵심
  - [a] 문장은 내적으로 일치하지 않는 정보를 포함하고 있다.
  - [b] 문장은 비단어를 포함하고 있다.
  - [c] 문장은 배경지식에 위반하는 내용을 포함하고 있다.

*참고: Baker(1984)의 연구에 포함된 지문. Baker의 연구에서는 각 단락에 두 가지 유형의 오류만 포함하고 있다.

출처: Baker (1984).

Baker(1984)는 5, 7, 9세 아동에게 단락을 들려주고(〈표 5-3〉의 예시 참조) 이러한 세 오류 유형을 탐지하는 능력을 연구하였다. 아이들에게 그 단락에 오류가 포함되어 있음을 알려 주었고, 그들의 수행에 대한 피드백도 제공하였다. 이러한 최적의 조건에서, 각 연령대의 거의 모든 아이들은 어휘 불일치, 내적 불일치 및 외적 불일치의 세 오류 유형 중 적어도 하나를 탐지하였다. 그러나 모든 연령에서 내적 불일치 오류를 찾는 것이 가장 어려웠으며, 어휘나 외부 일치와 관련한 오류는 모니터링할 가능성이 높았다. 또한 연령이 어릴수록 수행력이 낮으면서 연령 간 차이가 뚜렷했다.

Baker는 이전 연구가 아동의 모니터링 능력을 과소평가했다고 결론지었다. 이러한 결론은 훨씬 어린 아동을 대상으로 한 연구들에 의해 뒷받침되었다. 아주 친

숙한 이야기를 들었을 때 30~48개월 사이의 아동들은 이야기를 듣다가 주인공이나 시간적 순서가 바뀌었을 때 이를 탐지하고 놀라움을 표시하였다(Skarakis-Doyle, 2002).

모니터링 실패는 과제의 처리 과정 요구로 인해 나타나는가

이해 모니터링 실패의 일부 요인은 인지적 요구 때문일 수 있다. Baker의 연구에 사용된 단락은 친숙하지 않은 이야기이며, 세 가지의 오류 유형은 서로 다른 인지적 요구와 관련되어 있다. 비단어를 찾는 것은 이전에 읽은 것과 지금 읽은 것을 비교할 필요가 없으며, 이는 내적 불일치 오류와 대조된다. 또한 내적 불일치 오류는 새롭게 제시되는 정보와 이전의 정보를 비교해야 한다. 외적 불일치 오류를 찾는 데 필요한 지식은 이미 알고 있는 것이며, 기억에서 활발하게 활성화되는 것이 쉬울 것이다. 어린 연령대의 아이들이 자신의 이해 정도를 모니터링하지 못하는 것은 (부분적으로) 그들의 인지적 자원에 대한 경쟁적 요구(competing demand)에 효율적으로 대처할 수 없기 때문일 수 있다.

더 많은 양의 정보를 처리할 수 있는 능력은 나이가 들수록 발달하며, 읽기이해의 여러 다른 측면뿐 아니라 이해 모니터링 능력의 발달(Ruffman, 1996)에 기여할 것이다. 담화 기술 및 일반적인 읽기이해 발달과 관련된 기억과 처리 용량의 역할에 대한 자세한 내용은 [상자 5-2]에 제시하였다. 7장에서 읽기이해 실패의 잠재적 원인과 관련하여 정보처리 용량(information processing capacity)과 기억이 미치는 영향에 대해 논의할 것이다.

상자 5-2 작업기억과 읽기이해

작업기억: 작업기억은 무엇이며, 왜 읽기이해와 관련될 수 있는가

작업기억은 중앙집행기(central executive), 음운 루프(phonological loop) 및 시공간 스케치 패드(visuospatial sketchpad)의 세 가지 요소로 구성된 제한된 용량 시스템(limitedcapacity system)으로 간주한다(Baddeley, 1986, 1996; Baddeley & Hitch, 1974). 뒤의 두 구성 요소는 언어(음운 루프)와 시공간(시공간 스케치 패드) 정보를 일시적으로 저장한다. 중앙집행기는 들어오는 정보의 저장 및 처리를 조정하는 역할을 한다. 이것은 읽기이해와 가장 밀접하게 관련된 작업기억 시스템의 한 측면이다.

읽기이해와 작업기억 수행력, 특히 중앙집행기 기능 사이에 관계가 있는 이유를 쉽게 알 수 있다. 의미를 이해하기 위해 읽을 때 독자는 텍스트 내의 여러 문장의 정보를 통합하고, 명시되지 않은 세부 내용을 파악하기 위해 (장기 기억으로부터 인출한) 배경지식과 개념을 통합해야 한다. 독자는 또한 필수적 추론이 언제 이루어져야 하는지를 확인하기 위해 자신의 이해 정도를 모니터링해야 하며, 이야기의 일화 내에서 그리고 일화들 사이의 사건들을 연결해야 한다. 이러한 처리 과정에 참여하고 텍스트의 의미에 대한 적절하고 응집력 있는 표상을 구성하는 상황 모델을 만들기 위해 독자는 동일하거나 다른 정보를 처리하는 동안 방금 읽은 문구를 기억해야 한다. 텍스트 자체 혹은 배경지식으로부터 온 이러한 관련된 정보는 사용 가능하고 접근 가능해야 한다.

작업기억 과제의 예시

작업기억의 중앙집행기 측면은 일반적으로 저장과 처리 요소를 모두 포함하는 과제로 평가된다.

- **듣기 폭 과제**

듣기 폭 과제(A listening span task) (Siegel & Ryan, 1989)는 검사자가 읽은 문장을 완성하고(처리 요소) 이후에 문장이 제시된 순서대로 해당 단어를 회상하는(저장 요소) 과제이다. 어린 아동에게 적절한 자극(굵은 글씨로 완성될 수 있음)은 다음과 같다.

문장 1 The colour of grass is … **green**. (잔디의 색은 **초록색**이다.)
문장 2 Dogs wag their … **tails**. (개는 **꼬리를** 흔든다.)
문장 3 We eat soup with a. … **spoon**. (우리는 **숟가락으로** 수프를 먹는다.)
회상: **green-tails-spoon** (**초록색 – 꼬리 – 숟가락**)

• **숫자 읽기 과제**(A digit reading task) (Yuill, Oakhill, & Parkin, 1989)

듣기 폭 과제는 문장 이해와 관련이 있다. Yuill, Oakhill과 Parkin(1989)은 문장 이해의 요소 없이 처리 과정과 저장을 포함한 과제를 개발하였다. 아이들은 일련의 세 자리 숫자를 소리 내어 읽고 나중에 각 그룹의 마지막 숫자를 순서대로 회상한다.

Item 1: 3 7 2
Item 2: 5 3 8
Item 3: 6 9 1
Recall: 2 - 8 - 1

• **작업기억과 읽기이해:** 증거들

작업기억은 단기기억 능력보다 읽기이해 수행력을 더 잘 설명한다. 이러한 결과는 읽기 시작 단계의 아동부터 초기 청소년기 아동에 대한 연구에서 발견되었으며(Leather & Henry, 1994; Swanson & Howell, 2001), 성인에게도 해당된다(Daneman & Merikle, 1996). 듣기 폭 과제와 숫자 읽기 과제를 통해 측정된 작업기억은 또한 단어 읽기, 어휘 및 일반적인 인지 능력을 통제한 후에도 읽기이해를 설명하는 것으로 나타났다(Cain, Oakhill, & Bryant, 2004; 다음 그래프 참조). 그리고 추론과 통합, 이해 모니터링 및 이야기 구조에 대한 지식의 수행력과도 관련이 있다(Cain, Oakhill, & Bryant, 2004). 이러한 연구 결과는 작업 기억이 읽기이해와 이해에 중요한 특정 담화 기술을 지원한다는 것을 시사한다.

이 그래프는 세 연령 집단에서 통제 변수(단어 읽기, 어휘, 구어 지능), 작업기억(듣기 폭과 숫자 읽기), 추론 및 통합 능력의 읽기이해 설명량을 보여 준다.

같은 연구에서 작업 기억은 읽기이해 혹은 특정한 기술의 유일한 결정 요인은 아니라는 것을 보여 주었다. 추론, 이해 모니터링 및 텍스트 구조에 대한 지식과 사용은 작업기억을 넘어 읽기이해를 부가적으로 예측하는 것으로 나타났다(추론 및 통합 과제에 대한 결과는 그래프에 표시됨). 따라서 좋은 작업기억 용량은 적절한 읽기이해를 위해 필요하지만 이것만으로는 충분하지 않다. 즉, 텍스트 처리 과정의 전략 지식도 중요할 수 있다.

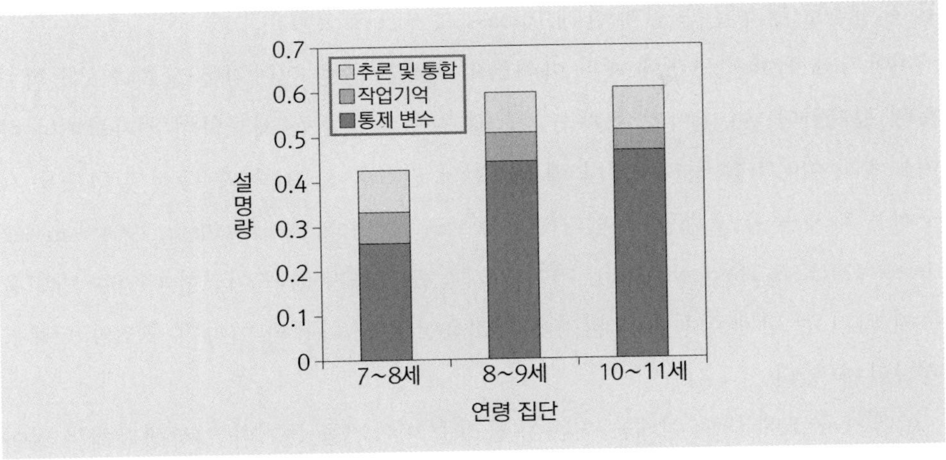

(3) 텍스트 구조에 대한 지식

텍스트의 아이디어가 어떻게 관련되어 있는지에 대한 지식은 텍스트의 의미 표상을 구성하기 위해 중요하다. 이야기 구조는 일반적으로 인과 관계가 있는 일련의 사건으로 구성된다(Stein & Trabasso, 1982). 대조적으로 설명 담화는 비교-대조, 원인-결과, 문제-해결과 같은 다양한 구조를 취할 수 있다(Meyer & Freedle, 1984). 텍스트의 거시구조(macrostructure)에 대한 지식은 중요한 정보를 확인하고 통합하는 틀이나 가이드를 제공함으로써 아이들의 읽기이해에 도움을 줄 수 있다. 이런 식으로 텍스트 구조 지식은 읽기이해에 영향을 미친다. 여기에서는 이야기 텍스트에 초점을 두고 살펴볼 것이다. 텍스트 구조에 대한 대부분의 연구는 이야기에 중점을 두어 왔는데, 이는 어린 아이들에게 가장 친숙한 담화 장르이기 때문이다.

이야기 이해는 각 등장인물의 목표를 찾는 것과 관련이 된다. 예를 들어, 보물을 찾으려는 해적의 욕망, 목표 계획의 추론 및 보물을 찾기 위한 시도와 같은 그 계획과 관련한 행동의 해석 등이다. 목표는 이야기의 중심이며, 그것은 각 등장인물의 행동에 대한 이유를 제공한다. 목표는 목표에 대한 계획 내에서 사건의 시간적이며 인과적 순서를 해석할 수 있게 하며, 목표에 도달하려는 시도의 결과를 성공

혹은 실패로 평가할 수 있게 한다(Trabasso & Nickels, 1992).

이야기와 이야기 구조에 대한 아이들의 이해는 종종 이야기를 산출하도록 함으로써 평가한다. 이 이야기 평가는 제목과 일련의 그림을 제공하여 평가하거나 아이들에게 이야기를 들려주거나 텔레비전의 만화를 보여 준 후 다시 말하도록 요구하는 과제 등을 포함할 수 있다(Paris & Paris, 2003; Spinillo & Pinto, 1994; van den Broek, Lorch, & Thurlow, 1996). 단어 읽기를 포함하지 않는 이러한 다양한 방법을 통해 읽기 전 단계 아동이나 읽기에 어려움이 있는 아동의 이야기 구조와 이해를 평가할 수 있다.

이야기 구조에 대한 이해는 어른이 들려준 이야기를 듣거나 일상생활에서 일어나는 사건을 이해하면서 일찍부터 발달한다(Mason, 1992; Trabasso & Stein, 1997). 대부분의 학령전기 아동은 중심 주제와 관련한 사건을 포함하지만 아직 이 연령대의 아동은 종종 목표는 포함시키지 않는다(Trabasso & Nickels, 1992; Trabasso & Stein, 1997). 그리고 일부의 학령전기 아동만이 일련의 그림카드를 보고 사건과 사물의 이름만을 단순히 말하거나 설명하는 것으로 이야기한다. 아동들은 이야기에 대해 상당히 안정적이며 내면화된 개념을 가지고 있는 것처럼 보인다. 9세가 되면, 아이들은 성인과 비슷한 방식으로 이야기를 구조화하며, 나이가 더 들면 이야기의 내용과 구조가 더 정교해진다(Trabasso & Nickels, 1992).

인과 구조와 이야기

van den Broek 등은 이야기 이해에서 인과 구조의 중요성을 보여 주었다. 이야기에서 사건의 인과 구조를 이해하는 것은 개별 일화 내에서 사건들의 연결과 이야기를 구성하는 다양한 일화를 연결하여 표상하는 것과 관련된다. 짧은 이야기에서 사건이 어떻게 서로 연결되어 있는지에 대한 다이어그램은 [그림 5-3]에 나와 있다. 이야기의 인과 구조에 대한 관심은 연령의 증가와 함께 발달한다. 어린 아이들은 종종 일련의 사건들의 인과 관계보다는 선명한 사건과 같은 비구조적이고 피상적인 특징에 초점을 둔다. 대조적으로 성인은 일부 사건을 연결하기보다는 많은 인과적 관계를 가진 사건을 더 잘 기억한다. 이야기 산출 평가에서 성인은 아이들보다 각 일화 내 및 일화 사이에 더 많은 인과 관계를 포함한다(Bourg, Bauer, & van den Broek, 1997; Goldman & Murray, 1992; Goldman & Varnhagen, 1986; Trabasso & Nickels, 1992; van den Broek et al., 1996).

4) 요약

단어 이해 또는 어휘 지식은 읽기이해에 대한 좋은 지표이다. 개별 문장의 이해 또한 읽기이해와 관련이 있다. 일부 기술은 특히 담화를 이해하는 데 중요하며, 통합과 추론, 이해 모니터링 및 텍스트 구조에 대한 지식과 사용이 이 기술들에 포함된다. 각 기술은 읽기 시작 전 단계의 아동들에게 평가할 수 있지만 이 기술들은 학령기와 그 이후까지 계속적으로 발달한다. 이러한 기술은 응집력 있는 상황 모델을 구성하는 데 필수적이다.

사냥꾼 Tuk 이야기

1. 이것은 Tuk이라는 소년의 이야기이다.
2. 북극에 살았던
3. 그는 자신이 큰 동물을 사냥함으로써 그가 용감할 수 있다는 것을 보여 주고 싶었다.
4. 훌륭한 사냥꾼이었던 그의 아버지처럼
5. 어떤 사람들은 사냥을 좋아하지 않지만
6. Tuk의 가족은 대부분의 음식과 옷을 동물에게서 얻는다.
7. Tuk의 가족에게 사냥은 생존의 문제이며
8. 위험할 수 있다.
9. 비록 Tuk은 사냥 여행을 가서

10. 그가 얼마나 용감한지를 증명하기에는 너무 어렸지만
11. 그는 아버지가 그에게 얘기해 준 모든 것을 주의 깊게 적었고,
12. 많은 사냥일을 했었다.
13. 그는 매 여행마다 개썰매를 준비하는 것을 도왔으며
14. 그는 사냥용 창과 칼을 가는 법을 배웠다.

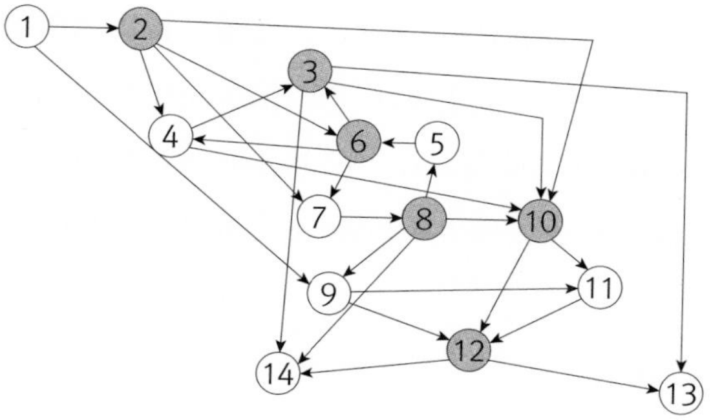

[그림 5-3] 이야기에서 사건들 간의 인과적 관계를 보여 주는 다이어그램

출처: Kendeou et al. (2007).

인과 관계가 많은 사건(음영)은 인과 관계가 적은 사건보다 기억될 가능성이 높다.

3. 읽기이해 발달

단어 지식, 문장 이해 및 담화 처리 과정의 기술과 지식은 모두 텍스트를 적절하게 이해하는 데 중요한 요소이다. 앞에서 이러한 요소들의 상관관계를 보여 주는 연구들을 살펴보았다. 지금부터는 이러한 기술과 지식이 시간이 지남에 따라 효과적이고 효율적인 텍스트 이해의 발달에 어떻게 기여하는지 살펴본 연구들을 검토하여 이러한 기술이 읽기이해의 전제 조건인지 촉진 요인인지를 확인할 것이다. 언어기술과 발달은 단독으로 이루어지지 않는다. 즉, 일부 기술은 읽기이해의 토대를 제공하는 동시에 글을 읽고 이해하는 경험을 통해 강화되고 향상된다. 따라서 이러한 상호 관계는 읽는 법을 배우는 경험이 단어의 음소에 주의를 기울이는 것과 비슷한 방식으로 나타날 수 있다(4장에서 검토). 읽기이해, 여러 언어기술 및 문해 기술 사이의 상호 관계는 세 번째 부분에서 논의할 것이다.

1) 종단 연구를 통한 증거: 어떤 기술이 읽기이해 발달을 예측하는가

일반 발달 아동의 읽기이해 발달을 예측하는 기술과 지식에 대한 연구들은 단어 읽기 및 어휘 지식의 기여에 초점을 맞추는 경향이 있었고, 일부는 문장 이해나 문법 기술의 기여도를 살펴보았다. 초기 담화기술 측정을 포함한 연구는 거의 없다. 단어, 문장 및 담화 이해를 포함한 연구는 훨씬 적다. 지금부터 단어와 문장 이해를 측정한 연구들과 특정 담화 이해 기술을 포함한 연구들에 대해 각각 논의하도록 하겠다.

(1) 단어와 문장의 영향

단어 읽기

읽기이해 발달을 지원하고 촉진하는 기술을 살펴보기 위한 좋은 출발점은 단어 읽기의 역할을 (재)고려하는 것이다. 특히 초기 읽기 습득 단계에서 아이들의 단어 읽기능력과 읽기이해 능력이 강한 관련성을 가진다. 그러나 단어 읽기의 속도와 정확도가 읽기이해를 완벽하게 예측하는 것은 아니다(Pazzaglia, Cornoldi, & Tressoldi, 1993). 이것은 읽기이해 발달이 단어 읽기발달에 전적으로 의존하지 않는다는 것을 시사한다.

단어 읽기와 읽기이해 간에 독립성에 대한 다른 증거는 읽기의 두 가지 측면을 예측하는 초기 언어기술을 살펴본 종단 연구로부터 나온다(Muter et al., 2004; Storch & Whitehurst, 2002). 이 연구는 서로 다른 기술이 읽기의 각 발달과 관련이 있음을 보여 준다. 즉, 음운인식은 이후 단어 읽기능력을 예측하는 반면, 초기 어휘 지식은 이후 읽기이해와 관련이 있다.

초기 읽기 습득 단계에서는 단어 읽기가 읽기이해 능력을 제한할 수 있지만 단어 읽기를 잘하는 것이 성공적인 읽기이해의 발달에 충분하지 않을 수 있다. 단어의 의미 지식과 같은 기술도 읽기이해 발달에 중요한 역할을 한다.

어휘와 형태론

개별 단어와 단어의 부분에 대한 이해는 읽기이해의 기초라고 할 수 있다. 앞에서 살펴보았던 연구는 읽기이해 발달에서 어휘의 중요성을 보여 주었다. 형태인식과 읽기이해 간의 관계를 살펴본 연구는 훨씬 적었지만 두 기술은 관련이 있다. 1장에서 설명한 바와 같이 종단 연구는 발달 과정에서 특히 초기 수행력을 고려하여 각 변수 사이의 인과 관계를 확인하는 데 도움이 된다. 분명히 초기 읽기이해는 이후 읽기이해와 관련이 있을 것이다. 또 다른 기술이 시간이 지남에 따라 읽기이해 발달을 촉진하는지 여부를 확인하려면 초기 읽기이해 능력에 대한 통제가 필요하다. 초기 읽기이해 수행력을 통제한 후에 몇 년 후의 읽기이해 능력을 예측하는 기술은 읽기이해 발달의 강력한 촉진요인 후보가 된다(de Jong & van der Leij, 2002).

단어 읽기, 어휘 능력 그리고 읽기이해 간의 관계를 연구할 때 초기 읽기이해 기술을 통제한 읽기이해 종단 연구는 거의 없으므로 인과 관계를 명확하게 하기는 어렵다. 예외적으로 de Jong과 van der Leij(2002)는 읽기를 습득하는 첫 몇 년 동안 단어 읽기와 읽기이해를 예측하는 기술을 연구하였다. 그들은 초기 읽기이해 능력을 통제하였다. 10세의 읽기이해 능력은 7세 때의 단어 읽기능력과 읽기이해 능력의 영향을 통제한 후에 초기 어휘 지식이 설명하는 것으로 나타났다. 이러한 결과는 앞서 살펴보았던 연구들을 지지하며 인과적 관계를 도출할 수 있도록 설계된 연구이다. 또 다른 발견은 어휘 지식은 듣기이해와 읽기이해 간의 관계를 통제한 후에는 읽기이해에 대한 설명력이 없다는 것이다.

De Jong과 van der Leij의 연구는 단어 읽기와 어휘 지식 이외의 다른 기술이 읽기이해 발달에 중요할 수 있다는 것을 시사한다. 상관 연구가 이러한 결론을 뒷받침한다. 예를 들어, 이전에 논의하였던 세 가지 담화 기술인 추론과 통합, 이해 모니터링 및 이야기 구조에 대한 지식과 사용은 모두 어휘 지식의 설명력을 넘어 8~9세 읽기이해 능력을 예측하는 것으로 나타났다(Oakhill, Cain, & Bryant, 2003). 따라서 어휘가 읽기이해와 강한 관련성을 가지고 있지만 적절한 실험 설계를 했을 때 다른 기술이 읽기이해에 기여하는 것으로 나타났다.

형태론적 지식 또한 중요할 수 있다. Deacon과 Kirby(2004)는 초기 읽기이해 능력과 일반적인 인지능력을 통제했을 때 약 8세의 형태인식 능력은 3년 후에 읽기이해(및 비단어 읽기)를 예측한다는 것을 발견했다.

문장 이해

개별 문장을 이해하는 것은 텍스트에서 연결된 일련의 문장을 이해하는 데 분명히 필요하다. 그러나 일반 발달 아동의 문장과 담화 이해 사이의 관계를 살펴본 연구는 거의 없다. 읽기발달의 처음 몇 년 동안인 5세와 6세(Muter et al., 2004), 그리고 5세와 8세(Demont & Gombert, 1996)에서 구문인식 능력은 이후의 읽기이해 능력을 예측한다는 것을 확인하였다. 이를 통해 두 이해 능력(문장과 담화)은 서로 관련이 있을 것으로 예상할 수 있다. 아직 확인되지 않은 것은 초기 읽기나 듣기 이해를 통제한 후에도 문장 이해가 이후의 담화 이해를 예측하는지 여부이다.

(2) 담화 기술

이 장에서 검토한 세 가지 담화 기술인 추론과 통합, 이해 모니터링 및 이야기 구조의 지식과 사용은 일반적인 인지 능력, 단어 읽기 및 어휘 지식을 통제한 후에도 아동의 현재 읽기이해 능력을 예측하는 것으로 나타났다. 청각 및 시청각적으로 제시한 이야기 이해 연구에서 4, 6, 8세 아동의 추론 기술은 단어 읽기와 어휘 지식을 넘어 이해 기술을 설명했다(Kendeou et al., 2008). 비슷하게, 이해 모니터링 능력은 단어 읽기 기술의 설명력을 넘어 8세와 11세의 읽기이해 능력을 설명하는 것으로 나타났다(Zinar, 2000). 8, 9, 11세의 아동의 세 가지 담화기술인 추론과 통합, 이해 모니터링 및 이야기 구조의 지식과 사용은 각각 읽기이해와 단어 읽기, 어휘 및 인지 능력의 관계를 통제한 후에도 읽기이해를 설명하는 것으로 나타났다(Cain, Oakhill, & Bryant, 2004). 분명히 담화 기술은 단어를 읽거나 그 의미를 이해하는 능력으로는 설명할 수 없는 읽기이해의 측면을 밝힌다.

담화 기술이 읽기이해 발달을 촉진하는가

앞에서 검토한 연구들은 담화 기술이 읽기이해 발달을 설명하는 데 도움이 되는지에 대한 문제는 다루지 않았다. Oakhill과 Cain은 다양한 담화 기술과 읽기이해 발달 사이의 관계에 대해 종단 연구를 실시하였다(심사 중). 이 연구는 단어 및 문장 이해 평가를 포함했다는 측면에서 독창적이다. 이러한 평가를 포함함으로써 읽기이해와 읽기이해 발달에 대한 각 기술의 상대적 기여도를 확인할 수 있다.

여기에 제시한 자료는 아동의 8세 생일에 측정한 언어와 인지 기술이 4년 후의 읽기이해를 예측하는지를 연구한 것이다. 초기 읽기이해 능력을 통제한 후에 일반적인 인지 능력, 어휘, 단어 읽기, 문장 이해 그리고 세 가지 담화 기술인 추론, 이해 모니터링 및 이야기 구조에 대한 지식과 사용이 이후 읽기이해를 설명하는지를 살펴보고자 하였다. 주요 연구 결과 중 하나는 초기 인지 능력과 어휘 기술이 읽기이해 발달의 중요한 예측 요인이었지만 각 담화 기술은 이후 읽기이해 수행력을 예측하는 데 도움이 된다는 것이다. 주요 결과에 대한 경로도는 [그림 5-4]에 제시하였다.

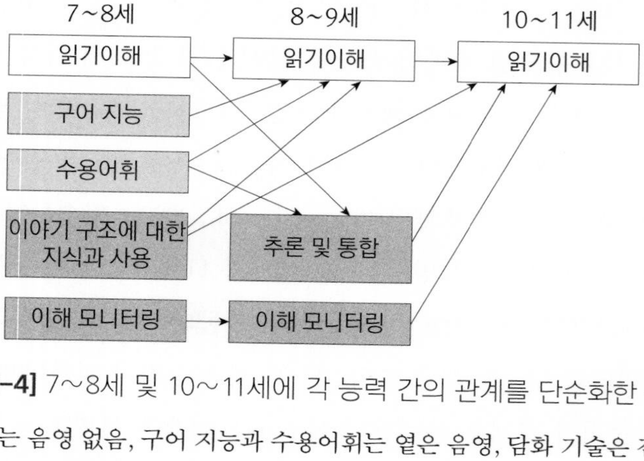

[그림 5-4] 7~8세 및 10~11세에 각 능력 간의 관계를 단순화한 경로도

*참고: 읽기이해는 음영 없음, 구어 지능과 수용어휘는 옅은 음영, 담화 기술은 짙은 음영
출처: Oakhill & Cain(심사 중).

담화 기술: 동일한가 다른가

또 다른 문제는 이 세 가지 담화 기술이 실제 분리 가능한지 여부이다. 예를 들면, 추론을 해야 할 시점을 감지하기 위해 이해 모니터링이 필요할 수 있으며, 추론은 이야기에서 등장인물의 행동을 이해하는 데 중요하다. 하지만 각 담화 기술은 단순히 동일한 '핵심' 이해 처리 과정과 관련될 수 있으며 이 처리 과정은 읽기이해에 공통적일 수 있다. [그림 5-4]에 제시된 분석에서 각 기술은 읽기이해를 예측하며, 각 기술은 단순히 하나의 기술이 아니며, 동일한 것이 아니라는 것을 보여 준다. 다른 상관관계 연구는 각 담화 기술이 읽기이해의 예측에 다르게 기여한다는 것을 보여 주기도 하였다. Meneghetti, Caretti와 de Beni(2006)는 9~13세 사이에 여러 광범위한 기술이 읽기이해와 어떠한 관련성이 있는지를 살펴보았다. 연구 결과 각 기술이 이해와 관련되는 방식에 있어서 추론과 통합이 텍스트 구조 및 이해 모니터링에 관한 지식과 구별될 수 있다는 것을 발견했다. 따라서 서로 다른 담화 기술은 읽기이해에 각각 다른 기여를 하는 것으로 보인다.

2) 상호 관계의 증거

단어 읽기와 음운인식 사이의 상호 관련성에 대한 여러 증거들이 있다. 즉, 초기 읽기 습득 단계의 성공은 음운인식과 관련이 있으며, 음운인식은 읽기의 성공과 경험에 의해 발달한다(Castles & Coltheart, 2004; Stanovich, 1986). 읽기이해와 관련한 기술은 어떠한가. 읽기이해와 여러 기술 간의 상호 관계에 대한 증거가 있는가. 지금까지 이 주제에 대한 연구는 어휘 지식에 초점을 두어 진행되었다.

어휘는 학령기 초기에 읽기이해 발달을 예측하는 좋은 변수이다. 어휘 지식은 몇 년이 지난 후에 초기 단어 읽기와 이해 능력을 통제한 후에도 읽기이해 능력을 예측하는 데 도움이 되는 기술이다(de Jong & van der Leij, 2002). 읽기이해는 또한 어휘 지식에 대한 좋은 예측 변수이다. 6세 때의 이해 능력은 초기 어휘 지식을 통제한 후에도 1년과 2년 후 어휘 지식을 설명한다(Seigneuric & Ehrlich, 2005). 종합하면, 이러한 결과들은 읽기이해와 어휘가 서로 상호 관계가 있음을 시사한다.

어휘가 읽기능력 발달에 기여하고, 읽기 자체도 어휘 발달에 도움이 된다는 생각은 논쟁의 여지가 없다. 오랫동안 읽기는 새로운 어휘습득의 원천이라고 생각되어 왔다(Cunningham, 2005; Huey, 1968/1908; Nagy & Scott, 2000; Thorndike, 1917). 1장에서 보았듯이 글은 종종 구어보다 희귀하고 자주 사용하지 않는 단어를 더 많이 포함하고 있다. 종단 연구들은 2년 동안의 어휘 성장은 9세에서 11세 사이 아동의 독서 습관과 관련이 있음을 발견하였다(Echols et al., 1996).

새로운 단어의 의미를 배우는 한 가지 방법은 문맥으로부터 추론하는 과정을 통해서이며, 이는 일반적으로 읽기이해에 중요한 추론 및 통합과 동일한 과정을 사용하는 것이다. 어휘 수준에서의 이해 모니터링은 모르는 단어나 비친숙한 단어의 감지를 용이하게 한다. 이러한 이유로 읽기경험과 성공적인 읽기이해와 관련된 핵심 기술은 평생 동안 어휘 성장을 주도할 수 있다(Cunningham & Stanovich, 1997). 우수한 읽기능력과 경험이 다른 주요 언어 및 문해 기술의 발달에 어느 정도 도움이 되는지는 연구되어야 할 것이다.

3) 요약

단어 이해는 읽기이해를 잘하는 데 필수적이며 읽기이해 발달을 예측한다. 우리는 형태론적 지식과 읽기이해 사이의 구체적인 관계에 대해서는 아직 잘 모른다. 문장 이해가 긴 텍스트를 이해하는 데 필수적임에도 불구하고 문법 기술은 특히, 어휘와 읽기이해 사이의 관계의 정도와 비교할 때 읽기이해의 강한 예측 요인이 아니다. 추론과 통합, 이해 모니터링 및 이야기 구조의 지식과 사용이라는 각 담화 기술은 단어 읽기와 어휘 지식을 넘어 읽기이해 발달을 예측한다. 또한 이러한 기술은 분리 가능한 서로 다른 기술이며, 각각은 읽기이해를 예측하는 데 독립적인 기여를 한다.

다른 기술의 영향은 다른 기술의 발달을 위한 시간의 경과를 반영할 수 있다. 어휘와 담화 기술은 일생 동안 지속적으로 발달하는 반면, 문법 능력은 학령기에 완성되므로 이해 발달에 영향을 미칠 여지가 거의 없다.

핵심 요약

- 단어 읽기능력은 초기 읽기 학습 단계에서 읽기이해 능력을 제한한다. 나이 어린 아동이 각 페이지의 단어를 해독하는 데 어려움을 보인다면, 이해에 사용가능한 처리 자원은 제한될 것이다. 그러므로 읽기 교육 초기에 단어 해독기술을 가르치는 것은 필수적이다.
- 우수한 단어 읽기 기술은 우수한 이해를 가능하게 하지만, 그것으로는 충분하지 않다. 단어 읽기 이외의 기술도 읽기이해 능력에 중요한 기여를 한다.
- 어휘 지식은 읽기이해와 밀접한 관련이 있다. 텍스트에서 핵심 단어를 이해하는 것은 적절한 이해를 위해 중요할 수 있다. 그러나 개별 단어에 대한 지식이 읽기이해 능력과 발달에 기여하는 유일한 기술은 아니다. 즉, 다른 기술들이 어휘를 통제한 후에 읽기이해를 예측한다.
- 어휘 지식과 읽기이해는 상호 관계를 가진다. 이해 모니터링, 추론과 통합과 같은 주요 이해 기술이 비친숙한 어휘를 발견하고, 읽으면서 그 의미를 추론하는 데 도움이 될 수 있다.
- 개별 문장의 이해는 더 긴 단위의 텍스트 이해에 필수적이다. 대부분의 구문론적 지식은 읽기 교육이 시작되기 전에 습득하며, 일반 발달 아동에서 구문론적 능력이 읽기이해 발달에 상당한 기여를 한다는 증거는 거의 없다.
- 몇 가지 담화 기술은 텍스트의 의미를 응집력 있고 통합된 표상으로 구성하는 데 도움이 된다. 이러한 기술에는 추론과 통합, 이해 모니터링 및 이야기 구조의 지식과 사용이 포함된다. 각각은 읽기이해 능력와 관련이 있으며, 읽기 교육이 시작되기 전에 발달하기 시작하여 지속적으로 발달한다.

- 읽기이해의 발달은 일반적인 인지 능력, 어휘 지식 및 단어 읽기를 포함한 여러 기술로 설명된다. 담화 기술도 읽기이해의 발달에 추가적인 설명량을 가지며 중요한 기여를 한다.
- 구어에서 의미를 파악하는 것과 관련한 기술들은 읽기이해와도 동일하게 관련이 있다. 읽기 교육이 시작되기 전에 아이들이 이야기를 듣거나 영화나 만화를 보는 것을 통해서 핵심 이해 기술을 기를 수 있다.

추가 읽기자료

읽기이해 발달에 대한 좋은 요약은 Oakhill과 Cain(2007), Perfetti, Landi와 Oakhill (2005)에서 찾을 수 있다.

Oakhill, J. & Cain, K. (2007) Introduction to comprehension development. In K. Cain, & J. Oakhill (eds), *Children's Comprehension Problems in Oral and Written Text: A Cognitive Perspective*, New York: Guilford Press, pp. 3-40.

Perfetti, C.A., Landi, N., & Oakhill, J.V. (2005) The acquisition of reading comprehension skill. In M.J. Snowling, & C. Hulme (eds), *The Science of Reading: A Handbook*, Oxford: Blackwell Publishers.

Garton과 Pratt(1998)은 초기 언어발달과 읽기이해 사이의 관계에 대한 종합적인 요약을 제공한다.

Garton, A., & Pratt, C. (1998) *Learning to Be Literate: The Development of Spoken and Written Language* (2nd ed.), Oxford: Blackwell Publishers.

용어 정의

제한된 기술 (constrained skills)	학습해야 할 요소가 한정되어 있는 기술이며, 일반적으로 발달 초기에 습득한다.
오류 탐지 과제 (error detection task)	이해 모니터링을 평가하는 대표적인 과제이며, 독자가 텍스트에 의도적으로 포함된 오류를 찾는 과제이다.
설명담화 (expository text)	신문과 잡지, 책 및 에세이와 같은 텍스트이며, 설명, 정보 제공, 정의하기, 명확화(clarifying)나 교육 등의 목적을 가지고 있다.
표현어휘 (expressive vocabulary)	(일반적으로 구어에서) 어휘 사용의 척도
상위언어기술 (metalingusitc skills)	언어에 대한 의도적이며 통제된 사고를 포함하는 기술
형태인식 (morphological awareness)	단어의 형태론적 구조를 생각하고 조작하는 능력
이야기 담화 (narrative text)	일반적으로 등장인물, 배경, 갈등이나 문제 및 결과를 포함하는 텍스트
수용어휘 (receptive vocabulary)	(구어에서) 어휘 이해의 척도
구문인식 (syntactic awareness)	구문구조를 생각하고 조작할 수 있는 능력
제한 없는 기술 (unconstrained skill)	한정되지 않은 수의 기술이며, 확장된 발달 궤적을 가진 기술

제 6 장

발달성 난독증

핵심 용어

- 음운 결함(phonological deficit)
- 음운표상(phonological representations)
- 난독증 하위 유형(subtype of dyslexia)
- 이중결함 가설(double-deficit hypothesis)
- 음운 난독증과 표면 난독증(phonological and surface dyslexia)
- 가족력 연구(family-risk study)
- 보상(compensation)
- 매튜효과(Matthew effects)

이 장은 발달성 난독 아동(과 성인)에 초점을 두고 있다. 이 아동들은 일반적인 능력부족이나 부적절한 교육의 탓으로 돌릴 수 없는 예상치 못한 단어 읽기의 어려움을 겪고 있다. 발달성 난독인들은 일반적으로 철자법과 글쓰기에도 어려움을 겪는다. 발달성 난독증은 아동 인구의 3~10%가 영향받을 정도로 상당히 흔하다(Snowling, 2000). 이 아동들의 단어 읽기 습득은 단순한 지연이 아니다. 즉, 전 생애에 걸쳐 문해능력의 어려움을 경험하게 된다.

이 장은 네 부분으로 나뉘어 있다. 첫 번째는 발달성 난독증의 정의와 이러한 읽기장애 아동의 특성을 다룰 것이다. 두 번째는 난독증의 기저 원인에 대한 이론을 훑어 볼 것이다. 세 번째는 변이성을 고려하고 난독증의 다양한 하위 유형들에 대한 증거를 검토할 것이다. 마지막 부분은 난독증의 좀 더 광범위한 영향과 관련된 것이며 전 생애에 걸쳐 나타나는 난독증, 난독증의 전조증상 및 그 결과를 다룬다.

제6장 발달성 난독증

1. 발달성 난독증: 정의와 특성

여기서는 먼저 난독증에 대한 최상의 정의와 이 특정 읽기 장애 아동들이 경험하는 문제의 유형을 알아보고자 한다.

1) 발달성 난독증: 정의

발달성 난독증은 일반적으로 개인의 지능이나 읽기 교육의 수준으로 예측되지 않는 읽기의 어려움으로 특징지어진다. 난독증 아동들은 더 일반적이거나 광범위한 학습의 어려움을 겪지는 않는다. 그들은 단순히 게으른 것이 아니며, 합리적이고 적절한 교육을 받아 왔다. 발달성 난독증 아동(과 성인)들은 정확하고 유창한 단어 읽기뿐만 아니라 철자쓰기에도 어려움이 있다. 발달성 난독증은 후천성 난독증과 구별되는데, 후자는 뇌손상으로 인해 야기된 단어 읽기 어려움이다. 난독증은 이 장 전체에 걸쳐 발달성 난독증을 나타내는 의미로 사용될 것이다.

정의는 연구와 교육평가 둘 다에 중요하다. 정의는 좀 더 일반적인 문해능력이나 학습의 어려움으로부터 순수 난독 사례를 구별할 수 있게 해 준다. 모든 연구자나 임상가들이 난독증에 대한 단일한 정의에 동의하지는 않는다고 말하는 것이 적절하기는 하지만 국제 난독증 협회(International Dyslexia Association: IDA)가 제안한 다음의 정의에 대해서는 가장 광범위하게 의견의 일치를 보이고 있다.

> 난독증은 신경생물학적 원인에 의한 특정 학습장애이다. 이는 정확하고(또는) 유창한 단어 재인의 어려움, 철자쓰기 및 해독 능력 부진이 특징이다. 이러한 어려움들은 전형적으로 다른 인지 능력 및 효율적인 학교 수업의 제공과 관련지어서는 예측되지 않는 언어의 음운론적 요소 결함에서 비롯된다(Lyon, Shaywitz, & Shaywitz, 2003).

이 정의는 이전 것의 수정판이고 읽기발달, 읽기장애 및 읽기 교수에 대한 최신 지식을 반영하도록 설계되었다. 이는 일반 학습장애라기보다는 단어 수준에서 문해력에 영향을 미치며, 결과적으로 실제 단어 읽기, 그 단어의 철자쓰기 및 비단어 해독(과 쓰기)에서의(예: wug, wint, tegwop) 어려움을 초래하는 신경기반 특정 학습장애로 식별하기 위한 것이다. 이 정의는 발달성 난독증이 단어 읽기의 어려움으로 간주된다는 것을 명확히 하고 있다. 이 어려움의 원인은 단어, 문장, 담화 이해에도 영향을 미칠 수 있지만, 이해력 평가는 진단을 위한 정보를 제공해 주지는 않는다.

확인된 기저 원인인 언어의 음운론적 요소의 결함이 포함된 것은 난독증이 취약한 음운기술에 기인한 읽기장애라고 하는 수많은 연구의 결과이다. 그러나 다르거나 부가적인 기저 원인을 제안하는 다른 난독증 이론이 있는데 이 장에서는 이것을 검토할 것이다.

발달성 난독증 정의의 대부분은 단어 읽기 어려움의 예상치 못한 특성을 반영하는 진술이 포함된다. 세계 신경과학 연맹(World Federation of Neurology)에서 제시한 중요한 정의를 예로 들어 보면, 난독증을 '정상 지능에도 불구하고 읽기 학습에서의 어려움'으로 정의하고 있다(Critchley, 1970). 지능은 대개 표준화된 지능검사(IQ)로 측정된다. 발달성 난독증 진단을 위해 지능-성취 불일치(IQ-based discrepancy) 모델이 한때 많이 사용되었다. 본질적으로 이 진단모델은 아동의 실질적 단어 읽기능력과 아동의 지능지수로 예측되는 수준 간의 차이를 계산하는 과정을 포함한다. 이 방법으로 진단된다면 난독증은 아동의 지능으로 예측되는 능력에 비해 유의하게 낮은 단어 읽기 점수를 받을 것이다.

지능-성취 불일치는 읽기와 학습장애 진단이나 그 원인들에 대한 이해와 관련해서 유용하지 않다는 이유로 많은 사람들에게 비판을 받아 왔다(Siegel, 1988; Stanovich, 1991). 한 가지 문제점은 언어성 지능 측정이 종종 아동의 어휘력과 일반 지식에 의존하고 있는데 둘 다 읽기 자체를 통해 습득할 수 있는 것이다. 그래서 언어성 지능의 측정은 아동의 학습이나 인지적 잠재력에 대한 정확한 평가를 제공해 줄 수 없다. 게다가 지능과 단어 읽기 사이의 불일치를 진단 기준으로 사용하는 것은 충분히 큰 차이가 발생하는 데 몇 년이 걸릴 수 있기 때문에 난독증의 조기 발견과 중재의 시작 시기를 지연시킬 수 있다. 이러한 이유로 진단을 위한 지능-성취 불일치 접근법은 '실패할 때까지 기다리는' 모델로 묘사되고 있다.

2) 발달성 난독증: 특성

난독증의 정의는 평균 또는 그 이상의 능력이 있지만 단어 읽기가 부진한 아동을 표현하고 있다. 그러나 읽기, 쓰기 그리고 언어에 대한 더 광범위한 어려움이 난독증의 프로파일과 관련되어 있다. 〈표 6-1〉을 보자. 이 표는 영국 난독증협회(British Dyslexia Association: BDA)[1)]에서 출간된 난독증에 나타날 수 있는 언어 문제에 관한 목록이다.

1) 이것은 체크리스트가 아니라는 점에 유의하자. 영국 난독증 협회는 만약 몇 가지의 지표가 나타나면 추가 도움을 받아야 한다고 권고하고 있다.

<표 6-1> 영국 난독증 협회의 웹사이트에 게시된 난독증의 지표들

지속 요인
난독증은 어린 나이부터 나타날 수 있는 여러 가지 지속 요인들이 있다. 이것들은 난독증 아동이 학교를 떠나도 계속 두드러지게 나타날 것이다. 여기에는 다음과 같은 것들이 포함된다.
난독증/읽기 어려움에 대한 가족력
학령전기
혼동된 문구를 지속적으로 사용한다. 예: 유아용 클럽을 'cobbler's blud'라고 함(cobbler's blud for toddler's club)
대용어(substitute word)를 사용한다. 예: 가로등(lamppost) 대신 전등갓(lampshade) 사용
알고 있는 사물의 이름을 기억해 내지 못한다. 예: 탁자와 의자
동요 및 cat, mat, sat과 같은 라임이 있는 단어를 배우는 데 어려움이 있다.
말소리 발달이 또래보다 늦다.
초등 학령기
읽기 및 쓰기가 특히 어렵다.
글자와 숫자를 엉뚱한 방향으로 뒤바꿔 놓는다.
표, 알파벳, 공식 등을 기억하는 데 어려움이 있다.
단어에서 글자를 빠트리거나 잘못된 순서로 놓는다.
가끔 'b'와 'd' 같은 글자나, no와 on 같은 단어의 혼동이 지속된다.
단순 계산할 때 여전히 손가락을 사용하거나 종이에 표시해야 한다.
읽은 것을 이해하는 데 어려움이 있다.
쓰기 작업을 하기 위해 평균 이상으로 시간이 걸린다.
빠른 속도로 언어를 처리하는 데 문제가 있다.
만 12세 이상 초등학생 이상인 경우, 추가 내용
여전히 부정확하게 읽는다.
여전히 철자쓰기에 어려움이 있다.
지시나 전화번호를 반복해 주어야 한다.
긴 단어 사용에 어려움을 겪는다. 예: preliminary, philosophical
에세이를 계획하고 쓰는 데 어려움이 있다.
복잡한 언어나 긴 일련의 지시를 빠르게 처리하는 데 어려움이 있다.

영국 난독증 협회 목록을 살펴보면 읽기와 쓰기를 배우기 전 아이들에게서 나타날 수 있는 일반 사물 이름대기나 동요 학습의 어려움 같은 언어와 관련된 난독증 지표가 제시되어 있다. 나중에 초등학교에 들어가서 읽기와 쓰기 어려움이 나타난다. p와 b와 같이 거꾸로 된 글자나 on과 no 같이 순서가 바뀐 단어 사용의 문제가 설명되어 왔지만 가장 일반적인 혼란은, 예를 들어 k와 g의 경우처럼 문자소리 간의 혼동과 관련된다(Snowling, 2000). 교실 학습에 영향을 줄 수 있는 좀 더 일반적인 기억력의 문제도 분명히 나타날 수 있다.

영국 난독증 협회는 이러한 언어 문제 이외에도 서투름, 운동과 협응 문제를 포함하는 다양한 비언어적 지표도 포함하고 있다. 이는 국제 난독증 협회(IDA)의 정의와 대비된다. 비언어적 지표들은 난독증의 근본적 원인이 읽기 및 읽기 관련 활동들 이외의 다른 기술에 부정적으로 영향을 미칠 수도 있다는 것을 보여 주고 있다. 다음에 제시되는 난독증 이론을 살펴볼 때, 우리는 이러한 기술들과 단어 읽기 부진 사이의 연관성에 대한 증거를 좀 더 자세히 검토할 것이다.

난독증인 사람들한테 나타나는 기술의 강점과 약점들은 다양하다. 그러나 몇 가지 언어와 관련된 특정 문제들은 다른 것들보다 더 일반적이다. 다음으로 이러한 공통점들은 살펴보겠다.

4장에서 우리는 단어 읽기발달과 그 발달의 기초가 되는 다양한 기술들을 살펴보았다. 문자 소리 지식과 음운처리 기술은 단어 읽기 습득 속도의 주요 예측 변인이라는 것을 알아보았다. 따라서 이 기술의 어려움이 발달성 난독증 아동에게 지속적으로 나타난다는 것은 놀라운 일이 아니다. 음운처리, 언어 그리고 인지 기술들을 이용하는 다양한 평가과제가 포함된 몇몇 연구들은 이 사실을 설명하는데 도움이 된다.

발달성 난독증 아동 7명을 대상으로 Snowling, Stackhous와 Rack이 수행한 중요한 연구는 읽기, 쓰기, 청각 기억 검사를 포함했다(Snowling, Stackhouse, & Rack, 1996). 난독증 아동의 수행력을 읽기 연령을 일치시킨 통제집단 아동과 비교했다. 이 비교는 연구자들로 하여금 난독증이 손상된 것인지 (읽기 연령을 일치시킨 통제집단보다 낮은 수행력을 보이는) 아니면 단지 지연된 것이며, 자신의 읽기 연령과 일치하는 수행력(읽기 연령을 일치시킨 통제집단과 유사한 수행력)을 보이는 것인지 판단할 수 있게 해 준다(이 실험 디자인에 대한 더 자세한 논의는 1장을 보라). 두 집단이 실제 읽기 수준을 일치시켰기 때문에 난독증 아동 집단이 어떤 평가에서 수행력이 더 낮다는 것은 다른 경로로 더 어린 통제집단 아동들과 동일한 읽기 수준을 달성했다는 것을 나타내 준다.

일반적으로 난독증은 비단어 읽기 수행력이 매우 낮고 몇몇은 이 자극 중 어떤 것도 정확하게 읽어 내지 못하였다. 의미 단어를 읽을 때 난독증 아동은 종종 다른 의미 단어로 대치해서 읽는데, 예를 들어 cask를 비슷한 글자를 포함하고 있는 'cash'로 읽거나 pint를 'pink'로 잘못 읽는다. 기타 일반적인 오류로는 slot을 'sole'로 읽거나 sign을 'sing'으로 읽는 것처럼 글자의 위치를 바꾸는 것이 있다. 철자쓰기 또한 어려운데, puppy를 'popy'로 쓰는 모음의 문제나, trumpet을 'tumpit'으로 쓰는 자음군 단순화 그리고 cigarett을 'sigret'로 쓰는 비강세 음절 생략 오류 등이 빈번하다.

난독증 아동들은 음운인식의 모든 평가항목에서 수행력이 낮은 것은 아니다. 라임이 포함된 단어를 탐지하거나 단어에서 개별 음절을 식별하는 데에는 두드러진 어려움이 보이지는 않으나 음소인식 평가에는 어려움이 있다. 청각적 단기 기억력 역시 부족하다. Snowling(2000)은 8세경부터 성인기까지 진전을 추적해 온 개별 대상자들 중 한 명인 JM에 대해 자세한 설명을 제시했다. 이 사례는 난독증이 미치는 전 생애적 영향을 보여 준다.

또 다른 중요한 연구에서는 음운론적 취약함과 발달성 난독증 사이의 강한 연관성을 지지해 주지만 Snowling 등의 연구와는 몇 가지 점에서 흥미로운 차이점을 보여주고 있다. Wimmer는 독일 난독증 아동을 대상으로 읽기와 읽기 관련 기술들을 연구했다(Wimmer, 1993). Snowling 등과 대조적으로 Wimmer는 독일 2~4학년 난독증 아동들의 기억력 결함에 대한 어떤 증거도 찾지 못했다. 그는 앞에서 보고된 읽기와 철자 쓰기의 오류 유형에 대한 어떤 증거도 발견하지 못했다. 일반적으로 이 연구와 몇몇 다른 연구들은 독일 난독증 아동들이 단어 읽기 및 쓰기를 잘 한다고 주장한다. 왜 이 아동들에게 읽기 문제가 있다고 여겨지는가?

기본적으로 독일 난독증 아동들은 느린(덜 유창한) 독자이다. 독일어 문자 체계는 영어보다 훨씬 더 일관적이다. 결과적으로 자소-음소 대응 지식은 아동들이 대부분의 단어를 정확하게 읽을 수 있게 해 주고, 그래서 대부분의 아동들은 1학년 말까지는 단어 해독에 능숙해진다. 이 아동들을 대상으로 Wimmer와 그의 동료들이 수행한 광범위한 연구에서의 일관된 결론은 독일 난독증 아동들은 읽기 속도의 결함이 있다는 것이다. 1993년 연구에서 Wimmer는 난독증 아동들이 통제집단만큼 정확하게 텍스트를 읽었지만 훨씬 느렸다고 보고했다. 또한 그 아동들은 빠른 이름대기 검사에서도 느렸다(4장 참고). 중요한 것은 가장 나이가 많은 난독증 아동들(4학년)은 같은 읽기 수준에 있는 더 어린 일반 아동들보다(2학년) 숫자 이름대기 과제에서 더 느렸다는 점이다.

요즘 난독증인들에게 비단어 읽기 같은 음운론적 기술의 문제가 있다는 것을 보여 주는 연구들이 많다. 비단어 읽기는 알파벳 언어권에서 읽기에 중요한 음운론적 기술을 다루고 있기 때문에 일반적으로 난독증을 평가하기 위해 시행되는 일련의 테스트에 포함된다. 난독증 아동의 비단어 읽기능력을 읽기 수준을 일치시킨 더 어린 통제집단 아동들과 비교한 연구들을 검토한 결과 난독증 독자들은 음운 기술들(비단어 읽기로 측정된)에 유의한 결함이 있다는 강력한 증거를 발견했다 (Rack, Snowling, & Olson, 1992). 단어 읽기 수준이 같은 아동들과 비교했을 때도 난독증 아동들은 쓰여진 글자들을 음운론적 단위로 재부호화해야 하는 과제에서 일반적으로 수행력이 더 낮았다. 이 연구들에 대한 메타분석(통계적 검토)은 난독증 아동들에게 나타나는 기본적인 비단어 읽기 결함을 추가적으로 지지해 주었다 (van Ijzendoorn & Bus, 1994).

3) 요약

난독증의 정의는 대체로 개인의 단어 읽기 문제에 대한 예측되지 않는 특성을 나타낸다. 다양한 언어권에서 나타나는 일관된 결과는 단어 및 비단어 해독과 글자, 숫자, 사물 이름대기 같은 음운 기술에 기반한 과제들에서 느리고 부정확한 수행력을 보인다는 것이다. 개인의 지능과 관련된 읽기 수준을 나타내기 위해 사용된 정의 및 읽기 수준과 지능 사이의 불일치가 진단을 위해 적용되었다. 지능-성취 불일치 진단에 대한 비판은 더 일반적 인지 능력을 나타내는 수정된 정의로 이어졌다.

2. 난독증 이론

난독증의 정의는 행동 수준에 초점을 두었다. 난독증 아동은 단어 읽기 및 철자 쓰기 같은 관련된 기술에 어려움이 있다. 앞에 인용된 Lyon, Shaywitz와 Shaywitz (2003)의 정의는 가능한 원인에 대한 언급이 포함되어 있다. "이 어려움은 전형적으로 언어의 음운론적 요소에서의 결함 때문이다." 음운론적 원인을 포함한 것은 난독증이 특정 음운 기술의 결함 때문이라는 음운 결함 이론에 대한 지지가 늘어나고 있는 상황을 반영한 것이다. 그러나 부가적이거나 대안적인 원인을 제안한 다른 이론들도 있다. 각 이론의 핵심내용은 아래에 설명되어 있다.

1) 언어기반 설명: 음운 결함 이론

5장에서 우리는 음운처리 능력이 우수한 단어 읽기를 위해 중요하다는 것을 살펴보았다. 특히 단어의 말소리를 표상하고 조작하는 능력과 자소-음소 관계에 대한 지식을 측정하는 변인들은 읽기 학습에서 아동의 진전을 예측해 주었다. 발달성 난독증 아동들은 음운 기술을 활용하는 과제 수행에 어려움이 있다. 앞에서 언급된 국제 난독증 협회의 정의에서 제시된 것처럼 음운론적 부호화와 표상의 문제가 읽기장애의 핵심이라는 데에 광범위한 의견의 일치가 있다(Elbro, 1998; Snowling & Hulme, 1993; Stanovich, 1986 참조).

음운 결함 이론 중 하나는 난독증이 음운 표상의 수준에 문제가 있다고 제안한다. [그림 6-1]은 음운 표상에 기반하고 있는 몇 가지의 다양한 음운처리를 보여주고 있다. 이 음운처리를 평가하기 위해 사용된 과제들은 필요한 처리 과정과 반응의 복잡성 측면에서 다양하다. 이름대기를 평가하는 과제는 전형적으로 장기기억으로부터 구어 수준에서의 명시적 회상을 요구한다. 따라 말하기와 단기 기억 평가는 구어 회상과 관련되지만 자극의 조작을 요구하지는 않는다. 도표는 음운인식 및 시각-구어 쌍 연결 학습과 같은 처리 과정이 단어 읽기능력에 직접 영향을 미친다는 것을 나타내 준다. 다른 처리 과정들은 음운 표상에 의존할 수 있지만 반드시 단어 읽기능력에 직접 영향을 미치는 것은 아니다.

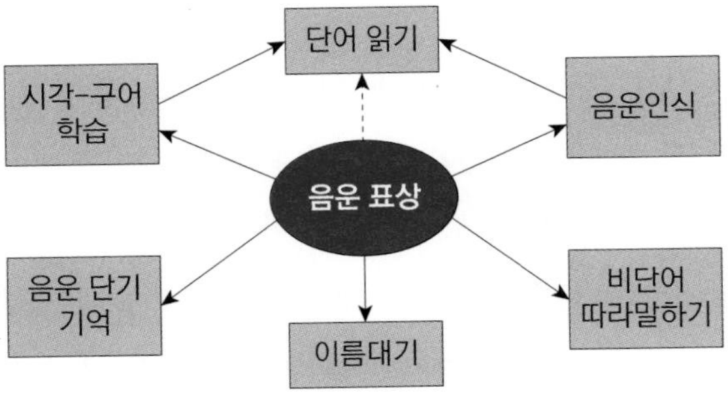

[그림 6-1] 읽기 부진아가 경험하는 읽기 실패 및 기타 어려움을 초래하는 기저결함으로서의 음운 표상

출처: Snowling(2000)에서 수정.

(1) 단어 읽기에 직접 영향을 미치는 음운처리

음운인식은 4장에서 다루었다. 이 메타언어 능력 평가는 음절, 어두자음과 라임 및 음소 같은 말소리에 대한 인식과 조작을 포함한다. Bradley와 Bryant(1978)의 고전적 연구는 읽기 부진 집단이 읽기 연령을 일치시킨 통제집단보다 tip-tot-ten-moon의 예처럼 어두자음이 다른 단어나 hat-cat-bat-tag의 예처럼 라임이 다른 단어 찾기에서 수행력이 더 낮았다. 난독증 독자들은 단어의 음소수 세기와 brush/block이 같은 소리로 시작하는 단어 짝인지, cork/yolk를 들었을 때, 끝소리가 같은 단어 짝인지를 판단하는 과제에서도 수행력이 낮았다(Swan & Goswami, 1997). 양질의 음운표상은 단어들 간 비교를 촉진하고, 공통점이 없는 소리를 정확하게 식별할 수 있게 하기 때문에 이러한 과제들을 수행하는 데 도움이 될 것이다.

시각-구어(또는 짝지어진 연상개념) 학습 과제들은 단어 읽기 학습에 필수적인 처리 과정이 포함된다. 이 과제들은 두 형태 간의 연관성을 만들고 이것을 장기기억에 저장하기 위해 학습자가 단어의 시각적(문어 단어, 상징이나 그림)이고 음운론적(구어 단어) 형태를 둘 다 활성화하고 유지하도록 요구한다. 읽기 부진 독자들은 통제집단 아동들보다 구어 단어와 새로운 문어 단어 형태 간의 연관성을 배우는 데 어려움이 있고, 새 구어와 문어 단어 짝을 더 많이 반복해야 한다. 한 연구에서 세 가지 고안된 동물과 세 개의 새로운 단어 이름(filo, kogan, spurk)을 연결하기 위해 정상발달 아동들은 평균 6번 이하의 시도가 필요한 반면, 난독증 아동들은 평균 10번의 시도가 필요했다(Wimmer, Mayringer, & Landerl, 1998).

(2) 단어 읽기에 직접 영향을 주지 않는 음운처리

음운처리 과정은 구어 단기 기억, 단어 이름대기와 비단어 따라말하기(후자는 기억 지표이기도 함)에 관여된다. 이 기술이 단어 읽기를 직접적으로 지원하지는 않지만 읽기가 음운처리 기술에 기반해 있기 때문에 난독증 독자들에게 이 기술은 종종 손상되어 있다.

단기기억(STM)은 개별 대상자가 얼마나 많은 항목(글자, 단어, 숫자나 그림)을 기억해 낼 수 있는지로 평가될 수 있다. 난독증은 구어 단기 기억 능력이 부족하다[비록 Wimmer(1993)가 독일 난독증 독자의 단기기억의 문제를 찾아내지 못했지만]. 반대로, 단기 시각 기억능력은 대부분의 난독증 아동들이 손상되지 않은 것으로 보인다(Palmer, 2000; Pickering, 2006).

<표 6-2> 음운기억 평가에 사용되는 자료

당신의 기억력을 평가해 보세요: 7개 문자열을 읽고 나서 그것을 가린 후 10초 후에 그 글자를 써 보세요. 다른 방법으로 친구가 문자열을 당신에게 읽어 주게 하고 나서 10초 후에 친구에게 다시 그 문자열을 따라 말해 보세요.

라임이 있는 문자열	G	C	D	B	T	V	P
	D	B	P	V	G	C	T
	P	T	G	C	V	D	B
라임이 없는 문자열	L	S	R	Q	Y	K	H
	S	H	Y	K	L	R	Q
	Y	L	K	H	S	Q	R

〈표 6-2〉에 제시된 기억력 검사를 해 보자. 일반 독자들은 라임이 없는 세트에 비해 라임이 있는 글자 이름 목록에서 이름대기를 할 때 더 오류가 많다. Conrad(1964)의 설명에 따르면 이를 음운 혼동 효과(phonological confusability effect)라고 한다. 이 연구 결과는 우리가 구어 정보를 단기 기억에 음성 부호로 저장한다고 강력히 주장한다. 결과적으로 평가 항목의 소리가 유사할 때 실수를 한다. 난독증 독자들은 혼동 효과를 보이지 않는다. 즉, 라임이 있으나 없으나 비슷한 수의 문자를 회상해 내고(Shankweiler et al., 1980), Jack and Mack stacked sacks on the track in the back of the shack(잭과 맥은 오두막 뒤편에 있는 트랙에 자루를 쌓았다) 같은 과제에서도 회상하는 문장의 수가 비슷하다(Mann, Liberma, & Shankweiler, 1980). 난독증 독자들은 읽기 수준이 같은 더 어린 아동들(읽기 연령 일치 통제집단)

과 같은 수의 검사 항목을 회상해 내는데 이는 이 기술의 발달이 지체되어 있다는 것을 나타내 주는 것이다(Johnston, Rugg, & Scott, 1987). 그러나 많은 난독증 성인의 단기 기억능력이 약하다는 것은 난독증이 시간이 지나도 일반 독자의 수준으로 발달하지 못한다는 점을 시사해 준다(Snowling et al., 1997). 난독증 독자가 읽기가 우수한 독자만큼 정확하게 또는 오랫동안 정보를 기억할 수 없다면 그들의 텍스트를 이해하고 지시에 따르는 능력이 저하될 수 있다.

빠른 이름대기 과제는 4장에서 검토했다. 이 과제는 참여자에게 숫자, 글자, 단어, 색깔이나 사물의 이름을 가능한 한 빨리 말하도록 요구한다. 이 과제의 수행력은 읽기능력과 관련이 있는데 어린 독자의 경우 특히 그렇다. 난독증은 빠른 이름대기 과제에 어려움이 있다(Wimmer, 1993). 또한 난독증은 종종 더 광범위한 이름대기 결함이나 낱말 찾기 어려움이 있다. 낱말 찾기 어려움에 관한 표지는 이름대기 과제에서 사물 이름대기에 실패, 생각을 정확하게 진술하기보다 장황하게 설명하기 또는 단어를 부적절하게 사용하는 것 등이 될 수 있다. 난독증 독자는 telescope, harmonica, banister의 예처럼 사물의 이름이 길거나 음운적으로 복잡할 때 그림 이름대기 과제에서 특히 수행력이 낮다. 어휘 부족은 낱말 찾기 문제의 근본 원인은 아니다. 그 대신 장기기억에서 그 이름을 인출해 내는 데 어려움이 있는 것 같다(Swan & Goswami, 1997). 몇몇 연구자들은 이름대기 문제를 음운에 기반한 것으로 간주하는 반면, 다른 연구자들은 별도의 결함이라고 본다. 이 장의 후반부에 다시 이 쟁점으로 돌아가게 될 것이다.

4장에서 검토한 또 다른 과제는 비단어 따라말하기이다. 비단어 따라말하기 과제는 glistow, trumpetine, defermication 같은 복잡하게 만들어진 단어를 따라 말할 때 아동들의 정확도를 평가하는 것이다(Gathercole & Baddeley, 1996). 우리는 비단어 따라말하기 과제 수행력이 아동의 새로운 구어 단어 학습 능력(Gathercole et al., 1997) 및 이후에 단어 읽기능력(Snowling, Goulandris, & Defty, 1996)과 관련이 있다는 것을 살펴보았다. 이 부분에서 고려한 다른 음운기술과 마찬가지로 난독증 독자는 비단어 따라말하기 과제에서 약점을 보인다.

간략한 검토를 통해 난독증 독자가 음운처리와 관련된 다양한 과제에 어려움이 있다는 것을 설명했는데 이는 음운 결함 이론을 강력하게 지지해 주는 것이다. 이 과제들 중 몇몇은 음운처리에 의존해 있지만 단어 읽기에 직접 영향을 미치지 않을 수 있다. 음운 결함은 발달성 난독증과 관련된 구어기억 문제를 설명하는 데 도움이 된다. 난독증 독자가 적절하게 수행하지 못하는 다른 음운과제는 단어 읽기에 직접 관련된 처리 과정을 다룬다. Elbro는 음운 결함 이론을 좀 더 발전시켜서 이 과제들에 대한 난독증의 문제점은 질이 낮거나 구체성이 떨어지는 단어 음운 표상 때문에 야기되는 것이라고 제안했다. [상자 6-1]을 보라.

상자 6-1 읽기 또는 'readn': 음운표상의 명확성(distinctness)이 중요한가

음운기술은 읽기발달에 중요하고, 난독인은 이 기술에 결함이 있다. 양질의 음운표상은 읽기 발달에 도움이 되는 음운능력에 중요하고 질이 낮은 음운 표상은 난독증의 특징이라고 제기되어 왔다. 질이 낮은 음운표상은 부정확하거나, 구체성이 떨어지거나 결함이 있는 것으로 다양하게 설명되어 왔다. Elbro(1996)는 명확성의 측면에서 이 표상의 질을 설명하는 좀 더 정확한 방법을 제안했다.

명확성이란 무엇을 의미하는가

단어나 어휘적 형태의 명확성은 이웃단어들과 다른 정도를 나타낸다. 여러분은 분리성과 명료성의 지표로 명확성을 생각할 수 있다. 명확한 표상은 어휘적으로 정확하기도 하고 완전하기도 할 것이다.

다양한 특징들이 단어 음운표상의 명확성에 기여할 수 있다. 어휘 차원에서 우리는 종종 광고(advert)를 표현하기 위해 'ad'를 사용한다. 이 축약 형태 ad는 다른 의미지만 같은 소리가 나는 단어 add가 있기 때문에 advert나 advertisement 형태보다 덜 명확하다. 다른 차원에서 몇몇 단어의 선택적 음소 생략이 있다. 예를 들어, 스코틀랜드 화자들은 종종 what에서 h를 발음하는데 다른 지역 화자들은 그렇지 않다. 후자의 사람들은 what을 다른 단어, 즉 watt와 같은 방법으로 발음한다. 그래서 일부 화자들에게는 what의 일반적 형태가 다른 사람들에 비해 덜 명확할 것이다. 단어 and의 경우도 마찬가지인데, **Tom and Jerry**에서 종종 'and'를 an(또는 'n'으로도 발음)으로 발음한다. 모음 발음의 질은 명확성의 또 다른 표지이다. 때때로 모음은

구어 단어에서 생략되는데, 예를 들어 visualize의 경우 viz-u-lize로 chocolate는 choc-let으로 종종 발음된다. 이 발음은 일반적으로 대화에서 들을 수 있는 것이지만 그 단어를 따로 주의해서 발음하라고 하면 많은 화자들이 chocolet을 3음절로 발음할 것이다. 명확성의 다른 양상에 대한 상세한 논의는 Elbro(1996)를 보라.

음운 명확성을 측정하는 방법

아동의 음운 표상의 명확성을 측정하는 하나의 방법은 말하는 데 어려움이 있는 인형이 등장하는 과제를 구성하는 것이다. 아동에게 인형이 축약이 많이 된 형태로 이름을 말하는 사물의 사진을 보여 준다. 아동이 해야 할 과제는 인형에게 단어를 발음하도록 가르치는 것이다. Elbro, Bornstrom과 Petersen(1998)은 이러한 방식으로 명확성을 평가했는데, 음운적으로 복잡한 단어의 모음 발음을 살펴보았다. 예를 들어, 인형은 crocodile을 codi라고 말한다. 그러고 나서 아동에게 그 단어를 발음하는 방법을 인형에게 주의해서 말해 주라고 요구한다. 아동이 정확하게 산출한 발음을 평가하기 위해 연구자들은 예를 들어 chocolate의 중간모음 'o'를 oh로 발음하는 경우처럼 가장 명확한 형태로 발음된 모음 부분의 백분율을 계산했다. 흥미로운 것은 덜 명확한 발음이 말 실수는 아니라는 것이다. 일상 대화에서 자주 들리는 정확하고 수용 가능한 발음에 나타나는 것들이다.

명확성은 읽기능력과 관련된다: 이유

Elbro 등은 유치원 초기(6세경) 아동 발음의 명확성이 2학년(8세) 초기에 난독증으로 분류되는지를 예측해 준다는 것을 확인했다. 이 관계는 단기기억, 음운인식 및 문자 지식 같은 단어 읽기능력과 관련된 기술들을 통제한 이후에도 확인되었다. 명확성은 음운인식 평가에서의 어려움에 대한 유의한 예측요인이기도 하였다.

후자의 결과는 설명하기 쉽다. 단어의 음운 표상이 아주 명확하지 않다면 단어를 나누고 음소를 확인하고 조작하는 것이 어려울 것이라는 것이 그럴듯한 설명이다. 음운 표상의 명확성은 글자와 소리 사이의 관계 학습에 미치는 영향을 통해서 단어 읽기발달에 영향을 미칠 수 있다는 또 다른 직접적인 설명 방법이 있다. 4장에서 살펴본 것처럼 읽기발달의 초기 단계부터, 단어 철자와 그 발음 사이의 체계적 관계를 배운다(예: Ehri, 1992). 단어의 구어 형태에서 아주 명확하거나 구체적인 표상을 하는 아동들은 인쇄물에서 단어를 만날 때 이 관계를 배우는 것이 더 쉽다는 것을 알 것이다. 그래서 구어 표상의 질은 문어를 얼마나 쉽게 습득할 수 있는지에 직접적으로 영향을 미칠 수 있다. 이 제안을 지지하는 측면으로 난독증 성인은 통제집단에 비해 길고, 복잡한 단어를 덜 명확한 형태로 발음하는 경향이 있다(Elbro, Nielsen, & Petersen, 1994).

2) 발달성 난독증의 감각 이론

음운결함 이론 설명에서 방금 보았던 것처럼 난독증은 일반적으로 읽기에 중요한 음운 기술에 문제가 있다. 아래에 설명되어 있는 빠른 청각 처리이론(rapid auditor processing theory)은 이러한 결함이 청각 및 비언어적인 것에 기초해 있다고 주장한다. 하지만 읽기는 글자와 단어 같은 시각적 자극도 포함하고 있다. 난독증의 읽기 문제가 시각적 체계의 결함이라고 주장하는 몇몇 다른 설명들이 있다. 가장 주요한 설명은 다음에 설명될 난독증의 거대세포 이론(magnocellular theory of dyslexia)이다. 이 이론은 배타적으로 시각적 처리 결함만 가정하지는 않는다. 청각 처리 문제를 설명하기 위해 활용될 수 있고, 또한 다음에 검토될 소뇌 이론(cerebellar theory)과 관련된 운동 문제를 설명하는 데도 활용되어 왔다.

(1) 빠른 청각 처리 이론

청각 체계는 변화에 매우 민감하다. 빠른 청각 처리 이론에 따르면 난독증은 짧거나 빠르게 변화하는 소리(청각 자극)에 대한 인식에 결함이 있으며 이는 음운처리의 결함으로 이어지게 된다. 정상 청력을 지닌 사람들은 단어를 식별하는 작고 빠른 변화를 감지할 수 있는데, 예를 들어 say에서 /s/ 다음에 10ms의 묵음구간은 그 단어를 stay처럼 들리게 한다. 유사하게 청자가 /ba/와 /da/ 소리를 구별할 수 있게 해주는 음절 어두자음에서의 빠른 음향적 변화가 있다(Plack, 2005). 빠른 처리 결함은 말소리 지각을 손상시킬 수 있어서 일반적으로 난독증과 관련 있는 음운인식과 처리 결함으로 이어진다.

이 가설을 지지하는 몇몇 연구들은 난독증 독자들이 일반 독자들보다 같은 피치의 두 어조 사이를 구별할 때, 그리고 고주파수와 저주파수로 짝 지어진 톤의 순서를 정확하게 식별해야 할 때 수행력이 낮다는 것을 확인했다(예: Tallal, 1980). 그러나 일부 연구집단은 이 과제들에서 난독증 집단과 일반 독자 집단 사이의 유의한 차이를 발견하지 못하거나 모든 난독증 독자가 청각 처리 결함이 있는 것은 아니라는 것을 보여 주었다(Ramus et al., 2003). 게다가 주의력, 기억력과 학습 같은 다른 요인들도 빠른 청각 처리 평가에서의 수행력에 영향을 미칠 수도 있다(McArtur & Bishop, 2001).

(2) 거대세포 이론

읽기 어려움이 있는 몇몇 아동들은 단어 읽기 오류로 이어지는 문자 전위(transposition)를 포함하는 시각 혼란 같은 시각처리 문제를 보고했는데, was를 saw로 읽거나 god를 dog로 읽는 예를 들 수 있다. 일부 읽기 부진아들은 글자가 움직이거나 흐릿하다고 불평한다. 현재는 언어기반 음운처리로 난독증을 설명하는 경향이 우세하지만, 난독증을 '단어맹(word-blindness)'으로 설명했던 시기인 19세기 후반과 20세기 초반의 난독증에 대한 초창기 설명에서는 시각적 문제가 읽기 문제의 원인이라고 생각했었다(Shaywitz et al., 2009).

시각체계는 거대세포 체계(maganodellurar system)와 소세포 체계(parvocellular system)의 두 체계로 구성되어 있다. 거대세포 체계는 전이 체계(transient system)로도 불린다. 이는 넓은 수용 영역을 갖고 있는 큰 뉴런(magno는 라틴어로 '더 큰'이라는 의미이다)들로 구성되어 있다. 이 뉴런(또는 세포)들은 시공간의 넓은 영역에 반응하며, 조도(illumination)의 빠른 변화를 감지할 수 있고 낮은 조도나 대비 조건에 잘 반응한다. 소세포 체계는 고대비 조건에서 색과 미세한 부분에 반응하는 더 작은 뉴런들(parvo는 '더 작은'이란 의미의 라틴어 용어)로 구성된다. Stein과 그의 동료들은 일부 난독증은 시각체계의 이 부분을 활용하는 시각인식 과제(visual perception tasks)에서 저조한 수행력을 보이는 거대세포 결함이 있다고 제안한다. 난독인들은 대비, 깜빡이는 불빛과 움직임에 대한 민감도가 감소(그들은 격자모양의 패턴을 구별하기 위해 고휘도(higher luminance)가 필요하다)된 것으로 보이지만 소세포 체계를 이용하는 자극에 대한 손상은 보이지 않는다(Stein & Talcott, 1999).

거대세포 체계의 기능 결함이 왜 단어 읽기와 관련된 문제와 연관되어야 하는가? 일반적으로 단어는 읽을 때 지면 위에서 움직이지 않는다(비록 다양한 뉴스나 기타 프로그램이 진행되는 동안 텔레비전 화면 바닥을 가로지르는 자막이 점점 보편화되고 있지만). 게다가 책, 잡지나 신문들은 일반적으로 고대비인 하얀 바탕에 검은 인쇄로 되어 있다. 사실상 각 단어나 단어 일부에 고정하는 일련의 단속 운동(saccades)에 의해 지면 위로 움직이는 것은 우리의 눈이다. 여러분의 눈으로 이 페이지를 훑어보면 흐릿하게 보이는 단어는 없다. 반대로 장면 위를 빠르게 돌려가며 촬영하는 카메라를 생각해 보자(아니면 이것을 직접 시도해 보라). 이미지들이 흐릿해진다. 이 이례적인 현상(anomaly)을 설명하기 위한 한 가지 제안은 단속 운동이 이루어지는 동안 거대세포 체계의 활성화가 시각 처리를 방해하고, 그렇게 함으로써 단어의 흐릿함과 시각적 혼란을 방지한다는 것이다. 하지만 이것이 인접한 글자를 혼동하는 난독증이 경험한 어려움에 대해 적절한 설명을 제공하지는 않는다. 여기서, 읽을 때의 평균 단속 운동은 약 7개 글자를 포함한다(Stein & Walsh, 1997). 거대 세포 체계의 손상 결과는 양안 조절의 어려움을 야기할 수도 있다. 이는 단어에 대한 불안정한 고정과 몇몇 읽기 부진아가 보고하는 '흐릿함', 읽을 때 글자 전위 현상이 함께 나타날 것이다(이에 대한 검토는 Stein, 2001; Stein & Walsh, 1997 참조).

거대세포 이론은 몇몇 난독증이 보고한 시각적 문제를 설명하려고 한다. 또한 빠른 청각 처리 기술의 역할을 하는 유사 청각 거대세포 체계와 운동기술 거대세포 체계가 있다는 것도 제안되었다(Stein, 2001; Stein & Talcott, 1999). 따라서 이 이론은 빠른 청각 처리와 소뇌이론 같은 다른 설명들을 통합할 가능성이 있다.

(3) 소뇌이론

난독증을 설명하는 소뇌이론은 Nocolson과 Fawcett(1990)이 주창했는데 난독인들은 소뇌의 기능장애가 있다고 제안한다. 난독증을 설명할 수 있는 두 가지 유형의 인지 문제는 이 체계의 결함에서 발생한 것이다. 첫째, 소뇌는 운동 조절과 관련된다. 그래서 소뇌의 기능 결함은 조음에 영향을 미치고, 그다음으로 음운표상의 어려움으로 이어질 수 있다고 제안하고 있다. 그러나 음운 표상의 발달은 말소리 조음에 의존하지 않으므로(Ramus et al., 2003) 이 설명은 가능하지 않다. 둘째, 소뇌는 운전, 기타연주, 읽기 같이 학습된 과제에 대한 자동화와 관련된다. 자동화의 어려움이 있는 사람들은 글자-소리 대응을 배우는 게 어렵다고 생각하기 때문에 읽기학습에 어려움을 겪을 가능성이 높을 것이다. 그런 결함은 독일 난독인의 경우처럼 정상 언어능력을 가진 난독증의 특성인 읽기 유창성 문제를 설명해 줄 수도 있다.

지금까지 소뇌 기능장애가 난독증의 주요 원인이라는 증거는 부족하다. 읽기 문제가 있는 몇몇 아동들은 운동 과제와 균형능력 평가에서 수행력이 떨어지는데, 이것이 읽기장애에 대한 소뇌 기반의 증거로 사용되어 왔다(Fawcett, Nocolson, & Dean, 1996; Nicolson & Fawcett, 1990). 그런데 난독증 집단과 통제집단의 균형능력을 비교한 메타분석 연구에서는 균형 장애가 난독증의 표지가 아니라고 결론내렸다(Rochelle & Talcott, 2006). 균형 장애는 주의력 결핍/과잉행동 장애(ADHD)와 같은 다양한 발달장애와 관련되어 있다. 메타분석에서 난독증과 균형 장애 간의 관계 강도는 ADHD의 공존 및 지능에 의해 조절된다는 것을 밝혀냈다. 따라서 균형 장애는 '난독증을 탐지하는 능력에서의 임상적 특이성'이 부족하다(Rochelle & Talcott, 2006).

소뇌 이론은 적절한 통제집단을 포함하고 중재 연구와 종단 연구에서 얻은 증거를 포괄하는 연구의 지원이 부족하기 때문에 원인과 결과를 분리하기 어렵다(Bishop, 2007; Goswami, 2003).

3) 요약

여러 다양한 이론들이 발달성 난독증의 특성인 느리고 부정확한 단어 읽기 및 철자 쓰기의 기저 원인을 설명하기 위해 제기되었다. 음운 결함 이론은 가장 발전된 것이고 다양한 실험연구로부터 상당한 실증적 지지를 받았다. 이 이론은 난독증은 음운 정보가 뇌에 표상되는 방식에 결함이 있다고 주장한다. 이 이론은 정확한 단어 읽기와 속도에 직접 영향을 줄 수 있는 기술에서의 결함을 설명할 수 있으며, 또한 구어 기억과 단어 따라말하기와 관련된 어려움을 설명할 수도 있다.

다른 이론들은 난독증과 음운 기술의 어려움이 밀접하게 관련되어 있다는 점을 인정하지만 다른 기저 원인을 가정한다. 빠른 청각 처리 이론은 난독증이 짧거나 빠르게 변하는 음향자극의 처리에 대한 근본적인 문제가 있다고 제안한다. 소뇌 이론은 소뇌의 기능장애가 난독증에 핵심 역할을 한다고 주장한다. 거대세포 이론은 시각 체계에서의 결함을 주장하는데 청각과 운동 문제를 포괄하기 위해 확장되어 왔다(Stein, 2001; Stein & Talcott, 1999).

지금까지 연구는 음운론적 약점이 읽기 어려움으로 이어진다는 주장을 강력하게 지원하고 있고 다른 설명들은 거의 지지받지 못하고 있다. 16명 난독증 성인을 대상으로 한 Ramus 등의 연구는 음운론적 약점이 읽기 어려움의 주요 원인이라는 것을 시사해 준다. 이 상세한 연구에서 난독증이 있는 모든 사람은 음운 결함이 있었다. 게다가 전부는 아니지만 일부는 청각, 운동 및 시각적 거대 세포의 결함도 있었다(Ramus et al., 2003). 이제 우리는 8장과 9장에서 발달성 난독증의 음운론적 설명으로 돌아가서 읽기 부진아를 위한 가장 효과적인 중재 작업과 이 책에서 다루고 있는 연구의 교육학적 의미를 살펴볼 것이다.

3. 하위 유형에 대한 고찰: 모든 난독증 아동이 동일한가 아니면 다양한 유형의 난독증이 존재하는가

우리는 난독증이 다양한 읽기와 문해 관련 기술들에 영향을 미칠 수 있다는 점에 대해 살펴보았다. 그러나 여러 연구들은 모든 '결함'이 다양한 난독증 집단에게 일관되게 나타나지 않는다는 것을 보여 주었다. 더욱이 이론이 다르면 난독증의 기저 원인을 다르게 상정한다. 하나의 가능성은 난독증 집단이 이질적이라는 것이다. 아마도 모든 난독증이 동일하지 않을 수 있고, 실제로 구별되는 난독증 독자의 유형이 존재할 수도 있다. 여기에서 우리는 좀 더 중요한 하위 유형 가설 두 가지를 검토할 것이다.

1) 단일결함 대 이중결함 난독증

난독증 독자는 음운처리 과제 수행에 문제가 있으며, 영어권 난독증 독자는 정확도와 속도에서 모두 어려움이 나타난다. [그림 6-1]의 다이어그램을 한번 더 살펴보라. 몇몇 연구자들은 이 과제들이 모두 음운처리 기술을 활용한다고 주장한다. 다른 연구자들, 가장 주목할 만한 연구자인 Wolf와 Bowers(1999; Bowers & Wolf, 1993)는 빠른 이름대기가 개개인의 인지 처리 속도에 대한 지표이고, 빠른 이름대기의 결함은 음운 표상의 문제라기보다 타이밍 메커니즘(timing mechanism) 손상의 결과라고 주장한다.

이 견해를 뒷받침하기 위해 Wolf와 Bowers 그리고 그들의 동료들은 읽기 부진의 세 가지 유형으로 음운인식 결함이 있는 독자, 빠른 이름대기 결함이 있는 독자 그리고 음운인식과 빠른 이름대기 둘 다 포함한 이중결함이 있는 독자로 구별했다(예: Wolf & Bowers, 1999). 이 세 독자 유형의 비교표는 [그림 6-2]에 제시되어 있다.

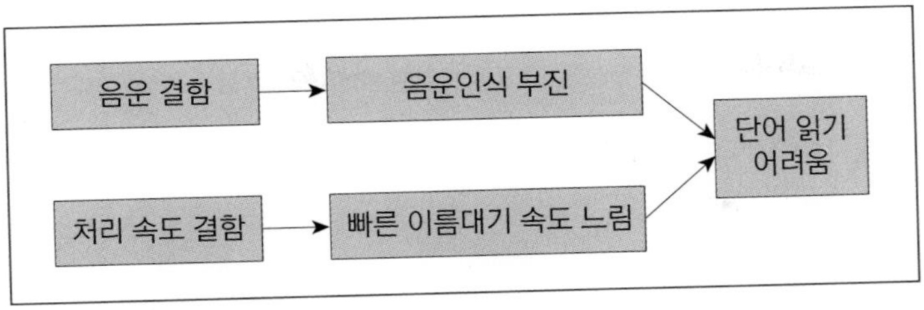

[그림 6-2] 난독증의 이중결함 가설을 설명하는 도표

Wolf와 Bowers에 따르면 음운인식 부진은 부정확한 단어 읽기로 이어지는 반면, 빠른 이름대기 과제에서의 느린 속도는 읽기 유창성에 영향을 미치는데 특히 텍스트 읽기에 영향을 미친다. 더 나아가 이름대기 속도의 결함은 반대로 음소와 철자 정보 사이의 관계를 습득하는 데 부정적인 영향을 미칠 것이라고 제안되었다(예: Wolf & Bowers, 1999). 예를 들어, 느린 속도의 문자 처리는 dent, bent, tent, vent에서 'ent' 같은 공통단위를 감지하는 독자의 능력을 손상시킬 것이다. 아동이 이러한 단어별 철자 패턴에 대한 적절한 표상을 습득하기 전에 더 많은 노출이 필요하기 때문에 예외 단어 읽기가 영향을 받을 수 있다.

이중결함이 있는 독자들은 가장 심각하고 전반적인 읽기 문제가 있어야 하며, 이는 Lovett, Steinbach와 Frijters(2000)의 연구에서 확인되었다. 이 연구자들은 음운 분석과 빠른 이름대기 둘 다 결함이 있는 독자들은 다양한 읽기 과제에서 가장 광범위한 어려움이 있다는 것을 알아냈다. 단어 읽기, 음운 분석, 숫자 이름대기 평가에서 단일 결함(음운 또는 이름대기 속도 둘 중 하나) 및 이중결함이 있는 두 집단의 수행력을 나타내 주는 그래프는 [그림 6-3]에 제시되어 있다.

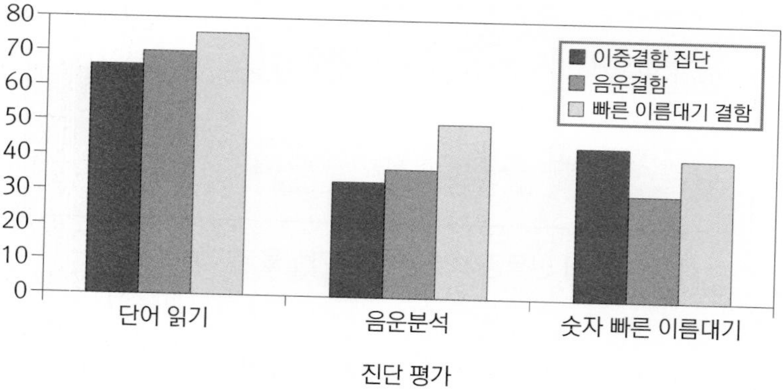

[그림 6-3] 진단 평가에서 다양한 읽기 집단 비교

*참고: 단어 읽기와 음운분석의 값은 정확도를 나타낸다. 즉, 점수가 높으면 수행력이 더 좋은(더 정확한) 것이다. 숫자 빠른 이름대기 값은 속도를 나타낸다. 즉, 점수가 높을수록 못한다는(느리다는) 것이다. 이중결함 집단은 빠른 이름대기 결함 집단보다 음운분석 점수가 더 낮고, 음운결함 집단보다 빠른 이름대기 과제에서 더 느리다. 이중결함 집단은 또한 단어 읽기 정확도 점수가 가장 낮다.

출처: Lovett, Steinbach, & Frijters (2000).

이 하위 유형 접근법(sub-typing approach)에 대한 비판이 있다. 이 분야 연구에 대한 종합적 검토 결과 이름대기 속도를 다른 음운처리와 독립적인 기술로 특징지을 만한 증거는 거의 없다고 결론을 내렸다(Vukovic & Siegel, 2006). 빠른 이름대기 수행력은 종종 다른 음운 능력 평가에서의 수행력과 상관이 있으며, 음운분석 능력을 향상시키도록 디자인된 중재 프로그램은 이름대기 속도 향상을 이끌어냈는데, 이는 둘 사이의 관계가 있다는 것을 나타내 준다. 현시점에서는 이중결함 하위유형 접근 방식에 대한 지원이 제한적이다.

2) 표면 대 음운 난독증

능숙한 단어 읽기를 다룬 2장에서 우리는 읽기의 이중경로 모델을 살펴보았다

(Coltheart, 1978; Coltheart et al., 2001). 이 모델에 따르면 문자열이 처리될 때 잠재적으로 정확한 단어 읽기를 가능하게 하는 두 경로를 활성화시킨다. 직접 경로를 통해 독자는 친숙한 단어의 의미 표상에 직접 접근할 수 있고, 이를 통해 음운 표상(그리고 발음)에 접근할 수 있다. 그래서 이 경로는 친숙한 단어를 정확하게 재인하게 할 것이다. 비친숙한 단어는 이 단어에 대한 입력된 어휘가 없을 것이기 때문에 이 경로로는 정확히 '읽지' 못할 것이다. 대신에 비친숙한 단어는 간접 경로를 활용하여 자소의 발음에 접근하고 이 소리들을 합성함으로써 정확하게 해독될 수 있다. 이 경로를 통해 독자들은 모르는 단어와 stromp와 delakarn 같은 비단어도 읽을 수 있다. 그런데 이 처리 과정은 'busy' 대신 bussy로 'sovereign' 대신 soverain으로 읽는 경우처럼 부정확한 읽기로 이어질 것이다.

이중경로 체계에서는 두 가지 유형의 난독증을 다음과 같이 설명하였다. 비단어 읽기에 특별한 문제가 있는 음운 난독증 아동은 간접 경로의 손상에서 비롯된 것이고, 불규칙(또는 예외) 단어 읽기에 특별한 어려움이 있는 '표면 난독증' 아동은 직접 경로의 결함에서 야기된 것이다(Castles & Coltheart, 1993). 후천성 난독증(뇌손상 후 읽기 문제가 생긴 사람들)에 대한 문헌들은 읽기장애의 이 두 가지 유형에 대한 명확한 증거를 제공해 준다(예: Coltheart, 1996; Patterson, Marshall, & Coltheart, 1985). 발달성 난독증에서는 이 하위 유형의 존재에 대해 의견이 일치하지 않는다.

Castles와 Coltheart(1993)는 우수 독자와 비교한 난독인의 수행력을 살펴봄으로써 비단어 읽기(음운 하위 유형)나 불규칙 단어 읽기(표면 하위 유형)에서 나이에 비해 특별히 부진한 난독증 독자를 식별하기 위한 회귀 분석법(regression technique)을 개발했다. 난독증 독자와 통제군 일반 독자는 규칙 단어(예: market, victor, brandy), 불규칙 단어(예: island, come, meringue) 그리고 발음 가능한 비단어(예: gop, gead, lishon) 읽기에 대한 평가를 받았다. 단어 읽기의 이중경로 모델에 따르면 불규칙 단어는 직접 경로가 활성화 되어야만 정확하게 읽을 수 있다. 그런데 간접 경로의 활용은 자소-음소 지식을 적용하게 되고, 그 결과 iz-land처럼 규칙화된 단어로 잘못 발음하게 된다. 비단어는 간접 경로를 활용하여 자소-음소 대응 규칙을 적용해야만 정확하게 읽을 수 있다. 정의에 의하면 비단어란 독자의 어휘집에 없는 항목이다. Castles와 Coltheart(1993)가 확인한 비단어와 불규칙 단어에 대한 난독증 독자의 점수 분포를 나타내는 그래프는 [그림 6-4]에 제시되어 있다. 두 줄은 일반 독자들 점수의 90% 범위를 나타내는 상위 및 하위 신뢰구간을 표시한다. 하위 신뢰구간 아래에 있는 독자들은 불규칙 단어나 비단어 읽기능력이 또래보다 낮은 수준에 속하는 것으로 분류될 수 있다.

많은 난독증 독자는 불규칙 철자법 단어와 규칙 철자법 비단어 읽기 모두 손상된 것처럼 보인다는 것을 [그림 6-4]에서 볼 수 있을 것이다. 그러나 하위 유형 접근법은 이 두 유형의 단어를 읽는 능력 간의 분리에 의존한다. Castles와 Coltheart(1993)는 56명 중 10명의 난독증 독자를 예외 단어 읽기가 하위 90% 신뢰구간 선 아래에 있지만 비단어 읽기는 특별히 문제가 없는 표면 난독증 하위 유형으로 분류하였다. 또한 예외 단어 읽기는 상대적으로 좋은데 비단어 읽기가 하위 신뢰구간 아래에 있는 아동 8명을 음운 난독증으로 분류했다. 이 수치는 매우 소수의 난독증 독자가 표면 혹은 음운 하위 유형 프로파일에 맞는다는 것을 보여 주는 것이다.

Castles와 Coltheart(1993)의 접근법에 대한 비판이 있다. 난독증 독자를 나이에 적절하며, 우수한 읽기능력을 가진 또래 읽기 우수아와 비교했다. 독자가 사용한 읽기 전략 유형은 읽기 성취 수준과 관련될 수 있다. 실제로 표면 난독증 하위 유형은 읽기 수준이 같은 더 어린 아동에게서 보이는 읽기 프로파일을 보여 주는데, 이는 이 아동들의 읽기능력이 비전형적이라기보다 발달이 지연된 것임을 나타내는 것이다. 다른 연구자들은 읽기 수준(읽기 연령 일치 통제군)을 일치시킨 더 어린 아동들과 난독증 아동들의 수행력을 비교했다. 이 방법을 사용하였을 때, 표면 난독증은 극히 소수만 확인되었다(Manis et al., 1996; Stanovich, Siegel, & Gottard, 1997). Manis, Stanovich와 그의 동료들의 연구에서 사용된 음운 및 철자 처리 기술에 대한 추가 평가에서 음운 난독증 하위 유형 독자들은 음운인식 능력이 부진한 반면, 표면 난독증 하위 유형 독자들은 지체된 읽기발달 패턴을 보이는 것으로 나타났다. 추가 논의는 [상자 6-2]를 보라.

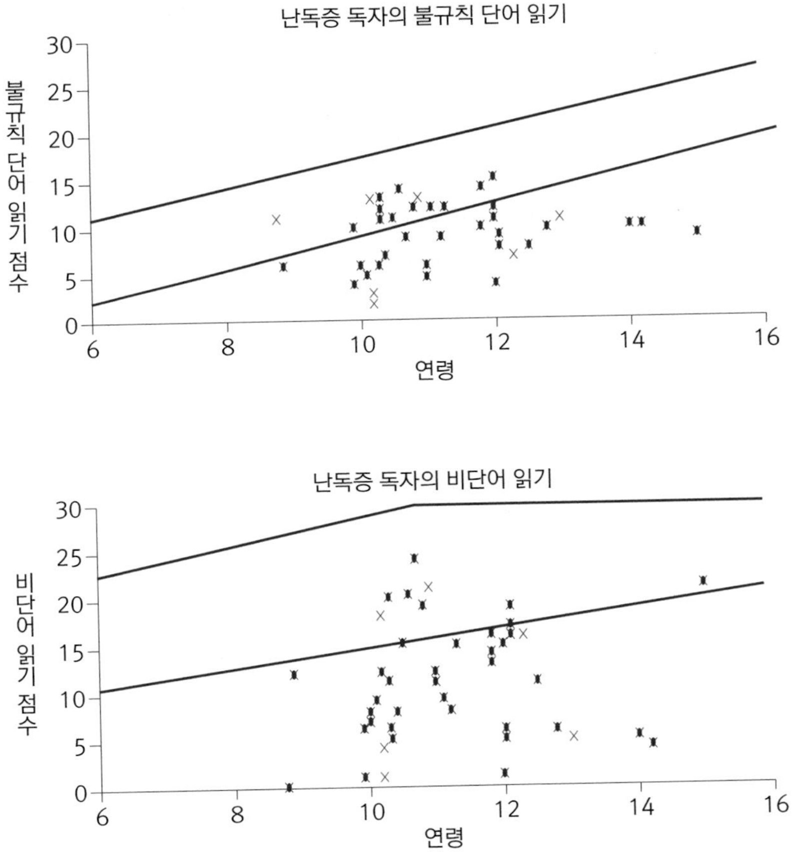

[그림 6-4] 난독증의 비단어와 불규칙 단어 읽기를 나타내는 그래프

*참고: 두 줄은 일반 독자들 점수의 90% 범위를 나타내는 상위 및 하위 신뢰구간을 표시한다. 하위 신뢰구간 아래에 있는 독자들은 또래 수준보다 낮은 불규칙 단어나 비단어 읽기능력이 있는 것으로 분류될 수 있다.
출처: Castles와 Coltheart(1993)를 수정.

상자 6-2 표면 난독증: 일탈 또는 지연?

난독증의 음운 프로파일에 맞는 아동들은 비단어(tegwop) 읽기에 비해 예외 단어 읽기를 상대적으로 더 잘한다(yacht). 하지만 표면 프로파일 유형의 아동들은 반대의 패턴을 보인다. 즉, 예외 단어 읽기에 비해 비단어 읽기를 상대적으로 더 잘 한다. 난독증 독자의 하위 유형의 예시는 두 가지 다른 방법을 활용하여 확인될 수 있다. 하나의 방법은 개별 대상의 읽기 프로파일을 조사하고 그 수행력에 대한 사례연구를 보고하는 것이다. 다른 방법은 이 장에서 설명된 회귀분석 방법이 포함된다(예: Castles & Coltheart, 1993). 몇 년 동안 이 프로파일을 해석하는 방법에 대한 논쟁이 있었다. 특히 이 아동들이 읽기능력의 비전형적인(일탈적인) 패턴을 보여주는 것인가? 아니면 단순 지연으로 같은 읽기 수준의 일반 아동들에게서 예측될 수 있는 능력과 일치하는가?

난독증 독자의 하위 유형을 평가하는 한 가지 방법은 표면 또는 음운 난독증으로 분류된 개별 난독증 독자들의 수행력을 읽기능력이 절대적 수준에서 동일한 일반 독자, 즉 읽기 수준 일치 통제군과 비교하는 것이다. 이것은 Bryant과 Impey가 채택한 방법이다(Bryant & Impey, 1986). 그들의 추론은 이 비교가 난독증 독자의 읽기 수행력의 진전 과정과 패턴이 일탈적인 것인지 아니면 단순히 읽기 연령이 같은 아동(지연된)들과 유사한 것인지를 나타내 준다는 것이다. 그들은 두 개의 고전적 사례 연구 자료를 재조사했는데 하나는 Temple과 Marshall(1983)이 보고한 17세 음운 난독증(HM) 여성 사례이고, 다른 하나는 Coltheart 등(1983)이 설명한 17세 표면 난독증(CD) 여성의 사례이다. 이 난독증 독자는 둘 다 10세 수준의 읽기능력이 있다고 보고 되었다.

Bryant과 Impey(1986)는 규칙과 불규칙 단어 읽기, 비단어 읽기 그리고 동음이의어 판단하기(예: hair-hare 대 hair-hard)가 포함된 본래 연구에서 사용한 일련의 단어 읽기 검사에서 보고된 각 난독증 독자의 수행력을 일반 10세 아동 집단과 비교하였다. 일반 독자들은 두 난독증 대상자와 비슷한 실수를 많이 했는데 저자는 난독증 독자가 보여 준 읽기 패턴은 그들의 읽기수준에서는 전형적인 것이라고 결론지었다. 특히 Bryant과 Impey의 연구에서는 표면 난독증(CD)이 더 어린 일반 아동보다 예외 단어 읽기를 더 못한다는 어떤 강력한 증거도 제시하지 않았다.

난독증 독자 중 한 명이 특히 부진했던 한 가지 능력은 비단어 읽기이다. 음운 난독증 유형인 HM은 이 과제에 특히 어려움이 있고, 읽기 수준을 일치시킨 일반 아동 중 누구도 이 과제에서 HM보다 더 낮은 점수를 받은 사람은 없었다. CD와 읽기 수준을 일치시킨 통제군 간의 직접 비교는 할 수가 없었는데, Bryant와 Impey는 CD에게 읽도록 한 것과 동일한 비단어 검사에 접근하지 못했기 때문이다. 따라서 음운 난독증 유형인 HM이 비단어 읽기 지연이라기보다 장애라는 몇 가지 증거가 있다.

하위 유형을 식별하기 위한 다른 접근 방법은 Castles와 Coltheart(1993)가 개발한 회귀분석 방법이다. 다시 말하지만, 읽기 연령을 일치시킨 통제집단이 부족하기 때문에 식별된 하위 유형의 상대적 어려움을 평가하기 어렵다. Manis 등의 연구는 읽기 수준을 일치시킨 집단에 대한 회귀 분석의 방법으로 식별된 하위 유형을 비교했다(Manis et al., 1996). Manis 등은 각 하위유형별 상당수의 난독증이 포함된 것을 확인하였는데, 15명의 표면 난독증과 17명의 음운 난독증이 있었다. 추가로 실시한 읽기능력 평가에서 이 두 집단의 수행력을 읽기 수준과 생활연령을 일치시킨 집단과 비교했다. 이 평가에는 비단어에서 특정 소리 식별하기를 포함한 음운인식 과제(/skwupt/에서 /t/ 소리 앞에 오는 소리는 무엇인가?), 철자 지식 평가('streat'와 'street' 중 어떤 철자법이 맞는 것인가?) 그리고 예외 단어 읽기 과제 등이 있으며, 이에 대한 오류를 분석하였다. 연구 결과는 음운 난독증 프로파일에 맞는 독자들은 읽기 수준 일치 집단에 비해 유의하게 음운론적 어려움이 있었지만 표면 난독증은 더 나이 어린 읽기 수준 일치 집단과 비슷한 수준으로 수행한다고 제시했다.

Stanovich, Siegel과 Gottardo(1997)의 연구는 더 어린 아동 집단에서 이와 유사한 결론을 제시해 주었다. 이들 연구에서 회기 분석 방법에 의해 식별된 음운 난독증은 읽기 수준 일치 집단과 읽기능력의 패턴이 달랐던 반면, 표면 난독증의 프로파일은 읽기 수준 일치 집단과 매우 유사했다.

종합적으로 이 연구들은 음운 결함이 난독증과 관련이 있다는 추가적 증거를 제공해 준다. 그러나 그들은 일부 난독증 독자는 음운처리 기술이 좋지만 불규칙(예외) 단어 읽기에 특히 문제(즉, 표면 난독 유형)가 있다는 주장에 의문을 품었다. 이 아동들의 프로파일은 더 어린 읽기 연령 일치 집단과 다르지 않았기 때문에 이 난독증 독자들은 비전형적인 읽기 프로파일을 보인다기보다 읽기 지연인 것 같다.

3) 요약

난독증 하위 유형에 대한 연구는 다양한 읽기 및 읽기 관련 검사에서 읽기 부진 독자 집단들이 일반적으로 다양한 수행력을 보여 준다는 것에서 비롯되었다. 한 가지 이론은 음운인식과 이름대기 속도 결함이 함께 또는 개별적으로 나타날 수 있다는 것이다. 이는 부정확하고 느린 읽기를 설명할 수 있다. 두 가지 모두 문제가 있는(이중 결함) 사람은 가장 큰 어려움을 겪는다. 그러나 음운인식과 이름대기 속도가 별개의 능력인지는 분명하지 않다. 왜냐하면 둘 다 음운처리와 관련되어 있고 두 능력을 평가하는 과제 수행력이 종종 높은 상관관계가 있기 때문이다.

난독증 하위 유형에 대한 다른 설명은 읽기의 이중경로 모델에서 비롯되었다. 이 설명은 규칙 비단어와 불규칙 철자법이 적용되는 의미 단어 읽기 사이의 불일치로 다른 하위 유형을 구별하고, 이를 후천성 난독증에서 나타나는 읽기 프로파일과 관련시켰다. 이 접근 방법에 대한 비판은 가장 많은 하위 유형이 음운 하위 유형이고 표면 난독증은 읽기장애라기보다 발달지연이라고 주장하였다. 두 접근법에 대해 특히 놀라운 것은 각각이 적절한 단어 읽기발달에서 음운처리 역할의 중요성을 지지하고 있다는 것이다.

4. 전생애에 걸친 난독증: 전조증상, 보상 및 결과

난독증은 아동이 읽기 학습에 어려움을 겪을 때 진단되는 발달 장애이다. 이 부분에서 우리는 난독증의 전조증상이 있는지 살펴볼 것이다. 즉, 읽기장애로 진단을 받게 되는 학령전기 아동들의 언어 또는 학습의 어려움과 관련된 징후들이 있는지를 다룰 것이다. 더불어 더 광범위한 함의도 검토할 것이다. 아동기 때 난독증 진단을 받은 성인이 계속해서 읽기 문제를 겪고 있는가? 아니면 그들의 어려움을 보상할 수 있는가? 그리고 난독증이 언어발달에 광범위한 영향을 미치는가?

1) 전조증상 확인: 가족력 연구

난독증은 유전적 근거가 있다. 즉, 가족에게 유전되는 경향이 있다. 부모 중 적어도 한 명이 난독증인 아동은 그렇지 않은 아동보다 읽기 어려움을 겪게 될 가능성이 더 크다(Gilger, Penning, & DeFries, 1991). 가족력 연구에서 연구자들은 이 사실을 이용하여 가까운 가족 중 최소 한 명이 난독증인 아동의 진행 상황을 추적했다. 이것은 전향적 연구(prospective study)인데, 모든 아동들이 읽기의 어려움을 겪게 되는 것은 아니다. 이것은 연구자들이 읽기장애가 될 가능성이 있는 아동들 중에서 후에 읽기 우수아가 된 아동들을 식별하게 하는 초기 행동을 확인할 수 있게 한다. 그래서 이 연구들은 난독증 가능성이 있는 행동 표지(behavioral marker)와 전조증상을 식별할 수 있다. 이는 두 가지 면에서 중요하다. 첫째, 난독증 '표지'의 일관된 패턴은 읽기 어려움을 겪게 될 난독증 아동을 초기에 확인하고, 읽기 교육이 시작되기 전에 중재할 수 있게 한다. 둘째, 이 연구들은 원인과 결과의 관계를 규명할 가능성을 갖고 있다. 난독증(그리고 다른 유형의 읽기 부진)에 관한 대부분의 연구들은 아동들이 학교를 다니기 시작하고 읽기 학습에 상당한 어려움이 보였을 때 평가한다. 그런 이유로 어떤 읽기 또는 언어적 결함이 단어 읽기를 어렵게 하는 이유가 되는지 그리고 어떤 것이 결과인지 분리하는 것은 불가능하다.

난독증 가족력이 있는 읽기 전 단계 아동의 진전상황을 추적한 최초의 연구는 Scarborough(1990)가 실행하였다. 부모 또는 나이 많은 형제자매가 난독증인 가족이 있는 아동집단과 가족력이 없는 아동 집단을 2세 6개월부터 8세까지 추적 연구하였다. '위험군' 아동의 상당한 비율(65%)이 8세 때 읽기 문제가 있었지만 다른 집단 아동은 5%만 읽기 문제를 보였다. Scarborough는 읽기 부진 아동과 성, 사회경제적 지위, 지능을 일치시킨 좀 더 샘플 규모가 작은 통제집단을 선택해서 두 집단의 수행력을 비교했다. 언어능력 면에서 처음부터 집단 차이가 있었다. 읽기의 어려움을 겪은 위험군 아동들은 2세 6개월 때 구문능력이 더 낮고 말소리 산출 오류가 더 많았다. 후기 발달과정에서도 통제집단보다 위험군 집단의 어휘 능력이 더 낮았고, 5세 때 문자 소리 지식과 음운인식 능력에 집단 간 차이가 있었다. 나중에 읽기 어려움을 겪지 않는 위험군 아동은 이러한 초기 언어적 문제를 보이지 않았다.

위험군 아동에 대한 다른 연구들은 초기 언어능력이 후기 읽기장애의 지표임을 확인했고 Scarborough의 예측 연구 검토(Elbro & Scarborough, 2004; Scarborough, 1998)는 이 견해를 지지해 준다. 이 연구들은 학교 입학한 후부터 1년에서 3년 동안 아동을 추적 연구했다. 일반적인 패턴은 비언어 기술(시각, 운동과 시각-운동)은 후기 읽기 성취에 대한 예측력이 낮고 구어 능력(구어 기억과 지능)과 언어기술(어휘, 구문, 이야기 회상)은 후기 읽기 수행력과 더 높은 상관이 있다는 것이다. 이외에도 인쇄물 개념(4장 참조)과 글자 이름에 대한 지식도 후기 읽기 점수와 관련이 있다. 이 측정 변인들이 반드시 서로 독립적인 것은 아니라는 점을 기억해야 한다. 실제로 Scarborough(1998)는 측정변인들의 결합이 후기 읽기 문제를 더 잘 예측해 준다는 것을 발견했다. 주목해야 할 점은 비언어 기술보다는 오히려 초기 언어 기술이 후에 나타나는 읽기 문제의 중요한 예측인자라는 것이다.

2) 전생애에 걸친 난독증: 보상의 증거

많은 난독인은 전생애에 걸쳐 문해력의 문제를 경험한다. 특히 음운처리에 대한 근본적 어려움은 성인기에도 여전히 뚜렷하게 남아 있는데 단어 읽기나 철자법 문제가 더 이상 나타나지 않거나(Paulesu et al., 1996) 대학 진학을 위한 충분한 읽기 수준을 성취한 사람(Bruck, 1990)조차도 그렇다. 난독증은 단어 읽기를 위해 문장의 문맥에 더 의존하는데 이는 약한 해독기술을 보상하는 데 도움이 되는 전략일 수 있다(Nation & Snowling, 1998a).

Bruck(1990)은 아동기에 난독증 진단을 받았던 대학생 성인의 읽기능력을 연구했다. 이 학생들은 비단어를 읽을 때 난독증이 아닌 또래나 단어 읽기 수준이 같은 아동들보다도 느리고 덜 정확하다. 그들은 또한 읽기 연령을 일치시킨 더 어린 통제군보다 규칙 단어와 예외 단어 모두 더 느리게 읽었다(Bruck, 1990). 다른 자극 유형에 대한 읽기 시간 그래프는 [그림 6-5]에 제시되었다. 여러분은 세 집단들 사이에 가장 큰 차이가 비단어 읽기에 걸린 시간이라는 것을 확인할 수 있다.

읽기장애의 사례력이 있는 성인은 교육과 현재의 읽기 습관의 차이를 고려한 후에도 다양한 읽기 측정 변인에서 통제군보다 더 수행력이 낮은데, 이는 그들의 어려움이 전생애 동안 지속된다는 것을 나타내 준다(Elbro, Nielsen, & Petersen, 1994). 그러나 다른 언어기술의 강점이 일부 난독인들을 전반적인 읽기쓰기 문제로부터 보호해 줄 수 있다는 증거도 있다. 우리는 단어 읽기 문제에 난독증의 초점을 맞췄다. 그러나 단어 읽기 부진은 종종 읽기이해 부진을 낳는다. 놀랍게도 모든 난독인에게 읽기이해 문제가 있는 것은 아니다. 읽기이해 과제를 잘하는 난독증인은 다른 난독인보다 구어 능력이 우수한데, 그들의 단어 읽기의 어려움을 보상하는 데 이 능력이 도움이 될 수 있다. 난독증 성인은 단어 읽기 문제를 보상하기 위해 부분적으로 사용될 수 있는 다양한 학습 전략을 보고하기도 한다(Kirby et al., 2008).

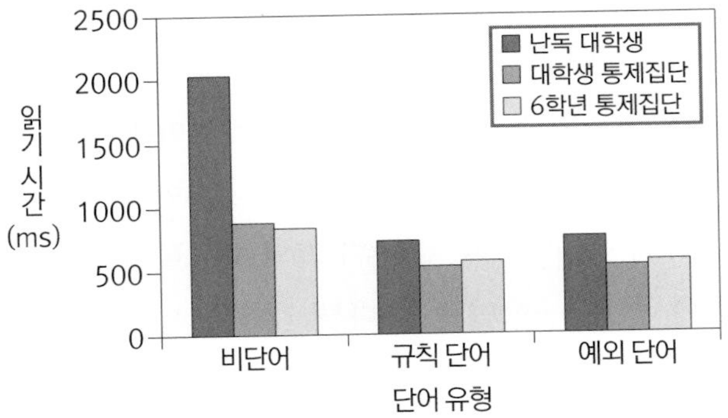

[그림 6-5] 세 집단의 비단어와 고빈도 규칙 및 예외 단어 읽기 시간 그래프: 아동기 난독증 진단을 받은 대학생, 생활연령 일치 일반 대학생, 읽기능력 수준이 같은 더 어린 아동

출처: Bruck(1990)에서 수정.

3) 난독증의 결과: 매튜 효과

매튜 효과는 읽기 부진아가 또래 읽기 우수아를 따라잡지 못하는 경향이 있는 현상을 말한다. 사실상 두 집단의 수행력의 차이는 시간이 지날수록 커진다(Stanovich, 1986). 읽기를 어려워하는 아동들은 당연히 여가 시간에 읽기를 할 동기가 부족할 수 있다. 그 결과 또래에 비해 단어 읽기나 읽기이해 연습도 덜 할 것이다. 읽기 습관의 차이는 새로운 어휘나 배경지식을 학습할 기회의 차이로 이어질 것이다. 그래서 난독증 독자는 일반적으로 더 부진한 독자가 되고 이러한 현상은 어휘나 배경지식 같은 읽기와 관련된 기술에 영향을 미칠 가능성이 있다.

지금까지의 증거는 모두 그런 것은 아니지만 일부 읽기 부진아가 단어 읽기 및 다른 언어 능력에서 침체된 성장을 보인다는 것을 시사해 준다. 다른 읽기 부진아들은 단어 읽기와 다른 언어기술이 또래에 비해 더 느리지 않았음에도 불구하고 여전히 또래 평균 이하의 읽기능력을 유지하고 있다. 어떤 경우에는 읽기 우수아와 부진아 사이의 차이가 시간이 지나면서 좁아질 수 있다. 후자는 Scarborough와 Parker(2003)의 연구에서 찾을 수 있다. 그들은 8세에서 14세 아동 57명의 진전 상황을 추적 연구했다. 연구 과정 동안 읽기 우수와 부진 집단 사이의 차이가 늘어난다는 증거는 거의 없었다. 사실 두 집단의 단락 이해의 차이는 연구 시작 시 보였던 명백한 차이에 비해 연구가 끝났을 때는 더 작아졌다. 단어 읽기와 어휘에서의 차이는 일정하게 유지되었다. Catts와 그의 동료들이 수행한 대규모 종단 연구에서도 유치원에서 초등 4학년 동안 다른 읽기 부진 집단(난독증 집단 포함) 간 듣기이해에서 차이가 커진다는 것을 규명하지 못했다(Catts, Hogan, & Fey, 2003).

다양하고 훨씬 더 광범위한 검사를 사용하여 Juel(1988)은 문해력의 몇 가지 측면에서 매튜효과의 증거를 찾아냈다. 단어 읽기, 읽기이해, 어휘, 구어 이야기 산출 과제에서 읽기 우수아와 부진아의 수행력은 [그림 6-6]에 묘사되어 있다. 읽기 우수아는 1학년과 4학년 사이에 읽기 부진아보다 구어 이야기 산출과 어휘(그리고 듣기이해도) 과제에서 더 큰 점수를 얻었다. 읽기 습관에서의 차이도 시간이 지날수록 나타났다. 읽기 부진, 평균, 읽기 우수 아동은 1학년과 2학년 때는 학교 밖에서의 독서에 참여하는 양이 비슷했지만 4학년 때 읽기 부진 아동은 일주일에 한 번만 집에서 스스로 읽는 반면, 읽기 우수 아동은 일주일에 평균 4번 스스로 읽는

다고 보고했다. 그러나 보시다시피 읽기 우수아와 부진아의 단어 재인과 읽기이해 발달은 동일한 차이를 보이지 않았다. 그래서 발달기 동안 어떤 기술은 다른 것들보다 읽기 어려움에 영향을 받을 가능성이 더 높으며, 또는 일부 기술의 차이는 나타나는 데 더 오래 걸릴 수 있다.

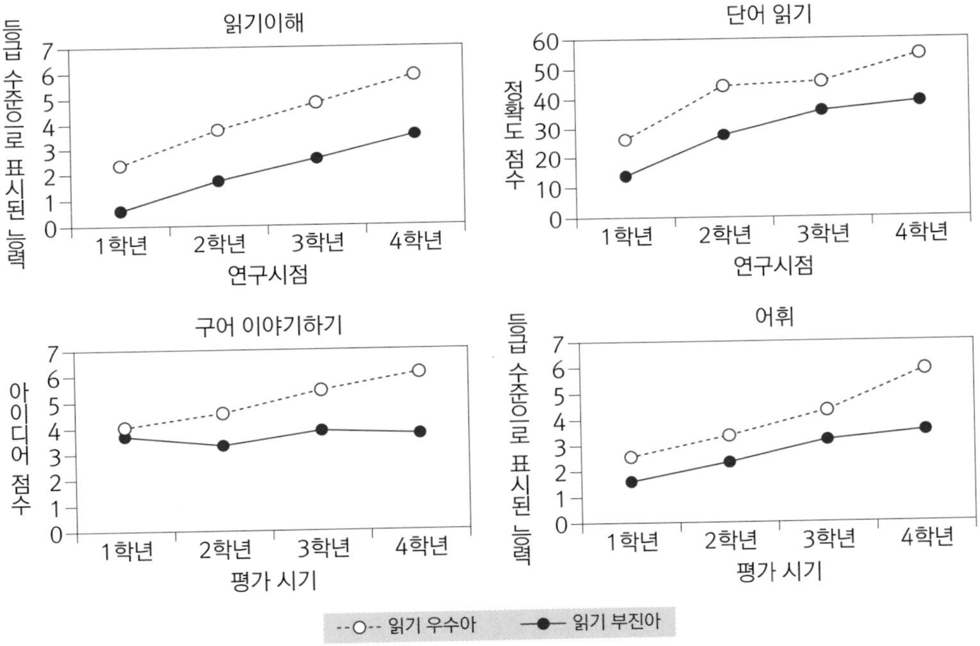

[그림 6-6] 시기에 따라 읽기와 언어 능력의 발달을 보여 주는 그래프

출처: Juel(1988)에서 수정.

4) 요약

발달성 난독증 독자는 전생애에 걸쳐 지속되는 읽기 어려움을 경험한다. 어떤 아동들은 읽기 어려움의 유전적 증거 때문에 발달성 난독증 위험군이다. 읽기 전 단계에 언어능력이 좋은 위험군 아동들은 읽기 어려움을 겪게 될 가능성이 적다.

읽기 어려움 진단력이 있는 성인은 읽기와 철자법이 좋은 것처럼 보일 수 있어도 단어 읽기 실험과제에서 어려움을 나타낸다. 우수한 구어 능력은 더 광범위한 문해력 문제로부터 어느 정도 보호를 해 줄 수 있고, 또한 난독증 성인은 다양한 학습 전략을 개발함으로써 읽기 어려움을 보상할 수도 있다는 것을 제안하는 성인 대상 연구에서 나온 몇 가지 증거들이 있다.

단어 읽기 어려움에 대한 좀 더 광범위한 영향력을 살펴볼 때, 연구자들은 읽기 우수아와 부진아 사이의 수행력의 차이가 시간이 지남에 따라 커지는지를 검토해 왔다. 한 가지 가능성은 읽기 부진아는 단지 난독증이 아닌 독자보다 덜 읽고, 그들만큼 이 기술을 연습하지 않는다는 것이다. 지금까지 읽기 부진아가 더 광범위한 언어와 읽기 쓰기 문제를 겪는지에 관해서는 엇갈리는 증거들이 있다. 그러나 어려움의 발생을 감지하는 것은 어떤 능력을 평가하는가에 달려 있다.

핵심 요약

- 난독증은 낮은 지능이나 부족한 교육으로 인한 것이 아닌 읽기 어려움으로 설명된다.
- 난독증 독자는 단어 읽기뿐 아니라 철자법과 작문에서도 어려움을 겪고 읽기이해 문제 또한 경험할 수 있다. 종종 기억 및 언어 능력과 관련된 다른 어려움들이 뚜렷이 나타난다.
- 난독증의 핵심 증상(알파벳 언어권 독자의 경우)은 문자 체계의 알파벳 원리를 습득하는 데 심각한 어려움이다.
- 난독증에 대한 다양한 이론들은 다양한 기저 원인을 제안한다. 가장 두드러진 이론은 난독증 독자들에게 음운결함이 있다는 것이다. 이 이론은 난독증 독자들이 음운처리와 관련되거나 음운 표상을 다루는 과제에 어려움이 있다는 다양한 연구 증거들에 의해 지지받았다.

- 난독증 독자들이 겪는 어려움은 그 범위와 심각도에서의 변이성이 있다. 몇몇 연구자들은 기술 프로파일이 다른 난독증 하위 유형을 식별했지만 하위 유형 접근 방식은 여전히 논란의 여지가 있다.
- 난독증의 유전적 요소가 있는데 부모가 난독증인 아동들이 그렇지 않은 아동들보다 읽기 문제를 겪을 가능성이 더 높다.
- 난독증은 단순한 읽기 지연이 아니며 어려움이 성인까지 지속된다. 난독증 성인은 보상 방법을 적용하여 꽤 유창하고 정확한 단어 읽기를 성취할 수 있지만 종종 음운처리 문제는 여전히 뚜렷하게 나타난다.

추가 읽기자료

난독증에 대한 훌륭한 요약이 많다. Vellutino 등이 좋은 리뷰를 작성하였다.

Vellutino, F.R., & Fletcher, J.M. (2005). Developmental dyslexia. In M.J. Snowling, & C. Hulme (eds), *The Science of Reading: A Handbook*, Malden, MA: Blackwell Publishing, 362–78.

Vellutino, F.R., & Fletcher, J.M., Snowling, M.J., & Scanlon, D.M. (2004). Specific reading disability (dyslexia): What have we leareed in the past four decades? *Journal of Child Psychology and Psychiatry, 45*: 2–40.

난독증에 대한 다른 이론들을 더 배우는 데 관심이 있다면 Ramus와 그의 동료들이 다음의 논문에서 주요 이론들을 비교했다.

Ramus, F., Rosen, S., Dakin, S., Day, B.L., Castellote, J.M. et al.(2003). *Theories of developmental dyslexia: insights from a multiple case study of dyslexia adults*, Brain, 126: 1–25.

이 장에서 다룬 쟁점에 대한 훨씬 더 자세한 중재 연구는 Snowling이 쓴『난독증』(Dyslexia, 2000) 2판에 제시되어 있다.

Snowling, M.J. (2000). *Dyslexia* (2nd ed.). Oxford: Blackwell Publishing.

용어 정의

소뇌 (cerebellum)	뇌간 바로 위, 후두엽 아래에 있는 뇌의 부분. 근육 운동의 균형과 협응을 조절한다.
난독증의 이중결함 가설 (double-deficit hypothesis of dyslexia)	음운처리와 빠른 이름대기의 두 처리 과정을 측정한 검사에서의 수행력에 기초해서 발달성 난독증 독자를 분류. 이중결함 하위 유형은 두 가지 처리 과정 모두가 결함이 있는 아동을 의미한다.
가족력 연구 (family-risk study)	난독증의 예처럼 해당 장애에 대한 가족력 때문에 가족과 유전적 증거가 있는 장애로 발전될 위험이 있는 대상자들을 포함한 연구
지능지수 (IQ)	표준화된 지능검사에서의 개인의 수행능력에서 나온 점수인 지능 지수는 생활연령에 대한 정신연령의 비율(100을 곱한)로 계산한다.
거대세포 체계 (magnocellular system)	수용 영역이 넓은 거대 뉴런으로 구성된 시각 체계의 일부
매튜 효과 (Matthew effect)	조기 성취가 더 빠른 발달 속도로 이어져서 고성취와 저성취 사이의 수행력 차이가 시간이 지남에 따라 증가하는 현상을 의미함
메타 분석 (meta-analysis)	여러 독립 연구의 결과를 요약하기 위한 통계적 분석
소세포 체계 (parvocellular system)	고대비 조건에 색과 섬세한 세부내용에 반응하는 작은 뉴런으로 구성되는 시각 체계의 일부
음운 난독증 (phonological dyslexia)	비단어 읽기는 부족하고 의미 단어 읽기는 더 나은 것이 특징인 단어 읽기장애
단속 운동 (saccades)	읽기 시 단어에 대한 시선 고정을 바꾸기 위해 사용되는 눈의 빠르고 작은 움직임

단기 기억 (short-term memory)	제한된 시간에 정보를 저장하고 인출하는 데 사용된 기억 유형, 청각적 단기 기억력은 청각적으로 인식된 정보의 기억을 의미한다.
표면 난독증 (surface-dyslexia)	불규칙(또는 예외) 단어 읽기 부진이 특징인 단어 읽기장애
구어 지능 (verbal IQ)	지능검사는 구어 또는 비구어 능력을 평가하는지에 의해 분류될 수 있다. 구어 지능 평가는 종종 단어 지식과 구어 기억 측정을 포함하고 비구어 지능 검사는 종종 패턴 분석과 시각 추론 측정이 포함된다.

제7장

읽기이해 어려움

핵심 용어

- 단어, 문장, 담화의 이해
  (comprehension of words, sentences and discourse inference)
- 추론과 통합(inference and integration)
- 이해 모니터링(comprehension monitoring)
- 이야기 구조(narrative structure)
- 읽기이해 실패의 원인과 결과
  (causes and consequences of comprehension failure)

이 장의 초점은 읽기이해의 어려움이다. 특히 또래 연령에 적절한 단어 읽기 기술을 가지고 있지만 읽기이해 기술은 지연되어 있는 아이들에 대해 살펴볼 것이다. 이러한 아이들은 단순한 읽기 부진 아동이 아니다. 그보다는 예기치 않은 읽기이해 부진으로 생각할 수 있다. 그들의 이해력은 단어 읽기능력이나 연령으로 예측하는 수준에 도달하지 못하며, 특정 읽기장애 또는 언어장애로 진단되지 않는다.

이러한 읽기이해 부진 아동들은 일반적인 교실에서 볼 수 있으며, 영국 학교에 다니는 7~11세 아동의 10% 정도를 차지한다(Yuill & Oakhill, 1991). 비슷한 프로파일을 가진 아동들이 유럽이나 북미와 같은 나라들에서도 연구되고 있기 때문에 이러한 어려움을 가진 아이들이 영국 교육 시스템이나 영국 영어를 사용하는 아이들에 국한되지는 않는다. 이 장에서 볼 수 있듯이, 이들의 어려움은 글로 된 단어 이상으로 확장된다. 그들은 구어 텍스트의 이해에서도 어려움이 있다.

이 장은 4개의 부분으로 구성되어 있다. 첫 번째 부분은 읽기이해 어려움의 특성에 대해 살펴볼 것이다. 읽기이해 부진 독자의 특징을 다양한 문해 기술과 관련하여 검토할 것이다. 두 번째와 세 번째 부분은 읽기 및 읽기와 관련된 어떤 기술이 읽기이해 부진 아동에게 어려움을 야기하는지, 그리고 이러한 어려움이 그들의 일반적인 읽기이해 문제와 인과적으로 관련되어 있다는 증거에 대해 살펴보겠다. 마지막 부분에서는 읽기이해와 듣기이해 결함이 구어와 문어 발달에 미칠 수 있는 광범위한 영향에 대해 고찰해 볼 것이다.

제7장 읽기이해 어려움

1. 읽기이해 어려움이란 무엇인가

3장에서 숙련된 읽기이해가 어떻게 텍스트에 나타난 여러 다른 내용을 응집력 있고, 통합된 의미로 표상하는지 살펴보았다. 읽기이해 부진 아동에 대해 살펴보기 전에, 간략하게 읽기이해 어려움이 무엇을 의미하는지 생각해 볼 필요가 있다. 읽기이해 어려움의 문학적 예시(이 예시는 성인독자)는 David Lodge의 『Author! Author!』(2004)에 나와 있다. 이 책의 등장인물인 미니(Minnie)는 등장인물인 작가 Henry James의 짧은 글을 읽고 있다. 미니는 텍스트의 의미를 이해하기 위해 고군분투하고 있다.

> 미니는 눈을 깜박이며 문장을 다시 읽는다. 그녀는 여전히 그것을 이해하지 못한다. 그녀는 모든 단어의 의미를 알고 있지만 그것들이 함께 연결되었을 때 이해할 수 없었다. 이것이 이야기의 시작이 될 수 있는가? 그녀는 그것이 맞는지를 확인하기 위해 앞 페이지로 돌아간다. (중략) 미니는 이야기가 시작되기 전에 처음부터 누가 누구인지(여자 주인공과 남자 주인공의 이름은 무엇이며, 어디에 살고 있고, 어떻게 생겼는지)를 알려 주는 이야기에 익숙하다.
>
> 미니는 아마도 때가 되면 모든 것이 더 명확해질 것이라고 생각하기 때문에 계속 읽지만, 이야기 속으로 더 깊이 들어갈수록 몰이해의 안개

는 더 짙어진다(Lodge, 2004, p. 20).

읽기이해의 실패에 대한 이 문학적 묘사는 읽기이해 성공을 위해 중요한 일부 기술과 지식을 보여 주기 때문에 유용하다. 미니는 난독증인 것처럼 보이지는 않는다. 그녀가 개별적인 단어를 읽는 데 어려움이 있다는 어떠한 언급도 없다. 사실 미니는 연구자들이 일반적으로 연구하는 읽기이해 부진의 유형은 아니다. 사실 그녀는 단지 이 특정한 텍스트에서만 어려움을 경험하고 있는 훌륭한 이해자일 수 있다. 미니의 능력에 대해 그렇게 생각하는 이유는 그녀가 자신이 읽고 있는 내용을 이해하지 못한다는 것을 깨닫기 때문이며, 모든 읽기이해 부진 아동이 의미를 완전히 이해하지 못하고 있는 때를 인지하는 것은 아니다. 게다가 미니는 텍스트를 이해하기 위해 고군분투할 때 합리적인 전략을 사용하는데, 이는 그녀는 의미가 좀 더 명확해지기를 희망하며 계속 읽는다는 것이다. 나중에 보게 되겠지만, 이러한 유형의 전략적인 읽기는 읽기이해 부진인 사람들에게는 종종 부족하다.

미니는 개별 단어의 의미를 이해하지만, 텍스트 전체를 이해하기 위해 그것들을 함께 연결할 수는 없었다. 그녀는 텍스트 의미의 표상을 구성할 수 없었다. 왜 그러한가? 한 가지 이유는 그녀가 읽고 있는 이야기가 일반적인 관습을 따르지 않았기 때문이다. 즉, 등장인물과 배경이 처음에 나오지 않았다. 그 결과 미니는 연속적인 정보를 구조화할 틀이 없었다. 이와 같은 몇몇 경우에 이해 어려움은 배려심이 없는 텍스트(inconsiderate text) 때문에 발생한다. 다른 경우는 어려움의 원인이 텍스트가 아니라 독자이다. 이 장에서 우리가 고려하는 것은 후자의 경우이다.

1) 읽기이해 어려움 혹은 구어이해 어려움

이 장에서 우리의 초점은 읽기이해 부진 아동이지만, 먼저 고려해야 할 중요한 질문들이 있다. 즉, 이 아이들이 읽기이해에서 어려움을 보이는지 아니면 일반적인 언어이해에서 어려움을 보이는지이다. 이 질문에 대한 대답은 읽기이해 부진 독자가 갖는 텍스트 이해 어려움의 정도와 원인을 더 잘 이해할 수 있도록 해 줄 것이다. 5장에서 단어 읽기, 언어이해 그리고 읽기이해와의 관계를 고찰하였다. 요약하자면, 일정 수준의 단어 읽기능력은 읽기이해의 전제조건이다. 읽기이해는 각 페이지의 단어를 '읽을 수' 있는 경우에만 가능하다. 그러나 우수한 단어 읽기 기술이 우수한 읽기이해를 보장하지는 않는다. 만약 그렇게 된다면, 학교에 읽기이해 어려움이 있는 아이들이 많지 않을 것이다.

〈표 7-1〉은 예기치 않게 읽기이해의 어려움을 보이는 아동집단과 연령 수준에 맞게 일반적으로 읽기능력이 발달하고 있는 아동집단의 특성을 보여 준다. 〈표 7-1〉에는 각 집단의 평균 단어 읽기 연령과 평균 읽기이해 연령이 있다. 표준화된 검사도구는 종종 읽기 연령을 제시한다. 이 점수들은 다양한 연령대의 대규모 아동에게 검사를 실시하여 얻는다. 각 연령 집단의 평균 점수를 계산하고, 이 점수를 특정한 수행 수준에 해당하는 연령인 읽기 연령을 산출하는 데 사용한다. 이 표에서 읽기이해 우수 아동 및 읽기이해 부진 아동의 단어 읽기능력은 텍스트를 이해하는 능력과 비교할 만하며, 이 연령대의 아동에 대한 기대치와 일치하는 것을 알 수 있다. 이것은 이전 장에서 발달성 난독증에 대해 설명한 읽기 부진 아동과는 대조적인데, 그들의 단어 읽기는 연령에 적절한 수준보다 낮았다. 또한 읽기이해 부진 아동의 읽기이해 연령은 그들의 생활 연령과 단어 읽기 연령보다 아래에 있음을 확인할 수 있다.

<표 7-1> 읽기이해 우수 아동과 읽기이해 부진 아동의 일반적인 특징

	읽기이해 우수 아동	읽기이해 부진 아동
생활 연령	7, 7	7, 7
단어 읽기(등가 연령 점수)	7, 9	7, 9
읽기이해(등가 연령 점수)	8, 1	6, 7
듣기이해(최고점=28)	16.7	8.9

*참고: 생활 연령 및 등가 연령(age equivalent scores) 점수는 년, 월 형식이다.

독자가 단어의 인쇄된 형태에서 그 의미를 파악하는 효율성은 해당 텍스트를 이해하는 능력에 영향을 미치며, 일부 아동은 이러한 단어 읽기 처리 과정이 느리기 때문에 이해력이 좋지 않다는 충분한 증거가 있다. 〈표 7-1〉에 제시된 아동들의 이해 어려움은 분명히 단어 읽기능력이 부진하기 때문이 아니다. 이러한 읽기이해 부진 아동은 일반적으로 연령에 적절한 단어 읽기능력을 가진 아동들로 선정되었으며, 그들의 단어 읽기능력은 읽기 우수 아동의 단어 읽기능력과 일치한다. 이 아이들은 자신이 읽은 텍스트를 이해하는 데 어려움을 겪을 뿐 아니라 다른 사람이 읽어 준 텍스트를 이해하는 데에도 어려움이 있다. 이것은 〈표 7-1〉의 마지막 줄에 표시된 듣기이해 점수로 설명된다. 비효율적이고 낮은 단어 읽기가 이 집단의 읽기이해 어려움의 근본적인 이유일 것 같지는 않다. 이러한 읽기이해 부진 아동은 단어 읽기보다는 텍스트를 이해하는 데 특정한 문제가 있는 것으로 보인다.

읽기이해 부진 아동이 듣기이해에도 어려움이 있다는 사실은 그리 놀라운 일은 아니다. 왜냐하면 성공적인 읽기이해를 지원하는 많은 기술이 구어 텍스트나 만화영화와 같은 다른 매체를 성공적으로 이해하는 데에도 중요하기 때문이다. 이러한 매체들로 제시된 이야기를 이해하는 능력은 아동과 성인 모두에서 상관관계가 있으며(Gernsbacher, Varner, & Faust, 1990; Kendeou et al., 2008), 많은 동일한 과정을 포함한다. 즉, 단어, 문장 및 사건을 처리하고 이해해야 하며, 그것들 간의 관계가 국소적 및 전반적 응집성을 보장하기 위해 확립되어야 한다.

2) 텍스트 이해의 실패: 문제는 어디에서 발생하는가

읽기이해 부진 독자가 단순히 읽기 부진 독자가 아니라면, 그들의 읽기이해 문제의 원인은 무엇인가? 5장에서 읽기이해 성공과 그 발달에 기여하는 다양한 기술의 발달을 살펴보았다. 이러한 기술에는 단어 읽기, 단어 이해, 문장 이해, 그리고 담화 이해를 지원하는 기술이 포함되며, 이를 통해 텍스트 내의 다양한 단편적인 정보들 간의 연결 및 그들의 일반지식 간의 연결을 만들 수 있다. [그림 7-1]의 다이어그램은 일단 쓰여진 단어를 소리 내어 읽은 후에 읽기이해와 관련된 주요 단계를 간략하게 설명한 것이다.

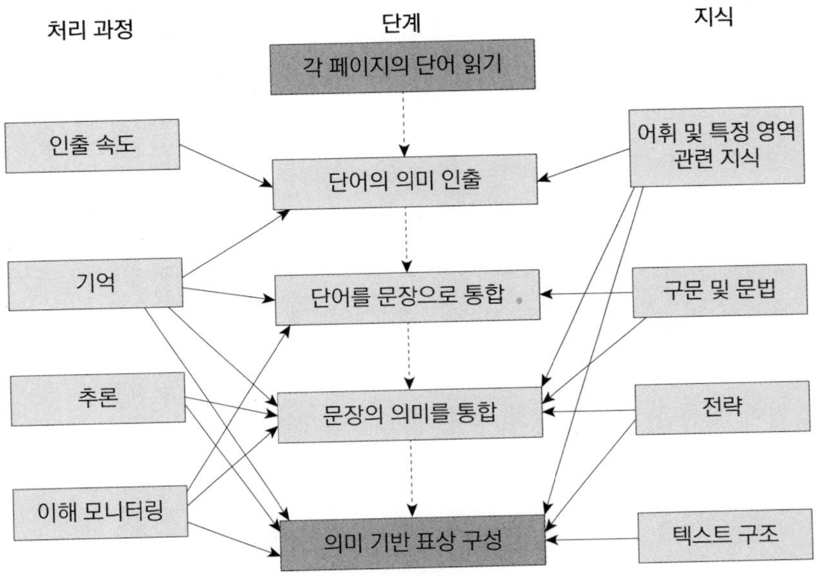

[그림 7-1] 문어 텍스트 이해와 관련된 단계: 단어에서 의미로

[그림 7-1]과 관련한 이해과정을 고려하기 위해 짧은 텍스트(Bishop, 1997에서 수정)에 초점을 맞추어 보겠다.

> 제임스는 친구들과 함께 해변으로 소풍을 갔다.
>
> 그는 깨진 유리를 밟았다.
>
> 그는 병원에 가야 했다.

능숙한 이해자는 이 텍스트를 읽을 때, 단어의 의미를 인출하고, 단어를 구와 문장으로 결합한다. 그러면 3장에서 설명한 표층 수준의 의미 표상으로 이어진다.

이 수준에서 특정 단어의 의미와 문장의 구문구조가 유지되며, 기억에서 인출할 수 있다. 3장에서 보았듯이, 농담처럼 정확한 표현이 중요한 것이 아니라면, 표층 표상은 일반적으로 오랫동안 유지되지 않는다.

숙련된 이해는 단어의 의미를 인출하고, 문장의 의미를 도출하는 것 이상을 포함한다. 즉, 능숙한 독자는 개별 구와 문장의 의미를 통합한다. Kintsch의 구성-통합 모델(Construction–Integration Model, Kintsch, 1998)에 따르면, 이러한 통합은 각 구 또는 문장을 명제라고 하는 가장 작은 진릿값(truth value) 단위로 분석하여 이루어진다. 위의 텍스트에서 예를 들면 제임스가 해변에 갔다는 정보는 제임스가 소풍을 갔다와 마찬가지로 하나의 명제일 것이다. Kintsch에 따르면, 단위들 간의 겹치는 부분은 텍스트에 표현된 정보의 네트워크 혹은 체계를 구성하기 위해 설정된다. 이러한 통합의 예는 두 번째와 세 번째 문장의 그가 첫 번째 문장의 제임스와 다시 관련이 있음을 확립하는 것이다. 연속적인 절과 문장의 의미를 성공적으로 통합함으로써, 독자는 구성-통합 모델에서 설명한 텍스트 기반(textbase) 수준의 표상을 하고, 텍스트의 의미 표상을 위해 국소적 응집성을 만든다.

텍스트 이해에 대한 모든 이론은 능숙한 독자가 텍스트에서 묘사한 상황에 대해 의미 기반의 표상인 상황 모델(situation model)을 생성한다는 데 동의한다. 상황 모델을 구성하기 위해 독자는 텍스트가 전체적으로 의미가 있는지 확인하는 추가적인 처리 과정을 거칠 수 있다. 현재의 예시를 사용하면, 독자는 두 번째 문장과 세 번째 문장의 주인공을 첫 번째 문장에서 소개한 제임스로 부호화하여 국소적 응집성을 확립할 수 있다. 그러나 독자가 텍스트에서 명시적으로 제시한 세부 내용을 넘어 전반적인 응집성을 확립하기 위해 일반 지식으로부터 추론하지 않는다면 제임스가 병원에 간 이유로 발을 베였다는 것을 추론해야 하는 세 번째 문장의 의미는 명확하지 않을 것이다.

[그림 7-1]의 화살표는 단어로부터 텍스트의 의미 표상에 이르는 상향식 처리 과정의 순서를 보여 준다. 그러나 3장에서 논의한 바와 같이, 읽기는 역동적이며 상호작용적인 과정이다. 지금까지 읽은 텍스트의 상황 모델은 후속 단어, 구 및

사건을 해석하기 위한 맥락을 제공한다. 만약 두 번째 문장이 그는 땅콩 버터 샌드위치를 먹었다라면, 마지막 문장을 이해하기 위해 제임스가 알러지 반응을 일으켰다고 추론할 수 있을 것이다.

각 단계에서 서로 다른 처리 과정(다이어그램의 왼쪽)과 지식(다이어그램의 오른쪽)이 텍스트 처리와 독자의 이해에 영향을 미칠 수 있다. [그림 7-1]에 묘사된 것들이 중요하지만, 이 목록들이 완전한 것은 아니다. 이 장에서 읽기이해 부진 독자가 겪는 어려움의 원인을 고려하면서, 이러한 다양한 처리 과정과 지식들이 단어, 문장 그리고 텍스트 전체의 이해에 어떻게 영향을 미칠 수 있는지 살펴볼 것이다.

3) 요약

상당수의 어린이들이 연령에 적절한 단어 읽기 기술을 습득했음에도 불구하고 읽기이해에서 어려움을 경험한다. 그들은 텍스트를 듣고 이해하는 데에도 어려움을 겪는다. 그들의 텍스트 이해 어려움은 단어의 의미를 인출하고, 문장의 의미를 파악하는 데의 어려움으로 인해 나타날 수 있으며, 이는 각 문장의 표층 수준을 얼마나 잘 표상할 수 있는지에 영향을 미친다. 또는 읽기이해 부진 독자의 어려움은 국소적 및 전반적인 응집성을 확립하는 것과 관련된 처리 과정의 문제, 즉 문장의 의미를 통합하고, 텍스트의 상황 모델을 구성하는 것과 같은 과정에서 나타날 수 있다. 이러한 잠재적 어려움의 요인을 다음에서 살펴보겠다.

2. 담화 이해 실패의 요인

지금부터는 담화 이해의 실패 요인에 대해 살펴보겠다. 먼저, 읽기이해 부진 아동은 단어의 의미를 인출하고 문장의 구조를 이해하는 데 실패하면서 텍스트의 표층 구조를 표상하는 데 어려움이 있다는 증거를 살펴볼 것이다. 둘째, 읽기이해 부진 아동은 텍스트 의미를 통합적이고 응집력 있게 표상하는 데 필요한 기술이 부족한지를 살펴볼 것이다.

1) 담화 이해의 기초: 단어와 문장 이해

담화 이해의 기초 혹은 구성 요소는 단어와 문장의 의미이다. 독자는 (일반적으로) 단기기억 표상에서 특정 단어의 의미와 구 및 문장의 구문구조를 기억한다. Kintsch의 구성-통합 모델(Kintsch, 1988, 1998)에서 텍스트 기반과 상황 모델이라고 하는 의미 기반의 표상은 더 오랫동안 기억된다. 그러나 이해를 잘하기 위해서는 단어의 의미를 인출하고, 문장의 의미를 정확하게 표상하는 것이 필수적이다.

단어 지식은 전부 혹은 전무(all or none)는 아니다. 우리는 개별 단어의 의미뿐 아니라 그것이 다른 어휘와 어떻게 관련이 있는지 알 수 있다. 단어에 대한 지식과 그 지식에 대한 접근은 독자가 문장 의미의 표층 표상을 구성하는 용이성에 영향을 미칠 것이다. 관련 단어에 대한 지식을 평가하는 한 가지 방법은 의미 유창성 과제(semantic fluency task)이다. 예를 들면, 대상자에게 60초 동안 가능한 한 많은 동물 이름을 말하도록 요구하는 것이다. 이러한 과제에서 읽기이해 부진 독자는 읽기이해 우수 독자보다 동물 이름을 더 적게 산출한다. 이들의 어려움은 단어의 의미에 한정되며 라임이 동일한 단어를 산출하는 과제에서는 우수한 수행력을 보였다(Nation & Snowling, 1998b). 그러나 읽기이해 부진 독자 간에 개인차가 있으며, 모두가 이러한 과제에서 수행력이 낮은 것은 아니다(Cain, Oakhill, & Lemmon, 2004).

일부 단어의 의미는 모호하고, 하나 이상의 의미가 있을 수 있다. 예를 들어, 별이라는 단어는 천체라는 의미와 유명인이라는 의미가 모두 있다. 적절한 의미는 문맥에 의해 결정된다. 예를 들어, The photograph of the newly discovered star was on the front page(새로 발견된 별의 사진이 일면에 실렸다)의 의미는 모호하다. He had just won an award for best newcomer(그는 방금 최우수 신인상을 수상했다)는 추가 문장은 별의 의미를 명확하게 한다. 모호한 단어는 텍스트 이해에서 상호작용적인 특성을 잘 보여 주는 예시이다. 즉, 독자의 현재 상황 모델은 이러한 단어의 해석과 표층 수준의 의미 표상을 구성하기 위한 맥락을 제공한다.

읽기이해 우수 아동과 읽기이해 부진 아동이 모호한 단어의 의미를 얼마나 빠르고 정확하게 파악하는지에 차이가 있는지는 모른다. 하지만 이와 관련해서 여러 수준의 읽기이해 능력을 가진 성인을 대상으로 한 연구가 있다. 성인 독자는 별과 같이 하나 이상의 의미가 있는 단어를 보았을 때 문맥이 하나의 의미를 가리키는 경우(예를 들면, 하늘에 아름다운 별이 있다)에도 두 가지 의미를 모두 활성화한다. 그러나 읽기이해 부진 성인은 읽기이해 우수 성인에 비해 관련없는 의미를 억제하는 데 더 오랜 시간이 걸린다(Gernsbacher, Varner, & Faust, 1990). 결과적으로 읽기이해에 어려움이 있는 사람은 문장의 의미를 파악하는 데 시간이 더 걸리거나 정확하게 이해하지 못할 수 있다.

문장의 의미는 단순히 개별 단어로 구성하는 것이 아니며, 구문구조의 지식 또한 중요하다. 예를 들면, 수동형과 능동형 문장은 다른 방식으로 동일한 의미를 표현한다. 다음의 문장을 비교해 보자.

The snake scared the dog(뱀이 개를 무섭게 했다).

The dog was scared by the snake(개는 뱀을 무서워했다).

어순만이 문장 이해에 대한 신뢰할 수 있는 지침이 아니기 때문에 정확한 이해를 위해서는 다양한 문장 구조에 대한 민감함이 중요하다. 일부 연구에서는 읽기이해 부진 아동은 구문구조에 대한 지식이 부족하다(Cragg & Nation, 2006; Nation et al., 2004)고 나타난 반면, 또 다른 연구들은 읽기이해 부진 아동과 읽기이해 우수 아동 간에 차이가 나타나지 않았다고 보고하였다(Cain & Oakhill, 2006; Cain, Patson, & Andrews, 2005).

단어 및 문장 이해에 대한 일관적이지 않은 연구 결과를 어떻게 받아들일 수 있을까. 한 가지 가능성은 읽기이해 실패에 여러 다른 요인이 있다는 것이다. 우리는 일부 아동은 단어 해독의 어려움으로 이해의 어려움을 경험한다는 것을 알고 있다. 비슷하게, 몇몇 아동은 단어와 문장의 의미에 대해 초기 표상을 확립하는 데 어려움을 겪을 수 있는 반면, 또 다른 아동들은 여러 문장의 의미를 통합하거나 텍스트의 정보와 일반 지식을 통합하는 데 어려움을 겪을 수 있다. 최근 연구들은 이해 실패에 여러 다른 경로가 있을 수 있다는 생각을 뒷받침한다. 여러 과제를 통해 각 개인의 강점과 약점을 살펴본 연구들은 읽기이해 부진 아동이 동질적인 집단이 아니라는 것을 보여 준다. 자세한 내용은 [상자 7-1]에 제시하였다.

상자 7-1 읽기이해 부진 독자는 모두 동일한 특성을 가지는가

이 장의 연구는 일반적으로 읽기이해 부진 집단과 읽기이해 우수 집단의 평균적인 수행력을 비교한다. 이러한 집단 비교는 읽기이해 부진 독자가 광범위한 읽기 및 인지 능력 평가에서 어려움을 가지고 있다는 것을 시사한다. 여기에서 우리는 이 결과들의 의미를 더 자세히 고찰한다.

연구 결과들은 모든 읽기이해 부진 독자가 이러한 모든 평가에서 어려움을 경험한다는 것을 의미하는가? 이 단순한 질문에 대한 대답은 '아니다'이다. 구문 지식과 같은 일부 기술의 경우 모든 연구가 집단 간 차이를 발견한 것은 아니라는 것을 확인했다. 이는 읽기이해에 어려움이 있는 사람들 간에 개인차가 있음을 시사한다. 즉, 일부는 구문에 어려움이 있는 반면, 일부는 그렇지 않을 수 있다.

읽기이해 부진인 사람들 내에 개인차가 있을 수 있지만, 일부 기술은 읽기이해 부진 독자의 프로파일과 더 일관되게 관련될 수 있다. 성공적인 읽기이해에 필수적인 기술은 대부분의 읽기이해 부진 독자가 취약해야 한다. 이해 어려움과 부수적인 관계가 있는 기술은 몇몇 읽기이해 부진 독자는 가지고 있지만 다른 일부는 어려움이 있어야 한다. 이러한 분석은 또 다른 질문으로 이어진다. 읽기이해 부진 독자의 일관적인 '표지(marker)'가 있는가? 이 질문을 해결하기 위해 읽기이해 부진 독자의 강점과 약점을 살펴봄으로써 이들의 일관적인 결함을 연구할 수 있다. 이러한 접근 방식을 채택한 연구들은 상당한 개인차가 있음을 발견했다.

Nation 등은 읽기이해 부진 아동의 구어 능력에 대한 연구에서 읽기이해 어려움의 명확한 '표지'를 발견하지 못했다. 이 집단의 가장 일관적인 어려움은 문장 따라말하기 과제의 수행력이

었다. 읽기이해 부진 아동 23명 중 11명이 국가 규준보다 현저하게 낮은 점수를 받았다(Nation et al., 2004). 이는 기억 그리고/또는 구문의 어려움이 있음을 나타낼 수 있다. Cornoldi, de Beni와 Pazzaglia는 11세 읽기이해 부진 아동집단에서 다양한 기억과 상위인지의 강점과 약점을 연구했다(Cornoldi, de Beni, Pazzaglia, 1996). 그들은 모든 아동이 모든 평가에서 저조한 것은 아니라는 것을 발견했다.

다른 연구에서는 읽기이해 부진 아동의 단어, 문장 및 담화 이해를 연구했다(Cain & Oakhill, 2006). 연구 자료는 다음 표에 설명되어 있다. 큰 표본과 비교하여 각 아동의 수행력을 살펴보면, 읽기이해 부진 집단은 이질적이라는 것이 분명하다. 예를 들면, 10명의 읽기이해 부진 아동은 수용어휘 평가에서 평균보다 점수가 낮았으며 13명은 평균보다 더 높았다. 19명은 담화 이해의 종합적인 평가에서 평균보다 낮은 반면, 4명은 평균보다 높았다. 모든 읽기이해 부진 아동이 평균보다 낮은 점수를 얻은 평가는 없었다.

종합하면, 이러한 연구들은 적절한 단어 읽기능력을 가진 읽기이해 부진 아동의 프로파일과 관련된 하나의 근본적인 약점이 없을 수도 있음을 시사한다. 일부 읽기이해 부진 아동은 단어의 의미 지식 및 단일 문장을 이해하는 능력과 관련된 평가에서 수행력이 낮다. 이 아동들은 텍스트의 기본적인 의미를 파악하는 데 어려움을 경험할 수 있다. 또 다른 읽기이해 부진 아동은 텍스트의 여러 다른 문장을 연결하고 전반적인 의미를 확립하는 기술에 특정한 어려움이 있다. 읽기이해 우수 아동과 읽기이해 부진 아동을 비교한 연구들은 읽기이해 부진 아동의 어려움에 대한 '일반적인' 그림을 제공하지만 각 개인의 특정한 강점이나 약점을 식별하지는 못한다. 8장에서 이 문제를 다시 살펴보겠다.

Cain과 Oakhill(2006)의 연구에서 전체 표본(N=101)에서 읽기이해 부진 아동(N=23)의 수행력

	저조한 수행력 (-1 표준편차 이상 낮음)	평균보다 낮음 (평균 이하)	평균 혹은 평균보다 높음 (평균 이상)	우수한 수행력 (+1 표준편차 이상 높음)
구어 단어 이해	3	7	13	0
문어 단어 이해	2	9	8	4
구어 지능	4	11	6	2
비구어 지능	7	3	8	5
문장 이해	3	11	8	1
작업 기억	2	13	8	0
담화 이해	3	16	4	0

2) 내용 통합하기: 텍스트 의미 표상 구성하기

많은 연구에 따르면, 읽기이해 부진 독자는 상황 모델, 즉 텍스트의 의미 기반 표상을 구성하는 데 도움이 되는 많은 기술에 어려움이 있다. 다양한 처리 과정과 지식의 저장을 통해 독자는 국소적 및 전반적으로 응집성 있는 표상을 구성할 수 있다. 앞의 해변에서의 제임스에 대한 짧은 텍스트에서 설명하는 것처럼 추론과 통합 처리 과정이 국소적 및 전반적 응집성을 갖추게 한다. 능숙한 독자는 상황 모델에 새로운 정보를 통합하기 위해 추론 또는 추가적인 처리 과정이 필요한 때를 감지하는데, 이를 이해 모니터링이라고 한다. 능숙한 독자는 또한 텍스트 구조에 대한 지식을 사용하여 응집력 있는 표상을 구성할 수 있다. 예를 들면, 이야기는 일반적으로 인과 관계가 있는 목표 지향적인 일련의 사건들로 구성된다. 이것은 등장인물의 행동을 이해할 수 있는 틀을 제공한다.

세 가지 광범위한 영역인 통합과 추론, 이해 모니터링 그리고 이야기 구조의 지식과 사용에 대해 읽기이해 발달과 관련해서 5장에서 논의하였다. 각각의 기술은 8~11세 아동의 읽기이해 발달에 기여하는 것으로 나타났다. 읽기이해 부진 독자가 각 영역에서 어려움이 있다는 증거를 이제부터 살펴볼 것이다. 관련이 있는 경우 특정 영역 지식(domain-specific)과 전략적 지식이 얼마나 중요한지 논의할 것이다. 기억은 상황 모델의 구성에 중요한 역할을 하기 때문에 따로 살펴볼 것이다.

(1) 추론과 통합

능숙한 읽기이해 독자는 각 문장의 의미를 상황 모델에 통합하고, 작가에 의해 명시적으로 언급되지 않은 세부 내용은 추론한다. 몇몇 추론을 통해 국소적 응집성을 확립하는데, 독자는 연속적인 문장의 의미를 연결하기 위해 이러한 추론을 한다. 다른 유형의 추론은 전반적 응집성을 확립하도록 한다. 이는 독자들이 방금 읽은 텍스트의 내용을 상황 모델로 연결하거나 훨씬 이전에 읽었던 정보와 연결하기 위한 추론이다.

읽기이해 부진 아동은 통합과 추론에 어려움을 겪는다. Oakhill의 초기 연구는 이러한 어려움을 잘 보여 준다. Oakhill(1982)은 7~8세의 읽기이해 우수 아동과 읽기이해 부진 아동에게 짧은 텍스트를 제시한 후 텍스트에 나온 문장에 대한 기억력을 측정하였다. 연구자는 아이들에게 텍스트와 재인 문장을 읽어 주었기 때문에 아이들이 글을 읽을 필요는 없었다. 텍스트와 문장 재인 검사의 예시는 〈표 7-2〉에 제시하였다.

<표 7-2> Oakhill(1982)의 통합에 대한 연구 자료

들려준 텍스트 예시

쥐가 음식을 먹었다.
음식은 빵이었다.
쥐는 치즈를 찾았다.

재인 문장 예시

쥐가 음식을 먹었다(원본).
쥐는 빵을 먹었다(두 문장을 통합하여 파생된 의미).
음식은 치즈였다(잘못된 추론).

문장 재인 검사에서 일부 문항은 앞서 들려준 원래 문장이었으며, 몇몇 문항은 원문에서 두 개 문장의 의미를 통합했으며, 일부는 원래 텍스트에서 만들 수 없는 추론을 진술했다. 읽기이해 우수 아동은 두 문장의 의미를 통합한 문장을 이전에 들었던 문장으로 잘못 인식하는 경향이 더 컸다. 이러한 연구 결과는 읽기이해 우수 아동은 일상적으로 연속적인 문장의 의미를 통합하는 반면 읽기이해 부진 아동은 그렇게 할 가능성이 적다는 것을 시사한다.

여러 연구들은 읽기이해 부진 아동이 추론에 어려움이 있음을 보여 주었다. Cain의 연구 중 하나에서 두 가지 유형의 추론을 살펴보았다. 하나는 두 문장 간의 정보를 결합하는 것과 관련된 추론이며, 다른 하나는 명시적으로 언급하지 않은 세

부 정보를 이해하기 위해 텍스트의 정보와 일반 지식을 통합하는 것과 관련한 추론이다(Cain & Oakhill, 1999). 이 연구에서 사용한 예시 하나를 〈표 7-3〉에 제시하였다. '데비가 짐을 챙길 때 수건을 어디에 두었나요?'의 질문에 정확한 대답을 하기 위해서는 인접한 두 문장의 의미를 통합해야 한다. 이 이야기의 배경은 텍스트에 명시적으로 언급되어 있지 않다. 정보를 추론하는 능력과 관련한 질문, 즉 '아이들은 오후에 어디에서 시간을 보냈나요?'와 같이 빠진 정보를 파악하기 위한 질문은 독자가 수영복, 모래성, 노, 부두와 같은 텍스트에 나타난 정보를 이러한 물건들이 위치하는 곳이나 활동과 같은 일반 지식과 통합하는 경우에 정확하게 대답할 수 있다.

<표 7-3> 추론과 통합 연구에 사용된 예시

• Cain과 Oakhill(1999)의 추론 연구에 제시된 이야기

데비는 오후에 그녀의 친구 마이클과 외출할 예정이었다. 그들이 그곳에 도착했을 때 그들은 매우 목이 말랐다. 마이클은 그의 가방에서 음료수를 꺼내서 함께 마셨다. 오렌지 주스는 매우 시원했다. 데비는 수용복을 입었지만 물이 너무 차가워서 노를 저을 수 없었다. 그래서 그들은 대신 모래성을 만들었다. 그들은 오후 내내 놀았고 시간이 얼마나 늦었는지 알아차리지 못했다. 그때 데비는 부두에서 시계를 발견했다. 그녀가 저녁 식사에 늦는다면 그녀의 부모님은 화를 낼 것이다. 그들은 재빨리 짐을 꾸렸다. 데비는 옷을 갈아 입고 수영복을 수건으로 감쌌다. 그녀는 그것을 그녀의 가방에 넣었다. 그러고 나서 그들은 가능한 한 빨리 페달을 밟으며 집으로 출발했다. 데비는 집에 도착했을 때 매우 피곤했지만 저녁 식사 시간에 딱 맞춰 도착했다.

• 명시적이고 유추할 수 있는 정보를 회상하는 것과 관련한 질문

질문: 시계는 어디에 있었나요?
대답: 부두에(텍스트에 제시된 명시적 정보)
질문: 데비는 짐을 챙길 때 수건을 어디에 두었나요?
대답: 그녀의 가방(이 대답은 두 문장의 정보를 통합함으로써 도출할 수 있음)
질문: 데비와 마이클은 어디에서 오후를 보냈나요?
대답: 해변(장소는 명시되어 있지 않지만 수영복, 모래성, 노, 부두 등 여러 가지 단서가 있음)

읽기이해 부진 아동은 읽기이해 우수 아동보다 이러한 두 가지 유형의 추론 질문에 대답하는 데 훨씬 더 어려움이 있었다. 반대로, 두 집단은 텍스트에 명시적으로 제공된 정보의 기억과 관련한 질문에서는 차이가 나타나지 않았다. 따라서 읽기이해 부진 아동은 명시적으로 언급된 관련 정보는 유지하지만 읽기이해 우수 아동만큼 텍스트에 제시된 서로 다른 문장들 또는 텍스트와 일반 지식 간의 정보를 빈번하게 통합하지는 않았다.

이 연구에서 읽기이해 부진 아동의 수행력을 읽기이해 수준을 일치시킨 나이 어린 아동과 비교하였다(1장의 연구 설계 참조). 읽기이해 부진 아동들은 나이 어린 아동보다 통합 추론(예: 데비는 수건을 어디에 두었나요?)을 덜 했다. 읽기이해 부진 아동과 일반 발달을 하는 나이 어린 아동의 읽기이해 능력을 일치시켰기 때문에 읽기이해 부진 아동의 추론 어려움이 그들의 낮은 읽기이해 능력으로 인한 결과가 아님을 보여 준다. 또한 읽기이해 부진 아동은 빠진 세부 정보를 파악하기 위한 추론도 더 적게 했지만 읽기이해 능력을 일치시킨 나이 어린 아동과 통계적으로 유의한 차이를 보이지는 않았다.

취약한 일반 지식은 읽기이해 부진 아동의 추론 어려움을 설명하는가

독자가 추론에 필요한 일반 지식을 가지고 있을 때에만 추론이 가능하다. 따라서 읽기이해 부진 독자가 어려움을 겪는 원인 중 하나는 관련 일반 지식이 부족하기 때문일 수 있다. 현재까지 연구 결과들은 그들의 일반 지식 부족이 추론 어려움의 원인은 아니라는 것을 보여 준다. Cain과 Oakhill(1999)의 연구에서는 아이들이 목표 추론에 실패했을 경우 일반 지식을 가지고 있는지 확인하기 위해 추가 질문을 했다. 예를 들면, '아이들은 어디에서 오후를 보냈나요?'라는 질문에 정확하게 대답하지 못했을 때 그들에게 '어디에 가서 노를 젓고 모래성을 만드나요?'라는 질문을 했다. 모든 아이들이 이러한 질문에 적절하게 대답할 수 있었다. 다른 연구에서는 추론을 도출하는 데 필요한 지식 기반을 세심하게 통제하였다(자세한 내용은 Cain et al., 2001 참조). 이 연구는 읽기이해 부진 아동의 추론 어려움은 단순히 일반 지식이 부족한 결과가 아니라는 것을 보여 준다.

이해하는 동안 추론과 통합에 영향을 미칠 수 있는 또 다른 유형의 지식은 단어 의미에 대한 지식이다. 능숙한 독자와 그렇지 않은 독자를 비교한 연구는 단어에 대한 의미 기반 표상의 질이 읽는 동안 문장 통합의 용이성에 영향을 준다는 것을 보여 주었다(Perfetti, 2007). 이에 대해 [상자 7-2]에 설명하였다.

상자 7-2 어휘 질(lexical quality)과 텍스트 통합

텍스트 통합은 텍스트의 의미에 대해 응집력 있는 표상을 구성하는 데 필수적이다. Perfetti(2007)는 독자가 글을 읽을 때 연속적인 문장을 쉽게 통합할 수 있는 단어 기반을 제안했고, 이를 어휘 질(lexical quality)이라고 하였다. 어휘 질은 한 단어의 표상에 저장된 음운, 철자, 의미 지식 정보의 개별성(distinctness)과 완전성(completeness)을 의미한다. 어휘 질 가설(Lexical Quality Hypothesis)에 따르면, 개인이 알고 있는 여러 단어의 표상의 질은 분명히 다를 것이지만 일반적으로 능숙한 독자는 덜 능숙한 독자보다 더 많은 단어에 대해 더 높은 수준의 표상을 가질 것이다. 개인차는 읽기와 문해 경험의 차이를 통해 발생할 수 있다.

Perfetti는 이해하는 동안의 어휘 처리 과정은 텍스트에서 개별 단어를 이해하는 것뿐만 아니라 통합과 담화 이해를 위해서도 중요하다고 주장한다. 읽는 동안 각 단어의 의미는 지금까지 만들어진 맥락이나 상황 모델과 관련되어 접근되고 해석된다. 다음의 문장을 고려해 보자.

1. The young girl had fair hair(어린 소녀는 금발이었다).
2. The judge had made a fair decision(판사는 공정한 판결을 내렸다).

fair라는 단어는 첫 번째 문장에서는 **금발**로 해석되지만, 두 번째 문장에서는 **공정한**으로 해석된다.

텍스트 통합과 관련한 어휘 처리 과정을 탐구하기 위해 Perfetti 등은 능숙한 성인독자와 덜 능숙한 성인 독자에게 다음과 같은 문장 쌍을 제시하였다.

3. The bomb hit the ground and exploded. The *explosion* left a huge crater in the ground(폭탄이 땅에 떨어지고 폭발했다. *폭발*은 땅에 거대한 구멍을 남겼다).
4. The bomb hit the ground and blew up. The *explosion* left a huge crater in the ground(폭탄은 땅에 떨어지고 폭발했다. *폭발*은 땅에 거대한 구멍을 남겼다).

3번의 문장 쌍을 읽을 때 exploded와 explosion은 같은 어근의 형태와 의미를 공유하기 때문에 두 문장의 의미 통합에 도움이 된다. 4번의 문장 쌍에서는 통합을 위해서는 부가적인 처리 과정이 필요하다. 즉, blow up은 폭탄의 폭발, 화를 내는 사람, 풍선의 팽창 또는 사진의 확대를 의미할 수 있기 때문이다.

Perfetti, Yang과 Schmalhofer(2008)는 3번과 4번 같은 문장을 읽을 때의 통합 난이도 지수(index of integration difficulty)를 보기 위해 사건관련전위(Event-Related Potential, ERPs)를 사용했다. ERPs는 처리 시간 및 다른 조건과 관련하여 한 조건의 어려움에 대한 정보를 제공한다. 연구 결과 능숙한 독자는 덜 능숙한 독자보다 다른 말로 바꾸어 표현한 조건에서 두 문장을 통합하기 위해 더 쉽게 의미론적 연결을 만든 것으로 나타났다. 이러한 결과는 친숙한 단어를 읽을 때 능숙한 독자는 의미론적으로 풍부한 표상에 접근할 가능성이 높으며, 해당 단어를 텍스트의 의미 기반 표상에 쉽게 통합한다는 것을 보여 준다.

(2) 이해 모니터링

이해 모니터링은 독자(또는 청자)가 정보에 대한 자신의 이해 정도를 평가하는 처리 과정이다. 미니와 같은 능숙한 독자는 읽는 동안 자신의 이해를 모니터링하기 때문에 미니는 자신이 이야기의 의미를 이해하지 못하고 있음을 알고 있다. 이해 모니터링은 일반적으로 오류 탐지 과제(error detection tasks)로 평가하는데, 이 평가에서 독자나 청자는 텍스트에서 이상하거나 불일치하는 내용을 찾아야 한다(5장 참조). 이러한 과제는 뭔가 잘못된 것을 찾는 능력으로, 새로 입력된 정보가 기존의 상황 모델과 통합될 수 없는 경우이다. 자신의 이해 정도를 모니터링하는 능력 또는 이해의 실패를 탐지하는 능력은 성공적인 이해를 위해 중요할 수 있다.

5장에서 어린아이들은 나이가 더 많은 아이들보다 자신의 이해를 모니터링하지 않는다는 것을 보았다. 그렇다면 읽기이해 부진 아동은 어떠할까? 그들은 읽기이해 우수 아동보다 텍스트의 오류를 탐지할 가능성이 더 낮을까? 대답은 '그렇다'이다. Oakhill, Hartt와 Samols는 10세 읽기이해 우수 아동과 읽기이해 부진 아동 집단에서 여러 유형의 오류를 탐지하는 능력을 비교하였다. 이 연구에서 사용된 오류는 텍스트에서 이상한 단어나 구 그리고 두 가지 정보가 모순되는 내적 불일치이다(Oakhill, Hartt, & Samols, 2005). 여기에서는 마지막 유형인 텍스트의 내적 불일치에 대해 살펴보겠다. 예시는 〈표 7-4〉에 제시하였다.

<표 7-4> 읽기이해 우수 아동과 읽기이해 부진 아동의 이해 모니터링을 평가하는 데 사용한 텍스트

불일치 정보가 포함된 텍스트
두더지는 작은 갈색 동물이고, 터널들을 사용하여 지하에 산다. **두더지는 잘 볼 수 없지만 청각과 후각은 좋다.*** 그들은 풀, 나뭇잎, 잔가지가 가득한 지하 둥지에서 잠을 잔다. 두더지는 앞발을 사용하여 땅을 파고, 짧은 털은 터널을 따라 앞뒤로 이동할 수 있게 해 준다. 그들은 주로 벌레를 먹지만 곤충과 달팽이도 먹는다. **두더지는 시력이 매우 좋기 때문에 새끼를 위한 먹이를 쉽게 찾을 수 있다.**

*참고: 두 불일치 정보 사이의 거리는 조절할 수 있다. 위에서는 두 불일치 정보 사이에 여러 문장이 있고(원거리 조건), 두 문장은 인접하여 제시될 수도 있다(근거리 조건).
출처: Oakhill et al. (2005).

'모순' 문장인 두더지는 시력이 매우 좋기 때문에 새끼를 위한 먹이를 쉽게 찾을 수 있다를 상황 모델과 통합하려고 시도한 독자는 이 문장이 이전 문장인 두더지는 잘 볼 수 없다와 상반된다는 사실을 알았을 것이다. 두 집단 모두 이해되지 않는 부분에 밑줄을 긋고 모니터링을 시도했지만 읽기이해 부진 아동들은 모순된 부분을 발견할 가능성이 훨씬 적었다.

이 연구에서 두 모순되는 문장 간의 거리를 조절하였다. 근거리 조건에서는 두 문장이 인접해 있어서 정보가 두 줄의 인접한 텍스트에서 통합될 수 있었다. 원거리 조건에서는 〈표 7-4〉에서 보는 바와 같이 두 정보가 떨어져 있었다. 두 집단의 수행력에 대한 그래프는 [그림 7-2]에 제시하였다. 읽기이해 부진 아동은 중간의 다른 텍스트로 인해 기억 요구가 높은 원거리 조건에서 불일치 정보를 찾는 데 특히 어려움을 보였다. 이 과제에 대한 읽기이해 부진 아동의 수행력은 낮은 기억

능력으로 설명될 수 있으며, 이에 대해서는 다음에서 살펴보겠다.

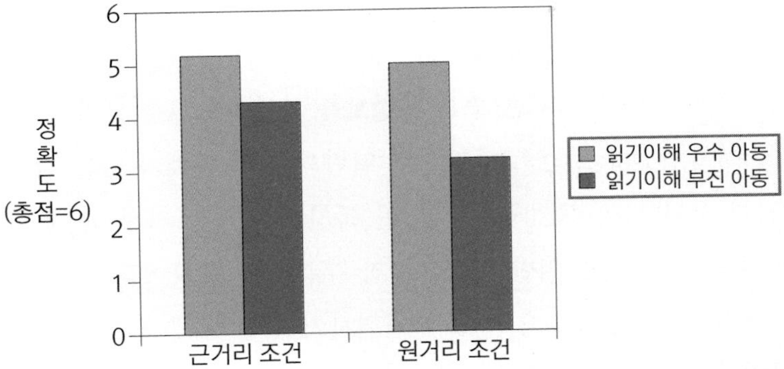

Oakhill, Hartt와 Samols(2005)의 연구 자료이다. 막대그래프는 각 집단에서 감지한 평균 불일치 수를 나타낸다. 최대 점수는 6점이다. 보시다시피 읽기이해 우수 아동(옅은 색 막대그래프)은 두 조건에서 불일치를 매우 정확하게 감지했다. 읽기이해 부진 아동은 두 불일치 정보 사이에 여러 문장이 있을 때 불일치를 더 적게 감지하였다(원거리 조건).

[그림 7-2] 불일치 탐지 과제에서 읽기이해 우수 아동과 읽기이해 부진 아동의 수행력

능숙한 독자가 이해하지 못하는 부분을 인지하면 페이지 번호를 확인하고, 모르는 단어의 의미를 찾거나 그 부분을 다시 읽는 것과 같이 어려움을 해결하기 위한 행동을 한다. 앞의 예에서 미니는 두 가지 합리적인 행동을 했는데, 첫 번째는 앞 페이지로 가서 자신이 이야기의 시작 부분부터 읽었는지 확인했다. 두 번째는 본문의 의미가 분명해지기를 바라는 마음으로 계속 읽었다. 읽기이해 우수 아동들에게서도 비슷한 행동들이 관찰되었다.

전략적 읽기를 연구한 Ehrlich 등은 읽기이해 우수 아동과 읽기이해 부진 아동이 컴퓨터 화면에 제시된 텍스트 일부를 읽는 데 걸린 시간을 비교하였다. 읽기 시간이 길면 독자는 추가적인 처리 과정에 참여하고 있음을 나타낸다. 이 연구에서 읽기이해 우수 아동은 불일치 정보가 있는 부분을 읽는 데 더 오랜 시간이 걸렸다. 그들은 또한 불일치한 부분을 발견했을 때 앞부분으로 되돌아가는 경향이 있었다(Ehrlich, Remond, & Tardieu, 1999). 따라서 읽기이해 부진 아동은 불일치한

정보를 찾을 가능성이 적고, 불일치를 발견했을 때 전략적 읽기를 할 가능성이 낮은 것으로 보인다.

(3) 텍스트 구조에 대한 지식

텍스트 구조에 대한 지식은 중요한 정보를 확인하고 통합하기 위한 틀을 제공할 수 있다. 이야기 텍스트는 일반적으로 일련의 인과 관계가 있는 사건으로 구성되며, 사건이 일어나는 데는 이유가 있다. 독자는 이해를 위해 이 지식을 사용할 수 있다. 이야기 텍스트는 일반적으로 시작 부분에서 등장인물과 배경에 관한 중요 정보를 포함하며, 이는 후속 정보와 연결하기 위한 고리 역할을 할 수 있다. 처음에 등장인물과 배경이 소개되는 이야기에 익숙해져 '이것이 정말 이야기의 시작이 될 수 있을까'라고 생각한 미니처럼 우리도 이러한 정보를 앞부분에서 기대한다.

텍스트 구조에 대한 지식과 이 지식의 사용은 종종 이야기 산출을 통해 평가하는데, 이 과제는 참여자에게 이야기(또는 다른 유형의 글)를 말하거나 쓰도록 요구하는 것이다. 이러한 과제를 사용한 연구에서 읽기이해 부진 독자가 잘 구성된 이야기를 만드는 데 어려움이 있다는 것을 발견했다. '명절'과 같은 일반적인 주제에 대해 말하도록 요구했을 때, 읽기이해 부진 아동은 연령을 일치시킨 또래 읽기이해 우수 아동이나 이해 능력을 일치시킨 나이 어린 아동보다 덜 구조화된 이야기를 산출했다(Cain, 1996, 2003; Cain & Oakhill, 1996). 그들의 이야기는 명확한 목표 순서가 없는 일련의 사건으로 구성된 목록과 같았다. 그러한 이야기의 예는 〈표 7-5〉에 제시하였다. 대조적으로 읽기이해 우수 아동은 이유가 있는 사건이 발생하고 등장인물이 목표를 달성하기 위해 목표 계획을 만드는 인과 구조로 이야기를 할 가능성이 높았다. 추론 및 이해 모니터링과 마찬가지로 읽기이해 부진 독자도 이러한 기술이 전적으로 부족한 것은 아니다. '해적들이 보물을 어떻게 잃어버렸는가'와 같은 목표 지향적인 제목과 일련의 그림들과 같은 형태로 도움을 받는 경우 그들의 이야기 구조는 더 나아졌다.

<표 7-5> 사건 간에 인과 관계가 결여된 이야기 산출의 예

날씨가 좋은 날이었다. 가족들은 해변에 가기로 했다. 그들은 그곳에서 많은 사람을 보았다. 아기가 모래성을 만들고 있었다. 큰 아이들은 바다에서 놀고 있었다. 엄마와 아빠는 집에 가기 전에 마지막으로 수영을 했다.

(4) 기억: 담화 이해의 지원

텍스트 의미를 이해하는 데 중요한 기술은 독자(또는 청자)의 기억에 (부분적으로) 의존한다. 단기기억은 방금 읽은 문장과 같은 짧은 정보를 저장하고 회상하는 데 사용되는 기억 유형이다. 길거나 복잡한 구조의 문장을 이해하는 데 특히 유용할 수 있다. 단기기억은 일반적으로 얼마나 많은 단어나 숫자를 기억할 수 있는지를 확인하는 것으로 평가한다. 6장에서 보았듯이, 단어 읽기 어려움을 가진 아동은 단기기억이 부진하다(Swanson & Berninger, 1995). 대조적으로, 읽기이해 부진 아동은 단기기억에는 문제가 없다. 그들은 비슷한 단어 읽기능력을 가진 또래의 읽기이해 우수 아동만큼 단어나 숫자를 기억하고 회상할 수 있다(Cain, 2006; Cain, Oakhill, & Bryant, 2000b; Cain, Oakhill, & Lemmon, 2004; Oakhill, Yuill, & Parkin, 1986).

작업기억은 동시에 정보를 처리하고 저장하는 것과 관련된 작업에 사용되는 기억 유형이다(Daneman & Carpenter, 1980). 이러한 유형의 기억은 이해와 텍스트의 의미 표상을 구성하는 처리 과정에 특히 중요할 수 있다. 예를 들어, 두 문장을 통합하기 위해 다른 문장을 읽는 동안 앞 문장의 의미를 유지하거나, 사전 지식을 인출하고 추론을 하는 동안 텍스트의 정보를 저장하는 데 필요하다. 처리해야 하는 정보에 단어나 숫자가 포함되어 있을 때 읽기이해 부진 독자들은 이러한 평가에서 어려움을 보였다(de Beni & Palladino, 2000; Nation et al., 1999; Yuill, Oakhill, & Parkin, 1989).

이러한 작업기억의 어려움은 텍스트에서 서로 떨어진 정보를 통합하는 것과 관련된 과제에서 읽기이해 부진 독자가 겪는 어려움의 일부를 설명할 수 있다. 앞에 언급한 Oakhill 등의 이해 모니터링 연구(Oakhill et al., 2005)에서 작업기억을 평가하였다. 읽기이해 부진 아동은 읽기이해 우수 아동보다 작업 기억 점수가 낮았으며, 특히 원거리 조건에서 문장 간에 불일치 정보가 있을 때 이를 감지하는 데 더 취약하였다. 오류 감지 과제에서의 수행력은 일반적으로 작업기억과 관련이 있다. 또한 읽기이해 부진 아동은 낯선 단어에 대한 의미 단서가 그 단어가 나온 후 여러 문장 뒤에 나타날 때 그 단어의 의미를 추론하는 데 특히 어려움을 보였다. 이해 모니터링 연구에서와 마찬가지로, 이러한 어휘 학습 과제에 대한 수행력도 작업기억과 관련이 있다(Cain et al., 2004). 핵심적인 이해 기술을 활용하는 과제에서 읽기이해 부진 아동이 겪는 어려움 중 적어도 일부는 그들의 취약한 작업기억 기술로 설명할 수 있을 것으로 보인다.

3) 요약

읽기이해 부진과 관련한 다양한 기술과 지식이 있다. 일부 읽기이해 부진 독자는 단어의 의미를 인출 또는 문장의 의미를 파악하는 데 어려움이 있다. 이러한 기술의 어려움은 기본적인 단계의 의미인 표층 표상을 생성하는 능력을 제한할 것이다. 또 다른 연구는 읽기이해 부진 독자가 연속적인 문장의 의미를 통합하고, 상황 모델을 구성하는 데 필요한 기술에 문제가 있음을 보여 주었다. 이 부분에서 검토했던 연구들은 이러한 문제들이 읽기이해 어려움을 야기한다는 것을 보여 주지는 않는다. 다음에는 읽기이해 어려움의 원인에 대해 우리가 알고 있는 것을 살펴보도록 하겠다.

3. 담화 이해 실패의 원인

앞에서 검토한 연구들은 읽기이해 부진 독자가 광범위한 읽기 및 읽기와 관련된 과제에서 어려움이 있음을 보여 주었다. 이 연구들은 모두 상관관계를 보여 주는 연구들이다. 읽기이해 우수 집단과 읽기이해 부진 집단 간에 차이를 살펴보고, 특정 기술과 이해 어려움 간의 연관성을 발견하였으나 인과 관계를 확인하지는 못했다. 이러한 기술의 결함이 이해 실패로 이어질 수 있다고 제안하는 데에는 타당한 이론적 근거가 있다. 그러나 이해 어려움은 언어발달을 지연시킬 수 있기 때문에 일부 기술의 결함은 읽기이해 부진의 결과일 수도 있다. 지금부터는 인과 관계의 방향성을 검증하는 데 사용할 수 있는 연구설계가 포함된 연구를 살펴볼 것이다.

1) 인과 관계: 연구 설계 문제

앞에서 추론과 이야기 구조의 지식 및 사용에 대해 살펴본 연구들은 이해 능력을 일치시킨 나이 어린 비교집단을 포함하였다. 두 집단을 비교했을 때 읽기이해 부진 아동의 수행력은 특정 조건에서 저조한 것으로 나타났다. 이러한 결과는 두 집단이 읽기이해 능력으로 일치시킨 집단이기 때문에 우수한 추론능력과 이야기 구조의 지식 및 사용이 우수한 읽기이해에서 비롯될 가능성을 배제할 수 있다. 그러나 이 연구 설계는 추론과 이야기 구조에 대한 지식 및 사용의 어려움이 일반적인 읽기이해 어려움을 야기한다는 반대 방향의 관계를 증명하지는 않는다. 이해 능력의 변화 과정을 추적하는 종단 연구들은 이해를 구성하는 요소 간의 인과적 관계에 대한 추가 정보를 제공할 수 있으며, 따라서 발달과정에 대한 정보를 제공할 수 있다. 이러한 연구 설계를 사용한 연구들의 결과는 5장에서 검토하였다.

지금부터는 훈련 및 중재(traning and intervention) 연구에 중점을 두고 살펴볼 것이다. 이러한 연구들은 특정한 유형의 중재 또는 기술 훈련이 효과적인지 여부를 검증하는 데 사용되며, 인과 관계를 밝힐 수도 있다. 우선 연구자들은 이론 및 경험적 근거 모두에서 우수한 읽기이해에 필요한 인과적 후보군을 식별하였다. 그런 다음 읽기이해 부진 독자에게 그 기술을 중재한다. 중재 후 연구자들은 훈련 효과를 확인하기 위해 훈련한 기술의 향상으로 이어지는지 여부를 평가한다. 더 중요한 것은 이러한 훈련이 좀 더 일반적인 읽기이해 평가에서도 증진을 가져왔는지를 평가하는 것이다. 다른 비교 집단을 중재 설계에 포함할 수 있다. 예를 들면 동일한 중재에 읽기이해 우수 집단을 포함할 수 있으며, 읽기이해 부진 아동들에게 각기 다른 유형의 중재 프로그램이나 다른 기술을 중재하는 설계를 할 수 있다. 읽기이해 부진 아동의 이해수준이 통제집단보다 증진되었다면 중재한 기술이 이러한 향상에 인과적으로 관련되어 있다고 가정할 수 있다.

2) 인과 관계: 증거

읽기이해 부진 아동이 단어 읽기에 결함이 있다는 명확한 증거는 없다. 따라서 단어 읽기는 이들에 대한 중재 연구의 초점이 된 경우가 거의 없지만 Yuill과 Oakhill은 추론 중재와 비교하기 위한 통제 훈련으로 빠르게 단어 해독하기를 포함하였다(Yuill & Oakhill, 1988). 이 연구에서 읽기이해 우수 아동, 읽기이해 부진 아동 집단은 세 개의 중재 프로그램에 참여하였다. 한 그룹은 추론 중재에 중점을 두었는데, 아이들은 핵심 단어로부터 추론하는 방법과 그들의 이해를 확인하기 위해 '그는 왜 그렇게 했어?'와 같은 질문을 만드는 방법에 대해 배웠다. 단어 읽기 중재를 받은 아이들은 단어를 빠르고 정확하게 읽는 법을 배웠다. 마지막 세 번째 중재는 일반적인 이해 평가처럼 텍스트의 내용에 대한 질문에 대답하는 연습과 관련되었다.

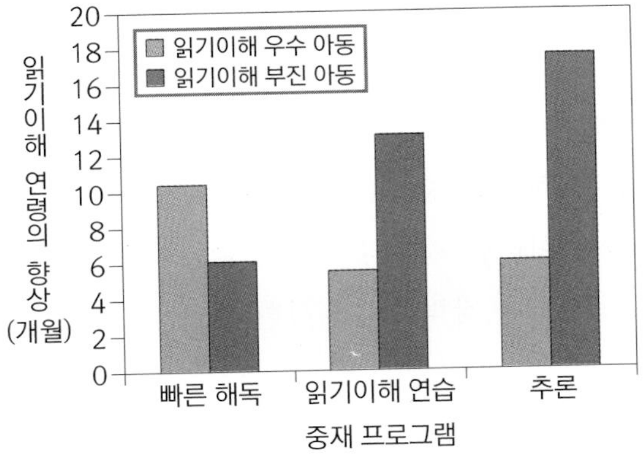

Yuill과 Oakhill(1988)의 연구 데이터이다. 이 그림의 막대그래프는 서로 다른 유형의 중재에 참여한 읽기이해 우수 아동과 읽기이해 부진 아동의 읽기이해 평균 향상을 보여 준다. 읽기이해 부진 아동은 이해에 초점을 맞춘 두 중재 프로그램에서 더 큰 효과가 있었으며, 추론 중재에 참여한 그룹이 가장 큰 향상을 보였다.

[그림 7-3] 중재 후에 읽기이해 평가에서 읽기이해 연령의 평균 향상도

추론과 질문을 만드는 법을 배운 읽기이해 부진 아동이 이후 읽기이해 평가에서 가장 큰 증진을 보였다. 이 연구에서 각 그룹의 진전을 보여 주는 그래프는 [그림 7-3]에 제시되었다. 다른 연구에서도 추론 중재의 이점을 확인하였다. Yuill과 Oakhill의 추론 중재를 수정하여 사용한 연구에서 10명의 읽기이해 부진 아동 중 7명은 중재 후에 읽기이해 우수 아동으로 분류되었다(McGee & Johnson, 2003).

이러한 연구는 추론이 이해를 위한 핵심 기술임을 시사한다. 추론 중재는 전반적인 이해 기술의 향상으로 이어지는데, 그 효과는 추론에만 국한되는가? 추론이 필요한 때와 어디에서 추론이 필요한지를 보여 주기 위해 텍스트의 단서를 인식하도록 아이들을 훈련하는 것은 이해 모니터링의 요소를 포함한다. 또 다른 중재 연구는 요약하기나 질문 만들기와 같이 자신의 이해 정도를 모니터링하는 데 도움이 되는 기술에 초점을 맞추었다(Brown, Palincsar, & Armbruster, 1984; Johnson-Glenberg, 2005). 이러한 연구들은 읽기이해 부진 아동의 이해 능력 향상을 보여 주었으며, 이러한 기술에서의 약점이 이들의 전반적인 이해 어려움의 원인일 수 있음을 시사하였다. 8장에서 이러한 연구와 그 의의에 대해 살펴볼 것이다.

3) 요약

읽기이해 부진 아동에게 추론을 하고, 자신의 이해 정도를 확인하기 위해 질문을 만들고, 이해를 모니터링하도록 중재한 연구는 일반적인 읽기이해 수행력의 향상을 가져왔다. 연구들은 이러한 기술의 결함이 읽기이해 부진 아동의 일반적인 이해 어려움의 (일부) 원인임을 강력하게 시사한다.

4. 담화 이해 부진의 결과

발달성 난독증 독자는 비록 그들이 잘 읽기 위해 보상 전략을 개발했을지라도 그들의 근본적인 어려움은 성인기까지 지속된다는 상당한 증거가 있다(Treiman, Goswami, & Bruck, 1990). 읽기이해 부진 아동도 마찬가지인가? 그들의 어려움은 지속되는가 아니면 성공적인 읽기이해에 중요한 기술의 발달 지연으로 인해 발생하는 일시적인 어려움인가? 읽기이해 부진에 대한 광범위한 함의는 무엇인가? 읽기이해 부진은 다른 언어발달에 부정적인 영향을 미치는가? 그리고 읽기이해 부진 아동에 대한 교육적 함의가 있는가?

1) 한 번 읽기이해 부진 독자가 되면 계속적으로 읽기이해 부진 독자인가

읽기이해 부진 독자를 지속적으로 추적한 연구는 거의 없다. 이러한 것들은 이해 문제의 지속성에 대한 통찰력을 제공하기 때문에 특히 유용하다. 읽기이해 부진 아동이 시간이 지나면서 그들의 결함이 없어지는 것으로 나타난다면 효과적인 중재법의 개발을 걱정할 필요가 없다. 우리는 이 아이들이 적절한 때에 발달하도록 내버려 둘 수 있다. 그들의 문제가 몇 년 후에도 여전히 명백하다면, 핵심적인 이해 문제를 치료하기 위한 효과적인 중재법을 개발하는 것이 중요하다.

일부 연구에 따르면, 읽기이해 부진으로 확인된 아동의 상당수는 몇 년 또는 몇 개월 후에 다시 평가했을 때 읽기이해 부진의 준거 기준을 충족하지 못하는 것으로 나타났다. 예를 들면, Levorato 등은 8세의 읽기이해 부진 아동들 중 67%가 8개월 후 재검사를 했을 때 평균 수준의 읽기이해 능력을 가지고 있다는 것을 발견하였다(Levorato, Nesi, & Cacciari, 2004). 대규모 발달 연구에서, Aarnouste 등은 1~3학년의 다양한 읽기능력을 가진 아동 집단을 3년간 모니터링했다(Aarnoutse et al., 2001). 집단 간 읽기이해 능력 차이는 시간이 지남에 따라 줄어들었다.

이것은 다소 고무적인 통계 결과이지만 예기치 않게 읽기이해 어려움을 가진 아동의 발달과 관련하여 오해의 소지가 있을 수 있다. 앞의 두 연구에서 읽기이해 부진 아동은 또래 수준의 단어 읽기능력을 가진 아동으로 선정되지 않았으며, 또래 읽기이해 우수 아동과 단어 읽기능력이 일치하지 않았다. 단어 읽기능력은 나이 어린 아동의 읽기이해를 제한하기 때문에 단어 읽기능력의 증진은 읽기이해의 향상으로 이어질 수 있다. 연령에 적절한 단어 읽기능력으로 선정한 읽기이해 부진 아동 연구는 훨씬 덜 고무적이다. 8세 때 단어 읽기능력에서 차이가 없는 읽기이해 우수 아동과 읽기이해 부진 아동에 대한 저자의 연구에서 23명 중 1명만이 3년 후에 연령에 적절한 읽기이해 점수를 받은 것으로 나타났다(Cain & Oakhill, 2006). 연구결과는 특정 읽기이해 결함, 즉 적절한 단어 읽기능력을 가지고 있음에도 불구하고 명백하게 이해에 어려움이 있는 아동은 그들의 이해 어려움을 해결하기 위해 이해에 초점을 둔 중재가 필요할 수 있음을 시사한다.

2) 이해 결함에 대한 광범위한 함의

이해 부진은 문해와 학습 전반에 걸쳐 영향을 미치는가? 6장에서 난독증 독자와 관련해서 매튜 효과(Matthew Effect)에 대해 논의했다. 매튜 효과는 문해 어려움이 있는 아동은 또래를 따라잡지 못하고, 심지어 더 뒤처지게 되어 읽기 우수 아동과 부진 아동 간에 차이가 시간이 갈수록 커지는 현상을 가리키는 말로 사용된다(Stanovich, 1986). 직관적으로 그럴듯한 가설이긴 하지만, 난독증 아동에 대한 모든 종단 연구가 읽기 및 읽기와 관련한 기술에서 난독증 아동과 일반 발달 아동 간에 격차가 벌어지는 것을 발견한 것은 아니다. 그렇다면 읽기이해 부진은 어떠한가? 읽은 내용을 적절하게 이해하지 못한 아동은 이해 능력이 더 좋은 아이들과 비교했을 때 여가 시간에 책을 읽고자 하는 의욕이 덜 할 가능성이 있다. 따라서 읽기이해 부진 아동은 단어 읽기와 이해 연습을 덜 할 것이다(Stanovich, 1993). 또한 읽기이해 부진 아동은 덜 어려운 책을 선택하여 읽을 수 있다. 결과적으로 읽고 쓰는 능력의 성장이 감소할 뿐 아니라 읽기이해 능력이 좋은 사람들보다 다양한 주제 영역에 대해 배우고 어휘 지식을 확장할 기회가 적을 수 있다(Cain & Oakhill, 심사 중).

읽기이해 부진에 대한 광범위한 교육적 함의가 있을 수 있다. 8세에 읽기이해 부진으로 진단된 아동과 어려움이 없는 또래 아동 집단을 추적한 연구가 있다(Cain & Oakhill, 2006). 3년 후에, 읽기이해 부진 아동은 영국 국가 평가(UK national assessments)의 영어, 수학 및 과학에서 상당히 낮은 점수를 받았다. 그들은 또한 표준화된 검사로 실시한 구어 추론(verbal reasoning)에서도 수행력이 낮았다. 이 연구에서 읽기이해 부진 아동의 수행력은 모든 평가에서 그들의 연령에 적절한 범위 내에 있었다는 점에 유의해야 한다. 그러나 이러한 연구결과는 그들의 어려움이 문어 텍스트를 넘어 확장될 수 있음을 시사한다. 수학 능력과 과학의 지식 및 추론 평가에서의 낮은 수행력은 다양한 영역에서의 어려움을 보여 준다.

교육과정에서 나타난 광범위한 어려움은 읽기이해 부진 아동이 또래 일반아동과 같은 속도로 배우는 데 실패할 수 있음을 시사한다. 그러한 어려움은 텍스트이해 모델의 관점에서 설명할 수 있다. Kintsch(1998)는 새로운 정보가 기존 지식 구조에 통합되기 때문에 적절한 상황 모델을 구성하면 독자가 텍스트에서 학습하고 해당 지식을 다른 상황에 적용할 수 있다고 주장했다. 읽기이해 부진 아동은 다양한 주제에 걸쳐 새로운 지식을 습득하고 통합하는 데 어려움을 겪을 수 있다.

3) 요약

적절한 단어 읽기능력을 가졌지만 읽기이해 어려움을 가진 아동은 그들의 문제가 단순히 없어지는 것이 아닐 수 있으며, 그들의 어려움을 해결하기 위한 중재가 필요할 것이다. 읽기이해 부진 아동은 언어와 텍스트로부터 지식을 습득하는 데 실패하기 때문에 더 광범위한 어려움을 초래할 수 있다.

핵심 요약

- 일부 아동은 연령에 적절한 단어 읽기 기술을 습득했음에도 불구하고 읽기이해 어려움을 경험한다. 그들의 어려움은 읽기를 넘어 확장되며, 듣기이해에서도 어려움을 보인다.
- 성공적인 읽기이해를 위해서는 독자가 문장을 이해하고, 여러 문장의 의미를 통합하고, 전반적인 텍스트에 대한 의미 기반의 표상을 구성해야 한다. 읽기이해 부진 독자는 이러한 텍스트 처리 과정의 각 단계에서 어려움을 겪을 수 있다.
- 일부 읽기이해 부진 독자는 의미 및 구문에서 취약할 수 있다. 이러한 어려움은 문장의 의미인 표층 수준의 표상 어려움으로 이어질 수 있다.
- 읽기이해 부진 독자는 텍스트 의미에 대한 응집력 있고 통합된 표상을 구성하는 데 도움이 되는 몇 가지 기술에 어려움이 있다. 그들은 읽기이해 우수 독자보다 일련의 연속된 문장을 통합할 가능성이 적고 추론을 적게 한다. 또한 그들은 지문에서 모순되는 정보를 발견할 가능성이 적다. 이야기를 말하도록 요구했을 때 읽기이해 부진 독자는 응집성과 인과 관계의 구조가 결여된 일련의 사건으로 산출한다.
- 작업기억의 문제는 이러한 많은 과제에서 그들이 어려움을 겪는 이유 중 하나일 수 있다. 작업기억은 독자가 정보를 이전에 읽은 내용과 연관시키면서 그 정

보를 처리하고 정확하게 표상할 수 있게 한다.

- 추론과 이해 모니터링 기술은 교육할 수 있으며, 이러한 중재는 일반적으로 읽기이해를 향상시킨다. 추론과 이해 모니터링에 대한 중재 연구의 성공은 이러한 기술이 담화 이해 어려움을 야기하는 가능한 원인임을 나타낸다.
- 아이들이 어떤 형태의 지원이나 중재를 받지 않는다면 읽기이해 어려움은 지속될 수 있다. 게다가 읽기이해의 어려움은 더 광범위한 언어 및 읽기 문제를 초래할 수 있다.

추가 읽기자료

읽기이해 부진 독자의 연구에 대한 검토는 Cain과 Oakhill(2007), Nation(2005)에서 볼 수 있다.

Cain, K., & Oakhill, J. (2007) Reading comprehension difficulties: Correlates, causes, and consequences. In K. Cain, & J. Oakhill (eds), *Children's Comprehension Problems in Oral and Written Language: A Cognitive Perspective*, New York: Guilford Press, pp. 41–75.

Nation, K. (2005) Children's reading comprehension difficulties. In M.J. Snowling and C. Hulme (eds), *The Science of Reading: A Handbook*, Oxford: Blackwell Publishing, pp. 248–65.

Perfetti(2007)는 읽기이해 부진의 다양한 원인에 대한 논의를 제공한다.

Perfetti, C.A. (2007) Reading ability: Lexical quality to comprehension, *Scientific Studies of Reading, 11*: 357–83.

용어 정의

읽기 연령 (reading age)	일반 발달 아동이 읽기 검사에서 얻은 특정 점수에 해당하는 생활 연령
의미 유창성 (semantic fluency)	단어 의미에 대한 접근의 용이성으로, 종종 대상자에게 정해진 시간 동안 특정 범주의 단어를 산출하도록 요구함으로써 측정한다.
작업기억 (working memory)	동시에 정보를 처리하고 저장하는 것과 관련한 과제에 사용되는 기억 유형

제8장

교육과 중재

핵심 용어

- 음운인식(phonological awareness)
- 음운중재(phonological instruction)
- 구어전략(verbal strategies)
- 비구어 전략(nonverbal strategies)
- 공식적 교육(formal instruction)
- 비공식적 교육(informal instruction)

이 장은 교육과 중재, 특히 읽기발달을 지원하고 읽기 부진 독자를 치료하기 위해 무엇을 할 수 있는지를 다루고 있다. 중재 연구는 일반적으로 능숙한 독자가 사용하는 기술, 지식, 전략에 대한 교육을 포함한다. 많은 경우 이것은 일반 또는 특수 학급에서 사용된 프로그램에 대한 집중적 전달로 이루어진다. 이 연구들은 종종 읽기발달에 대한 이론이나 읽기 어려움의 원인에 대한 설명을 평가하기 위해 사용되어 왔다. 더 광범위한 함의는 이러한 연구들이 읽기발달의 기초를 마련하는 방법, 어린 아동들이 배워야 하는 기술이 무엇인가 그리고 궁극적으로 몇몇 유형의 읽기 실패를 예방하는 방법에 대해서 알려 주는 것이다. 이 장에서 초점을 두는 것은 연령이나 특정 언어별(language-specific) 읽기 체계(scheme)나 교육정책에 대한 논의가 아니라 더 광범위한 문제이다.

제8장 교육과 중재

1. 단어 읽기 교육과 중재

영어, 스페인어와 독일어 같은 알파벳 문자 체계는 구어의 말소리(음소)를 낱글자나 글자 조합(letter combinations: 자소)으로 나타낸다. 그래서 학교 입학 시기 아동들의 음운인식과 문자 지식이 성공적인 읽기 학습을 가장 잘 예측해 주는 두 가지 요인이며 난독증의 핵심 증상이 알파벳 원리를 습득할 때 심각한 어려움이 있는 것이라는 점은 알파벳 언어권 독자들에게는 놀라운 일이 아니다(Jorm et al., 1984a; Snowling, 2000). 여기서는 이러한 구체적 기술과 지식에 대한 교육에 초점을 맞춘 연구들, 그리고 단어 읽기 전략 교육을 포함하는 중재에 관해 검토할 것이다. 일반적 읽기 교육의 의미, 또 학령전기 단어 읽기능력의 발달을 지원하는 방법은 이 장의 후반에서 따로 다루게 될 것이다.

1) 단어 읽기를 지원하는 기술과 지식에 관한 교육

음운인식은 단어의 말소리 구조를 인식하고 조작하는 능력을 나타낸다. 몇몇 중재 연구들은 구어 활동을 통한 음운인식만 가르치는 데 집중한 반면, 다른 연구들은 특정 소리를 나타내는 문자(또는 문자 조합)를 보여 주기 위해 문어를 사용하였다.

(1) 음운인식 중재

구어 음운인식 중재 연구의 고전적 사례는 덴마크에서 Lundenberg, Frost와 Petersen(1988)이 수행한 것이다. 6세 대그룹 집단 아동들에게 매주 게임과 훈련을 통해 언어의 음운론적 구조에 주의를 기울이도록 훈련시켰다. 덴마크에서는 7세에 정규 교육(formal schooling)이 시작되기 때문에 이들은 학령 전 아동이다. 연구 시작단계에서는 중재집단과 통제집단 아동 둘 다 아는 글자가 거의 없었고, 대다수가 어떤 단어도 읽을 수 없었다. 중재 8개월 후, 중재집단 아동들은 음절, 라임, 음소 수준의 음운인식을 다룬 다양한 평가에서 우수한 음운능력을 보여 주었다. 2년 후 중재집단의 읽기와 철자쓰기 점수는 통제집단보다 더 우수했으나 수학 점수는 두 집단이 비슷하였다. 이 연구는 음소인식을 포함한 음운인식 기술이 일반적인 읽기 교육 맥락에서 벗어나서, 명시적으로 중재함으로써 발달될 수 있다는 것을 보여 주었다. 또한 음운인식 중재 효과는 일반적 교육 성취도가 아니라 문해력의 결과에 특화되어 있다는 것도 보여 주었다.

덴마크 연구에서 통제집단은 어떤 특별한 중재도 받지 않았다. 영국에서 수행한 다른 중재 연구는 중재 유형이 중요하다는 것을 보여 주었다. Bradley와 Bryant (Bladley & Bryant, 1983, 1985)는 음운인식 검사에서 부진으로 평가받은 4세와 5세 아동들을 대상으로 하였다. 이 아동들은 2년에 걸쳐 말소리 또는 의미에 기반한 단어 분류하기 훈련을 받았다. 예를 들어, 말소리 분류하기 중재를 받은 아동들은 hen과 hat이 같은 소리로 시작되고, hen과 man은 같은 소리로 끝난다는 것을 배웠다. 반면에 의미 기반 중재를 받은 아동들은 hen 같은 단어는, 예를 들어 동물(hen, bat) 또는 가축(hen, cow) 같이 다양한 방식으로 범주화될 수 있다는 것을 배웠다.

Bradley와 Bryant는 말소리 분류하기를 교육받은 아동들이 추후에 실시된 읽기와 철자쓰기 검사에서 의미 범주화 집단(classification group) 아동들보다 수행력이 더 높았다는 것을 확인하였다. 이 이점은 문해력 평가에 한정된 것으로 수학 능력 평가로까지 확대되지는 않았다. 더욱이 플라스틱 글자의 도움을 받으면서 말소리 분류하는 방법을 배운 아동들은 후에 읽기와 철자쓰기 평가에서 가장 높은 점수를 받았다. 최종 평가에서 집단 간 비교를 나타내 주는 그래프(어떤 중재도 받지 않은 집단도 포함)는 [그림 8-1]에 제시되어 있다. 글자와 말소리를 결합하는 연습을 통해 성공적으로 음운인식을 훈련한 다른 프로그램들은 중재 후 몇 년 동안 그 효과가 지속되었다고 보고하였다(Byrne & Fielding-Barnsley, 1995).

(2) 글자와 함께 음운인식 중재하기

지금까지 검토한 음운인식 중재 연구들은 다음의 세 가지를 제안한다. 첫째, 읽기 전 단계와 읽기 시작 단계 독자는 말소리에 기반한 단어 분류하기를 중재받을 수 있다. 둘째, 이 중재는 읽기와 철자쓰기 발달에 도움이 된다. 셋째, 이 소리들이 문어(단어나 글자의 도움과 함께)에 연관되는 방법을 설명해 주는 중재는 추후의 읽기 및 철자쓰기 수행력에 가장 큰 영향을 미치는 것으로 보인다.

음소인식 중재 연구에 대한 두 개의 메타분석(meta-analyses) 연구에서는 이 기술들이 훈련될 수 있고 이러한 훈련이 읽기의 향상으로 이어진다는 것을 확인하였다. 더욱이 글자와 함께 교육했을 때 일반아동에게 가장 큰 도움이 되었다(Bus & van Ijzendoorn, 1999; Ehri et al., 2001b). 알파벳 철자법 중재와 음운인식 사이의 연관성이 있다는 제안을 고려할 때 글자를 함께 사용하는 훈련의 장점은 흥미로운 것이다(4장 참조). 글자는 다양한 방식으로 음운인식을 촉진시키는 데 도움이 될 수 있다. 즉, 글자는 소리에 대한 시각적 상징을 제공해 줄 수 있고 이러한 뚜렷한 시각적 상징을 통해 아동들이 유사한 소리들 사이에서 주의를 기울이고 변별할 수 있도록 도와준다.

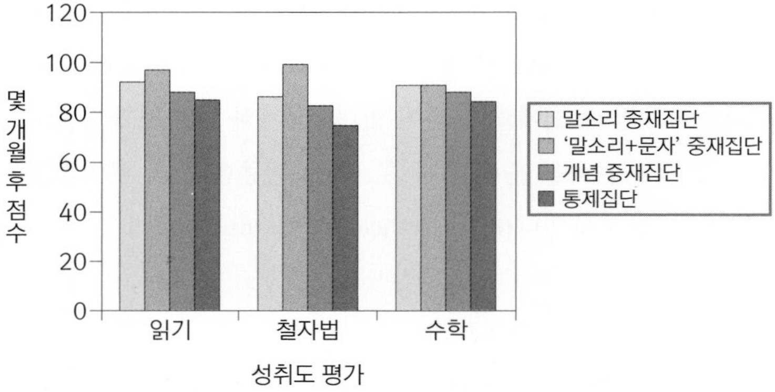

[그림 8-1] Bradley와 Bryant의 중재 연구(1983, 1985)에서 다양한 집단의 수행력을 보여 주는 그래프

*참고: 말소리 중재 집단은 말소리 범주화만 중재받음. '말소리+문자' 중재집단은 플라스틱 글자와 함께 말소리 중재집단과 같은 중재받음. 개념중재 집단은 다양한 방식으로 단어분류하는 방법을 배움, 통제집단은 어떤 중재도 받지 않음.

Bradly와 Bryant의 원래의 중재 연구에는 처음에 말소리 분류 과제 수행력이 가장 부진한 아이들이 포함되어 있었다. 또 다른 성공적인 연구들은 연구자들의 읽기 선별 검사에서 부진했던 아동들이 포함되어 있었다(Hatcher, Hulme, & Ellis, 1994). 그런데 읽기 실패 위험군 아동(난독증 가족력이 있는 어린 아동)이나 이미 읽기장애로 진단된 아동들은 어떠한가? 음운인식 훈련은 그들에게 효과가 있는가?

Ehri 등(Ehri et al., 2001b)의 메타분석에서는 일반적으로 읽기 실패 위험군 아동들은 이미 읽기에 실패한 (더 나이 든) 아동들보다 음운인식 중재 프로그램에 더 잘 반응한다고 주장한다. 그러나 서로 다른 연구들 간에 그리고 개별 연구의 아동 집단 내에서도 모두 상당한 차이가 있었다. 성공적인 연구에서조차도 아동들이 또래의 읽기발달 수준에 도달할 수 없으며, 모든 아동이 음운인식 중재로 효과를 얻는 것은 아니다.

표본에서의 차이가 항상 나쁜 것은 아니다. 만약 적절한 기초선이 측정된다면 연구자들은 몇몇 아동들이 왜 다른 아동들보다 더 중재에 잘 반응하는지를 확인할 수 있고, 그래서 효과적인 중재가 무엇인지에 대한 통찰력을 제공해 줄 수 있다. 이러한 예는 Elbro와 Petersen(Elbro & Petersen, 2004)이 수행한 연구에서 찾아볼 수 있다. 이 연구는 부모 중 적어도 한 명이 난독증이어서 읽기장애 위험군인 아동들에 관한 것이다. 위험군 아동의 한 집단은 글자를 포함한 음운인식 중재 프로그램에 참여했고, 다른 위험군 집단은 통제집단으로 참여했다. 이후 중재집단은 단어와 비단어 읽기 과제에서 수행력이 더 좋았고 이 읽기 효과는 중재 이후 7년까지 유지되었다.

프로그램의 긍정적인 장기 효과에도 불구하고 중재받은 위험군 집단 아동의 문해력 수준은 난독증 가족력이 없는 다른 통제집단(위험군이 아닌 통제집단)이 성취한 수준에 도달하지는 못했다. 연구자들은 어떤 기초선 측정치가 중재에 대한 반응을 예측해 주는지 검토할 수 있었다. 중재 효과가 없었던 위험군 아동들은 단어의 특정 음운 표상이 부진하였으며, 이는 배운 음소인식을 습득하는 그들의 능력을 제한했을 수 있다(음운 표상의 질과 읽기 성취 사이의 관련성 논의는 6장 참조). 지능을 포함한 다른 요인들이 중재에 대한 반응을 제한할 수 있다. 이 쟁점에 대한 논의는 [상자 8-1]에 있다.

상자 8-1 중재에 대한 반응

지능 점수는 학습장애 아동을 식별하기 위해 정립된 것이기는 하지만 논란의 여지가 있는 방법이다. 발달성 난독증 진단은 더 광범위하게 나타나는 인지 결함 아동들과 상대적으로 '순수'한 난독 사례를 감별하기 위해 종종 지능-성취 불일치 모델(IQ-achivement discrephancy)을 적용해 왔다. 이 준거에 따르면 읽기 어려움은 낮은 지능을 동반하지는 않는다(그러므로 지능과 관련이 없거나 지능 때문에 발생되지 않음).

6장에서 본 것처럼 지능-성취 불일치 모델은 학습장애의 진단에 유용하지 않거나 그 원인에 대한 이해와 관련이 없기 때문에 비판받아 왔다(Siegel, 1988; Stanovich, 1991). 또한 지능-읽기능력 불일치가 발생하는 데 필요한 시간 때문에 난독증에 대한 '실패를 기다리는' 모델로 설명되어 왔다(Shaywitz et al., 2009). 최근 메타분석에서는 지능과 읽기 수준 사이의 불일치가 읽기장애와 저성취 아동들 사이의 인지적 차이에 대한 중요한 예측요인은 아니라는 것을 보여 주었다. 두 집단 모두 음운처리 같은 읽기 관련 검사에서 비슷하게 수행했다(Hoskyn & Swanson, 2000). 따라서 지능은 읽기 실패의 원인을 예측하는 것으로 보이지 않는다(Francis et al., 1996). 지능은 읽기 결과를 예측하지도 않는다.

최근에 예후에 대한 지능검사의 유용성에 관한 논의가 있었다. 지능이 읽기 어려움 있는 아동의 중재 반응을 예측해 주는가? 다른 몇몇 연구자들의 메타 분석 연구는 그렇지 않다고 주장한다. Stuebing 등은 음운인식, 단어 읽기 정확도, 읽기 유창성, 읽기이해의 네 가지 검사 결과로 중재에 대한 반응을 예측하기 위해 지능(비구어, 구어 지능 또는 어휘에서 추정된)을 분석하였다. 분석에 포함된 연구들에서 중재의 성격은 다양했다. 어떤 것은 음소인식 훈련이 포함되었고, 어떤 것은 더 일반적인 음운인식 훈련이 포함되었으며 읽기나 어휘 중재의 다른 양식도 포함되었다.

지능의 효과는 미미했다. 중재에 대한 반응에서 많으면 변화량의 1~3% 정도를 설명해 주었다(Stuebing et al., 미간행). 그래서 이 분석은 다른 것들처럼 지능이 중재에 대한 반응이나 아동들의 학습 잠재력에 대한 정확한 예측요인이 아니라는 것을 나타내 주었다.

2) 단어 읽기 방법에 대한 교육

4장에서 비친숙한 단어를 읽는 다양한 방법을 설명했다. 문자열을 해독하기, 아는 단어로 유추하기, 문맥에서 추론하기 등이 그것이다. 독자에게 필요한 기술과 지식이 있다면 앞의 두 전략들은 규칙적인 철자로 된 비친숙한 단어를 정확하게 읽어 낼 수 있게 할 것이다. 반면, 문맥 추론은 신뢰할 만한 전략이 아니다. 문자나 문자 조합이 구어에서의 말소리를 나타낸다는 것을 아는 것은 비친숙한 단어의 정확한 해독을 위해 반드시 필요하다. 파닉스 교육은 읽기 시작 단계 아동들에게 이 지식과 비친숙한 단어를 읽거나 쓸 때 그것을 사용하는 방법을 가르치는 것을 포함하고 있다. 이 부분에서는 파닉스 및 비파닉스(nonphonics) 접근법의 읽기 중재 및 치료교육에 대한 효과를 다룬 연구를 검토하려고 한다.

(1) 파닉스 교육과 중재

알파벳 언어권에서 대부분의 읽기 프로그램은 파닉스 교육(Phanics instruction)을 포함한다. 파닉스 교육에 대한 다양한 접근법이 있다. 체계적인 파닉스 교육은 명시적 교수 및 연습과 함께 특정 파닉스 구성요소들을 소개하고 순서대로 가르치는 특정 프로그램을 따른다. 파닉스 교육에 대한 비체계적인 접근은 통글자 수업에서 발생할 수 있는데 이 경우 글자와 소리 관계는 읽기를 하는 동안 그렇게 해야 할 필요가 있을 때 명시적으로 배울 수 있다. 그러나 이 접근법에서 파닉스 교육은 빈번한 활동이 아니다.

합성 파닉스(synthetic phonics)는 음소인식에 집중한다. 아동들이 글자를 소리 내서 읽고 그것을 합성함으로써 단어 읽기(해독)를 배우기 때문에 이것은 부분 대 전체 접근법(part-to-whole approach)으로 불려 왔다. 글자들이 먼저 소개되고 아동들은 각 글자를 나타내는 소리를 배운다. 일단 아동들이 몇 개의 글자를 배우고 나면 비친숙한 단어를 읽기 위해 합성해서 읽기 연습을 할 수 있다.

이와 반대로 분석 파닉스(analytic phonics)는 전체 대 부분 접근법(whole-to-part approach)으로 불리는데 어두자음과 라임 단위에 대한 조기(문해능력 습득 전) 인식을 활용한다. 분석 파닉스 프로그램에서 아동들은 대체로 읽기를 배울 단어의 말소리를 제시받고 나서 전체 단어를 부분으로 나누는(분석) 것을 배우는데, 대개 프로그램의 도입단계에는 단어의 초성 글자에 집중하게 된다. 이 두 접근법에 대한 또 다른 비교는 글자의 소리를 가르치는 속도이다. 합성 파닉스 프로그램은 하루에 두 개의 말소리를 가르칠 수 있는 반면, 분석 파닉스 프로그램은 종종 주당 하나의 초성 글자를 가르친다(다른 접근법에 대한 검토는 Johnston & Watson, 2004 참조). 하나 또는 다른 접근 방식을 따르는 프로그램은 다양하지만 주요 차이점은 〈표 8-1〉에 나열되어 있다.

<표 8-1> 합성 및 분석적 읽기 중재 접근법의 핵심 차이 요약

	중재 비율	알파벳의 역할	단어에서 말소리의 위치
분석 파닉스	주당 한 글자	알파벳 26개 글자를 가르침	단어의 초성, 어두자음과 라임 및 단어 가족에 초점
합성 파닉스	주당 5~6개 말소리까지	44개 음소(영어의 경우)를 가르침(낱글자와 이중 글자를 포함)	단어의 모든 위치에서의 음소 식별에 초점

최근에 합성 대 분석 접근법에 중점을 두면서 최선의 파닉스 교육에 대한 접근법이 무엇인지에 대해 많은 논쟁이 있다(Jonston & Watson, 2004). 그런데 최근 문헌 검토와 메타 분석에서 특정 체계적인 교육방법을 선호하는 것은 없었다. 오히려 체계적인 교육이 비체계적이거나 비파닉스적인 교육보다 더 나았고, 교육을 시작하는 나이가 중요했다. 파닉스 교육이 문해교육 시작 단계에 도입될 때 읽기 진전 효과는 더 컸다(Ehri et al., 2001a).

파닉스 교육이 읽기에 어려움이 있거나 읽기 실패 위험군 아동들에게 도움이 되는가? 집중적인 파닉스 기반 교육은 읽기 힘들어하는 아동들을 중재하는 효과적인 방법이다. Torgesen 등(1999)은 읽기에 상당한 어려움을 겪는 8~10세 아동들을 대상으로 두 가지 방법의 효과를 비교했다. 두 프로그램은 음운론에 기반하고 있고, 음운인식과 해독을 가르치는 것이다. 하나는 단단어에 초점을 두는 것이고, 다른 것은 의미있는 텍스트 읽기 연습을 포함하는 '임베디드 접근법(embedded approaches)'이다. 교육은 두 달에 걸쳐 매일 50분씩 2회기가 포함되었다. 두 프로그램 모두 2년 후 후속 검사에서 뚜렷한 읽기능력의 향상이 지속적으로 이어지고 있었다. 가장 두드러진 교육 효과는 음소 해독 기술이었다.

Torgesen 등의 연구에서는 읽기 유창성에 대한 읽기 중재 효과도 평가했다. 읽기 부진 아동 두 집단 모두 쉬운 텍스트에서 읽기 유창성이 향상되었으나 더 어려운 텍스트에서의 읽기 유창성은 여전히 좋지 않았으며 읽기에 어려움이 있는 아동들은 일반 또래 아동들을 따라잡지 못했다. 따라서 읽기 어려움이 있는 아동들은 자신의 학년 수준에 맞는 텍스트를 여전히 느리게 읽었다. 파닉스 기반 중재는 읽기에 어려움이 있는 아동들의 정확한 단어해독 능력을 향상시켜 주는 효과적인 방법이지만 유창성에는 효과가 없는 것으로 나타났다.

남아 있는 유창성 문제를 설명해 주는 것 중 하나는 연습이다. 읽기에 어려움이 있는 아동들은 아마 같은 나이의 읽기 우수 아동보다 일반적으로 읽기 연습량이 훨씬 적고, 자기 수준에 비해 더 어려운 텍스트를 사용했을 것이다. 약한 음운처리 기술 때문에 읽기 실패 위험군으로 식별된 읽기 전단계 아동들에 대한 집중적 중재는 읽기 유창성에 더 큰 효과를 미쳤지만 중재 기간도 더 오랫동안 지속되었다(Torgesen et al., 1999).

(2) 읽기 교육 및 중재에 대한 비파닉스 접근법

뉴질랜드에서 초기 문해 교육은 총체적 언어 접근법(whole-language approach)을 도입했는데 이는 '책 읽기 경험' 접근법으로 알려져 있다[뉴질랜드의 간략한 읽기 중재 역사는 Champman, Tunmer와 Allen(2003) 및 Bowey(2006) 참조]. 이 접근법의 기본 철학은 읽기 학습이 구어 학습처럼 '자연스럽게' 발달하는 능력이라는 것이다. 읽기 교육은 책을 중심으로 모여서 교사가 큰 글자로 된 책을 학급 전체에게 읽어 주고, 읽기를 지도해 주고, 개별 아동 및 아동집단이 선생님과 함께하는 공동 책 읽기(shared reading)가 포함된다. 후자에서는 아동들에게 비친숙한 단어를 문맥에서 예측해서 읽도록 권장한다. 아동이 문맥에서 예측해서 단어를 읽지 못하면 단서로 단어의 첫 글자 소리를 활용하도록 지도받을 수 있지만 명시적인 파닉스 교육은 하지 않는다(Thompson, 1993).

Tunmer 등은 이 읽기 접근법은 우수 독자와 부진 독자 사이에 발생하는 큰 성취 격차에 대한 하나의 설명이라고 주장했다(Tunmer, Champman, & Prochnow, 2004). 이 결론은 다른 교수법과 비교하면서, 파닉스에 대한 명시적인 교육을 받은 아동들이 '암묵적'이고, 앞에서 언급한 '책 읽기 경험' 접근법과 비슷한 교육을 받은 아동들보다 더 빠른 속도로 읽기를 배운다는 것을 밝혀낸 연구에 의해 지지받았다(Foorman et al., 1998).

뉴질랜드에서 읽기에 어려움이 있는 아동들을 돕기 위해 가장 널리 사용되는 중재는 'Reading Recovery'이다(Clay, 1985). Reading Recovery는 조기에 읽기 어려움의 징후가 보이는 아동을 돕기 위해 만들어졌으며(초등 1학년 이후), 12주에서 20주 사이의 기간 동안 매일 개별 수업을 한다. 프로그램 내용은 뉴질랜드 일반 학습에서 사용하는 것과 같은 방법과 활동을 많이 사용했기 때문에 아동들은 파닉스에 대한 명시적인 교육을 받지 않고 단어를 읽기 위해 문맥을 활용하는 데 초점을 두었다(그리고 텍스트에서 의미를 얻기도 하고). Reading Recovery는 다른 영어권 나라에서도 사용되었다. Reading Recovery 프로그램에 참여한 아동의 진전을 프로그램에 참여하지 않은 읽기 부진 아동과 비교한 종단 연구에서는 읽기의 성공이 음운처리 기술과 관련된다는 것을 보여 주었다. Reading Recovery 자체가 이 기술들을 가르치는 것은 아니기 때문에 가장 큰 혜택을 받은 아동은 비단어 해독과 음소분절 기술로 시작한 아동들이다(Champman, Tunmer, & Prochnow, 2001).

(3) 형태소 교육

많은 나라에 형태소에 대한 체계적인 교육은 거의 없고 형태소 철자법에 대한 명시적 교육의 효과를 조사한 연구도 거의 없다. 따라서 여기서는 아동들에게 형태소와 철자쓰기 사이의 관계에 대해 가르치는 것이 가능한지와 이것이 단어 읽기와 읽기에 어떻게 영향을 미치는지 살펴볼 것이다.

우리는 어린 아동들의 형태 인식 능력과 그들의 단어 읽기능력 향상 간에 관련이 있으며, 게다가 음운인식에도 상당한 영향을 미친다는 것을 알고 있다(Deacon & Kirby, 2004). 음운론과 마찬가지로 어린 아동들이 형태론적 철자법(morphological spelling rules)을 배울 수 있다는 증거가 있다. Nunes, Bryant와 Olsson(2003)은 음운론적 철자법(phonological spelling rules) 중재(단어 끝의 'e'로 표시된 모음변화 같은 예, rat과 rate를 비교해 보라)와 형태론적 철자법 중재(파생 접사, -ion, -ian 및 -er

같은 예)의 효과를 비교했다. 형태론적 철자법에 대한 명시적 중재를 받은 아동들은 이것을 활용하는 데 효과가 있다는 것을 보여 주었다. 또한 이 아동들은 음운론적 철자법을 교육받은 아동들만큼 읽기능력이 향상되었다. 유사하게 노르웨이의 읽기 전단계 아동들에 대한 연구에서는 음운이나 형태에 대한 중재가 읽기발달에 도움이 되는 효과적인 방법이라는 것을 발견했다(Lyster, 2002). 노르웨이의 연구에서는 중재받지 않은 통제집단 아동들과 비교하면서 한 가지 기술에 대한 중재가 다른 것에도 영향을 준다는 것을 주장했는데, 음운중재를 받은 아동들도 형태론적 지식이 좋아졌고, 그 반대도 마찬가지였다.

3) 요약

아동들은 음운인식과 글자 지식 같은 단어 읽기 습득을 지원하는 기술과 지식을 배울 수 있다. 두 가지를 결합한 프로그램, 즉 음운인식 기술을 글자와 명시적으로 연결해서 가르치는 것이 읽기 습득을 촉진시키고 읽기 실패를 예방하는 데 가장 성공적이었다. 단어 읽기 전략에 대한 중재는 비친숙한 단어를 해독하는 파닉스 기반 접근법을 포함했을 때 가장 효과적이었다.

모든 아동들이 교육이나 중재로 비슷한 혜택을 얻는 것은 아니다. 읽기에 어려움이 있는 아동들은 정확하지만 반드시 더 유창하지는 않은 단어 읽기능력을 습득하며, 중재를 시작할 때 음운기술이 약한 아동들은 중재 연구들에서 많이 향상되지는 않았다. 지금까지 읽기 부진 아동을 대상으로 형태론에 대한 중재 효과를 체계적으로 연구한 것은 거의 없었다.

파닉스 교육과 Goodman(1993)의 사례와 같은 다른 접근법들의 장점에 관해 수년에 걸쳐 논쟁이 있어 왔다. 영국 같은 몇몇 나라들은 파닉스 기반 학급 수업을 도입했다. 읽기에 실패한 아동들을 위한 학급 수업과 중재에 대한 증거는 알파벳 철자 체계에서 인쇄된 소리를 나타내는 데 사용된 소리와 글자 사이의 연결을 명시적으로 가르쳤을 때 가장 효과가 있었다고 강력하게 주장하였다.

2. 읽기이해 교육과 중재

성공적인 읽기이해는 정확하고 유창한 단어 해독, 어휘 및 문법 지식과 같은 기본 기술에 달려 있다. 이러한 기초 문해 기술은 어린아이들에게 성공적으로 가르칠 수 있으며(Bowyer-Crane et al., 2008), 가정에서의 일상 활동을 통해 촉진된다(다음 참조). 우리는 의미 구성과 관련된 어떤 기술이 성공적인 읽기이해에 필수적인지 살펴보았다. 지금부터는 읽기의 이러한 측면을 지원하기 위해 고안된 중재 연구에 대해 살펴보겠다.

이전 장에서 살펴본 연구들은 단어 읽기 및 읽기이해의 발달이 서로 다른 기술에 의해 뒷받침되며, 일부 아동은 단어를 읽는 데 필요한 기본 기술을 습득했음에도 불구하고 읽기이해 문제를 경험한다는 것을 보여 주었다. 이 부분에서는 일반 독자와 읽기이해 부진 독자 모두를 포함하는 중재 연구를 살펴볼 것이다. 읽기이해 중재와 관련한 대부분의 연구들은 규모가 크지 않다. 다양한 유형의 독자를 대상으로 여러 다른 중재 효과를 평가하기 위해서 단어 읽기 및 난독증 분야에서 수행한 규모의 중재 연구가 필요하다.

두 가지 광범위한 유형의 교육 및 중재를 살펴볼 것인데, 첫 번째는 특정 기술과 지식에 초점을 둔 것이며, 두 번째는 읽기이해를 돕기 위한 전략에 초점을 둔 것이다. 교육과 문해 능력 발달에 대한 함의는 이후에 별도로 고려할 것이다.

1) 특정 담화 이해 기술과 지식 중재

7장에서 읽기이해 부진 아동은 추론과 통합, 이야기 구조에 대한 지식과 사용에 어려움이 있다는 것을 보았다. 이 부분에서는 이러한 특정 기술과 지식을 훈련하는 데 중점을 둔 연구에 초점을 둘 것이다. 이해 모니터링 기술을 포함한 중재는 읽기 지원을 위해 보다 일반적인 전략을 포함하는 경향이 있다. 이러한 중재는 전략 중재에 대한 부분에서 살펴볼 것이다.

(1) 추론과 통합

추론과 통합은 텍스트 이해의 핵심 처리 과정이다. 그것들은 독자가 텍스트의 의미를 응집력 있고 통합적인 표상으로 구성하는 데 필수적이다. 읽기이해 부진 아동은 읽기 우수 아동보다 추론을 적게 하고, 통합적인 처리를 할 가능성이 적다.

추론 중재에 대한 연구는 7장에서 간략하게 검토하였다. 한 가지 방법은 배경이나 주요 결과와 같은 중요한 세부사항이 명시적으로 언급되지 않은 텍스트를 이해하기 위해 단서를 찾는 방법을 아이에게 가르치는 것이다. Yuill과 Joscelyne (1988)은 7~8세의 읽기이해 우수 아동과 읽기이해 부진 아동을 대상으로 이러한 중재를 실시하였다. 그들이 사용한 이야기 중 하나는 욕조에 누워 책을 읽고 있는 한 소년에 관한 것이었다. 소년은 눈에 비누가 묻자 책을 물에 빠뜨린다. 텍스트에는 배경이나 이야기의 중요한 결과가 명시적으로 나와 있지 않지만, 텍스트의 단서들, 즉 첨벙, 그는 새로운 것을 사야 할 것이다, 비누, 수건 그리고 김이 자욱한은 이러한 암묵적 정보를 추론하는 데 사용될 수 있다.

읽기이해 부진 아동에게 추론을 위한 단서를 찾도록 중재하는 것은 이들의 추론 능력을 향상시킨다. 그것은 그들이 읽은 이야기를 이해했는지 확인하기 위한 질문에 답하는 능력을 증진시키고 표준화된 읽기이해 검사에서 읽기이해 수준의 향상으로 이어질 수 있다(McGee & Johnson, 2003; Yuill & Oakhill, 1988).

(2) 텍스트 구조의 지식과 사용

특히 이야기에서 텍스트 구조의 지식과 사용은 어린 아이들의 읽기이해 수준과 관련이 있으며(Oakhill, Cain, & Bryant, 2003), 읽기이해 부진 아동은 이러한 부분에서 취약함을 보인다(Cain, 2003). 텍스트 구조에 대한 지식은 중요한 정보의 확인과 통합을 위한 틀 또는 가이드를 제공함으로써 독자에게 도움이 될 수 있다.

읽기이해 부진 독자에 대한 대부분의 연구는 이야기 담화에 초점을 두었는데, 이는 어린 아이들이 가장 친숙한 장르이기 때문이다. 이야기 텍스트 구조의 지식과 사용은 어린 아동에게 가르칠 수 있다. Paris와 Paris(2007)는 6~7세 아동에게 이야기 구조를 가르치는 5주 프로그램을 개발했다. 아이들은 기억하기 쉬운 '트릭(trick)'을 통해 이야기 이해를 위한 다양한 전략을 사용하는 방법에 대해 배웠다. 예를 들면, '레시피 다시 말하기 트릭'은 케이크를 굽는 세 단계와 이야기 말하기와 관련한 세 단계(시작, 중간, 끝)를 연결하는 것이다. 이 교육은 주요 이야기 요소의 회상과 추론을 포함하여 여러 다른 측면에서의 이야기 이해에 도움이 되었다.

이야기 담화에 대한 연구에 초점을 두었지만 텍스트 구조에 대한 지식은 일반적으로 내용이 친숙하지 않은 설명 담화에 특히 중요할 수 있다. 설명 담화는 묘사(description), 순서(sequence), 비교-대조(compare-contrast), 문제-해결(problem-solution), 인과(causation)와 같은 다양한 구조를 가지고 있으며(Meyer & Freedle, 1984), 텍스트에 사용된 구조의 식별은 이해와 학습을 하는 데 유용할 수 있다.

Williams 등은 어린 아이들에게 설명담화 구조를 가르치기 위해 그래픽 조직자를 사용하였다. 그래픽 조직자는 정보를 조직화하는 시각적 수단이다. 벤다이어그램(Venn diagrams), 의사결정 나무(decision trees), 거미 조직자(spider organizers)와 같이 사용할 수 있는 다양한 종류의 그래픽 조직자가 있으며, 이것의 활용이 설명 텍스트에만 국한되는 것은 아니다. 이 연구에서 사용된 것과 유사하게 비교하고 대조하는 데 도움이 되는 매트릭스(matrix)의 예가 [그림 8-2]에 제시되어 있다. 매트릭스는 아이들이 텍스트에 제시된 정보를 조직화하는 데 도움이 되며, 비교-대조에 대한 질문을 만들고 요약하여 쓰기를 포함한 다른 활동과 결합할 수 있다. Williams 등은 한 연구에서 7~8세 아동에게 이러한 프로그램을 가르쳤다. 어린 아동들은 비교-대조 구조에 대한 지식을 습득하였을 뿐 아니라 이러한 지식을 새로운 정보에 성공적으로 적용할 수 있었다(Williams et al., 2005).

	주요 이동 방법은 무엇인가?			
	날기(flying)	헤엄(swimming)	걷기(walking)	굴파기(burrowing)
동물 1				
동물 2				

앞의 조직자는 2개 또는 그 이상의 동물에 대한 텍스트에서 사용할 수 있다. 주요 정보에 대한 생각 및 식별을 돕도록 조직자와 함께 질문을 할 수 있다. 예를 들어, 이 단락의 2가지는 무엇에 대한 것인가? 그들은 어떻게 비슷한가? 그들은 어떻게 다른가?

[그림 8-2] 동물의 이동에 대한 간단한 비교-대조 매트릭스의 예

2) 일반적인 읽기이해 전략 교육

'우수한 독자는 능동적인 독자로 …(중략)… 읽는 동안 의미를 구성하고 수정하고 질문한다'(Duke & Pearson, 2002, p. 205). 몇몇 유형의 교육은 특정 기술보다는 의미를 위해 읽는 방법에 대한 교육을 더 많이 하는 것으로 간주될 수 있다. 여기에서는 보다 일반적인 유형의 전략 교육에 대한 두 가지 접근 방식인 구어 및 비구어적 접근 방식에 초점을 둘 것이다.

(1) 구어 전략 중재: 명시적 전략 교육 대 내용에 중점두기

이해력을 향상시키고 자신의 이해를 모니터링하는 기술을 가르치는 데 도움이 되는 방법은 상호적 교수 패러다임(reciprocal teaching paradigm)이다(Palincsar & Brown, 1984). 독자가 대용어를 해결할 수 없는 경우처럼 이해하지 못한 것을 감지하면 다시 읽거나 추론하기와 같은 보완 방법을 선택할 수 있다. 상호적 교수법은 아이들이 자신의 이해를 모니터링하는 법을 가르치는 교육 방법의 하나로, 이를 통해 아동은 이해의 실패를 감지할 수 있다. 이러한 방법은 전략에 대한 명시적인 교육을 포함한다. 아이들은 내용을 요약하거나 검토하는 방법, '왜 그런 일이 일어났는가'와 같이 자신의 이해를 확인하기 위해 질문하는 방법, 내용을 명확히

하거나 평가하는 방법 그리고 '다음에 무슨 일이 일어날까?'와 같이 예측하는 방법을 배운다.

상호적 교수법에서 이러한 활동은 성인이 텍스트에 대한 대화를 이끌고, 텍스트와 어떻게 상호작용하는 지에 대해 모델링을 제공하면서 소그룹의 아동에게 가르친다. 학생들은 점차 요약하기, 질문 만들기, 명료화 및 예측하기를 해야 한다. 따라서 기술은 개별적으로 배우기보다 텍스트를 읽고 이해하는 맥락에서 함께 배운다. 이러한 활동을 통해 학생은 점차 읽기 과정에 참여하게 되고, 자신의 이해를 확인하는 방법을 배운다.

상호적 교수법은 12~13세의 읽기이해 부진 아동에게 효과적인 중재 방법임이 입증되었다(Palincsar & Brown, 1984). 이 중재 방법을 사용한 16건의 연구를 검토한 결과 표준화된 읽기이해 검사보다 연구에서 사용한 읽기이해 실험과제에서 향상이 더 큰 것으로 나타났다(Rosenshine & Meister, 1994). 일반 학급 전체 학생을 대상으로 한 대규모 연구에 따르면 상호적 교수법이 전략 지식 및 활용능력을 향상시키지만 표준화된 읽기이해 검사의 수행력에 증진을 가져오지는 않는 것으로 나타났다(de Corte, Verschaffel, & Van de Ven, 2001). 실험과제와 표준화된 읽기이해 검사에서 수행력 향상에 차이가 나타나는 한 가지 이유는 연구자가 직접 설계한 실험 과제는 종종 요약하기와 같이 가르친 일부 기술에 집중되는 경우가 많기 때문이다. 다른 하나는 이해 확인을 위한 요약하기와 같은 프로그램에서 배운 기술을 적용하는 것은 시간제한이 있는 읽기이해 검사의 수행력 향상에는 도움이 되지 않을 수 있다(Paris & Oka, 1986).

McKeown 등의 최근 연구는 특정 전략에 대한 명시적 접근과 내용 중심 접근 방식을 비교하였다. 후자의 경우 학생들은 그들이 읽고 있는 내용에 주목하고 응집력 있는 글이 되기 위해 정보가 어떻게 결합되는지에 집중하였다. 내용 중심의 교육을 받은 집단은 이러한 방식으로 텍스트를 직접 살펴봄으로써 내용들 간에 연결을 만들기 위해 텍스트를 처리하였고, 이는 이후 회상하는 데 도움이 되었다(McKeown, Beck, & Blake, 2009).

상호적 교수법은 소그룹을 지도할 시간이 있는 훈련된 교사가 필요하다. 하지만 바람직한 읽기 행동에 대한 모델링과 이해에 대한 피드백은 컴퓨터 기반 중재(computer-taught interventions)와 성공적으로 통합되었으며, 그중 두 가지는 [상자 8-2]에서 더 자세히 논의하였다.

상자 8-2 읽기이해와 학습을 위한 테크놀로지 활용

이해전략 중재는 읽기에 어려움이 있는 독자에게 도움이 된다. 학습교사가 직접 가르칠 필요는 없다. 현재 여러 컴퓨터 프로그램을 통한 교육이 있으며, 이 프로그램들은 능동적인(수동적이 아닌) 전략적 읽기와 더 깊은 이해 및 학습을 촉진하기 위해 개발되었다. 자동화된 컴퓨터 프로그램의 튜터는 몇 가지 장점이 있다. 우선 사람은 그렇게 할 수 없지만 이러한 프로그램은 동시에 많은 개인에게 개별 피드백을 제공할 수 있다. 또한 각각의 개인 교사에게 개별 교육이 필요하지 않다. 마지막으로 프로그램이 제공하는 피드백은 일관적이며, 사람처럼 주관성의 영향을 받지 않는다(Wade-Stein & Kintsch, 2004). 아래에 설명된 두 가지는 주로 고등학교 학생들을 염두에 두고 설계되었다.

Summary Street는 텍스트에 대한 더 깊은 이해와 학습을 촉진하기 위해 개발된 컴퓨터 튜터 프로그램이다. 학생들은 텍스트를 읽고 그 내용을 요약해서 써야 한다. 요약은 분석 프로그램에 의해 분석되며, 내용의 관련성과 포함 범위, 내용의 중복성이나 반복에 대한 피드백이 제공된다. 텍스트를 잘 요약하여 쓰려면 독자는 응집력 있고 요지에 기반한 표상을 구성하는 데 필요한 처리 과정과 동일한 과정에 참여해야 한다. 즉, 독자(및 저자)는 중요한 정보를 찾고, 텍스트에서 중요한 세부사항과 덜 중요한 세부사항을 구별하고, 텍스트에서 제시된 내용을 보다 간결하게 표현해야 한다(Caccamise et al., 2007).

또한 좋은 요약은 학습자가 텍스트에서 제시한 새로운 정보를 기존의 일반 및 개념지식과 통합하고 독자(및 저자)가 텍스트를 학습하는 데 도움이 될 것이다. 분석 도구가 텍스트의 실제 구조에 대한 피드백을 제공하지는 않지만 좋은 요약을 작성하는 것은 텍스트를 얼마나 잘 이해했는지를 보여 주는 지표이다. 현재까지의 연구들은 이러한 유형의 지도 교육이 특히 읽기이해 부진 학생에게 유용하다고 보고하였다.

또 다른 자동화된 전략 중재 프로그램은 McNamara 등이 개발한 iSTART(Interactive Strategy Trainer for Active Reading and Thinking)이다(McNamara et al., 2007). iSTART는 학생이 텍스트의 문장에 대한 설명을 쓰면 학생이 쓴 문장에 대한 피드백과 모델링

을 제공한다. 자기 설명(self-explanation) 효과에 대한 연구들은 이러한 활동이 추론과 문제 해결을 포함하며, 텍스트의 의미에 대해 보다 응집력 있는 표상으로 이어지는 것을 보고하였다(Chi et al., 1994). 현재까지의 연구결과들은 유망하다. iSTART는 텍스트 처리 기술과 텍스트 이해를 향상시킨다. 또한 독자의 수준에 따라 다른 이득을 얻는 것으로 보인다. 능숙하지 않은 독자는 문장의 이해를 돕기 위한 기본 전략을 습득하는 반면, 능숙한 독자는 응집력 있는 의미 표상을 구성하는 전략을 습득한다.

(2) 비구어 전략: 심상 이미지

읽기이해 부진 아동은 언어 기반의 어려움이 있다. 따라서 그들의 읽기이해나 듣기이해가 비구어 전략으로 뒷받침될 수 있는지 확인하는 것은 합리적이다. 그런 전략 중 하나가 심상 이미지(mental image)의 활용이다.

많은 독자가 교육 없이도 자발적으로 읽고 있는 내용을 나타내는 이미지를 만든다. 어린 아동들이 보고하는 이미지 수는 이야기의 주요 세부사항을 회상하는 능력과 관련이 있다(Sadoski, 1985). 심상 이미지는 여러 가지 방법으로 기억과 이해를 도울 수 있다. 한 가지 방법은 심상 이미지가 관련 정보를 '연결'할 수 있는 '못' 역할을 한다는 것이다. 이런 방식으로 심상 이미지는 독자가 정보를 조직화하는 데 도움이 된다(Sadoski & Paivio, 2001). 이미지 생성은 독자가 텍스트에서 다른 부분의 정보들을 통합하도록 촉진하고 잘못된 이해를 의식할 수 있게 한다. 또한 취약한 구어 기억 기술을 지원할 수 있다.

아이들은 텍스트가 설명한 내용을 묘사하기 위해 심상 이미지를 만드는 방법을 쉽게 배울 수 있다. 이러한 교육은 매우 간단하며 명시적이다. 아이들에게 '어떤 것을 기억하는 좋은 방법은 머릿속에 그림을 그리는 것이다.'라고 말해 준다. 그런 다음 어떻게 주요 내용을 포함하고 연결하는지를 보여 주기 위해 초기에는 그림을 사용하여 연습을 한다. 중재는 점진적으로 이루어질 수 있다. 처음에는 토끼가 낙타 등에 탔다와 같은 간단한 문장으로 시작한다. 그러고 나서 분홍색 돼지는 뜨거운 감자를 먹었다. 작고 얼룩이 있는 개는 뛰어오르며 빨간 풍선을 향해 짖고 어린 소년을 놀라게 했다와 같이 점차 어려워지고 연결할 더 많은 요소를 포함한 문장으로 진행한다. 심상 이미지 교육은 8세 아동이 읽은 내용을 기억하는 데 도움이 되었다(Pressley, 1976).

지원 전략으로서 심상 이미지는 읽기이해 부진 아동에게 가르칠 수 있으며, 그들의 이야기 이해 능력을 향상시키는 효과적인 방법이다. Oakhill과 Patel(1991)은 9~10세 듣기이해 우수 아동과 부진 아동에 대한 심상 이미지 중재 효과를 비교하였다. 심상 이미지 중재를 받은 듣기이해 부진 아동은 통제집단과 비교하여 이야기에 관한 질문에 대답하는 능력이 향상된 반면, 듣기이해 우수 아동은 동일한 수준의 향상을 보이지는 않았다. 심상 이미지 중재의 효과는 이야기에 대한 기억력 향상을 넘어 확장된다. 또한 심상 이미지 중재 효과는 이해 부진 아동의 이야기 산출 능력과 이해 모니터링 능력을 향상시킬 수 있다(Center et al., 1999; Gambrell & Koskinen, 2002).

3) 요약

어린 독자나 읽기이해 부진 독자에게 추론 및 텍스트 구조와 같은 핵심 이해 기술과 지식을 가르칠 수 있다. 효과는 다양한 텍스트와 읽기 상황으로 확장될 수 있다. 하지만 텍스트에서 단서를 찾아 추론하는 방법을 가르치는 것은 특정 기술에 대한 교육 이상이다. 단서 찾기는 이해 모니터링과 관련이 되며, 의미 구성에 독자를 참여시킨다. 이러한 중재는 특정 전략의 적용보다는 내용에 집중하도록 아이들을 가르치는 것으로 효과가 있을 수 있다. 추론 중재와 마찬가지로, 텍스트 구조와 그것을 사용하는 방법을 가르치는 프로그램은 보다 일반적으로 읽기 과정에 영향을 미칠 수 있다. 이 프로그램은 아이들이 자신의 이해 정도를 평가하고 텍스트에서 다른 부분의 정보를 응집력 있는 전체로 통합하는 것을 돕는다. 이런 방식으로 특정 기술에 초점을 둔 중재는 일반적으로 아이들이 의미 구성 과정을 더 적극적으로 하도록 도울 수 있다.

상호적 교수법과 같은 일부 프로그램은 아이들이 질문을 만들고 요약을 함으로써 자신의 이해를 평가하는 방법을 가르쳐 주면서 아이들이 적극적인 독자가 되도록 촉진한다. 일반적으로 12세 이상의 아동에게 사용되었으며 분명히 효과적이다. 이러한 프로그램들은 휴대 가능하다. 독자는 그것을 내면화하고 다른 자료에 적용할 수 있다. 어린 아동들이 실제 인지적 요구가 꽤 있는 작업에서 많은 이점을 얻을 수 있는지는 분명하지 않다. 그러나 심상 이미지와 같은 비구어 지원 전략은 아주 어린 독자에게 적절하며 이해력에 도움이 된다. 특정 기술을 가르치는 많은 효과적인 방법과 전략적으로 읽는 보다 일반적인 방법이 있다. 각각이 다양한 연령대 및 독자 유형에 따라 얼마나 효과적인지를 결정하기 위해서는 더 많은 연구들이 필요하다.

3. 읽기발달 지원과 교육

읽기발달과 읽기 실패 원인에 대해 이 책에서 다룬 연구는 어린 아동들의 읽기발달을 지원해 주는 방법에 대한 중요한 통찰을 주며 학교에서의 읽기 교육에 대한 유용한 정보를 제공해 줄 수 있다. 우리는 단어 읽기 및 읽기이해가 정규 읽기 교육이 시작되기 전에 발달하는 음운처리 기술, 어휘, 담화 이해와 같은 구어 기술에 얼마나 의존하고 있는지 살펴보았다. 부모-아동 상호작용은 초기 언어발달에 매우 중요하고 후기 문해력 발달의 토대가 된다. 문해력 발달 전단계 아동과 읽기 시작 단계 아동들을 개념적으로 다르게 다루기보다는 문해력 습득을 초기의 언어 능력이 이후 문해력 발달을 지원한다는 연속적인 발달과정으로 간주할 수 있다 (Whitehurst & Lonigan, 1998). 요즘은 읽기 관련 기술의 발달을 촉진하는 가정에서의 활동을 다루는 문헌이 많다. 여기서는 먼저 읽기 교육에 대한 몇 가지 일반적 쟁점에 대해 다루고 나서 가정환경으로 돌아가서 어떻게 문해력 발달을 지원할 수 있는지 살펴보고자 한다.

1) 공식적 교육: 읽기 교육에 무엇이 포함되어야 하는가

'균형(Balance)'은 읽기 교과과정(reading curricula) 논의에 많이 나오는 단어이다. 읽기 교육이 균형 잡혀져서는 안 된다고 주장하는 사람은 거의 없지만 균형이 무엇인지에 대해서는 의견이 다를 수 있다. 이 장에서 검토한 연구에서는 파닉스 교육이 성공적이고 독립적인 독자로 발달하는 데 매우 중요하다고 하였다. 기초 해독 기술은 Share의 자기 교수 가설(self-teaching hyphothesis, share, 1995, 이것에 대해서는 4장 참조)에서 설명한 대로 더 많은 단어 학습을 지원해 줄 수도 있다. 그러나 Stahl 등이 언급했듯이 좋은 파닉스 교육은 읽기 교육 프로그램의 한 가지 요소일 뿐이다. 읽기 교육은 단어 읽기(또는 파닉스) 수업 이상의 것이 포함되어야 하며, 유창하게 읽기를 배우고, 어휘, 일반 지식 및 읽기 동기를 습득할 수 있도록 해야 한다(Stahl, Duffy-Hester & Stahl, 1998).

어휘 지식과 일반지식은 연결된 글을 이해하는 데 도움이 되고, 읽기 교육이 시작되기 전에 이야기 듣기 및 양육자와의 대화를 통해 많은 중요한 개념지식이 습득될 것이다. 그러나 1장에서 살펴본 것처럼 책은 드물고 사용빈도가 낮은 단어의 중요한 출처이다. 그래서 읽기 그 자체는 단어 의미에 대한 지식을 통합하고 확장하는 역할을 할 수 있다. 이를 위한 중요한 기술 중 하나는 이해력, 즉 추론 능력이다. 그래서 새 어휘를 직접 가르칠 뿐만 아니라 독자적으로 읽으면서 새 단어의 의미를 학습하는 방법을 가르치는 것이 중요하다(Cunningham, 2005).

단어 읽기능력은 읽기이해 발달에 필수적이지만 읽기 교육 시작 단계에서 단어 읽기 기술에만 집중하지 않는 것이 중요하다. 단어 읽기가 습득되면 자동적으로 성공적인 읽기이해가 발달하는 것은 아니라는 것을 읽기이해 부진 독자에 관한 연구를 통해 살펴보았다. 몇몇 아동들은 텍스트와 소통하는 적극적인 독자가 되는 법과 읽을 때 의미를 구성하는 방법을 배울 필요가 있다. 반면, 다른 아동들은 정규 읽기 교육을 받기 전에 이러한 기술이 발달했을 수도 있지만, 읽기 전략에 대한 교육이 그들에게 해를 끼치지는 않을 것이다.

아동과 성인이 문어와 구어 텍스트 그리고 만화책이나 움직이는 만화 같은 다른 매체에서 시간 및 인과 순서를 이해하기 위해 사용하는 일반적인 기술들이 많이 있다. 결론적으로 아동들을 읽기이해 교육에 참여시키기 전에 유창하게 읽을 때까지 기다릴 필요가 없다. 읽기이해 능력은 읽기를 포함하지 않는 활동을 통해서도 향상될 수 있다. 더욱이 문어 텍스트에 상당히 많은 어휘와 개념이 사용된다는 점을 감안하면, 학습기회를 제공하기 위해 교실 수업에 문어 텍스트 듣기 교육을 포함시키는 것은 중요하다.

2) 비공식적 교육: 가정에서 언어와 문해력 발달을 지원할 수 있는 방법

단어 읽기와 텍스트 이해를 위한 많은 기초 기술은 어릴 때부터 분명히 나타난다. 학령 전 아동들은 구어의 말소리로 말놀이를 할 수 있고, 다양한 양식으로 제시된 이야기들을 이해하기 위해 추론을 할 수 있으며, 친숙한 이야기에서 사건의 인과적, 시간적 순서를 모니터링하고, 그림 단서로 기초적인 이야기 담화를 구성할 수 있다. 따라서 학령 전 아동들은 읽기 습득을 지원해 줄 기술들을 갖추고 학교에 들어간다. 가정 환경은 아동의 읽기와 언어발달에 중요한 역할을 하며, 몇몇 아동들은 다른 아동들보다 좀 더 준비된 학교생활을 시작하게 된다.

음운기술 특히 음운인식은 단어 읽기발달에 중요한 역할을 한다. 아동들은 음소인식 전에 음절과 라임 같은 더 큰 단위를 인식하는 경향이 있다. 그러나 단어, 음절, 라임과 음소 등 크기가 다양한 단위들에 대한 인식 능력은 음운인식의 동일한 기저능력을 나타내는 지표이다(Antony et al., 2002). 그래서 음절이나 라임 같은 더 큰 단위에 대한 인식 능력은 음운인식 발달의 전조이며(Bryant et al., 2002), 다양한 크기 단위에 대한 민감도는 읽기발달의 다양한 시기에 중요하다(Muter et al., 1998).

가정 활동은 동요, 시, 노래 등을 통해 음운 기술을 자극하는 중요한 자극원이다. 3세에 동요를 더 많이 아는 아동들이 6세에 더 잘 읽는다(Bryant et al., 1989).

이 관계는 아동들의 동요, 노래 그리고 유아기 책들의 특성 때문에 발생할 수 있는데, 거기에는 라임, 소리 반복 그리고 말 놀이가 많이 포함되어 있기 때문이다(Evans & Shaw, 2008). 하지만 공동 책 읽기와 음운인식 간의 관련성을 탐구했던 연구들은 직접적 관계를 발견하지 못했다(Sénéchal et al., 1998).

공동 책 읽기와 음운인식 사이의 직접적 연결을 찾지 못한 한 가지 이유는 다양한 유형의 문해 활동이 다양한 기술을 촉진할 수 있기 때문이다. 부모들은 아이들과 다양한 문해력 기반 활동에 참여할 수 있다. 저소득 가정을 관찰한 연구에서 Tale(1986)은 부모와 학령 전 아동들 사이의 두 가지 다른 유형의 활동이 있다는 점에 주목했다. 대다수의 부모들은 아이들에게 이야기책을 읽어 준다. 게다가 일부 부모는 초기 문해력을 명시적으로 가르치기도 한다. 하지만 아이들에게 책을 읽어 주는 모든 부모가 초기 문해 기술도 가르치는 것은 아니다. Sénéchal 등은 이것을 비공식 및 공식 문해 경험(informal and formal literacy experience)이라고 명명했다(Sénéchal et al., 1998). 이야기책 읽기 같은 비공식 경험은 우연적인 구어 노출을 제공하는 것으로 설명되었다. 이 경험은 책에 사용된 풍부한 언어를 통해, 어휘 지식을 향상시키고, 질문하기, 확장하기 및 명료화하기 등을 통해 담화 구조와 이야기 이해에 대한 지식을 확대시킬 수 있다. 공식 문해 경험은 문어에 직접 초점을 맞추고 아동들에게 알파벳과 단어를 읽고 쓰는 법을 가르치는 것이 포함된다.

단어 읽기발달에 대한 지식은 단순히 공동 이야기책 읽기를 통해 비공식적으로 습득되는 것이 아니라 알파벳 책, 사전 및 쓰기 연습 같은 문어 텍스트를 사용하는 보다 공식적인 활동들을 통해 향상된다. 앞에서 학령전기 및 어린 독자들에 대한 중재는 글자와 소리의 연결이 포함된 음운인식 훈련 프로그램으로 효과가 있었다는 것을 살펴보았다. 유사하게 문어 텍스트를 활용하는 활동에 참여하는 것은 글자의 소리와 이름, 단어형태와 글자 방향 그리고 음운인식에 대한 지식 및 후기 읽기 유창성 향상으로 이어진다(예: Levy et al., 2006; Sénéchal et al., 1998).

비공식 문해 활동은 후기 읽기이해를 지원하는 구어 능력 발달에 도움이 된다. 실험 연구들은 3세와 4세 아동들과의 이야기책 반복 읽기가 아동들의 수용 및 표현어휘를 향상시킬 수 있다는 것을 보여 주었다(Sénéchal et al., 1997). 이야기 책 읽기는 취약한 언어능력을 보이는 저소득 가정 학령전기 아동들의 어휘 및 담화 능력을 촉진시키는 효과적인 중재로 활용될 수 있다(Whitehurst et al., 1994; Zevenbergen, Whitehurst, & Zevenbergen, 2003). 유치원 시기에 공동 이야기책 읽기를 통해 책에 노출된 경험은 후기 어휘, 읽기이해 그리고 즐거운 책 읽기를 예측해 준다(Sénéchal, 2006).

공동 책 읽기 시에 부모와 아동 간의 상호작용에 질적 차이가 있는데 이것은 공동 책 읽기의 효과가 나타나는 정도에 영향을 미칠 수 있다(Black et al., 2006; Ninio, 1980). 아동이 새 단어에 주목하게 하는 질문의 활용은 표현어휘에 특별한 효과가 있다(Sénéchal, 1997). 그래서 이름대기, 질문하기 및 이해 촉진하기를 포함하는 좀 더 상호작용적인 읽기 양식은 다른 언어발달 양상을 촉진시킬 수 있다. Whitehurst 등은 부모가 자녀와 함께 '대화식 책 읽기(dialogic reading)'를 하는 방법, 즉 자녀에게 질문하고 피드백을 주기, 자녀가 텍스트에 대해서 설명하도록 유도하기 등이 포함된 양식을 가르치는 방법을 보여 주었다. 주로 저소득 가정 아동을 대상으로 했던 이 중재는 어휘력 향상에 도움이 되었다(Whitehurst et al., 1994). 부모의 지원이 아동들이 텍스트에서 의미를 구성하도록 돕는 다양한 기술을 어떻게 촉진시킬 수 있는지 알아보기 위해서는 더 많은 연구가 필요하다.

3) 요약

읽기발달을 위한 지원과 교육은 공식적, 비공식적으로 모두 할 수 있고 읽기 교육이 시작되기 전에 집에서 시작할 수 있다. 읽기의 한 측면에서의 성공이 다른 영역에서의 성공을 보장해 주는 것은 아니기 때문에 단어 읽기를 지원하는 기술과 담화 이해를 지원하는 기술을 교육에 포함하는 것이 중요하다.

핵심 요약

- 아동들은 알파벳 언어에서의 성공적인 읽기와 밀접한 관련이 있는 기술인 음운 인식을 배울 수 있다. 글자와 소리 사이를 명시적으로 연결해 주는 교육이 가장 효과적이다.
- 읽기 초기 단계 독자들은 비친숙한 단어 읽기에 도움이 되는 파닉스에 대한 구체적이고 체계적인 지도를 포함하는 읽기 교육으로 향상될 수 있다.
- 음운처리 기술과 단어 읽기 전략에 대한 교육은 읽기에 어려움이 있는 아동들의 읽기 정확도를 향상시킨다.
- 나이가 어린 아동들과 읽기이해 부진 아동들은 읽기이해에 도움이 되는 추론하기 및 텍스트 구조에 대한 지식 같은 기술들을 배울 수 있다.
- 능동적이며 구조적인 읽기를 장려하는 좀 더 일반적인 전략을 포함하는 읽기이해 교육도 읽기이해 부진 아동의 읽기이해 수준을 향상시킨다.
- 읽기 교육은 단어 읽기 기술과 이해를 촉진하는 기술을 모두 수업내용에 포함시켜야 한다.
- 가정에서의 일상적 활동은 언어와 문해력 발달을 도와주고 읽기발달 및 교육을 위한 강력한 토대를 마련해 줄 수 있다.

추가 읽기자료

음소인식을 가르치는 다른 방법들에 대한 상세한 검토는 Ehri와 Robert(2006)에 제시되어 있다.

Ehri, L.C., & Robert, T. (2006) The roots of learning to read and write: Acquisitin of letters and phonemic awareness. In D.K. Dickinson, & S.B. Neuman(eds), *Handbook of Early Literacy Research*, New York: The

Guilford Press, Vol.2, pp. 113–31.

읽기이해 전략 중재에 대한 폭넓은 이해는 McNamara(2007)의 편집된 책에서 별도의 장에 다루어져 있다.

McNamara, D.S.(ed.) (2007) *Reading Comprehension Strategies: Theories, Interventions and Technologies*, New York: Lawrence Erlbaum Associates.

어휘 교육과 인쇄물을 통한 어휘 학습에 대해서 더 알기 위해서는 Hiebert와 Kamil(2005)이 편집한 책을 참조하라.

Hiebert, E.H., & Kamil, M.L. (eds) (2005) *Teaching and Learning Vocabulary: Bring Researsh to Practice*, Mahwah, NJ: Lawrence Erlbaum Associates.

음소인식, 파닉스 교육과 읽기이해 전략에 대한 연구 기반 교육에 대해서 더 찾고자 할 때 유용한 챕터 모음은 Farstrup와 Samuels(2002)이 편집한 책에 있다.

Farstrup, A.E., & Samuels, S.J. (eds) (2002). *What Rearch Has to Say About Reading Instruction*(3rd ed.), Newark, DE: International Reading Association.

형태론, 읽기와 철자쓰기에 관심 있는 사람을 위해 Nunes와 Bryant(2009)가 최근 연구에 대한 훌륭한 문헌 리뷰를 제시하고 있다.

Nunes, T., & Bryant, P. (2009) *Children's Reading and Spelling: Beyond the First Steps*, Oxford Wiley–Blackwell.

가정 문해 환경에 대한 좋은 논문과 리뷰 챕터가 많이 있다. 두 가지 좋은 참고문헌으로는 Evans와 Shaw(2008)와 Sénéchal(2006)이 있다.

Evans, M.A., & Shaw, D. (2008) Home grown for reading: Parental contributions to young children's emergent literacy and word recognition, *Canadian Psy-*

chology/Psychologie canadienne, 49: 89–95.

Sénéchal, M. (2006) Testing the home literacy model: Parent involvement in kindergarten is differentially related to grade 4 reading comprehension, fluency, spelling, and reading for pleasure, *Scientific Studies of Reading*, 10: 59–87.

용어 정의

분석 파닉스 (analytic phonics)	단어 읽기를 가르치는 파닉스 접근법으로 아동들에게 단어를 어두자음과 라임 같은 부분들로 나누는 것(분석)을 가르친다.
대화식 책 읽기 (dialogic reading)	질문, 피드백 및 텍스트에 대한 설명 유도를 포함해서 아이와 함께 책 읽는 방법
공식 문해력 (formal literacy)	가정 환경에서 활용할 때 부모가 아이들에게 쓰기, 낱글자 소리와 이름 및 단어 읽기 같은 기술을 가르치는 가정 문해 활동(home literacy practices)을 의미한다.
그래픽 조직자 (graphic organizers)	벤다이어그램, 의사결정 나무, 거미 조직자 등과 같이 정보를 구조화하기 위한 시각적 도구. 꼭 그렇지는 않지만, 일반적으로 설명 텍스트에서 사용된다.
비공식 문해력 (informal literacy)	가정 환경에서 활용할 때 부모가 아이들에게 직접적 교수 없이 책을 읽어 주고, 이야기를 들려 주는 가정 문해 활동을 의미한다.
공동 책 읽기 (shared reading)	부모나 교사 같은 성인이 아동이나 아동 집단과 함께 책을 읽는 다양한 독서활동을 의미할 수 있다.
합성 파닉스 (synthetic phonics)	아동들이 낱글자들의 소리를 말하고 그것들을 다시 합성하여 단어를 해독하도록 배우는 단어 읽기 교육을 위한 파닉스 접근법

제9장

읽기 평가

핵심 용어

- 총괄평가(summative assessment)
- 형성평가(formative assessment)
- 타당도(validity)
- 신뢰도(reliability)

이 장은 읽기능력 평가에 관한 것이며 학급에서의 수행력 측정, 읽기 장애의 진단 및 연구에 대한 중요한 문제를 다룰 것이다. 평가의 목적에 따라 읽기 측정의 적절성을 평가하는 데에는 다른 준거나 기준이 사용될 수 있다. 이 장에서는 특정 읽기검사를 검토하기보다는 평가를 구성하거나 선택하고 점수를 해석할 때 고려해야 할 주요 문제에 대해 논의할 것이다. 이 지식을 통해 독자는 다양한 목적에 가장 적합한 검사를 개발하거나 선택하고, 연구 결과를 평가하고 해석할 수 있다. 우선 일반적인 문제를 먼저 살펴본 다음 단어 읽기 및 읽기이해 평가를 위한 구체적인 고려사항에 대해 별도로 살펴볼 것이다.

제9장 읽기 평가

1. 평가에서 중요한 문제

교사, 임상가 및 연구자가 아동의 읽기능력을 평가하는 데에는 여러 가지 이유가 있다. 아동 개인의 진전을 모니터링하고, 읽기 어려움을 확인하고 진단하며, 읽기발달 및 장애를 뒷받침하는 인지 기술에 대한 심리학적 이론을 검증하는 것이 포함된다. 읽기능력을 측정하는 데 사용되는 검사는 타당하고 신뢰할 수 있는 것이 중요하다. 즉, 검사는 다른 것이 아니라 평가하고자 하는 기술이나 행동을 측정해야 하며, 개인의 능력에 대한 정확한 추정치를 제공해야 한다.

1) 평가의 목적

(1) 형성평가 대 총괄평가

학급에서는 종종 형성(formative)평가와 총괄(summative)평가를 구분한다. 평가 결과가 이후 학생에 대한 교수법과 학습에 영향을 줄 수 있을 때 형성평가로 간주한다. 읽기검사에서 아동의 점수는 아동이 도달한 수준을 나타내며, 필요한 경우 교육을 적절하게 조정할 수 있도록 한다. 교사가 작성한 의견은 강점, 약점, 개선해야 할 부분을 파악하여 학생의 학습에 도움이 될 수 있다.

총괄평가는 기말 시험 및 국가 차원의 학력 평가와 같은 성취도를 평가하는 데 사용되는 평가이다. 교사는 1년 동안 학생의 진전을 평가하고, 단기 목표의 진전을 추적하고자 할 때에는 형성평가를 선택할 수 있다. 기말 시험이나 표준화된 검사의 실시는 총괄평가를 위해 사용된다. Robert Stake는 두 가지 평가 유형의 차이를 음식 맛보기에 비유했다(Scriven, 1981). 요리사가 수프를 맛보는 것은 형성평가이다. 왜냐하면 요리사는 수프를 맛보고 필요하다면 맛을 내기 위해 언제나 더 많은 양념을 넣을 수 있기 때문이다. 반면, 손님이 수프를 맛본다면 그것은 총괄평가이다. 손님이 요리사의 성과를 평가하는 것이기 때문이다. [그림 9-1]에 차이점을 설명하였다.

[그림 9-1] 요리사가 수프를 맛보면 그것은 형성평가이다.
고객이 수프를 맛보면 그것은 총괄평가이다.

(2) 읽기어려움 진단을 위한 평가

평가의 또 다른 목적은 읽기를 배우는 데 고군분투하는 아이들을 확인하거나 어린 아동의 경우 이후에 읽기 어려움의 위험이 있을 아동을 식별하는 것이다. 두 경우 모두 특정 교육 또는 중재 프로그램을 도입하여 치료하거나 예방할 수 있다. 어린 연령의 아동에게 중재를 실시했을 때 가장 성공적이라는 증거들이 있다. 만약 읽기 문제가 몇 년 동안 지속된 후에 읽기장애로 진단받는다면 치료의 효과가 떨어질 수 있다(Fletcher & Foorman, 1994). 또한 평가는 특정 교육 프로그램이나 중재가 효과적인지를 평가하는 데 사용될 수 있다.

읽기장애가 있는 성인의 경우 평가는 주로 치료보다는 지원 목적으로 사용될 수 있다. 읽기평가는 난독증과 같이 특정 읽기장애인지 확인할 수 있으며, 이는 직장이나 학습 환경에서 필요한 지원에 대한 권고로 이어질 수 있다.

(3) 연구 목적의 평가

연구자들은 연구 목적으로 평가를 선택할 때 종종 어려운 결정에 직면한다. 그들은 시간의 경과에 따라 또는 특정한 중재와 관련하여 변수 사이의 관계나 수행력의 변화를 확인할 수 있는 충분한 통계적 검증력을 갖는 연구 설계를 목표로 한다. 또한 그들은 관심 있는 특정 기술이나 능력을 적절하게 측정하고 개인 간의 차이를 확인하기에 충분히 민감한 평가를 선택하는 것을 목표로 한다.

다양한 요인의 영향을 받는 읽기와 같은 복잡한 기술을 평가할 때 종종 타협이 필요하다. 연구자들은 표본에서 변수 간의 관계에 대한 정확한 추정치를 얻고 차이나 변화를 확인하는 데 필요한 통계적 검증력을 갖기 위해 충분히 많은 연구 참여자를 평가하기를 원할 수 있다. 연구자들은 또한 기억이나 일반적인 인지능력과 같은 부가적인 변수의 영향에 대해 통제하기를 원할 수 있다. 많은 수의 연구 참여자 또는 평가가 포함된 경우 연구자는 집단 평가나 특정 능력을 평가하기 위한 매우 짧은 평가를 선택할 수 있다. 이는 평가에 사용할 수 있는 시간 또는 연구를 진행할 검사자 수의 제한 때문이다. 학급 교사도 학생을 평가하는 데 비슷한 시간 제약이 있을 수 있다. 참여자가 적은 소규모 연구는 참여자에 대한 보다 상세한 개별 평가를 실시할 수 있지만 통계적 검증력은 부족할 수 있다.

2) 신뢰도와 타당도

평가의 목적이 무엇이든 두 가지 문제, 즉 신뢰도와 타당도가 중요하다. 많은 표준화된 읽기검사는 신뢰도와 타당도 모두를 보고하며, 많은 연구자도 연구 논문에 실험 과제에 대한 신뢰도와 타당도 정보를 포함한다.

(1) 신뢰도

신뢰도는 검사의 일관성 혹은 신뢰성과 관련이 있다. 신뢰도가 매우 높은 검사는 가설적으로 서로 다른 평가자가 동일한 아동에게 여러 번 동일한 평가를 실시했을 때 아동이 동일한 점수를 받는 검사이다. 만약 점수가 매우 다르다면 그 검사는 측정 오차의 영향을 많이 받기 때문에 신뢰도가 매우 낮다. 신뢰도 평가에는 검사-재검사 신뢰도(test-retest reliability), 평가자 간 신뢰도(inter-rater reliability), 문항 내적 신뢰도(inter-item reliability)가 있다.

검사-재검사 신뢰도는 개인에게 시간 간격을 두고 동일한 검사를 실시했을 때 두 점수 간의 일치와 관련된 것이다. 기본적인 가정은 평가되는 행동은 비교적 일관적이며, 문항이나 연습에 대한 기억의 영향을 최소화하면서 합리적인 시간 내에 평가를 반복해야 한다는 것이다. 그렇다면 검사를 받는 아동은 자신의 능력이 반영된(또는 매우 유사한) 점수를 받을 것이다. 높은 검사-재검사 신뢰도는 교육 또는 중재 프로그램의 효과를 판단하기 위해 기술을 재평가할 때 중요하다.

평가자 간 신뢰도는 대상자의 행동에 대한 서로 다른 평가자 또는 관찰자 간의 일치도를 의미한다. 평가자들이 일련의 단어 읽기 정확도나 질문에 대한 응답을 채점하는 경우 점수들 간의 상관관계를 사용하여 평가자 간 신뢰도를 측정할 수 있다. 평가가 특정 행동의 발생 여부에 대한 관찰을 포함하는 경우 서로 다른 관찰자 간의 일치 비율을 계산할 수 있다. 검사가 중요한 진단 결정을 내리는 데 사용되는 경우 평가자에 따른 영향을 최소화하고 획득한 점수가 개별 평가자의 기준이 아니라 평가받는 대상자의 기술을 정확하게 반영하는 것이 중요하다. 검사-재검사 간 신뢰도와 평가자 간 신뢰도를 조사하기 위한 통계적 검증은 응답이 시간이 지남에 따라, 그리고 서로 다른 평가자에 따라 일관성이 있는지 여부를 나타낼 것이다.

문항 내적 신뢰도[종종 문항 내적 일관성(internal consistency) 신뢰도라고 함]는 여러 문항이 있는 검사에서 보고된다. 동일한 기본적인 능력을 측정하는 각 문항 간의 일관성 정도를 나타낸다. 예를 들어, 단어 읽기 검사에서의 모든 문항은 같은 기본 능력을 동일하게 잘 평가해 주는가? 내적 일관성 신뢰도는 좋은 문항과 그렇지 않은 문항을 보기 위해 검사의 개발 과정 동안 계산할 수 있으며, 검사 개발자는 최종 검사에서 적절하지 않은 문항을 버릴 수 있다.

(2) 타당도

검사는 신뢰할 수 있지만, 평가하려는 기술에 대한 타당한 측정인가? 신뢰도와 타당도 간의 차이를 설명하는 데 사용되는 일반적인 예는 골상학(phrenology)이다. 골상학은 19세기에 유행하였으며, 두개골의 모양과 돌기는 개인의 성격이나 성향을 나타낸다는 생각에 기반을 두었다. 따라서 심리적 특성은 두개골을 만져서 측정할 수 있다. 넘어져서 머리를 부딪치지 않는 한 두개골의 윤곽은 시간이 지나도 일정하게 유지된다. 따라서 골상학은 신뢰할 수 있는 척도로 간주될 수 있다. 그러나 그것이 심리적 특성에 대한 타당한 척도는 아니다.

타당도는 검사를 만드는 동안 고려되어야 한다. 타당도의 중요한 측면은 내용 타당도(content validity)로, 문항들의 범위와 관련성이다. 예를 들어, 단어 읽기 평가는 규칙 및 예외 단어가 포함되어야 하는가? 또한 비단어도 포함해야 하는가? 그렇다면 문항들은 구조적으로 얼마나 복잡해야 하는가? 구성 타당도(construct validity)는 또 다른 중요한 개념으로, 검사가 측정하는 것, 즉 기본적인 이론적 구인을 측정하는지이다. 예를 들어, 읽기이해 평가는 단락의 이해에 대한 평가인가 혹은 단어 읽기능력이나 일반적 지식과 같은 것에 대한 평가인가? 구성 타당도는 검사와 그 검사와 동일한 (또는 매우 유사한) 구인을 측정하는 검사 점수 간의 연관성을 조사하여 측정할 수 있다. 예를 들어, 두 개의 다른 단어 읽기 또는 읽기이해 평가를 사용할 수 있다. 동일한 이론적 구인을 사용하는 검사에서의 수행력은 서로 관련되어야 한다.

3) 요약

표준화된 읽기검사를 선택하거나 실험 과제를 개발할 때 평가의 목적을 고려할 필요가 있다. 때때로 시간과 인력과 같은 실제적인 제약이 선택에 영향을 미칠 수 있다. 모든 검사는 수행력에 대한 정확한 해석, 즉 결과가 실제로 의미하는 것을 보장하기 위해 타당도와 신뢰도 모두를 평가해야 한다. 검사가 민감하지 않거나 신뢰할 수 없거나 부정확하다면 기술이나 행동을 평가하는 것은 의미가 없다.

2. 단어 읽기 평가: 무엇을, 언제, 어떻게 평가하는가

유창하고 정확한 단어 읽기는 성공적인 텍스트 이해를 위한 기초능력이다. 단어 읽기능력은 다양한 지식과 기술에 영향을 받기 때문에 단어 읽기 평가과제를 선택하고, 실시하고 구성할 때 몇 가지 요인들이 고려되어야 한다. 우리는 단어 읽기능력 평가에 '무엇'이 포함되어야 하는가의 관점에서 검사 항목들의 특성을 알아보고 정확도와 유창성을 둘 다 측정함으로써 어떤 정보를 얻을 수 있는지를 살펴보려고 한다. 이러한 다양한 요인들이 독자의 점수에 대한 해석에 어떤 영향을 미치는가? 참여자의 나이 또한 평가의 특성에 영향을 미칠 것이다. 읽기 전단계 아동들의 단어 읽기 기초 기술을 평가할 수 있는가? 그리고 몇 년 동안의 경험과 지식이 있는 더 나이 많은 아동들한테 이 기술을 가장 잘 평가할 수 있는 방법은 무엇인가? 단어 읽기능력을 집단 단위로 평가하는 것이 가능한가? 그리고 컴퓨터 기반 평가의 이점은 무엇인가?

1) 단어 읽기의 어떤 측면을 평가해야 하는가: 단어, 비단어 및 유창성

진전을 모니터링하고, 읽기능력에 대한 임상적 평가의 일부를 구성하거나 실험

집단의 읽기 수준을 일치시키기 위해 활용할 수 있는 단어 읽기와 비단어 읽기 공식 검사들이 많이 있다. 복잡성의 측면에서 검사 항목들은 검사 도구 내에서나 검사들 사이에서 모두 매우 다양할 수 있다.

단어의 문어 형식은 규칙성이나 일관성의 측면에서 설명될 수 있다(이에 대한 검토는 2장 참조). 규칙 단어들은 cat, start와 speed처럼 일반 자소-음소 대응 규칙을 따르는 것들이다. 비친숙한 규칙 단어는 이 지식을 활용해서 정확하게 읽을 수 있다. beige, choir의 예처럼 불규칙적이거나 예외적인 단어들은 영어처럼 심층 철자체계(deep orthography)의 알파벳 언어권에서는 일반적이다. 이 단어들은 자소-음소 대응 규칙에 부합되지 않으며 이 규칙을 적용하면 정확하게 읽지 못할 것이다. 문어 단어를 설명하는 다른 방법은 일관성의 측면이다. 일관된 단어들은 book, look, took처럼 철자 패턴이 같은 모든 단어가 항상 같은 방식으로 발음되는 공통의 철자 패턴을 공유한다. 불일치 단어는 pint와 mint의 예처럼 다른 방식으로 발음될 수 있는 단위를 포함한다. 이러한 단어 유형에 대한 개요는 〈표 9-1〉에 있다.

<표 9-1> 다양한 유형의 단어의 예

단어 유형	정의	예
규칙	일반적인 철자-소리 대응 규칙을 따름	bat, star, spring
불규칙(예외)	철자-소리 대응 규칙을 따르지 않으며 이 규칙을 적용하면 정확하게 읽지 못함	colonel, yacht
일치	다른 단어들과 공통 철자 패턴을 공유하는 것으로 항상 같은 방법으로 발음됨	look, book, took
불일치	다른 방식으로 발음될 수 있는 공통 철자 패턴을 공유함	pint vs mint

단어 읽기 평가는 다양한 유형의 단어가 포함될 수 있다. 단어들은 빈도의 측면에서 다양할 수 있는데, 이는 그 단어가 언어 사용에 얼마나 자주 나오는지를 의미

한다. 2장에서 살펴본 것처럼 고빈도 예외 단어를 저빈도 단어보다 더 빨리 읽는 경향이 있다. 그런 요인들은 의미 단어를 포함하는 평가 과제를 구성할 때 고려되어야 한다.

비단어 읽기는 알파벳 언어권의 독자들에게 단어 읽기 잠재력을 평가할 때 광범위하게 사용된다. Rack, Snowling과 Olson(1992)은 난독증 아동의 비단어 읽기 결함을 조사하는 다수의 연구들을 검토했다. 비단어 읽기 결함을 보고한 연구들은 예를 들어 검사 목록에 2음절로 된 tegwop과 shimpolk 같이 음운론적으로 복잡한 자극으로 비단어 읽기를 평가하는 경향이 있다(Olson et al., 1989).

비단어 과제의 경우 과제 수행에 영향을 줄 수 있는 또 다른 요인이 있는데, 의미 단어 항목과의 유사성도가 그것이다. 4장에서 살펴보았듯이 아동들은 비친숙한 단어를 다양한 전략을 사용하여 읽을 수 있다. 아동들은 문자열을 해독하거나 소리 내어 읽을 수 있으며, 또 bright에서 유추하여 slight를 읽는 것처럼 연속되는 문자열이 같은 아는 단어로 유추해서 읽을 수 있다. 비단어가 의미 단어와 한두 글자 정도 바꿔서 만들어진 것이라면 아동들은 비단어와 그것과 일치하는 의미 단어 사이의 시각적 유사성에서 단서를 얻을 수 있으며 과제 수행을 위해 음운처리 기술에 덜 의존할 것이다. 그래서 과제의 복잡도와 비단어와 의미 단어 사이의 유사성은 그 과제가 단어 읽기와 관련된 다양한 처리 과정을 활용하는 정도에 영향을 미친다.

단어와 비단어 읽기의 정확성 이외에도 유창성은 능숙한 읽기의 중요한 양상이며, 난독증 독자들은 종종 이 능력의 결함을 보인다(4장과 6장 각각 참조). 속도는 투명한 언어권에서는 정확성보다 단어 읽기 어려움에 대한 더 민감한 지표가 될 수 있다(Share, 2008). 몇몇 읽기 표준화 검사(또한 색깔 이름대기 같은 읽기 전단계 기술)는 속도 요인이 포함되어 있는데, 예를 들어 제한된 시간 내에 정확하게 읽을 수 있는 단어나 비단어 수 같은 것이 있다. 이러한 검사는 독자가 단어나 단어와 유사한 자극들의 음운 표상에 접근하거나 조합할 수 있는 효율성을 나타낼 것이다.

2) 언제 단어 읽기와 그 전조를 평가할 수 있는가

단어 읽기를 지원하는 기초 기술들은 일찍 발달한다. 몇몇 음운기술은 읽기 교육을 통해서 향상될 수 있지만 이 기초 기술들은 읽기 교육을 시작하기 전에 발달한다. 특히 단어의 소리 구조에 대한 민감성 같은 음운기술은 읽기 성취의 원인이 된다는 증거들이 상당히 있다. 그것들은 읽기 학습의 용이함과 관련되며 난독증 아동은 이 기술의 결함이 있다. 그러므로 읽기 문제가 발생하기 전에 이 기술들을 평가할 수 있다는 것은 중요하다.

어린 아동들은 음소보다 라임을 탐지하기 쉽고, 음소보다 음절을 조작하기가 더 쉽다는 것을 안다. 단어 구조의 더 작은 단위에 대한 민감성은 연령이 증가함에 따라(읽기 경험에 따라) 발달한다. 여기에서는 음운인식보다 음운적 민감성이 더 유용한 용어이다(Stanovich, 1992). 음운적 민감성은 2~3세 정도 어린 아동들도 할 수 있는 능력인 일반적인 라임 단위 같이 공통된 소리를 탐지하는 능력과 대체로 후기에 발달하는 능력인 단어 내에서 단위들을 조작하는 능력을 모두 포함한다. 그래서 다양한 복잡성을 가진 언어적 단위에 대한 민감성과 복잡성이 다른 인지 작업을 수행하는 능력도 포함한다. 몇 가지 다양한 과제와 언어적 단위를 설명하는 도식은 [그림 9-2]에 제시되어 있다.

더 어려움 ↑	음소	이 단어들은 같은 소리로 시작하나요? fish… fat(예)… hat(아니요)	/b/ /a/ /t/를 합쳐서 말하면 무엇인가요?	print에서 /r/을 빼고 말해 보세요.
언어적 단위의 크기가 감소	어두자음/라임	이 단어들은 거의 같은 소리가 나나요? dog… hog(예)… hat(아니요)	/b/ /at/을 합쳐서 말하면 무엇인가요?	print에서 /int/를 빼고 말해 보세요.
덜 어려움	단어/음절	이 단어들은 같은 소리를 포함하고 있나요? puppet… puppy(예)… thender(아니요)	bat과 man을 합쳐서 말하면 무엇인가요?	footprint에서 foot을 빼고 말해 보세요.
		같은 소리 찾기	소리 합성	소리 탈락

→ **인지적 부담 증가**

[그림 9-2] 다양한 과제들과 언어 단위들이 어떻게 과제의 난이도를 증가시키기 위해 결합될 수 있는지를 설명하는 그림

*주의: 모든 과제는, 특히 판단 과제는 대체로 참여자가 적절한 말소리 단위에 집중할 수 있도록 피드백이 제공되는 연습문제를 포함한다. 다른 과제의 예는 Yopp(1988)을 참조.

음절, 어두자음과 라임 같은 음절 내 단위 그리고 음소에 대한 민감성은 단일한 능력을 활용한다는 증거들이 늘어나고 있다(Anthony & Lonigan, 2004; Anthony et al., 2002). 예를 들어, Anthony 등(2002)은 라임에 대한 민감성은 음소에 대한 민감성과 관련되고, 다양한 음운적 민감성 과제에 대한 수행력은 동일한 기본 구성요소의 지표라는 것을 알아냈다. 그들은 음절 같은 더 큰 단위에 대한 민감성이 음소 같이 더 작은 단위의 것들에 대한 발달적 전조라고 결론지었다. 그래서 아동 연령에 적절한 과제를 사용해서 단어 구조 인식 같은 음운 기술을 평가하는 것은 읽기 교육 시작 전에도 가능하다.

몇몇 난독증 성인은 단어 읽기와 철자쓰기 능력이 적당한 수준으로 발달할 것이다. 그러나 종종 음운처리 기술의 어려움이 분명히 남아 있다. 아동기에 난독증 진단을 받은 대학생을 대상으로 한 Bruck(1990)의 연구에서 이 학생들이 같은 단

어 읽기 수준인 더 어린 일반 독자들보다 단어와 비단어 읽기 평가에서 더 느리고 덜 정확하다는 것을 밝혀냈다.

고등교육과정에 입학하는 난독증 학생의 수가 늘어나고 있다. 모든 아이가 어릴 때 평가를 받은 것은 아니며 이 학생들의 어려움을 인지하고 그들이 적절한 지원을 받을 수 있도록 민감한 측정도구를 개발하는 것은 중요하다. Hatcher, Snowling과 Griffiths(2002)의 연구에서 철자법, 비단어 읽기, 단기 기억과 쓰기 속도를 측정하는 상대적으로 소규모의 검사들로 난독증 대학생은 난독증이 아닌 학생과 확실하게 구별될 수 있다는 것을 보여 줬다. 음운처리 과제는 성인의 읽기 관련 기술을 평가하기 위해 사용될 수도 있다. 그러나 몇명 난독증 성인은 더 어린 사람들을 위해 개발된 과제를 잘 수행할 수 있기 때문에 성인을 위한 음운처리 과제를 선택할 때 읽기 수준을 고려하는 것이 중요하다(Gottardo, Siegel, & Stanovich, 1997).

3) 단어 읽기는 어떻게 평가해야 하는가

단어 읽기 및 관련 기술들 평가는 종종 개별적으로 아동에게 적용하고 일반적으로 소리 내어 읽은 단어의 정확도를 기록한다. 단어 재인 기술과 단어 읽기에 필요한 지식은 집단을 대상으로 실시하는 과제로 평가할 수도 있다. 단어연결 과제(wordchain task, Jacobson, 1993)는 아동의 의미 단어 지식을 평가하는 방식으로 인기가 있다. 단어들은 cattreetank의 예처럼 사이의 공간이 없는 문자열로 제시되고, 과제는 단어 경계를 표시하는 것이다. 이 과제는 대체로 시간 제한이 있어서 아동들은 제한된 시간 내에 가능한 많은 항목을 끝내야 한다.

집단을 대상으로 한 다른 검사들로 음운 해독과 언어의 쓰기 규칙에 대한 지식을 평가할 수 있다. Olson 등은 개별적인 해독 기술과 특정 단어의 철자 패턴에 대한 지식을 측정할 수 있는 두 가지 과제를 개발했다(Olson et al., 1994). 하나는 참여자가 세 개의 비단어 중에서 의미단어처럼 들리는 것을 선택해야 한다. beal, bair, rabe의 예처럼 정답은 해독 기술의 정확한 적용이 필요하다. 다른 과제는 참여자가 bair과 bear 같은 단어에서 철자가 정확한 것을 선택하도록 하는 것이다. 이 실험 과제들은 신뢰도와 타당도가 높고 다른 단어 읽기 검사들과 상관관계도 높다.

컴퓨터 기반 평가도 연구에서 종종 사용되지만 학령기가 시작될 때의 기초선 평가나 진전을 모니터링하거나 읽기의 어려움이 있는 아동을 진단하기 위해 학교에서 광범위하게 사용하지는 않는다. 컴퓨터 기반 평가는 확실한 이점이 있다. 최소한의 훈련을 받은 검사자가 사용할 수 있고 검사 채점을 자동으로 할 수 있다. 몇몇 경우에 컴퓨터 기반 평가는 수행능력에 따라 조정이 가능하다. 즉, 개인의 수행 수준에 따라 과제를 실시하는 동안 문항이 수정되어 제시될 수 있다.

Singleton 등은 초기 읽기와 여러 교육 능력에 대한 다양한 컴퓨터 기반 평가를 개발해 왔다. 읽기 기초선 평가는 문어 개념, 구어로 제시된 목표에 해당하는 정확한 글자를 문자열에서 선택해야 하는 문자 인식, 구어로 제시한 단어와 같은 소리로 시작되는 사물 선택하기를 포함하는 음운인식 등과 같은 읽기의 기초능력을 포함한다. 4~5세의 수행력은 12개월 후의 읽기능력과 상관이 있다(Singleton, Horn, & Thomas, 1999). 5~6세 아동의 읽기 기술을 평가하기 위해 설계된 일련의 평가과제는 표준화된 단어 읽기 평가보다 이후의 읽기 어려움을 보다 정확하게 예측하는 것으로 나타났다(Singleton, Thomas, & Horne, 2000).

4) 단어 읽기 평가와 관련된 타당도 문제

읽기는 일반적으로 연결된 텍스트의 처리 과정이 포함되지만 단어 읽기 평가는 전형적으로 문맥에서보다는 개별적 문항으로 제시된다. 뿐만 아니라 이 문항들을 대체로 소리 내어 읽게 한다. 이 양식의 중요한 문제는 평가가 음운, 철자 또는 의미 정보에 접근하는 속도보다는 단어에 대한 정확한 발음에 집중한다는 것이다(Share, 2008). 이 조건들은 능숙한 독자의 특징들과 다르다. 즉, 혼자 읽을 때 능숙한 독자는 묵독(머리 속에서)을 한다. 이는 단단어를 소리 내서 읽는 것이 단어 읽기에 대한 타당한 평가인가라는 의문을 낳게 한다.

단어 해독 기술이 부족한 아동들을 감지하는 데 음독이 매우 유용하다는 점은 분명하다. 그러나 Share(2008)가 지적한 것처럼 단어만 따로 정확히 발음하는 것과 연결된 말에서 사용되는 것과는 다르다. 또한 소리 내어 읽기는 독자가 반드시 단어 의미에 접근해야 하는 것은 아니다. 하지만 It was a very windy day/road에서 문맥에 따라 동음이의어인 windy의 정확한 발음이 결정되는 예외의 경우가 있다. 유창성과 읽기 속도는 표준화 검사에서 거의 측정하지 않는다.

특히 읽기발달과 장애의 기반이 되는 인지 기술에 대한 심리적 이론을 평가하기 위한 연구를 설계할 때, 이러한 우려들은 모두 타당하다. 그러나 다른 목적으로 단단어 소리 내어 읽기 과제가 타당할 수 있다. 영어에서 구어 읽기는 읽기 어려움의 진단을 도와주는 중요한 정보를 제공할 수 있다. 그러나 좀 더 투명한 다른 언어권에서는 유창성이 좀더 적절한 측정 과제가 될 수 있다.

5) 요약

단어 읽기는 음운 기술에 기반해 있지만 단어의 철자와 의미 표상에 대한 접근도 포함한다. 음운 기술의 중요성 때문에 읽기능력은 종종 비단어 해독 과제로 평가 된다. 단어 읽기 습득과 관련된 음운 기술은 학령 전에 측정될 수 있으며, 읽기 교육이 시작되기 전에 읽기장애 위험군 아동에 대한 식별을 가능하게 한다. 대부분의 읽기 평가는 제시된 단어만 따로 읽는 것이 포함되지만 읽기에 중요한 기술은 집단으로 평가하거나 구어 반응을 요구하지 않는 컴퓨터 기반 과제로 평가할 수 있다. 특정 단어 읽기 측정 과제가 타당한지는 어느 정도는 언어에 달려 있다. 정확도 측정은 불규칙 단어가 많은 언어에 적합하다. 유창성 측정은 좀 더 규칙적인 언어권의 화자들(독자들) 간의 차이에 더 민감할 수 있다.

3. 읽기이해 평가: 무엇을, 언제, 어떻게 평가하는가

> 읽기이해는 복잡한 처리 과정이며, 학생들의 이해 기술 습득에 영향을 미치는 요소가 너무 많기 때문에 연구자와 임상가들은 읽기이해 평가의 주제에 **두려움을 가지고** 접근할 수 있다(Carlisle & Rice, 2004, p. 521, **굵은 글씨**가 추가됨).

읽기이해 평가가 많은 논쟁을 일으키는 것은 사실이다. 이 부분에서 모든 문제를 다루는 것은 불가능하다. 대신, 가장 중요하다고 생각하는 것들에 초점을 맞출 것이다. '무엇'의 관점에서 단어, 문장, 담화 등 다양한 크기의 텍스트 단위에 대한 이해와 읽기이해뿐 아니라 듣기이해 평가에서 얻을 수 있는 것을 고려할 것이다. '언제'와 관련하여 매우 어린 독자 혹은 심지어 읽기 전단계 아동에게 어떻게 이해를 평가할 것인지를 살펴볼 것이다. 아마도 가장 많은 논쟁을 불러일으키는 질문은 평가의 '방법'일 것이다. 여기에서는 객관식(multiple-choice), 빈칸 채우기(cloze task) 또는 개방형 질문(open-ended questions)과 같은 다양한 응답 형식의 장단점을 살펴볼 것이다. 마지막으로 타당도 문제를 검토하고 다양한 읽기이해 평가가 단어 읽기에 어느 정도 영향을 받는지, 그리고 언어이해 능력과 어느 정도 관련되는지를 살펴볼 것이다.

1) 읽기이해의 어떤 측면을 평가해야 하는가

연결된 텍스트를 이해하기 위해 독자(또는 청자)는 단어의 의미를 인출하고, 문장의 의미를 구성하고, 텍스트에서 문장들 사이의 내용을 연결하고, 이를 일반 지식과 함께 연결해야 한다. 단어와 문장 이해가 이를 위해 중요하지만 그것들이 서로 관련된 여러 문장을 적절하게 이해하는 데 충분한가? 읽기이해의 진전을 평가하고 읽기이해 어려움이 있는 아동을 확인하는 데 어휘 지식 또는 문법 지식을 평가하는 것은 적절한가? 이러한 질문들에 '아니요'라고 대답할 수 있을 것이다. 일부 아동은 어휘 및 문법 지식 평가에서 적절한 수행력을 보임에도 불구하고 읽기이해의 어려움을 경험한다는 명백한 증거가 있다(Cain & Oakhill, 2006). 반면, 몇몇 아동은 그들의 핵심 어휘 지식이나 문법에 대한 이해가 부족해서 연결된 텍스트를 이해하는 데 어려움을 경험할 수 있다. 또 다른 아이들은 부족한 어휘와 문법, 담화 처리 능력으로 좀 더 광범위한 이해의 어려움을 경험할 수 있다. 단어나 문장 이해 평가는 독자가 텍스트 내의 정보를 연결하고 일반 지식과 통합하는 능력을 측정하지 않을 것이다.

평가 목적에 따라 개별 단어, 개별 문장 및 담화에 대한 이해를 평가하는 것이 유용할 수 있다. 통합에 어려움이 있는 아동에게 어휘 교육 프로그램을 제공한다면 읽기이해 평가에서 큰 효과를 얻지 못할 것이다. 하지만 어휘에 어려움이 있는 아이들에게 실시한 어휘 교육은 단어 이해와 읽기이해 평가 모두에서의 향상으로 이어질 것이다.

평가의 목적은 또한 듣기이해 평가의 포함 여부를 결정할 수 있다. 진단 목적이라면 읽기이해 어려움이 있는 아동이 듣기이해에도 어려움이 있는지를 결정하는 것은 유용할 수 있다. 만약 그렇다면 담화 처리 전략 교육으로부터 도움을 받을 것이다. 듣기이해 능력은 좋지만 읽기이해는 어려움이 있는 아동이라면 단어 읽기에 초점을 둔 중재가 더 적합할 수 있다.

2) 언제 읽기이해와 그 전조를 평가할 수 있는가

아이가 읽기를 배우기 전에 읽기이해 평가를 실시할 수는 없지만 읽기 전단계 아동 중 읽기이해 실패의 위험이 있는 아동을 식별하기 위해 유사한 기술을 평가할 수 있을까? 초기 구어 언어기술이 단어 읽기의 성공을 예측하듯이 초기 이해 기술은 읽기이해의 성공을 예측한다.

이야기는 많은 어린아이의 삶의 중심으로, 동화책이나 텔레비전 만화 보기, 명절이나 파티와 같은 개인적 사건에 대한 얘기 등이 포함된다. 책에서 읽거나 들은 이야기를 이해하고 산출하는 데에는 많은 동일한 기술들이 필요하다. 즉, 아이들은 관련된 정보와 이야기 속 사건들 사이의 인과 및 시간적 연결을 부호화하는 정신적 표상을 구성해야 한다. 이 능력은 읽기 전단계 아동에게 평가할 수 있다.

3세 미만의 아동은 친숙한 이야기에서 등장인물의 변화나 사건의 시간적 순서에 민감한데, 이는 아이들이 이야기의 구조를 모니터링하고 있다는 증거이다. 또한 그림책이나 텔레비전에 나오는 이야기는 어린 아동의 능력을 평가하는 데 사용할 수 있다. 이러한 평가는 목표 구조 및 추론 기술에 대한 민감도를 측정하며 이후 읽기이해 발달을 예측한다(Skarakis-Doyle & Dempsey, 2008; van den Broek et al., 2005 참조). 따라서 읽기 교육이 시작되기 전에 읽기이해의 기초를 평가할 수 있다(5장 참조).

3) 읽기이해는 어떻게 평가해야 할까

읽기이해 평가는 동일한 기본 구성을 사용하여 설계되었기 때문에 대체로 비슷하다는 가정이 있다. 그러나 각기 다른 형식을 가진 검사를 통해 이해의 질에 대해 다양한 유형의 정보를 얻을 수 있으며, 최근 연구는 읽기이해 평가가 모두 동일하지는 않다는 것을 시사한다. 즉, 측정 방법에 따라 요구되는 단어 재인과 구어 언어능력이 다르다.

읽기이해를 평가하기 위한 표준화된 읽기검사 및 연구의 실험과제 모두에서 다양한 응답 형식이 사용되었으며, 응답 형식에는 참/거짓 문장 판단(true/false sentence judgement), 객관식(multiple-choice), 빈칸 채우기(cloze task) 및 개방형 질문(open-ended questions)이 포함된다. 각각의 장점과 단점은 아래에서 검토할 것이다.

(1) 참/거짓 문장 판단 형식

독자 또는 청자에게 단락을 제시하고, 이해는 참/거짓(또는 예/아니요)을 판단하여 반응해야 하는 일련의 문장으로 평가한다. 이 평가는 두 가지 주요 이점이 있다. 첫째, 이러한 유형의 평가는 복잡한 구어 응답을 요구하지 않기 때문에 처리 요구가 낮다. 둘째, 아이들은 쉽게 답안을 기록할 수 있기 때문에 그룹으로 평가할 때 적합한 형식이다. 그래서 반 전체의 아동을 한 세션 동안 평가할 수 있다.

이러한 형식의 주요 단점은 추론과 같은 주요 이해 능력을 평가하기에 너무 쉽다는 것이다. 추론이 생성되었는지 여부를 측정하려면 추론이 상세히 설명되어야만 한다(〈표 9-3〉 참조). 제시된 추론적 진술이 텍스트를 읽거나 듣는 동안 구성된 심적 표상과의 단순한 비교로 확인된다고 보장할 수 없다. 3장의 추론 재인 평가에서 보았듯이 텍스트와 일치하는 추론 재인 과제가 텍스트를 읽거나 듣는 동안 추론을 했고 이 추론이 텍스트 표상에 통합되었다는 것을 반드시 보여 주지는 않는다. Corbett와 Dosher(1978)는 가위(scissors)가 운동선수는 그의 친구를 위해 가위로 기사를 오렸다의 문장과 운동선수는 그의 친구를 위해 면도칼로 기사를 오렸다의 문장에서 모두 동일하게 좋은 회상 단서라는 것을 발견하였다. 비록 두 번째 문장의 텍스트 표상에서 가위가 부호화될 가능성이 매우 낮음에도 불구하고 말이다.

(2) 객관식 형식

객관식은 대상자가 세 개 이상의 보기 중 어떤 것이 질문에 대한 정답인지를 선택해야 하므로 참/거짓 문장 판단과 민감도가 다르다. 대상자는 구어 응답을 만들 필요는 없지만 이러한 유형의 평가는 여러 보기를 비교해야 해서 문장 판단 과제보다는 처리 과정의 요구가 더 높다.

이러한 형식은 관용구와 같은 비유 언어(figurative language) 이해 연구에서 널리 사용되었다(Gibbs, 1987; Levorato & Cacciari, 1999). 관용구는 문맥에 따라 (보통) 문자적 의미와 비유적 의미를 모두 가질 수 있는 표현이다. 예를 들어, Vicky spilled the beans라는 문장은 문자 그대로의 의미로 누군가 콩을 쏟았다는 의미이거나 비유적 의미로 비밀을 폭로하다는 것을 의미할 수 있다. 객관식 문항에서 제시되는 보기는 처리 과정의 선호도를 평가하기 위해 구성될 수 있다. 관용구 연구에서 연구자들은 다양한 보기를 포함하고 아이들이 문자 그대로의 해석을 선택하는 경향을 통해 문자적으로 해석하는지 또는 비유적 의미와 일치하는 보기를 선택하여 비유적으로 처리하는지를 결정하였다. 이러한 방식으로 객관식 과제를 구성하여 아이들이 텍스트를 이해하는 데 사용하는 처리 전략을 평가할 수 있다.

그러나 보기 예시는 잘못된 해석으로 이끌 수 있으므로 신중하게 만들어야 한다. 실제로 Nippold와 Taylor(1995)는 그들의 연구에서 관용구의 문자적 해석과 관련한 보기는 제외하였는데, 이는 학령기 아동은 설명하기 과제에서 이러한 반응을 거의 보이지 않았기 때문이다. 객관식 형식은 앞에서 설명한 이유로 추론 처리 과정을 감지하는 능력에 있어 참/거짓 과제와 비슷한 한계가 있다(예: 〈표 9-2〉 참조).

<표 9-2> 추론 평가에 대한 형식 비교

헨리와 헨리의 여동생 루비는 고모할머니 댁으로 차를 마시러 가는 중이다. 그녀는 88세였다. 그들이 밖에 나왔을 때 비가 억수같이 쏟아지고 있었기 때문에 헨리는 우산(brolly)을 꺼냈다. 처음에 그들은 은행(bank)으로 걸어갔고, 그다음에 꽃집으로 갔다. 줄리아 고모할머니는 특히 알스트로메리아(alstroemeria)를 좋아했다.

아래와 같이 참/거짓 및 객관식 형식에서 은행으로 가는 이유를 추론하는 능력을 평가할 수 있다.

참/거짓 형식	아이들은 돈을 찾기 위해 은행에 갔다. (참 / 거짓)
객관식 형식	아이들은 왜 은행에 갔나요? a) 오리에게 먹이를 주기 위해 b) 돈을 찾기 위해 c) 편지를 보내기 위해
개방형 형식	아이들은 왜 은행에 갔나요?

(3) 빈칸 채우기 형식

빈칸 채우기 과제는 문장에서 하나의 단어를 생략하고, 일반적으로 3~5개의 보기 중에서 적절한 단어를 선택하는 것이다. 문장은 개별적으로 제시되거나 단락 내에서 제시될 수 있다. 이러한 과제는 개인보다는 집단으로 실시할 수 있다는 장점이 있으며 많은 아동을 평가해야 할 때 유용할 수 있다. 이 형식은 최소의 주의력을 요구한다.

한 가지 단점은 빈칸 채우기 과제에서의 높은 수행력은 개별 문장을 처리하는 능력일 수 있으며, 연결된 텍스트를 처리하는 능력을 반영하지 않을 수 있다는 것이다. 예를 들어, 독자는 문장들이 뒤섞인 단락에서 빈칸 채우기 과제의 수행력이 좋았는데 이는 담화 처리 전략보다는 단일 문장에서의 처리를 의미할 수 있다 (Shanahan, Kamil, & Tobin, 1982). 따라서 전반적인 텍스트 처리 과정의 어려움이 있는 아동을 식별하는 것이 목표라면 주의해야 한다.

한 가지 대안은 빈칸 채우기 과제에서 문장에 적절한 단어와 이야기에 적절한 단어를 포함하는 보기들을 사용하여 응집력 있는 단락을 구성하는 것이다. 그렇다면 이 과제는 읽기이해 어려움의 유형을 확인할 수 있다. 〈표 9-3〉에서 이에 대한 예를 제시하였다. Snowling과 Frith(1986)는 자폐범주성장애를 포함하여 지능이 높은 아동과 낮은 아동을 대상으로 이러한 과제를 성공적으로 사용하였다. 그들은 지능이 높은 아동은 문장에 적합한 보기와 이야기에 적합한 보기를 구별할 수 있었지만 지능이 낮은 아동은 각 문장별로 처리하면서 적절하게 구별하지 못하는 것을 발견하였다.

<표 9-3> 문장 및 텍스트 수준의 이해와 관련하여 사용할 수 있는 빈칸 채우기 과제 예시

다음은 〈표 9-2〉에서 사용한 텍스트의 수정된 발췌문이다. 선택할 수 있는 세 단어는 다음과 같은 순서로 제시된다. – 이야기에 적절, 문장에 적절, 의미상 부적절
그들은 먼저 은행으로 걸어가고, 그다음에 꽃집으로 갔다. 고모할머니가 특히 싱싱한 꽃/케이크/의자를 좋아한다.

(4) 개방형 질문 형식

이 형식은 대상자가 단락을 읽은 (또는 들은) 후에 그들의 기억과 이해를 평가하기 위해 일련의 질문에 답하도록 요구한다. 한 가지 단점은 참여자가 질문에 구어로 반응해야 하므로 표현언어결함이 있는 아동의 이해 능력을 과소평가할 수 있다는 것이다. 또 다른 단점은 어린 아동은 완전한 답을 쓰는 데 그들의 쓰기 능력이 충분하지 않을 수 있으므로 개별적으로 실시해야 한다는 것이다.

이러한 형식은 객관식 형식에서 논의했던 것과 유사한 이점이 있다. 즉, 대상자의 대답은 체계적인 처리 과정의 오류를 보여 줄 수 있으며, 오류의 원인을 확인하기 위해 분석할 수 있다. Barnes와 Dennis(1998)는 이해 어려움을 가진 신경학적 결함이 있는 아동에게 이야기 이해 능력을 평가하기 위해 개방형 질문과제를 실시하였다. 연구자들은 이 아동들의 추론 어려움이 적절한 이야기 또는 지식에 접근하지 못하는 것과 관련이 있다는 것을 발견했다. 대조적으로 동일한 연령의 통제집단 아동은 관련된 정보는 인출할 수 있지만 통합하는 데 어려움이 있는 것으로 나타났다.

4) 읽기이해 평가의 타당도

이 책에서 읽기능력(읽기이해 능력)이 단어 재인(또는 해독) 기술과 언어이해 능력 모두에 어떻게 의존하는지를 보았다. 결과적으로 타당한 읽기이해 검사는 두 요소 모두를 활용해야 한다. 수행은 단어 읽기능력에 의해 전적으로 결정되어서는 안 되며, 또한 근본적으로 듣기이해 측정이 되어서도 안 된다. 여기에서 표준화된 읽기이해검사가 읽기이해 구인을 타당하게 측정하였는지 정도를 살펴본 최근 연구를 검토할 것이다. 이러한 연구들은 영국과 미국 영어를 대상으로 진행되었는데, 이 나라들은 연구와 진단을 위해 사용할 수 있는 표준화된 읽기검사의 종류가 매우 다양하기 때문이다.

(1) 읽기이해 혹은 단어 읽기

단어 읽기 기술은 읽기이해를 위해 필수적이다. 소수의 연구들은 단어 읽기 기술이 다양한 읽기이해 평가에서의 수행력을 얼마나 잘 설명하는지를 비교하였다. 모든 읽기이해 평가가 동일하다고 믿는다면 그 결과는 놀라울 것이다. 일부 읽기이해 평가에서의 수행력은 다른 것보다 단어 읽기능력에 더 크게 영향을 받는 것으로 나타났다. 빈칸 채우기 형식의 읽기이해 검사는 질문에 대답하는 형식의 검사보다 단어 읽기능력이 읽기이해 능력을 더 잘 예측한다는 일부 연구 결과들이 있다. Nation과 Snowling(1997)은 7~10세의 읽기이해 능력을 평가했을 때 빈칸 채우기 과제에서는 단어 읽기능력이 읽기이해를 79% 설명하지만 개방형 질문의 읽기이해 과제에서는 약 53%만 설명하는 것을 보고하였다.

다른 이해검사를 비교한 연구자들도 유사한 차이를 발견했다(Spear-Swerling, 2004). 이러한 결과는 개방형 질문과제가 단어 읽기능력에 의존하지 않는다는 것을 의미하지는 않는다. 한 가지 가능한 설명은 빈칸 채우기 과제에서 높은 수행력을 보이기 위해서는 독자가 적절한 보기를 선택하기 위해 단어를 정확하게 해독할 수 있어야 한다는 것이다.

응답 형식이 읽기이해 평가에 대한 단어 읽기 기술의 기여도에 영향을 미치는 유일한 요인으로 결론짓는 것은 잘못된 것이다. 다양한 개방형 질문 또는 객관식 형식을 사용한 읽기이해 평가에서의 수행력도 단어 읽기 기술에 의해 다르게 예측된다. Cutting과 Scarborough(2006)는 7~16세를 대상으로 객관식 또는 개방형 질문 형식인 3개의 표준화된 읽기이해 검사를 실시하였다. 단어 읽기능력은 사용된 검사에 따라 읽기이해 능력을 40~63% 설명하였다.

표준화된 읽기이해 검사에서의 차이는 검사의 형식뿐 아니라 과제 제시 방법과 단락 내용의 차이 때문에 나타날 수 있다. 예를 들어, 아이들은 글을 묵독하는가, 음독하는가 또는 잘못 읽은 단어에 대해 도움을 받을 수 있는가. 텍스트가 문장, 짧거나 긴 단락을 포함하는가 또는 내용은 이야기인가 설명 담화인가. 〈표 9-4〉는 과제 제시, 텍스트, 평가 형식의 차이에 대해 설명하였다. 평가에서 사용한 정보의 특성도 중요하다. 예를 들어, 질문이 텍스트에 제시된 정보와 관련되었는가(텍스트에 의존적인가) 또는 독자의 일반적인 지식으로 대답할 수 있는가(텍스트 독립적인가). 이러한 문제에 대한 자세한 논의는 [상자 9-1]의 Keenan과 Betjemann(2006)의 연구를 보자.

<표 9-4> 다양한 읽기이해 평가에서 사용된 평가 형식의 예시

읽기	음독: 단어 읽기에 도움 제공	음독: 도움 없음		묵독	
텍스트	개별 문장	단락: 이야기 담화		단락: 설명 담화	
형식	그림 선택하기	참/거짓 판단 과제	객관식 과제	단답식 과제	다시 말하기

상자 9-1 바나나는 무슨 색인가

내용타당도는 평가의 중요한 측면이며, 평가가 측정해야 하는 것을 측정하는가와 관련된다. 예를 들면, 읽기이해 평가는 테스트의 단락을 읽고 이해하는 개인의 능력을 측정하는가? 혹은 일반 지식과 같은 것을 측정하는가? Keenan과 Betjemann(2006)은 미국에서 널리 사용하고 있는 Gray Oral Reading Test(GORT, Wiederholt, & Bryant, 1992)의 분석에서 이 문제를 다루었다. 이 읽기이해 검사는 단어 읽기와 이해(어휘, 구문, 주제) 측면에서 지문의 난이도가 점점 어려워진다. Keenan과 Betjemann(2006)은 단락의 단어를 정확하게 읽는 데 어려움을 가진 일부 아동이 많은 읽기이해 질문에서 적절하게 대답한 것을 이해할 수 없었다. 이러한 결과는 읽기발달에 대해 우리가 알고 있는 것과 맞지 않는다. 5장에서 보았듯이 단어 읽기는 일반적으로 읽기이해 능력을 제한한다. 이야기에서 단어를 읽는 데 어려움을 겪는 아동은 일반적으로 그 이야기를 잘 기억하거나 이해할 수 없다.

이러한 놀라운 결과에 대한 한 가지 가능한 설명은 단어 읽기 부진 아동은 단어 읽기능력이 좋은 아동보다 추론 기술을 더 많이 사용하는 것으로 보상한다는 것이다. 또 다른 가능성은 평가의 많은 질문이 검사에서 제시된 지문과 무관하다는 것이다. Keenan과 Betjemann은 연구대상자에게 읽을 지문을 제시하지 않고 질문만 함으로써 이 문제를 연구하였다. 많은 질문이 그 지문을 참조하기보다는 일반 지식을 참조하여 대답할 수 있었다(이 상자의 제목에 있는 질문과 같이). 게다가 (다른 평가에 근거하여) 단어 읽기에 어려움을 보인 아동도 지문에 독립적인 질

문에서 또래 일반아동만큼 일반 지식을 사용하여 대답할 수 있었다. 두 집단은 오직 지문에 의존적인 질문에서만 차이를 보였다. 이러한 연구는 읽기이해 검사를 구성할 때 지문의 내용과 질문 간의 관계를 고려하는 것이 중요함을 보여 준다.

(2) 구어 능력

읽기이해 수행력의 상당한 비율이 구어 능력에 의해 예측되어야 한다는 것은 합리적인 가정이다. 그러나 구어 능력과 읽기이해 간의 관계를 살펴보면 앞에서 논의한 단어 재인과 읽기이해의 관계와 유사하게 검사에 따라 차이가 뚜렷함을 알 수 있다.

7~16세 아동을 대상으로 한 연구에서 단어와 문장 이해로 측정한 구어능력은 다양한 표준화된 읽기이해 평가에서의 수행력을 약 9~15% 정도 설명한다(Cutting & Scarborough, 2006). 단락 듣기이해로 구어능력을 평가했을 때 매우 유사한 결과가 발견되었는데, 듣기이해는 해독 능력을 통제한 후에 읽기이해를 5~17% 예측했다(Keenan, Betjemann, & Olson, 2008). 따라서 읽기이해와 듣기이해 사이의 관계의 강도는 실제 사용한 검사에 부분적으로 의존하는 것으로 보인다.

평가의 타당도를 탐색하는 또 다른 방법은 요인분석(factor analysis)이다. 요인분석은 유사한 구인을 측정하는 변수의 군집을 식별하거나 확인하는 데 사용할 수 있는 통계분석이다. 이러한 유형의 분석을 위해 연구자는 단어 읽기, 읽기이해 및 듣기이해와 같이 관심이 있는 변수를 측정하는 다양한 검사를 실시한다. 단어 읽기에 대한 모든 평가들이 비슷한 능력을 측정했다면 각각은 동일한 단일 요인과 강한 관계를 가지며 같은 군집으로 묶여야 한다. 마찬가지로, 읽기이해 평가는 다른 요인에 크게 기여해야 한다. 읽기이해 평가가 보다 일반적으로 언어이해에 대한 타당한 평가라면, 듣기이해력 측정과도 연관되어야 한다.

Keenan, Betjemann과 Olson(2008)은 이 기법을 사용하여 다양한 읽기 검사 간의 관계를 분석하였다. 그들의 분석은 두 요인을 밝혀냈는데, 듣기이해와 두 가지 읽기이해 평가를 포함하는 '이해력' 요인과 의미단어와 비단어를 포함하는 '해독'

요인이다. 두 개의 읽기이해 검사는 이해 요인보다는 '해독' 요인과 더 강하게 연관되었다. 이 두 검사 모두 빈칸 채우기 형식이었으며, 보기 중 정답을 선택하는 것은 (부분적으로) 핵심 단어의 정확한 해독에 달려 있었다.

(3) 제언

읽기이해에 대한 다양한 평가를 비교한 연구 결과는 연구와 진단 모두에 중요한 제언을 한다. 최근 몇 년 동안 읽기발달에 대한 연구는 단어 읽기와 읽기이해가 대체로 분리될 수 있으며, 다른 기본 기술에 의해 예측된다는 것을 보여 주었다(de Jong & van der Leij, 2002; Oakhill, Cain, & Bryant, 2003). 그러나 이러한 연구에서 만약 단어 해독에 상당히 의존적인 읽기이해 평가를 사용한다면 다른 결론에 도달할 것이다. Keenan 등은 읽기 기술에 대한 유전적 요인의 영향에 대한 연구와 관련해서도 비슷한 주장을 하였다. 이 연구의 목적은 해독과 읽기이해가 유사한 유전자인지, 아니면 다른 유전자와 관련되는지 확인하는 것이었다(Keenan et al., 2006). 이 연구에서 사용한 읽기이해 평가 유형은 연구 질문에 대한 답에 영향을 미칠 것이다. 실제로 일부 연구 결과는 동일한 유전자가 읽기의 두 측면 모두와 관련되어 있음을 보여 준 반면(Byrne et al., 2007), 다른 읽기평가를 사용한 연구들은 서로 다른 유전자가 관여한다는 것을 보여 주었다(Keenan et al., 2006).

진단에 대한 제언도 중요하다. 단어 읽기능력에 크게 의존하는 읽기이해 평가는 단어 읽기에는 어려움이 없지만 읽기이해에 어려움이 있는 아동을 반드시 식별하지는 못할 것이다. 그들은 아마도 수행력이 좋을 것이다. 마찬가지로 지문의 내용보다 일반 지식과 관련한 질문을 포함한 읽기이해 평가는 텍스트로부터 의미를 파악하는 데 어려움이 있는 아동을 명확하게 판별하지 못할 것이다.

5) 요약

읽기이해는 다양한 기술, 처리 과정과 지식에 의해 결정되며, 이는 읽기이해 평가를 신뢰할 수 있고, 타당한 평가로 만드는 것을 어렵게 한다. 단어와 문장 이해가 담화 이해에 필수적이지만, 이러한 언어의 단위에 초점을 맞춘 평가는 단락에 포함된 정보와 일반적인 지식을 통합하는 독자의 능력을 측정하지 못할 것이다. 듣기이해 평가는 단어 읽기능력과 독립적으로 개인의 이해 능력에 대한 유용한 정보를 제공할 수 있다. 연구자와 임상가는 읽기이해를 뒷받침하는 일부 핵심기술을 평가하기 위해 아이들이 읽기를 배울 때까지 기다릴 필요가 없다. 타당도는 읽기이해검사에서 중요한 문제이며, 응답 형식 및 지문의 내용과 질문 사이의 관계에 의해 영향을 받을 수 있다.

핵심 요약

- 평가는 여러 다른 발달단계에서 다양한 검사도구를 사용하여 다양한 목적으로 이루어진다.
- 완벽한 검사도구는 없지만, 교육자, 연구자 또는 임상가는 검사도구의 타당도와 신뢰도를 고려하여 정보에 입각한 선택을 할 수 있다.
- 검사의 타당도는 평가 목적에 따라 부분적으로 결정된다.
- 단어 읽기와 읽기이해를 뒷받침하는 많은 기술들은 읽기 교육이 시작되기 전에 발달한다. 이러한 이유로 연구자와 임상가들은 읽기 전단계 아동에게 읽기 기초 기술을 평가할 수 있다.
- 단어 읽기 평가를 위한 최적의 형식은 독자의 언어에 따라 달라진다.
- 듣기이해 평가는 단어 읽기능력과 무관하게 개인의 이해 능력에 대한 유용한 정보를 제공할 수 있다.

추가 읽기자료

읽기 평가에 대한 두 권의 좋은 책은 단어 읽기와 읽기이해를 모두 포함하는 Beech와 Singleton(1997)의 책과 읽기이해에 초점을 맞춘 Paris와 Stahl(2005)의 책이다.

Beech, J.R., & Singleton, C. (eds) (1997) *The Psychological Assessment of Reading*, London: Routledge.

Paris, S.G., & Stahl, S.A. (eds) (2005) *Children's Reading Comprehension and Assessment*, Mahwah, NJ: Lawrence Erlbaum Associates.

Carlisle과 Rice(2004)와 Roth(2004)는 최근 두 장의 챕터에서 각각의 기술에 대한 많은 측정 문제를 검토하였다.

Carlisle, J.F., & Rice, M.S. (2004) Assessment of reading comprehension. In C.A. Stone, E.R. Silliman, B.J. Ehren, & K. Apel (eds), *Handbook of Language and Literacy: Development and Disorders*, New York: The Guilford Press, pp. 521–55.

Roth, F.P. (2004) Word recognition assessment frameworks. In C.A. Stone, E.R. Silliman, B.J. Ehren, & K. Apel (eds), *Handbook of Language and Literacy: Development and Disorders*, New York: The Guilford Press, pp. 461–80.

용어 정의

구성 타당도 (construct validity)	기본적으로 이론적 구성과 관련이 있다. 즉, 검사가 목표 기술 또는 행동을 측정하는가.

내용 타당도 (content validity)	문항의 범위와 관련성에 관한 것이다.
요인분석 (factor analysis)	많은 변수 간의 상관관계를 분석하고, 이러한 변수들을 요인이라고 하는 더 적은 수의 공통 기본 변수로 설명하는 데 사용되는 통계적 기법이다.
형성 평가 (formative assessment)	학습에 대한 평가이며, 결과는 이후의 교수법과 학습에 정보를 줄 수 있다.
문항 내적 신뢰도 (inter-item reliability)	검사의 각 문항이 동일한 기본 행동을 측정하는 정도를 나타낸다.
평가자 간 신뢰도 (inter-rater reliability)	다른 평가자나 관찰자 간의 일치 정도를 나타낸다.
신뢰도(reliability)	검사의 일치도나 신뢰성을 의미한다.
총괄평가 (summative assessment)	기말시험과 같은 학습에 대한 평가이다.
검사-재검사 신뢰도 (test-retest reliability)	다른 시점에 동일한 조건에서 동일한 아동에게 실시된 동일한 검사에서 얻은 점수 간의 일치를 나타낸다.
타당도 (validity)	주어진 구성을 정확하게 평가할 수 있도록 검사의 내용이 대표하는 정도를 나타낸다.

제10장

읽기의 단순 관점: 읽기발달 및 읽기장애 연구를 위한 틀

핵심 용어

- 읽기의 단순 관점(simple view of reading)

이 책에서는 읽기발달과 읽기장애에 관한 많은 연구를 제시하였다. 살펴본 것처럼 단어 읽기는 그 의미에 접근할 수 있도록 인쇄된 단어의 해독 또는 변환을 포함한다. 또한 읽기이해는 개별 단어에서 문장 및 담화 수준의 의미를 구성해 내는 것을 포함한다. 읽기의 두 구성요소인 단어 읽기와 읽기이해 사이의 구분은 읽기의 단순 관점 같은 읽기의 개념적 틀(conceptual framework)에서 인식되며(Gough & Tunmer, 1986; Hoover & Gough, 1990), 이 책을 구성하는 데 사용되었다. 이 마지막 장에서는 이 연구결과들을 검토하고 읽기의 단순 관점이 읽기발달 및 읽기장애 연구를 위한 틀로 얼마나 잘 작동하는지를 평가하고자 한다.

제10장 읽기의 단순 관점: 읽기발달 및 읽기장애 연구를 위한 틀

1. 읽기의 단순 관점: 개요

우리는 이해하기 위해 읽는다. 우리가 약봉지의 안내문 정상회담에 대한 신문 사설, 웹사이트의 블로그 등을 읽든 재미를 위해 소설을 읽든, 읽기이해는 능숙한 독자로서 우리의 목표이다. 읽기의 단순 관점에 따르면 읽기이해는 해독과 언어(듣기)이해라는 두 구성요소의 산물이다(Gough & Tunmer, 1986; Hoover & Gough, 1990). 이는 R=D×C이라는 공식으로 명시된다. R은 읽기이해를 나타내는 용어이고 D는 해독을 나타낸다. 능숙한 해독은 효율적이고 문맥에 영향을 받지 않는 단어 재인으로 정의된다. C는 언어 이해를 나타낸다. 단순 관점에서는 언어이해를 단어 의미에 접근하고 문장과 담화를 해석하는 능력으로 정의한다(Gough & Tunmer, 1986; Hoover & Gough, 1990). 이것은 대체로 듣기이해 과제로 측정된다. 따라서, 간단히 말하면, 단어 해독 기술과 듣기이해라는 이 두 가지 광범위한 기술이 읽기이해를 가능하게 한다. 읽기이해에 대한 이 두 핵심 요소를 인식하는 것은 독특한 것이 아니며(예: Perfetti, 1977), 단어, 문장, 문단 그리고 텍스트 수준의 이해를 각기 별도로 고려하는 다른 읽기 모델들과 구별될 수 있다(예: Calfee & Drum, 1986).

단순 관점과 읽기능력에 대한 초기 모델들 사이의 가장 중요한 차이점은 단순관점이 읽기이해를 해독과 듣기이해의 곱의 산물이라고 하는 반면, 이전의 모델들은 두 능력의 합이라고 설명한다는 것이다(Perfetti, 1977). 이 두 관점 간 차이를 설명하기 위해 어떤 단어도 읽을 수 없는 학령 전 아동들을 생각해 보자. 단순 관점에 따르면 그들의 전반적 읽기능력은 이해 수준과 상관없이 0(zero)이 될 것이다. 왜냐하면 아동들이 인쇄된 단어들을 읽을 수 없다면 읽기이해 능력이 있다고 말할 수 없기 때문이다. 합의 모델 내에서 읽기이해 능력은 0인 해독 능력과 듣기이해 능력의 총합이 될 것이다. 합의 모델은 학령 전 아동들이 구어를 이해할 수 있기 때문에 아직 단어를 읽을 수 없어서 읽기이해가 불가능한 상황에서 읽기이해가 '가능하다고 본다'. 이것이 단순 관점이 읽기능력에 대한 그럴듯한 설명으로 간주되는 이유 중 하나이다. 단순 관점에 따르면 기술의 한 구성요소가 전혀 없다면 다른 기술이 개선되어도 읽기능력이 전반적으로 향상되지는 않을 것이다.

2. 읽기의 단순 관점과 읽기발달

이 책의 구조는 우리가 발달 과정에서 단어 읽기와 읽기이해 사이의 관계를 상세히 고려하지 않았다는 것을 시사하고 있다. 우리는 여기서 그렇게 하려고 한다. 읽기발달 연구를 위한 틀로서 단순 관점을 평가하기 위해서는 읽기의 궁극적인 목적인 능숙한 읽기를 고려하고, 읽기발달을 뒷받침하는 기술들을 확인하는 것이 유용하다.

1) 능숙한 읽기

능숙하게 해독하는 사람은 인쇄된 단어를 처리해서 그것들이 단어의 의미에 빠르고 효율적으로 접근할 수 있게 하는 표상을 도출해 낼 수 있다. 능숙한 성인 독자는 비친숙한 단어를 다루기 위한 일련의 전략들을 갖고 있지만, 그들이 이전에 읽었던 친숙한 단어의 발음과 의미를 장기기억에서 자동적으로 빠르게 회상할 수 있다. 그래서 그러한 단어들을 한 글자 한 글자씩 해독할 필요가 없다. 영어 같은 알파벳 언어의 경우 단어의 철자-소리 대응 관계의 규칙성, 철자의 일관성 및 그 언어권에서의 단어 빈도는 모두 단어 재인의 속도와 용이성에 영향을 미친다.

능숙하게 이해하는 사람은 텍스트에 사용된 개별 단어나 구문구조를 기억하지는 않는다. 그들은 의미를 추론해 내고, 텍스트에서 묘사된 상황을 설명하는 표상을 구성하는 것이지 그것이 제시된 방식에 대해 설명하지 않는다. 능숙하게 이해하는 사람은 이 의미에 기반한 표상이 부분적으로나 전체적으로 일관성 있게 되도록 노력한다. 그들은 인접해 있는 문장의 정보를 통합하고 추론적 처리를 활용하여 아이디어가 전체적으로 어우러지는 방식을 확립한다. 읽기이해는 역동적이다. 즉, 텍스트에 관해 현재 독자가 이해하고 있는 내용은 텍스트 내의 개별 단어와 문장을 이해하기 위한 맥락을 제공해 준다.

일반 성인 독자를 대상으로 한 단어 읽기와 텍스트 이해에 관한 대부분의 연구가 상당히 능숙한 성인 독자들에 관한 것이라는 점에 주의할 필요가 있다. 일반적으로 검사 참여자들은 대학생이다. 따라서 모든 독자가 그들의 능력과 기술 수준에 도달하지는 않을 것이다.

2) 읽기발달: 기초 기술

읽기능력의 두 구성 요소인 단어 재인과 이해는 비록 구어에서 그것들이 공통적인 기반을 공유하고 있지만 언어의 다른 수준이나 단위에 주의를 기울인다. 단어를 읽기 위해 읽기 시작 단계 독자는 하위 어휘 수준에 주의를 기울여야 한다. 읽기 시작 단계 독자는 문어 단어 의미 지식보다 구어 단어 의미 지식이 훨씬 더 풍부하다. 읽기 시작 단계 독자의 주된 도전과제는 그것들이 표상하는 단어의 의미에 접근하기 위해 인쇄된 단어를 구어 형태로 바꾸는 방법을 배우는 것이다. 이렇게 하기 위해 아동들은 자소 및 라임 같이 좀 더 큰 문어 단위가 구어와 어떻게 관련되는지를 배운다. 구어의 말소리에 대한 아동의 이해력과 민감도는 단어 읽기 습득의 용이성과 관련되며 단어 읽기 어려움을 예측해 준다. 이 지식은 아마도 읽기 학습을 통해 정교해질 것이다. 인쇄된 단어를 보고 읽는 것은 인쇄된 글자와 소리 사이의 연결을 명확하게 해 준다.

문어와 구어 담화를 이해하기 위해 개개인들은 전체 단어, 문장, 그리고 확장된 텍스트에 주의를 기울여야 한다. 읽기와 듣기이해는 단어와 문장 이해 이외에도 추론, 이해 모니터링 그리고 이야기 구조 지식 및 활용 같은 일반적인 담화기술들에 의존한다. 비록 구어와 문어 이해가 여러 가지의 동일한 인지 능력, 처리 과정, 지식을 포함하고 있지만, 문어는 그 자체가 도전적 과제이다. 책에서 사용된 몇몇 어휘와 구문구조는 대화에서는 일반적으로 나타나지 않는다. 게다가 문어 담화 단위들은 일반적인 대화에서의 발화보다 더 긴 경향이 있다. 따라서 더 큰 정보 단위 내에서 아이디어를 통합하는 과정이 포함된다. 읽기발달과정에서의 문어 텍스트 경험은 문어 어휘와 구문 지식뿐 아니라 통합을 위해 요구되는 처리 기술을 발달시키는 데 도움이 될 수 있다. 비록 문어와 구어를 처리하기 위해 여러 가지 동일한 인지 기술과 지식을 사용하지만 그 두 언어의 특정 속성은 지식과 기억에 대한 요구사항이 다르다.

3) 읽기 단순 관점과 읽기발달

단어 읽기와 이해라는 두 구성요소의 중요성은 연구 문헌들에서 상당한 지지를 받고 있다. [그림 10-1]에 제시되어 있듯이 아동의 단어 읽기와 구어 텍스트 이해 능력에 대한 측정 변인은 두 변인이 함께 8~14세 아동들의 읽기이해를 70% 이상 설명해 준다(Catts, Hogan, & Adlof, 2005). 그래서 읽기의 단순 관점은 읽기능력의 두 가지 핵심 구성 요소를 잘 담아내는 것으로 보인다.

읽기의 단순관점은 독자의 읽기능력이 발달하기 때문에 해독, 듣기이해 그리고 읽기이해 사이의 관계가 시간이 지남에 따라 변할 것이라고 예측한다. 관계의 패턴이 변하는 이유는 그들이 읽은 것을 이해하는 능력으로 측정되는 읽기 초기 단계 독자들의 전반적 읽기능력이 언어 이해 능력보다 기초 해독 능력에 의해 더 제한되기 때문이다. 아동들이 단어 읽기를 어려워하면 단어 의미를 문장으로 통합하고 텍스트 전체를 이해하기 위해 그 문장의 의미를 결합하는 데 충분한 인지적 자원을 할애하지 못할 것이다. 외국어를 배운 분들은 이 설명에 공감이 되는 기억들이 있을 것이다. 더 기초적인 수준에서 아동들이 단어를 정확하게 해독할 수 없으면 구어 단어의 의미 저장소에 있는 해당 단어 의미에 접근하지 못할 것이다.

일반적으로 단어 재인, 듣기이해, 읽기이해 간 관계의 강도가 나이에 따라 변한다는 관점은 긍정적인 지지를 받고 있다. 읽기 학습의 초기 단계에서 단어 읽기는 듣기이해보다 읽기이해를 훨씬 더 잘 예측해 준다. 아동들이 나이가 들고 단어 읽기가 더 능숙해짐에 따라 상황이 변하고 단어 읽기와 읽기이해 사이보다 듣기이해와 읽기이해 사이의 관계가 더 강력해진다. 다양한 연령대 집단을 대상으로 이 기술을 평가한 Vellutino 등의 연구에서 이러한 변화가 설명되어 있다. 7~9세 아동들은 단어 재인과 읽기이해 사이에서 .80의 상관관계가 나타났고 듣기와 읽기이해 사이는 .67의 상관이 있었다. 반면, 11~13세의 경우에 대응되는 값은 .43과 .79였다(Vellutino et al., 2007; Hoover & Gough, 1990).

이 능력들 간의 관계가 읽기발달 과정에서 어떻게 변하는지를 Catts, Hogan과 Adolf의 또 다른 연구에서 잘 설명해 주고 있다(Catts, Hogan, & Adlof, 2005). 그들은 읽기이해를 유의하게 예측해 주는 각 구성 요소들을 확인하기 위해 통계 분석을 실시했다. 읽기의 단순 관점에 따라 단어 재인 능력이 초기 읽기발달 단계에서 좀 더 중요한 반면 나이가 더 많은 독자들의 경우 듣기이해가 읽기이해를 유의하게 예측해 주는 설명력이 더 크다는 것을 확인했다. 이 자료는 [그림 10-1]에 제시되어 있다.

능숙한 성인 독자의 경우 단어 재인은 빠르고 효율적이며 자동화되어 있다. 그 결과 읽기와 듣기이해 사이의 상관관계는 .92까지 보고되었다(Gernbacher, Varner, & Faust, 1990).

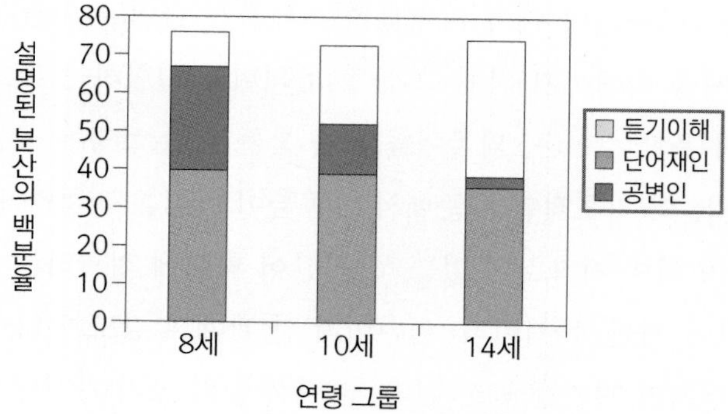

8, 10, 14세 때 단어 재인기술과 듣기이해에 의해 유의하게 설명된 읽기이해의 분산을 보여 주는 그래프[Catts, Hogan, & Adlof(2005)가 적용]. 예상할 수 있듯이, 단어 읽기와 듣기이해는 둘 다 언어 능력에 대한 평가이기 때문에 약간의 공통 분산을 공유할 것이다. 이 그래프에서 각 막대의 흰 부분과 진한 부분은 각각 듣기이해와 단어 재인의 유의한 설명량이 묘사되어 있다. 총분산(각 연령 집단의 막대 그래프의 전체 높이)은 시간이 지나도 일정하게 유지되지만 듣기이해와 단어 재인 기술의 상대적인 기여도는 변한다.

[그림 10-1] 단어 재인, 듣기이해 그리고 읽기이해 사이의 관계에 대한 발달적 패턴

3. 읽기의 단순 관점과 읽기장애

대부분의 아동들이 적절한 읽기 기술을 발달시키지만 몇몇 아동들은 그렇지 않다. 발달성 난독증 아동들은 단어 읽기와 철자법 같은 관련된 기술들에 어려움이 있다. 단어 읽기는 읽기이해를 위해 필요하지만 문어 텍스트에 대한 능숙한 이해를 보장하는 것은 아니다. 단어 읽기가 또래 수준에 맞게 적절하게 발달하지만 읽기이해가 부진한 아동들도 있다. 이러한 읽기이해 부진 아동은 듣기이해도 약한데, 이는 미묘한 단어 읽기 어려움이 그들의 읽기이해 문제의 근본 원인이 될 수 없다는 것을 나타내 준다. 난독증 독자와 읽기이해 부진 독자, 이 두 집단은 생활연령 및 일반적 인지 능력 같은 다른 측정치에 비해 단어 읽기나 읽기이해력 중 하나가 예상치 못하게 낮은 것으로 여겨진다. 단순 관점은 이 두 가지 유형의 읽

기 부진 독자와 함께 단어 읽기와 읽기이해 둘 다 어려움을 겪는 아동 집단을 예측한다. 이 집단들은 [그림 10-2]에 설명되어 있다.

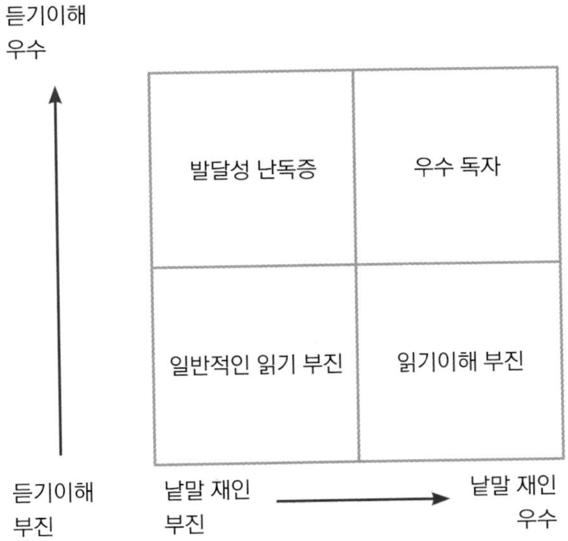

[그림 10-2] 읽기 단순 관점에서 예측되는 독자 유형들

*참고: 이 도표는 단어 읽기 기술과 듣기이해라는 두 가지 영역에 따라 읽기를 설명한다. 두 기술에 대한 수행력이 거의 또는 전혀 능력이 없음에서부터 매우 우수한 수행력까지 열에 따라 측정될 수 있다.

이 책에서는 발달성 난독증 아동들과 읽기이해 부진 아동들을 상세하게 다루었다. 발달성 난독증 아동들은 단어 읽기의 어려움으로 이어지는 음운처리에 확실한 어려움을 겪는다(Snowling, 2000). 특정 읽기이해 결함 아동(specific comprehension difficulties)은 의미 구성을 지원해 주는 기술과 처리 과정에서의 어려움을 경험한다(Cain & Okhill, 2007). 난독증과 읽기이해 부진 아동, 이 두 읽기 부진 아동 집단은 단어 읽기와 읽기이해 사이의 분리상태를 나타낸다. 읽기 부진의 세 번째 유형은 단어 읽기와 읽기이해 둘 다에 어려움을 겪는 아동들인데 이들은 때로 '일반적인(garden variety)' 읽기 부진 독자로 언급된다(Gaugh & Tunmer, 1986).

단어 읽기 부진과 읽기이해 부진 아동의 음운처리와 언어이해 능력의 비교는 Catts 등이 수행한 또 다른 연구에 제시되어 있다(Catts, Adlof, & Weismer, 2006). 이 연구는 단어 읽기와 읽기이해를 뒷받침하는 기술들에 대해 이 두 집단들의 서로 다른 프로파일을 잘 보여 주고 있다. 즉, 해독 부진 아동은 음운처리 기술이 약하지만 언어 이해 능력은 우수하다. 반면에 이해 부진 아동들은 음운처리 기술은 우수하나 언어이해는 약하다. 같은 논문에서 보고된 초기 발달 집단의 언어능력을 회고적으로 분석(retrospective analysis)한 결과는 각 집단의 음운처리나 언어이해 중 하나와 관련된 어려움이 어릴 때부터 분명히 나타난다는 것을 보여 준다.

4. 읽기의 단순 관점: 평가

읽기의 단순 관점은 발달기 아동들을 대상으로 한 단어 읽기, 듣기이해 및 읽기이해 사이의 변화하는 관계를 다룬 연구와 다양한 유형의 읽기 부진 아동이 존재한다는 사실에 의해 지지받고 있다. 이런 점에서 읽기 단순 관점은 읽기발달과 읽기장애 연구를 위한 유용한 틀이며, 이 분야에 관한 우리의 이해를 더 확장하는 데 도움이 되었다. 단순 관점을 지지하는 사람들이 단어 읽기 습득을 복잡하지 않다거나 문제가 없다고 생각한다고 결론 내리는 것은 옳지 않다. 마찬가지로 그들은 읽기이해가 단순한 과정이라고 주장하지 않는다.

최근 몇 년간 몇몇 연구자들은 읽기 유창성 같은 부가적 구성요소가 더해져야 하는지를 연구해 왔다. 독자가 단어를 정확하게 해독할 수 있는 것만으로 충분한가? 아니면 해독할 때의 속도도 중요한가? 읽기의 단순 관점은 해독 구성 요소의 정의 안에 유창성을 포함하지 않는다. 1장으로 돌아가 헨리와 루비에 대한 짧은 텍스트에서 보았던 것처럼 문어 텍스트에 대한 성공적인 이해는 상당한 인지 자원을 포함한다. 일단 독자가 개별 단어를 해독하고 이해하면 다양한 문장에서의 의미를 산출해야 하며 의미를 확립하기 위해 연속적인 문장들과 배경지식 사이에 만들어진 연결들을 통합해야 한다. 이것들은 모두 우리의 제한된 처리 자원(예: 작업기억)을 요구한다. 따라서 단어를 더 빠르게, 효율적으로 그리고 자동적으로 처리하는 독자들은 이해를 위해 더 많은 자원을 남겨 둘 것이다.

유창성에 대한 부차적인 역할을 조사한 연구 결과들은 지금까지 결론이 나지 않았다[Johnson & Kirby(2006)와 Adlof, Catts, & Little(2006)을 비교해 보자]. 더 나아가 유창성은 정확한 해독 기술이 조기에 습득되는 표층(투명한) 알파벳 문자 체계(shallow alphabet writing system)의 독자들에게 특히 중요하다. 또한 어휘 지식이 듣기이해의 일부분이냐 아니면 그것이 따로 평가되어야 하느냐와 같은 이해 구성 요소들을 정의하는 방식에 대한 논쟁도 최근에 대두되고 있다(Braze et al., 2007). 단순 관점은 앞으로 더 개선될 가능성이 높지만 이 모델의 전체적인 전제가 변할 가능성은 없다.

5. 읽기발달과 읽기장애: 임상적 시사점

교사와 치료사들은 지금까지 읽기 연구에서 나온 실용적인 임상적 시사점에 대해 알고 싶어 할 것이다. 어린 독자들에게 어떤 유형의 문제가 있는가? 어떻게 해야 읽기 부진 아동을 가장 잘 치료할 수 있는가? 읽기를 가르치는 최선의 방법은 무엇인가? 이러한 광범위한 쟁점들은 읽기 부진 아동들에 대한 장에서 다루었고, 교육과 중재에 관한 일반적인 쟁점을 다룬 8장에서도 검토되었다.

최선의 중재 방법은 아동의 연령과 그들이 이미 습득한 기술에 달려 있다. 살펴본 것처럼 단어 읽기와 읽기이해는 모두 구어에 토대를 두고 있다. 구어의 말소리 구조와 구어이해에 대한 민감성이 읽기발달을 지원한다. Catts, Adlof와 Weismer(2006)의 연구에서 해독 부진 및 읽기이해 부진 아동은 유치원 시기에 특정 약점이 있다는 증거를 보여 줬다. 음운기술, 인쇄물에 대한 인식 및 언어 이해에 대한 측정 변인은 초기부터 신뢰롭게 평가될 수 있고(Justice, Bowels, & Skibbe, 2006; Lonigan et al., 1998; Paris & Paris, 2003), 가정에서의 공식 및 비공식적 문해 경험을 통해 후기 문해력을 위한 중요한 기술을 촉진시킬 수 있다. 단순 관점은 또한 이해의 중요성을 설명한다. 즉, 읽기이해는 단어 읽기에 의존하지만 읽기이해를 잘 하기 위해서는 단어 읽기만으로는 충분하지 않다. 따라서 능숙한 독립적인 독자가 되길 원한다면 이해에 대한 중재를 소홀히 해서는 안 된다.

읽기의 단순 관점은 읽기 어려움을 완화(또는 최소화)하기 위해 다른 유형의 중재가 필요한 다양한 유형의 읽기 부진 아동이 존재한다는 것을 강조한다. 우리는 읽기 어려움을 어느 정도까지는 예방할 수 있다. 일부 아동들은 기초 구어 능력이 부족해서 읽기가 지체될 수 있다. 여기에서 조기 진단이 중요하다. 다른 아동들은 유전적 요인들 때문에 읽기 실패의 위험이 있을 수 있다. 그들의 어려움이 완전 예방 가능한지는 명확하지 않지만 조기 발견되고 적절한 지원이 제공된다면 부작용은 최소화될 수 있다.

우리는 6장과 7장에서 문해력의 광범위한 결과도 고려했다. 널리 알려져 있는 신념은 읽기가 유익하다는 것이지만 항상 그런 것으로 여겨지는 것은 아니라는 것이다. 정기 간행물인 『The Guardian or Youth's Religious Instructor』의 1,820권의 인용문은 소설 읽기의 부작용에 대해 경고하고 있으며, 이와 유사한 태도가 다른 곳[1)]에서도 표현되었다.

> '아동 도서'는 이해를 증진시키는 대신 그것을 막는다. …… 그것들은 마음이 활기차게 성장하는 것을 방해하여, 그것이 솟구쳐야 할 때 구부리고, 팽창해야 할 때 수축하도록 가르친다(Pflieger, 1999~2006).

---

1) 이 웹사이트에는 읽기와 책에 대해 19세기 미국의 글쓰기에 관한 흥미 있는 링크가 많다. (www.merrycoz.org/index.html.)

이와는 대조적으로, 요즘에는 읽기가 정신에 유익하다는 관점이 지지받고 있다. 열심히 읽는 독자는 단어 읽기와 철자쓰기 능력이 우수하고 연습과 문어에 대한 노출을 통해 얻은 풍부한 어휘와 일반 지식을 갖추게 되는 경향이 있다(Stanovich, 1993). 따라서 읽기 그 자체는 읽기 기술과 지식의 발달을 촉진할 수 있다. 읽기에 어려움이 있는 아동들은 또래만큼의 읽기 동기가 없을 가능성도 있다. 그러나 읽기 연습만으로 해독이나 이해의 근본적인 문제를 극복하기에 충분할 것 같지는 않다.

결론

서론에서 나는 Huey(1968/1908)를 인용했다.

> 우리가 책을 읽을 때 하는 일을 완전히 분석한다는 것은 거의 심리학자의 업적의 절정이 될 것이다. 왜냐하면 인간 정신의 가장 복잡한 많은 작업을 설명하는 것이기 때문이다.

이 책에서 검토된 풍부한 연구들은 Huey의 사고와 일치하는 읽기의 복잡성을 설명해 준다. 한 세기 전 Huey가 글을 쓰던 때 이후로 읽기발달과 어려움에 대한 우리의 이해가 크게 발전해 왔다. 음운기술과 단어 읽기 사이의 관계 같은 몇몇 분야에서는 주의 깊은 연구와 혁신적 실험 패러다임을 통해 우리의 지식이 크게 발전해 왔다. 읽기이해 부진으로 이어지는 취약한 기술에 대한 이해 및 발달 과정에서 이것들이 어떻게 발달하고 상호작용하는지와 같은 다른 주제들에 대한 이해는 아직 부족하다. 아직 해결되지 않은 많은 의문들이 남아 있으며, 많은 인지 기술, 지식, 처리 과정이 이 복잡한 능력의 발달에 어떻게 영향을 끼치는지, 그리고 왜 몇몇 사람들은 읽기에 어려움이 있는지에 대해 완전히 이해하기 전에 연구자들은 많은 흥미로운 도전에 직면해 있다.

추가 읽기자료

읽기 단순 관점에 대해 더 알아보기 위해 Hoover와 Gough(1990)의 논문 참조

Hoover, W.A., & Gough, P.B. (1990). The simple view of reading, *Reading and Writing, 2*: 127–60.

다른 좋은 문헌 리뷰로는 Gough, Hoover와 Peterson(1996)과 Kirby와 Savage (2008)의 논문이 있다.

Gough, P. B., Hoove, W. A., & Peterson, C. L. (1996) Some observations on a simple view of reading. In C. Cornoldi, & J. Oakhill (eds), *Reading Comprehension Difficulties: Process and Interventions*, Mahwah, NJ: Erlbaum, pp.1–13.

Kirby, J., & Savage, R. (2008) *Can the simple view deal with the complexities of reading? Literacy, 42*: 75–82.

용어 정의

읽기 단순 관점 (Simple view of Reading)	읽기이해(RC)는 해독(D)와 언어이해(C)의 두 구성요소의 산물이라고 보는 것이며 RC=D×C라는 공식으로 명시할 수 있는 읽기를 위한 틀

참고문헌

Aarnoutse, C., van Leeuwe, J., & Verhoeven, L. (2005) Early literacy from a longitudinal perspective, *Educational Research and Evaluation, 11*: 253–75.

Aarnoutse, C., van Leeuwe, J., Voeten, M., & Oud, H. (2001) Development of decoding, reading comprehension, vocabulary and spelling during the elementary school years, *Reading and Writing, 14*: 61–89.

Ackerman, B.P. (1986) Referential and causal coherence in the story comprehension of children and adults, *Journal of Experimental Child Psychology, 41*: 336–66.

Adlof, S.M., Catts, H.W., & Little, T.D. (2006) Should the simple view of reading include a fluency component? *Reading and Writing, 19*: 933–58.

Anthony, J.L. & Lonigan, C.J. (2004) The nature of phonological awareness: Converging evidence from four studies of preschool and early grade school children, *Journal of Educational Psychology, 96*: 43–55.

Anthony, J.L., Lonigan, C.J., Burgess, S.R. et al. (2002) Structure of preschool phonological sensitivity: Overlapping sensitivity to rhyme, words, syllables, and phonemes, *Journal of Experimental Child Psychology, 82*, 65–92.

Austen, J. (1984) *Persuasion*, Harmondsworth: Penguin Books. Originally published 1818.

Baddeley, A. (1986) *Working Memory*, Oxford: Oxford University Press.

Baddeley, A.D. (1996) Exploring the central executive, *Quarterly Journal of Experimental Psychology: Human Experimental Psychology, 49A*: 5–28.

Baddeley, A.D. & Hitch, G.J. (1974) Working memory. In G. Bower (ed.), *The Psychology of Learning and Motivation: Advances in Research and Theory*, Vol. 8, New York: Academic Press.

Baker, L. (1984) Children's effective use of multiple standards for evaluating their comprehension, *Journal of Educational Psychology, 76*: 588–97.

Bakhtin, M.M. (1981) *The Dialogic Imagination: Four Essays*, trans. C. Emerson and M. Holquist, Austin, TX: University of Texas Press.

Ball, E.W. & Blachman, B.A. (1991) Does phoneme awareness training in kindergarten make a difference in early word recognition and developmental spelling? *Reading Research Quarterly, 26*: 49–66.

Barnes, M.A. & Dennis, M. (1998) Discourse after early-onset hydrocephalus: Core deficits in children of average intelligence, *Brain and Language, 61*: 309–34.

Barnes, M.A., Dennis, M., & Haefele-Kalvaitis, J. (1996) The effects of knowledge availability and knowledge accessibility on coherence and elaborative inferencing in children from six to fifteen years of age, *Journal of Experimental Child Psychology, 61*: 216–41.

Beech, J.R. & Singleton, C. (eds) (1997) The Psychological Assessment of Reading, London: Routledge.

Berman, R.A. (2007) Developing linguistic knowledge and language use across adolescence. In E. Hoff and M. Shatz (eds), *Blackwell Handbook of Language Development*, Oxford: Blackwell, pp. 347–67.

Bishop, D.V.M. (1997) *Uncommon Understanding: Development and Disorders of Language Comprehension in Children*, Hove: Psychology Press.

Bishop, D.V.M. (2007) Curing dyslexia and attention-deficit hyperactivity disorder by training motor co-ordination: Miracle or myth? *Journal of Paediatrics and Child Health, 43*: 653–5.

Blake, J., Macdonald, S., Bayrami, L., Agosta, V., & Milian, A. (2006) Book reading styles in dualparent and single-mother families, *British Journal of Educational Psychology, 76*: 501–15.

Bourg, T., Bauer, P., & van den Broek, P. (1997) Building the bridges: The development of event comprehension and representation. In P. van den Broek, P. Bauer and T. Bourg (eds), *Developmental Spans in Event Comprehension and Representation: Bridging Fictional and Actual Events*, Hillsdale, NJ: Lawrence Erlbaum Associates, pp. 385–407.

Bowers, P.G. & Wolf, M. (1993) Theoretical links among naming speed, precise timing mechanisms and orthographic skill in dyslexia, *Reading and Writing, 5*: 69–85.

Bowey, J.A. (2002) Reflections on onset-rime and phoneme sensitivity as predictors of beginning word reading, *Journal of Experimental Child Psychology, 82*: 29–40.

Bowey, J.A. (2006) Need for systematic synthetic phonics teaching within the early reading curriculum, *Australian Psychologist, 41*: 79–84.

Bowey, J.A. & Hansen, J. (1994) The development of orthographic rimes as units of word recognition, *Journal of Experimental Child Psychology, 58*: 465–88.

Bowey, J.A. & Underwood, N. (1996) Further evidence that orthographic rime usage in nonword reading increases with word-level reading proficiency, *Journal of Experimental Child Psychology, 63*: 526–62.

Bowyer-Crane, C., Snowling, M.J., Duff, F.J. et al. (2008) Improving early language and literacy skills: Differential effects of an oral language versus a phonology with reading intervention, *Journal of Child Psychology and Psychiatry, 49*: 422–32.

Bradley, L.L. & Bryant, P.E. (1978) Difficulties in auditory organisation as a possible cause of reading backwardness, *Nature, 271*: 746–7.

Bradley, L.L. & Bryant, P.E. (1983) Categorizing sounds and learning to read – a causal connection, *Nature, 301*: 419–21.

Bradley, L.L. & Bryant, P.E. (1985) *Rhyme and Reason in Reading and Spelling*, Ann Arbor, MI: University of Michigan Press.

Bransford, J.D., Barclay, J.R., & Franks, J.J. (1972) Sentence memory: A constructive versus interpretive approach, *Cognitive Psychology, 3*: 193–209.

Bransford, J.D. & Johnson, M.K. (1973) Considerations of some problems of comprehension. In W.G. Chase (ed.) *Visual Information Processing*, New York: Academic Press, pp. 383–438.

Braze, D., Tabor, W., Shankweiler, D.P., & Mencl, W.E. (2007) Speaking up for vocabulary: Reading skill differences in young adults, *Journal of Learning Disabilities, 40*: 226–43.

Brown, A.L., Palincsar, A.S., & Armbruster, B.B. (1984) Instructing comprehension-fostering activities in interactive learning situations. In H. Mandl, N.L. Stein and T. Trabasso (eds), *Learning and Comprehension of Text*, Hillsdale, NJ: Lawrence Erlbaum Associates, pp. 255–86.

Brown, G.D.A. & Watson, F.L. (1994) Spelling-to-sound effects in single-word reading, *British Journal of Psychology, 85*: 181–202.

Bruck, M. (1990) Word-recognition skills of adults with childhood diagnoses of dyslexia, *Developmental Psychology, 26*: 439–54.

Bryant, P. & Goswami, U. (1986) Strengths and weaknesses of the reading level design: A comment on Backman, Mamen & Ferguson, *Psychological Bulletin, 100*: 101–3.

Bryant, P.E. & Impey, L. (1986). The similarities between normal readers and developmental and acquired dyslexics. *Cognition, 24*, 121–137.

Bryant, P.E., Bradley, L.L., MacLean, M., & Crossland, J. (1989) Nursery rhymes, phonological skills and reading, *Journal of Child Language, 16*: 407–28.

Bryant, P.E., MacLean, M., Bradley, L.L., & Crossland, J. (1990) Rhyme and alliteration, phoneme detection, and learning to read, *Developmental Psychology, 26*: 429–38.

Bus, A.G. & van Ijzendoorn, M.H. (1999) Phonological awareness and early reading: A meta-analysis of experimental training studies, *Journal of Educational Psychology, 91*: 403–14.

Byrne, B. & Fielding-Barnsley, R. (1995) Evaluation of a program to teach phonemic awareness to young children: A 2– and 3–year follow-up and a new preschool trial, *Journal of Educational Psychology, 87*: 488–503.

Byrne, B., Samuelsson, S., Wadsworth, S. et al. (2007) Longitudinal twin study of early literacy development: Preschool through grade 1, *Reading and Writing, 20*: 77–102.

Caccamise, D. & Synder, L.S. (2005) Theory and pedagogical practices of text comprehension, *Topics in Language Disorders, 25*: 5–20.

Caccamise, D., Franzke, M., Eckhoff, A., Kintsch, E., & Kintsch, W. (2007) Guided practice in technology-based summary writing. In D.S. McNamara (ed.), *Reading Comprehension Strategies: Theories, Interventions, and Technologies*, Mahwah, NJ: Lawrence Erlbaum Associates, pp. 375–96.

Cain, K. (1996) Story knowledge and comprehension skill. In C. Cornoldi & J. Oakhill (eds), *Reading Comprehension Difficulties: Processes and Remediation*, Mahwah, NJ: Lawrence Erlbaum Associates, pp. 167–92.

Cain, K. (2003) Text comprehension and its relation to coherence and cohesion in children's fictional narratives, *British Journal of Developmental Psychology, 21*: 335–51.

Cain, K. (2006) Individual differences in children's memory and reading comprehension: An investigation of semantic and inhibitory deficits, *Memory, 14*: 553–69.

Cain, K. and Oakhill, J. (1996) The nature of the relationship between comprehension skill and the ability to tell a story, *British Journal of Developmental Psychology, 14*: 187–201.

Cain, K. & Oakhill, J.V. (1999) Inference making and its relation to comprehension failure, *Reading and Writing, 11*: 489–503.

Cain, K. & Oakhill, J. (2006) Profiles of children with specific reading comprehension difficulties, *British Journal of Educational Psychology, 76*: 683–96.

Cain, K. & Oakhill, J. (2007) Reading comprehension difficulties: Correlates, causes, and consequences. In K. Cain and J. Oakhill (eds), *Children's Comprehension Problems in Oral and Written Language: A Cognitive Perspective*, Guilford Press, pp. 41–75.

Cain, K. & Oakhill, J. (revision, under review) Matthew Effects in young readers: Reading comprehension and reading experience aid vocabulary development, *Journal of Learning Disabilities*.

Cain, K., Oakhill, J.V., & Bryant, P.E. (2000a) Investigating the causes of reading comprehension failure: The comprehension-age match design, *Reading and Writing, 12*: 31–40.

Cain, K., Oakhill, J.V., & Bryant, P.E. (2000b) Phonological skills and comprehension failure: A test of the phonological processing deficit hypothesis, *Reading and Writing, 13*: 31–56.

Cain, K., Oakhill, J.V., & Bryant, P.E. (2004) Children's reading comprehension ability: Concurrent prediction by working memory, verbal ability, and component skill, *Journal of Educational Psychology, 96*: 671–81.

Cain, K., Oakhill, J., & Lemmon, K. (2004) Individual differences in the inference of word meanings from context: The influence of reading comprehension, vocabulary knowledge, and memory capacity, *Journal of Educational Psychology, 96*: 671–81.

Cain, K., Patson, N., & Andrews, L. (2005) Age- and ability-related differences in young readers' use of conjunctions, *Journal of Child Language, 32*: 877–92.

Cain, K., Oakhill, J.V., Barnes, M.A., & Bryant, P.E. (2001) Comprehension skill, inference making ability and their relation to knowledge, *Memory and Cognition,*

29: 850–9.

Calfee, R. & Drum, P. (1986) Research on teaching reading. In M. Wittrock (ed.), *Handbook of Research on Teaching* (3rd edn), New York: Macmillan, pp. 804–49.

Carlisle, J.F. (2000) Awareness of the structure and meaning of morphologically complex words: Impact on reading, *Reading and Writing, 12*: 169–90.

Carlisle, J.F. (2004) Morphological processes that influence learning to read. In C.A. Stone, E.R. Silliman, B.J. Ehren and K. Apel (eds), *Handbook of Language and Literacy: Development and Disorders*, New York: The Guilford Press, pp. 318–39.

Carlisle, J.F. & Rice, M.S. (2004) Assessment of reading comprehension. In C.A. Stone, E.R. Silliman, B.J. Ehren & K. Apel (eds), *Handbook of Language and Literacy: Development and Disorders*, New York: The Guilford Press, pp. 521–55.

Caron, J., Micko, H.C., & Thuring, M. (1988) Conjunctions and the recall of composite sentences,*Journal of Memory and Language, 27*: 309–23.

Carreiras, M., Garnham, A., Oakhill, J., & Cain, K. (1996) The use of stereotypical gender information in constructing a mental model: Evidence from English and Spanish, *Quarterly Journal of Experimental Psychology, 49A*: 639–63.

Carroll, J.B. (1993) *Human Cognitive Abilities: A Survey of Factor-Analytic Studies*, New York: Cambridge University Press.

Carroll, J.B. & White, M.N. (1973a) Age-of-acquisition norms for 220 picturable nouns, *Journal of Verbal Learning and Verbal Behavior*, 12: 563–76.

Carroll, J.B. & White, M.N. (1973b) Word frequency and age of acquisition as determiners of picture-naming latency, *Quarterly Journal of Experimental Psychology, 25*: 85–95.

Carroll, J.B., Davies, P., & Richman, B. (1971) *Word Frequency Book*, Boston, MA: Houghton Mifflin.

Carroll, P. & Slowiaczek, M.L. (1986) Constraints on semantic priming in reading: A fixation time analysis, *Memory and Cognition, 14*: 509–22.

Casteel, M.A. (1993) Effects of inference necessity and reading goal on children's inference generation, *Developmental Psychology, 29*: 346–57.

Castles, A. & Coltheart, M. (1993) Varieties of developmental dyslexia, *Cognition, 47*: 149–80.

Castles, A. & Coltheart, M. (2004) Is there a causal link from phonological awareness to success in learning to read? *Cognition, 91*: 77–111.

Catts, H.W., Adlof, S.M., & Weismer, S.E. (2006) Language deficits in poor comprehenders: A case for the simple view of reading, *Journal of Speech, Language, and Hearing Research, 49*: 278–93.

Catts, H.W., Hogan, T.P., & Adlof, S.M. (2005) Developmental changes in reading and reading disabilities. In H.W. Catts and A.G. Kamhi (eds), *The Connections Between Language and Reading Disabilities*, Mahwah, NJ: Lawrence Erlbaum Associates, pp. 25–40.

Catts, H.W., Hogan, T.P., & Fey, M.E. (2003) Subgrouping poor readers on the basis of individual differences in reading-related abilities, *Journal of Learning Disabilities, 36*: 151–64.

Center, Y., Freeman, L., Robertson, G., & Outhred, L. (1999) The effect of visual imagery training on the reading and listening comprehension of low listening comprehenders in Year 2, *Journal of Research in Reading, 22*: 241–56.

Chafe, W. & Danielewicz, J. (1987) Properties of spoken and written language. In R. Horowitz and S.J. Samuels (eds), *Comprehending Oral and Written Text*, London: Academic Press, pp. 83–113.

Chapman, J.W., Tunmer, W.E., & Allen, R. (2003) Findings from the International Adult Literacy Survey on the Incidence and Correlates of Learning Disabilities in New Zealand: Is something rotten in the State of New Zealand? *Dyslexia, 9*(2): 75–98.

Chapman, J.W., Tunmer, W.E., & Prochnow, J.E. (2001) Does success in the reading recovery program depend on developing proficiency in phonological-processing skills? *A longitudinal study in whole language instructional context, Scientific Studies of Reading, 5*: 141–76.

Chi, M.T.H., de Leeuw, N., Chiu, M., & LaVancher, C. (1994) Eliciting self-explanations improves understanding, *Cognitive Science, 18*: 439–77.

Clark, H.H. & Haviland, S.E. (1977) *Comprehension and the Given-New Contrast.* Hillsdale, NJ: Lawrence Erlbaum Associates.

Clay, M.M. (1981) *The Early Detection of Reading Difficulties: A Diagnostic Survey with Recovery Procedures* (2nd edn), Auckland: Heinemann.

Clay, M.M. (1985) *The Early Detection of Reading Difficulties* (3rd edn), Auckland: Heinemann.

Coltheart, M. (1978) Lexical access in simple reading tasks. In G. Underwood (ed.), *Strategies of Information Processing*, San Diego, CA: Academic Press, pp. 151–216.

Coltheart, M. (1996) Phonological dyslexia: Past and future issues, *Cognitive Neuropsychology, 13*: 749–62.

Coltheart, M. (2005) Modelling reading: The dual-route approach. In M. Snowling and C. Hulme(eds), *The Science of Reading: A Handbook*, Oxford: Blackwell Publishing, pp. 6–23.

Coltheart, M., Masterson, J., Byng, S., Prior, M., & Riddoch, J. (1983) Surface dyslexia, *Quarterly Journal of Experimental Psychology, 35*: 469–95.

Coltheart, M., Rastle, K., Perry, C., Langdon, R., & Ziegler, J. (2001) DRC: A dual route cascaded model of visual word recognition and reading aloud, *Psychological Review, 108*: 204–56.

Conrad, R. (1964) Acoustic confusions in immediate memory, *British Journal of Psychology, 55*(1): 75–84.

Corbett, A.J. & Dosher, B.A. (1978) Instrument inferences in sentence encoding, *Journal of Verbal Learning and Verbal Behaviour, 17*: 479–91.

Cornoldi, C., de Beni, R., & Pazzaglia, F. (1996) Profiles of reading comprehension difficulties: An analysis of single cases. In C. Cornoldi and J. Oakhill (eds), *Reading Comprehension Difficulties: Processes and Intervention*, Mahwah, NJ: Lawrence Erlbaum Associates, pp. 113–36.

Cragg, L. & Nation, K. (2006) Exploring written narrative in children with poor reading comprehension, *Educational Psychology, 26*: 55–72.

Critchley, M. (1970) *The Dyslexic Child*, London: Heinemann Medical Books.

Cunningham, A.E. (1990) Explicit versus implicit instruction in phonemic awareness, *Journal of Experimental Child Psychology, 50*: 429–44.

Cunningham, A.E. (2005) Vocabulary growth through independent reading and reading aloud to children. In E.H. Hiebert and M.L. Kamhi (eds), *Teaching and Learning Vocabulary: Bringing Research to Practice*, Mahwah, NJ: Lawrence Erlbaum Associates, pp. 45–68.

Cunningham, A.E. & Stanovich, K.E. (1997) Early reading acquisition and its relation to reading experience and ability 10 years later, *Developmental Psychology, 33*: 934–45.

Cunningham, A.E. & Stanovich, K.E. (1998) What reading does for the mind, *American Educator, 22*: 8–15.

Cunningham, A.E., Perry, K.E., Stanovich, K.E., & Share, D.L. (2002) Orthographic learning during reading: Examining the role of self-teaching, *Journal of Experimental Child Psychology, 82*: 185–99.

Cutting, L.E. & Scarborough, H.S. (2006) Prediction of reading comprehension: Relative contributions of word recognition, language proficiency, and other cognitive skills can depend on how comprehension is measured, *Scientific Studies of Reading, 10*:

277–99.

Daneman, M. & Carpenter, P.A. (1980) Individual differences in working memory and reading, *Journal of Verbal Learning and Verbal Behavior, 19*: 450–66.

Daneman, M. & Merikle, P.M. (1996) Working memory and language comprehension: A meta-analysis, *Psychonomic Bulletin and Review, 3*: 422–33.

de Beni, R. & Palladino, P. (2000) Intrusion errors in working memory tasks: Are they related to reading comprehension ability? *Learning and Individual Differences, 12*: 131–43.

De Corte, E., Verschaffel, L., & Van De Ven, A. (2001) Improving text comprehension strategies in upper primary school children: A design experiment, *British Journal of Educational Psychology, 71*(4): 531–59.

de Jong, P.F. & Share, D.L. (2007) Orthographic learning during oral and silent reading, *Scientific Studies of Reading, 11*: 55–71.

de Jong, P.F. & van der Leij, A. (2002) Effects of phonological abilities and linguistic comprehension on the development of reading, *Scientific Studies of Reading, 6*: 51–77.

Deacon, S.H. & Kirby, J.R. (2004) Morphological awareness: Just 'more phonological'? The roles of morphological and phonological awareness in reading development, *Applied Psycholinguistics, 25*: 223–38.

Demont, E. & Gombert, J.E. (1996) Phonological awareness as a predictor of recoding skills and syntactic awareness as a predictor of comprehension skills, *British Journal of Educational Psychology, 66*: 315–32.

Denckla, M.B. & Rudel, R. (1974) Rapid 'automatized' naming of pictured objects, colors, letters and numbers by normal children, *Cortex, 10*: 186–202.

Denckla, M.B. & Rudel, R.G. (1976) Rapid 'automatized' naming (R.A.N.): Dyslexia differentiated from other learning disabilities, *Neuropsychologia, 14*: 471–9.

Duke, N.K. & Pearson, P.D. (2002) Effective practices for developing reading comprehension. In A.E. Farstrup & S.J. Samuels (eds), *What Research Has to Say about Reading Instruction* (3rd edn), Newark, DE: International Reading Association, pp. 205–42.

Echols, L.D., West, R.F., Stanovich, K.E., & Zehr, K.S. (1996) Using children's literacy activities to predict growth in verbal cognitive skills: A longitudinal investigation, *Journal of Educational Psychology, 88*: 296–304.

Ehri, L.C. (1979) Linguistic insight: Threshold of reading acquisition. In T.G. Waller and G.E. MacKinnon (eds), *Reading Research: Advances in Theory and Practice* (Vol. 1), New York: Academic Press, pp. 63–114.

Ehri, L.C. (1992) Reconceptualising the development of sight word reading and its relationship to recoding. In P.B. Gough, L.C. Ehri and R. Treiman (eds), *Reading Acquisition*, Hillsdale, NJ: Lawrence Erlbaum Associates, pp. 107–43.

Ehri, L.C. (1995) Phases of development in learning to read words by sight, *Journal of Research in Reading, 18*: 116–25.

Ehri, L.C. (2005) Development of sight word reading: Phases and findings. In M.J. Snowling and C. Hulme (eds), *The Science of Reading: A Handbook*, Malden, MA: Blackwell Publishing, pp. 135–54.

Ehri, L.C. & Robbins, C. (1992) Beginners need some decoding skill to read words by analogy, *Reading Research Quarterly, 27*: 12–26.

Ehri, L.C. & Roberts, T. (2006) The roots of learning to read and write: Acquisition of letters and phonemic awareness. In D.K. Dickinson and S.B. Neuman (eds), *Handbook of Early Literacy Research* (Vol. 2), New York: The Guilford Press, pp. 113–31.

Ehri, L.C. & Sweet, J. (1991) Fingerpoint-reading of memorized text: What enables beginners to process the print? *Reading Research Quarterly, 26*: 442–62.

Ehri, L.C. & Wilce, L.S. (1980) The influence of orthography on readers' conceptualisation of the phonemic structure of words, *Applied Psycholinguistics, 1*: 371–85.

Ehri, L.C. & Wilce, L.S. (1983) Development of word identification speed in skilled and less skilled beginning readers, *Journal of Educational Psychology, 75*(1): 3–18.

Ehri, L.C. & Wilce, L.S. (1985) Movement into reading: Is the first stage of printed word learning visual or phonetic? *Reading Research Quarterly, 22*: 47–65.

Ehri, L.C., Nunes, S.R., Stahl, S.A. & Willows, D.M. (2001a) Systematic phonics instruction helps students learn to read: Evidence from the National Reading Panel's meta-analysis, *Review of Educational Research, 71*: 393–447.

Ehri, L.C., Nunes, S.R., Willows, D.M. et al. (2001b) Phonemic awareness instruction helps children learn to read: Evidence from the National Reading Panel's meta-analysis, *Reading Research Quarterly, 36*: 250–87.

Ehrlich, M.F., Remond, M., & Tardieu, H. (1999) Processing of anaphoric devices in young skilled and less skilled comprehenders: Differences in metacognitive monitoring, *Reading and Writing, 11*: 29–63.

Elbro, C. (1996) Early linguistic abilities and reading development: A review and a hypothesis, *Reading and Writing, 8*: 453–85.

Elbro, C. (1998) When reading is 'readn' or 'somthn': 'Distinctnes' of phonological representations of lexical items in normal and disabled readers, *Scandinavian Journal of Psychology, 39*(3): 149–53.

Elbro, C. & Petersen, D.K. (2004) Long-term effects of phoneme awareness and letter sound training: An intervention study with children at risk for dyslexia, *Journal of Educational Psychology, 96*: 660–70.

Elbro, C. & Scarborough, H.S. (2004) Early identification. In T. Nunes and P.E. Bryant (eds), *Handbook of Children's Literacy*, Dordrecht: Kluwer Academic Publishers, pp. 339–59.

Elbro, C., Borstrom, I., & Petersen, D.K. (1998) Predicting dyslexia from kindergarten: The importance of distinctness of phonological representations of lexical items, *Reading Research Quarterly, 33*(1): 36–60.

Elbro, C., Nielsen, I., & Petersen, D.K. (1994) Dyslexia in adults: Evidence for deficits in nonword reading and in the phonological representation of lexical items, *Annals of Dyslexia, 44*: 205–26.

Ellis, A.W. & Morrison, C.M. (1998) Real age-of-acquisition effects in lexical retrieval, *Journal of Experimental Psychology: Learning, Memory, and Cognition, 24*: 515–23.

Evans, M.A. & Shaw, D. (2008) Home grown for reading: Parental contributions to young children's emergent literacy and word recognition, *Canadian Psychology/Psychologie canadienne, 49*: 89–95.

Farstrup, A.E. & Samuels, S.J. (eds) (2002) *What Research Has to Say about Reading Instruction* (3rd edn), Newark, DE: International Reading Association.

Fawcett, A.J., Nicolson, R.I., & Dean, P. (1996) Impaired performance of children with dyslexia on a range of cerebellar tasks, *Annals of Dyslexia, 46*: 259–83.

Fleischer, L.S., Jenkins, J.R., & Pany, D. (1979) Effects on poor readers' comprehension of training in rapid decoding, *Reading Research Quarterly, 15*: 30–48.

Fletcher, J.M. & Foorman, B.R. (1994) Issues in definition and measurement of learning disabilities: The need for early intervention. In G.R. Lyon (ed.), *Frames of Reference for the Assessment of Learning Disabilities: New Views on Measurement Issues*, Baltimore, MD: Paul H Brookes Publishing, pp. 185–200.

Foorman, B.R., Francis, D.J., Fletcher, J.M., Schatschneider, C., & Mehta, P. (1998) The role of instruction in learning to read: Preventing reading failure in at-risk children, *Journal of Educational Psychology, 90*: 37–55.

Forster, K.I. & Chambers, S.M. (1973) Lexical access and naming time, *Journal of Verbal Learning and Verbal Behaviour, 12*: 627–35.

Francis, D.J., Shaywitz, S.E., Stuebing, K.K., Shaywitz, B.A., & Fletcher, J.M. (1996) Developmental lag versus deficit models of reading disability: A longitudinal, individual growth curves analysis, *Journal of Educational Psychology, 88*(1): 3–17.

Frost, R. (2005) Orthographic systems and skilled word recognition processes in reading. In M.J. Snowling and C. Hulme (eds), *The Science of Reading: A Handbook*, Oxford: Blackwell Publishing, pp. 272–95.

Gambrell, L.B. & Koskinen, P.S. (2002) Imagery: A strategy for enhancing comprehension. In C.C. Block and M. Pressley (eds), *Comprehension Instruction: Research-based Best Practices*, New York: Guilford, pp. 305–19.

Garnham, A. (1992) Minimalism versus constructionism: A false dichotomy in theories of inference during reading, *Psycoloquy*, 3: reading-inference-1.1.

Garnham, A. & Oakhill, J. (1985) On-line resolution of anaphoric pronouns: Effects of inference making and verb semantics, *British Journal of Psychology, 76*: 385–93.

Garnham, A. & Oakhill, J. (1996) The mental models theory of language comprehension. In B.K. Britton and A.C. Graesser (eds), *Models of Understanding Text*, Mahwah, NJ: Lawrence Erlbaum Associates, pp. 313–39.

Garton, A. & Pratt, C. (1998) *Learning to Be Literate: The Development of Spoken and Written Language* (2nd edn), Oxford: Blackwell Publishers.

Gathercole, S.E. & Baddeley, A.D. (1996) *The Children's Test of Nonword Repetition*, London: Psychological Corporation.

Gathercole, S.E. & Baddely, A.D. (1989) Evaluation of the role of phonological STM in the development of vocabulary in children: A longitudinal study, *Journal of Memory and Learning, 28*: 200–13.

Gathercole, S.E., Hitch, G.J., Service, E., & Martin, A.J. (1997) Phonological short-term memory and new word learning in children, *Developmental Psychology, 33*: 966–79.

Gernsbacher, M.A. (1990) *Language Comprehension as Structure Building*, Hillsdale, NJ: Lawrence Erlbaum Associates.

Gernsbacher, M.A. & Faust, M. (1991) The mechanism of suppression: A component of general comprehension skill, *Journal of Experimental Psychology: Learning, Memory and Cognition, 17*: 245–62.

Gernsbacher, M.A., Varner, K.R., & Faust, M. (1990) Investigating differences in general comprehension skill, *Journal of Experimental Psychology: Learning, Memory and Cognition, 16*: 430–45.

Gernsbacher, M.A., Keysar, B., Robertson, R.R., & Werner, N.K. (2001) The role of suppression and enhancement in understanding metaphors, *Journal of Memory and Language, 45*: 433–50.

Gibbs, R.W. (1987) Linguistic factors in children's understanding of idioms, *Journal of Child Language, 14*(3): 569–86.

Gibbs, R.W. & Nagaoka, A. (1985) Getting the hang of American slang: Studies on understanding and remembering slang metaphors, *Language and Speech, 28*: 177–94.

Gilger, J.W., Pennington, B.F., & DeFries, J.C. (1991) Risk for reading disability as a function of parental history in three family studies, *Reading and Writing, 3*: 205–17.

Givón, T. (1992) The grammar of referential coherence as mental processing instructions, *Linguistics, 30*: 5–55.

Glenberg, A.M., Meyer, M., & Lindem, K. (1987) Mental models contribute to foregrounding during text comprehension, *Journal of Memory and Language, 26*: 69–83.

Glushko, R.J. (1979) The organization and activation of orthographic knowledge in reading aloud, *Journal of Experimental Psychology: Human Perception and Performance, 5*: 674–91.

Goff, D.A., Pratt, C., & Ong, B. (2005) The relations between children's reading comprehension, working memory, language skills and components of reading decoding in a normal sample, *Reading and Writing, 18*: 583–616.

Golding, J.M., Millis, K., Hauselt, J., & Sego, S.A. (1995) The effect of connectives and causal relatedness on text comprehension. In R.F. Lorch and E.J. O'Brien (eds), *Sources of Cohesion in Text Comprehension*, Hillsdale, NJ: Lawrence Erlbaum Associates, pp. 127–43.

Goldman, S.R. & Murray, J.D. (1992) Knowledge of connectors as cohesion devices in text: A comparative study of Native-English and English-as-a-second-language speakers, *Journal of Educational Psychology, 84*: 504–19.

Goldman, S.R. & Varnhagen, C.K. (1986) Memory for embedded and sequential story structures, *Journal of Memory and Language, 25*: 401–18.

Gombert, J.E. (1992) *Metalinguistic Development*, trans. T. Pownall, New York: Harvester.

Goodman, K.S. (1993) *Phonics Phacts*, Portsmouth, NH: Heinemann.

Goswami, U. (1986) Children's use of analogy in learning to read: A developmental study, *Journal of Experimental Child Psychology, 42*: 73–83.

Goswami, U. (1988) Children's use of analogy in learning to spell, *British Journal of Developmental Psychology, 6*: 21–33.

Goswami, U. (2003) Why theories about developmental dyslexia require developmental designs, *Trends in Cognitive Sciences, 7*: 534–40.

Goswami, U. & Bryant, P.E. (1990) *Phonological Skills and Learning to Read*, Hove: Lawrence Erlbaum Associates.

Goswami, U., Ziegler, J.C., & Richardson, U. (2005) The effects of spelling consistency on phonological awareness: A comparison of English and German, *Journal of Experimental Child Psychology, 92*: 345–65.

Gottardo, A., Siegel, L.S., & Stanovich, K.E. (1997) The assessment of adults with reading disabilities: What can we learn from experimental tasks? *Journal of Research in Reading, 20*: 42–54.

Gough, P.B. & Hillinger, M.L. (1980) Learning to read: An unnatural act, *Bulletin of the Orton Society, 30*: 179–96.

Gough, P.B. & Tunmer, W.E. (1986) Decoding, reading and reading disability, *Remedial and Special Education, 7*: 6–10.

Gough, P.B. & Wren, S. (1999) Constructing meaning: The role of decoding. In J. Oakhill and R. Beard (eds), *Reading Development and the Teaching of Reading*, Oxford: Blackwell Publishers, pp. 59–78.

Gough, P.B., Hoover, W.A., & Peterson, C.L. (1996) Some observations on a simple view of reading. In C. Cornoldi and J. Oakhill (eds), *Reading Comprehension Difficulties: Processes and Interventions*, Mahwah, NJ: Lawrence Erlbaum Associates, pp. 1–13.

Gough, P.B., Juel, C., Griffi th, P.L., Ehri, L.C., & Treiman, R. (1992) Reading, spelling, and the orthographic cipher. In P. Gough, L. Ehri and R. Treiman (eds), *Reading Acquisition*, Hillsdale, NJ England: Lawrence Erlbaum Associates, pp. 35–48.

Graesser, A.C., Millis, K.K., & Zwaan, R.A. (1997) Discourse comprehension, *Annual Review of Psychology, 48*: 163–89.

Graesser, A.C., Singer, M., & Trabasso, T. (1994) Constructing inferences during narrative text comprehension, *Psychological Review, 101*: 371–95.

Graesser, A.C., Louwerse, M.M., McNamara, D.S. et al. (2007) Inference generation and cohesion in the construction of situation models: Some connections with computational linguistics. In F. Schmalhofer and C.A. Perfetti (eds), *Higher Level Language Processes in the Brain: Inference and Comprehension Processes*, Mahwah, NJ: Lawrence Erlbaum Associates, pp. 289–310.

Guthrie, J.T., Taboada, A., & Coddington, C.S. (2007) Engagement practices for strategy learning in concept-oriented reading instruction. In D.S. McNamara (ed.), *Reading Comprehension Strategies: Theories, Interventions, and Technologies*, New York: Lawrence Erlbaum Associates, pp. 241–66.

Hanley, J.R. (2005) Learning to read in Chinese. In M.J. Snowling and C. Hulme (eds), *The Science of Reading: A Handbook*, Oxford: Blackwell Publishing, pp. 316–35.

Harley, T. (2008) *The Psychology of Language: From Data to Theory* (3rd edn), Hove: Psychology Press.

Harm, M.W. & Seidenberg, M.S. (1999) Phonology, reading acquisition, and dyslexia: Insights from connectionist models, *Psychological Review, 106*: 491–528.

Harm, M.W. & Seidenberg, M.S. (2004) Computing the meanings of words in reading: Cooperative division of labor between visual and phonological processes, *Psychological Review, 111*: 662–720.

Hatcher, J., Snowling, M.J., & Griffi ths, Y.M. (2002) Cognitive assessment of dyslexic students in higher education, *British Journal of Educational Psychology, 72*: 119–33.

Hatcher, P.J., Hulme, C., & Ellis, A.W. (1994) Ameliorating early reading failure by integrating the teaching of reading and phonological skills: The phonological linkage hypothesis, *Child Development, 65*: 41–57.

Hayes, D.P. & Ahrens, M. (1988) Vocabulary simplification for children: A special case of 'motherese', *Journal of Child Language, 15*: 395–410.

Hess, D.J., Foss, D.J., & Carroll, P. (1995) Effects of global and local context on lexical processing during language comprehension, *Journal of Experimental Psychology: General, 124*: 62–82.

Hiebert, E.H. & Kamil, M.L. (eds) (2005) *Teaching and Learning Vocabulary: Bring Research to Practice*, Mahwah, NJ: Lawrence Erlbaum Associates.

Hoover, W.A. & Gough, P.B. (1990) The simple view of reading, *Reading and Writing, 2*: 127–60.

Hoskyn, M. & Swanson, H.L. (2000) Cognitive processing of low achievers and children with reading disabilities: A selective meta-analytic review of the published literature, *School Psychology Review, 29*: 102–19.

Huey, E. (1968) *The Psychology and Pedagogy of Reading*, Cambridge, MA: MIT Press. Originally published 1908.

Jackson, M.D. & McClelland, J.L. (1975) Sensory and cognitive determinants of reading speed, *Journal of Verbal Learning and Verbal Behavior, 14*: 565–74.

Jacobson, C. (1993) *Ordkedjor [Wordchains]*, Stockholm: Psykologiforlaget.

Jared, D., McRae, K., & Seidenberg, M.S. (1990) The basis of consistency effects in word naming, *Journal of Memory and Language, 29*: 687–715.

Jenkins, J.R., Fuchs, L.S., van den Broek, P., Espin, C., & Deno, S.L. (2003) Sources of individual differences in reading comprehension and reading fluency, *Journal of Educational Psychology, 95*(4): 719–29.

Johnson, M.K., Bransford, J.D., & Solomon, S.K. (1973) Memory for tacit implications of sentences, *Journal of Experimental Psychology, 98*: 203–5.

Johnson-Glenberg, M.C. (2005) Web-based training of metacognitive strategies for text comprehension: Focus on poor comprehenders, *Reading and Writing, 18*: 755–86.

Johnson-Laird, P.N. (1983) *Mental Models: Towards a Cognitive Science of Language, Inference, and Consciousness*, Cambridge: Cambridge University Press.

Johnston, R.S. & Watson, J.E. (2004) Accelerating the development of reading, spelling and phonemic awareness skills in initial readers, *Reading and Writing, 17*: 327–57.

Johnston, R.S., Rugg, M.D., & Scott, T. (1987) Phonological similarity effects, memory span and developmental reading disorders: The nature of the relationship, *British Journal of Psychology, 78*: 205–11.

Johnston, T.C. & Kirby, J.R. (2006) The contribution of naming speed to the simple view of reading, *Reading and Writing, 19*: 339–61.

Jorm, A.F., Share, D.L., Maclean, R., & Matthews, R.G. (1984a) Phonological recoding skills and learning to read: A longitudinal study, *Applied Psycholinguistics, 5*(3): 201−7.

Jorm, A.F., Share, D.L., Maclean, R., & Matthews, R. (1984b) Phonological confusability in shortterm memory for sentences as a predictor of reading ability, *British Journal of Psychology, 75*: 393−400.

Juel, C. (1988) Learning to read and write: A longitudinal study of fifty-four children from first through to fourth grade, *Journal of Educational Psychology, 80*: 437−47.

Juel, C., Griffi th, P.L., & Gough, P.B. (1986) Acquisition of literacy: A longitudinal study of children in first and second grade, *Journal of Educational Psychology, 78*: 243−55.

Justice, L.M., Bowles, R.P., & Skibbe, L. (2006) Measuring preschool attainment of print-concept knowledge: A study of typical and at-risk 3- to 5-year-old children using item response theory, *Language, Speech, and Hearing Services in Schools, 37*: 224−35.

Kail, R., Hall, L.K., & Caskey, B.J. (1999) Processing speed, exposure to print, and naming speed, *Applied Psycholinguistics, 20*(2): 303−14.

Keenan, J.M. & Betjemann, R.S. (2006) Comprehending the Gray Oral Reading Test without reading it: Why comprehension tests should not include passage-independent items, *Scientific Studies of Reading, 10*: 363−80.

Keenan, J.M., Betjemann, R.S., & Olson, R.K. (2008) Reading comprehension tests vary in the skills they assess: Differential dependence on decoding and oral comprehension, *Scientific Studies of Reading, 12*: 281−300.

Keenan, J.M., MacWhinney, B., & Mayhew, D. (1977) Pragmatics in memory: A study of natural conversation, *Journal of Verbal Learning and Verbal Behavior, 16*(5): 549−60.

Keenan, J.M., Betjemann, R.S., Wadsworth, S.J., DeFries, J.C., & Olson, R.K. (2006) Geneticand environmental influences on reading and listening comprehension, *Journal of Research in Reading, 29*: 75–91.

Kendeou, P., Bohn-Gettler, C., White, M., & van den Broek, P. (2008) Children's inference generation across different media, *Journal of Research in Reading, 31*: 259–72.

Kintsch, W. (1988) The role of knowledge in discourse comprehension: A construction-integration model, *Psychological Review, 95*(2): 163–82.

Kintsch, W. (1998) *Comprehension: A Paradigm for Cognition*, New York: Cambridge University Press.

Kintsch, W. & Bates, E. (1977) Recognition memory for statements from a classroom lecture, *Journal of Experimental Psychology: Human Learning and Memory, 32*: 150–9.

Kintsch, W. & Rawson, K.A. (2005) Comprehension. In M.J. Snowling and C. Hulme (eds), *The Science of Reading: A Handbook*, London: Blackwell Publishing, pp. 209–26.

Kirby, J. & Savage, R. (2008) Can the simple view deal with the complexities of reading? *Literacy, 42*: 75–82.

Kirby, J.R., Silvestri, R., Allingham, B.H., Parrila, R., & La Fave, C.B. (2008) Learning strategies and study approaches of postsecondary students with dyslexia, *Journal of Learning Disabilities, 41*: 85–96.

Larsson, S. (2009) *The Girl who Played with Fire*, trans. R. Keeland, London: MacLehose Press.

Leather, C.V. & Henry, L.A. (1994) Working memory span and phonological awareness tasks as predictors of early reading ability, *Journal of Experimental Child Psychology, 58*: 88–111.

Levorato, M.C. & Cacciari, C. (1999) Idiom comprehension in children: Are the effects of semantic analysability and context separable? *European Journal of Cognitive Psychology, 11*: 51–66.

Levorato, M.C., Nesi, B., & Cacciari, C. (2004) Reading comprehension and comprehension of idiomatic expressions: A developmental study, *Brain and Language, 91*: 303–14.

Levy, B.A., Gong, Z., Hessels, S., Evans, M.A., & Jared, D. (2006) Understanding print: Early reading development and the contributions of home literacy experiences, *Journal of Experimental Child Psychology, 93*: 63–93.

Liberman, I.Y., Shankweiler, D., Fischer, F.W., & Carter, B. (1974) Explicit syllable and phoneme segmentation in the young child, *Journal of Experimental Child Psychology, 18*: 201–12.

Lodge, D. (2004) *Author! Author!* Kent: QPD.

Long, D.L. & Chong, J.L. (2001) Comprehension skill and global coherence: A paradoxical picture of poor comprehenders' abilities, *Journal of Experimental Psychology: Learning, Memory, and Cognition, 27*: 1424–9.

Long, D.L. & Prat, C.S. (2002) Memory for Star Trek: The role of prior knowledge in recognition revisited, *Journal of Experimental Psychology: Learning, Memory, and Cognition, 28*: 1073–82.

Long, D.L., Wilson, J., Hurley, R., & Prat, C.S. (2006) Assessing text representations with recognition: The interaction of domain knowledge and text coherence, *Journal of Experimental Psychology: Learning, Memory, and Cognition, 32*: 816–27.

Lonigan, C.J., Burgess, S.R., Anthony, J.L., & Barker, T.A. (1998) Development of phonological sensitivity in 2- to 5-year-old children, *Journal of Educational Psychology, 90*(2): 294–311.

Lovett, M.W., Steinbach, K.A., & Frijters, J.C. (2000) Remediating the core deficits of developmental reading disability: A double-defi cit perspective, *Journal of Learning Disabilities, 33*(4): 334–58.

Lundberg, I., Frost, J., & Petersen, O.P. (1988) Effects of an extensive program for stimulating phonological awareness in preschool children, *Reading Research Quarterly, 23*: 263–84.

Lyon, G.R., Shaywitz, S.E., & Shaywitz, B.A. (2003) A definition of dyslexia, *Annals of Dyslexia, 53*: 1–14.

Lyster, S.H. (2002) The effects of morphological versus phonological awareness training in kindergarten on reading development, *Reading and Writing, 15*: 261–94.

Maclean, M., Bryant, P., & Bradley, L. (1987) Rhymes, nursery rhymes, and reading in early childhood, *Merrill-Palmer Quarterly, 33*: 255–81.

MacMillan, B.M. (2002) Rhyme and reading: A critical review of the research methodology, *Journal of Research in Reading, 25*(1): 4–42.

Magliano, J.P., Trabasso, T., & Graesser, A.C. (1999) Strategic processing during comprehension, *Journal of Educational Psychology, 91*(4): 615–29.

Manis, F.R., Doi, L.M., & Bhadha, B. (2004) Naming speed, phonological awareness, and orthographic knowledge in second graders, *Journal of Learning Disabilities, 33*: 325–33.

Manis, F.R., Seidenberg, M.S., & Doi, L.M. (1999) See Dick RAN: Rapid naming and the longitudinal prediction of reading subskills in first and second graders, *Scientific Studies of Reading, 3*: 129–57.

Manis, F.R., Seidenberg, M.S., Doi, L.M., McBridge-Chang, C., & Petersen, A. (1996) On the bases of two subtypes of development dyslexia, *Cognition, 58*: 157–95.

Mann, V. (1986) Phonological awareness: The role of reading experience, *Cognition, 24*: 65–92.

Mann, V. & Wimmer, H. (2002) Phoneme awareness and pathways into literacy: A comparison of German and American children, *Reading and Writing, 15*: 653–82.

Mann, V.A., Liberman, I.Y., & Shankweiler, D. (1980) Children's memory for sentences and word strings in relation to reading ability, *Memory and Cognition, 8*: 329–35.

Markman, E.M. (1979) Realizing that you don't understand: Elementary school children's awareness of inconsistencies, *Child Development, 50*: 643–55.

Marsh, G., Friedman, M.P., Desberg, P., & Saterdahl, K. (1981) Comparison of reading and spelling strategies in normal and reading disabled children. In M.P. Friedman, J.P. Das and N. O'Connor (eds), *Intelligence and Learning*, New York: Plenum, pp. 363–67.

Marslen-Wilson, W.D., Tyler, L.K., Waksler, R., & Older, L. (1994) Morphology and meaning in the English mental lexicon, *Psychological Review, 101*: 3–33.

Mason, J. (1980) When do children begin to read: An exploration of four-year-old children's letter and word reading competencies, *Reading Research Quarterly, 15*: 203–27.

Mason, J.M. (1992) Reading stories in preliterate children: A proposed connection to reading. In P.B. Gough, L.C. Ehri and R. Treiman (eds), *Reading Acquisition*, Hillsdale, NJ: Lawrence Erlbaum Associates, pp. 215–42.

Masonheimer, P.E., Drum, P.A., & Ehri, L.C. (1984) Does environmental print identifi cation lead children into word reading? *Journal of Reading Behavior, 16*: 257–71.

McArthur, G.M. & Bishop, D.V.M. (2001) Auditory perceptual processing in people with reading and oral language impairments: Current issues and recommendations, *Dyslexia, 7*: 150–70.

McBride-Chang, C. (1995) What is phonological awareness? *Journal of Educational Psychology, 87*: 179–92.

McBride-Chang, C. (2004) *Children's Literacy Development*, London: Arnold.

McGee, A. & Johnson, H. (2003) The effect of inference training on skilled and less skilled comprehenders, *Educational Psychology, 23*: 49–59.

McKeown, M.G., Beck, I.L., & Blake, R.K. (2009) Rethinking reading comprehension instruction: A comparison of instruction for strategies and content approaches, *Reading Research Quarterly, 44*: 218–53.

McKoon, G. & Ratcliff, R. (1992) Inference during reading, *Psychological Review, 99*: 440–66.

McNamara, D.S. (ed.) (2007) *Reading Comprehension Strategies: Theories, Interventions, and Technologies*, New York: Lawrence Erlbaum Associates.

McNamara, D.S., O'Reilly, T., Rowe, M., Boonthum, C., & Levinstein, I. (2007) iSTART: A web-based tutor that teaches self-explanation and metacognitive reading strategies. In D.S. McNamara (ed.), *Reading Comprehension Strategies: Theories, Interventions, and Technologies*, New York: Lawrence Erlbaum Associates, pp. 397–420.

Megherbi, H., Seigneuric, A., & Ehrlich, M. -F. (2006) Reading comprehension in French 1st and 2nd grade children: Contribution of decoding and language comprehension, *European Journal of Psychology of Education, 21*: 135–47.

Meneghetti, C., Carretti, B., & de Beni, R. (2006) Components of reading comprehension and scholastic achievement, *Learning and Individual Differences, 16*: 291–301.

Meyer, B.J. & Freedle, R.O. (1984) Effects of discourse type on recall, *American Educational Research Journal, 21*: 121–43.

Meyer, D.E. & Schvaneveldt, R.W. (1971) Facilitation in recognizing pairs of words: Evidence of a dependence between retrieval operations, *Journal of Experimental Psychology, 90*(2): 227–34.

Millis, K.K., Golding, J.M., & Barker, G. (1995) Causal connectives increase inference generation, *Discourse Processes, 20*: 29–49.

Milne, A.A. (1979) The House at Pooh Corner, London: Methuen. Originally published

1928.

Morais, J., Bertelson, P., Cary, L., & Alegria, J. (1986) Literacy training and speech segmentation, *Cognition, 24*: 45–64.

Morais, J., Cary, L., Alegria, J., & Bertelson, P. (1979) Does awareness of speech as a sequence of phones arise spontaneously? *Cognition, 7*: 323–31.

Morris, R.K. (1994) Lexical and message-level sentence context effects on fixation times in reading, *Journal of Experimental Psychology: Learning, Memory, and Cognition, 20*: 92–103.

Morris, R.K. (2006) Lexical processing and sentence context effects. In M.J. Traxler and M.A. Gernsbacher (eds), *Handbook of Psycholinguistics* (2nd edn), Burlington, MA: Academic Press.

Moss, H.E. & Gaskell, M.G. (1999) Lexical semantic processing during speech. In S. Garrod and M.J. Pickering (eds), *Language Processing*, Hove: Psychology Press, pp. 59–99.

Moss, H.E., Ostrin, R.K., Tyler, L.K., & Marslen-Wilson, W.D. (1995) Accessing different types of lexical semantic information: Evidence from priming, *Journal of Experimental Psychology: Learning, Memory, and Cognition, 21*: 863–83.

Murray, J.D. (1997) Connectives and narrative text: The role of continuity, *Memory and Cognition, 25*: 227–36.

Muter, V. & Snowling, M. (1998) Concurrent and longitudinal predictors of reading: The role of metalinguistic and short-term memory skills, *Reading Research Quarterly, 33*: 320–37.

Muter, V., Hulme, C., Snowling, M., & Stevenson, J. (2004) Phonemes, rimes, vocabulary and grammatical skills as foundations of early reading development: Evidence from a longitudinal study, *Developmental Psychology, 40*: 665–81.

Muter, V., Hulme, C., Snowling, M., & Taylor, S. (1998) Segmentation, not rhyming, predicts early progress in learning to read, *Journal of Experimental Child Psychology, 71*: 3–27.

Nagy, W.E. & Anderson, R.C. (1984) How many words in printed school English? *Reading Research Quarterly, 19*: 262–82.

Nagy, W.E. & Scott, J.A. (2000) Vocabulary processes. In M.L. Kamil, P. Mosenthal, P.P.D. and R. Barr (eds), *Handbook of Reading Research* (Vol. 3), Mahwah, NJ: Lawrence Erlbaum Associates, pp. 269–84.

Nation, K. (2005) Children's reading comprehension difficulties. In M.J. Snowling and C. Hulme (eds), *The Science of Reading: A Handbook*, Oxford: Blackwell Publishing, pp. 248–65.

Nation, K. & Snowling, M. (1997) Assessing reading difficulties: The validity and utility of current measures of reading skill, *British Journal of Educational Psychology, 67*: 359–70.

Nation, K. & Snowling, M.J. (1998a) Individual differences in contextual facilitation: Evidence from dyslexia and poor reading comprehension, *Child Development, 69*: 996–1011.

Nation, K. & Snowling, M.J. (1998b) Semantic processing and the development of wordrecognition skills: Evidence from children with reading comprehension difficulties,*Journal of Memory and Language, 39*: 85–101.

Nation, K., Angells, P., & Castles, A. (2007) Orthographic learning via self-teaching in children learning to read English: Effects of exposure, durability, and context, *Journal of Experimental Child Psychology, 96*: 71–84.

Nation, K., Adams, J.W., Bowyer-Crane, C.A., & Snowling, M.J. (1999) Working memory deficits in poor comprehenders reflect underlying language impairments, *Journal of Experimental Child Psychology, 73*: 139–58.

Nation, K., Clarke, P., Marshall, C.M., & Durand, M. (2004) Hidden language impairments in children: Parallels between poor reading comprehension and Specific Language Impairment? *Journal of Speech, Language, and Hearing Research, 47*: 199–211.

Neely, J.H., Besner, D., & Humphreys, G.W. (1991) Semantic priming effects in visual word recognition: A selective review of current findings and theories. In D. Besner and G.W. Humphreys (eds), *Basic Processes in Reading: Visual Word Recognition*, Hillsdale, NJ England: Lawrence Erlbaum Associates, pp. 264–336.

Nicolson, R.I. & Fawcett, A.J. (1990) Automaticity: A new framework for dyslexia research? *Cognition, 35*: 159–82.

Ninio, A. (1980) Picture-book reading in mother-infant dyads belonging to two subgroups in Israel, *Child Development, 51*: 587–90.

Nippold, M.A. & Taylor, C.L. (1995) Idiom understanding in youth: Further examination of familiarity and transparency, *Journal of Speech and Hearing Research, 38*: 426–33.

Nunes, T. & Bryant, P. (2009) *Children's Reading and Spelling: Beyond the First Steps*, Oxford: Wiley-Blackwell.

Nunes, T., Bryant, P., & Olsson, J. (2003) Learning morphological and phonological spelling rules: An intervention study, *Scientific Studies of Reading, 7*: 289–307.

Oakhill, J.V. (1982) Constructive processes in skilled and less-skilled comprehenders' memory for sentences, *British Journal of Psychology, 73*: 13–20.

Oakhill, J. & Cain, K. (2007) Introduction to comprehension development. In K. Cain and J. Oakhill (eds), *Children's Comprehension Problems in Oral and Written Text: A Cognitive Perspective*, New York: The Guilford Press, pp. 3–40.

Oakhill, J. & Cain, K. (revision, under review) The precursors of reading comprehension and word reading in young readers: Evidence from a four-year longitudinal study.

Oakhill, J. & Patel, S. (1991) Can imagery training help children who have comprehension problems? *Journal of Research in Reading, 14*: 106–15.

Oakhill, J.V., Cain, K., & Bryant, P.E. (2003) The dissociation of word reading and text comprehension: Evidence from component skills, *Language and Cognitive Processes, 18*: 443–68.

Oakhill, J., Garnham, A., & Reynolds, D.J. (2005) Immediate activation of stereotypical gender information, *Memory and Cognition, 33*: 972–83.

Oakhill, J.V., Hartt, J., & Samols, D. (2005) Levels of comprehension monitoring and working memory in good and poor comprehenders, *Reading and Writing, 18*: 657–713.

Oakhill, J.V., Yuill, N.M., & Parkin, A. (1986) On the nature of the difference between skilled and less–skilled comprehenders, *Journal of Research in Reading, 9*: 80–91.

Olson, R., Forsberg, H., Wise, B., & Rack, J. (1994) Measurement of word recognition, orthographic, and phonological skills. In G.R. Lyon (ed.), *Frames of Reference for the Assessment of Learning Disabilities: New Views on Measurement Issues*, Baltimore, MD: Paul H Brookes Publishing, pp. 243–77.

Olson, R., Wise, B.W., Conners, F., Rack, J., & Fulker, D. (1989) Specific deficits in component reading and language skills: Genetic and environmental influences, *Journal of Learning Disabilities, 22*: 339–48.

Ouellette, G.P. (2006) What's meaning got to do with it: The role of vocabulary in word reading and reading comprehension, *Journal of Educational Psychology, 98*: 554–66.

Palincsar, A.S. & Brown, A.L. (1984) Reciprocal teaching of comprehension-fostering and comprehension-monitoring activities, *Cognition and Instruction, 1*: 117–75.

Palmer, S. (2000) Development of phonological recoding and literacy acquisition: A four-year cross-sequential study, *British Journal of Developmental Psychology, 18*: 533–55.

Paris, A.H. & Paris, S.G. (2003) Assessing narrative comprehension in young children, *Reading Research Quarterly, 38*: 36–76.

Paris, A.H. & Paris, S.G. (2007) Teaching narrative comprehension strategies to first graders, *Cognition and Instruction, 25*: 1–44.

Paris, S.G. (2005) Reinterpreting the development of reading skills, *Reading Research Quarterly, 40*: 184–202.

Paris, S.G. & Oka, E.R. (1986) Children's reading strategies, metacognition, and motivation, *Developmental Review, 6*(1): 25–56.

Paris, S.G. & Stahl, S.A. (eds) (2005) *Children's Reading Comprehension and Assessment*, Mahwah, NJ: Lawrence Erlbaum Associates.

Parrila, R., Kirby, J.R., & McQuarrie, L. (2004) Articulation rate, naming speed, verbal short-term memory, and phonological awareness: Longitudinal predictors of early reading development? *Scientific Studies of Reading, 8*: 3–26.

Patterson, K.E., Marshall, J.C., & Coltheart, M. (1985) *Surface Dyslexia: Cognitive and Neuropsychological Studies of Phonological Reading*, Hove: Lawrence Erlbaum Associates.

Paulesu, E., Frith, U., Snowling, M., & Gallagher, A. (1996) Is developmental dyslexia a disconnection syndrome? Evidence from PET scanning, *Brain, 119*: 143–57.

Pazzaglia, F., Cornoldi, C., & Tressoldi, P.E. (1993) Learning to read: Evidence on the distinction between decoding and comprehension skills, *European Journal of Psychology of Education, 8*: 247–58.

Perfetti, C.A. (1977) Language comprehension and fast decoding: Some psycholinguistic prerequisites for skilled reading comprehension. In J.T. Guthrie (ed.), *Cognition, Curriculum and Comprehension*, Newark, DE: International Reading Association, pp. 20–41.

Perfetti, C.A. (1985) *Reading Ability*, New York: Oxford University Press.

Perfetti, C.A. (1994) Psycholinguistics and reading ability. In M.A. Gernsbacher (ed.), *Handbook of Psycholinguistics*, San Diego, CA: Academic Press, pp. 849–94.

Perfetti, C.A. (2007) Reading ability: Lexical quality to comprehension, *Scientific Studies of Reading, 11*: 357–83.

Perfetti, C.A. & Liu, Y. (2006) Reading Chinese characters: Orthography, phonology, meaning, and the Lexical Constituency Model. In P. Li, L.H. Tan, E. Bates and O.J.L. Tzeng (eds), *Handbook of East Asian Psycholinguistics*, New York: Cambridge University Press, pp. 225–36.

Perfetti, C.A., Landi, N., & Oakhill, J.V. (2005) The acquisition of reading comprehension skill. In M.J. Snowling and C. Hulme (eds), *The Science of Reading: A Handbook*, Oxford: Blackwell Publishers, pp. 227–47.

Perfetti, C.A., Yang, C. –L., & Schmalhofer, F. (2008) Comprehension skill and word-to-text integration processes, *Applied Cognitive Psychology, 22*: 303–18.

Pflieger, P. (1999–2006). On novel reading. Retrieved 11/12/09, from www.merrycoz.org/books/NOVELS01.HTM.

Pickering, S.J. (2006) Assessment of working memory in children. In S.J. Pickering (ed.), *Working Memory and Education*, Burlington, MA: Academic Press, pp. 242–71.

Plack, C.J. (2005) *The Sense of Hearing*, Mahwah, NJ: Lawrence Erlbaum Associates.

Plaut, D.C. (2005) Connectionist approaches to reading. In M. Snowling and C. Hulme (eds), *The Science of Reading: A Handbook*, Oxford: Blackwell Publishing, pp. 24–38.

Plaut, D.C., McClelland, J.L., Seidenberg, M.S., & Patterson, K. (1996) Understanding normal and impaired word reading: Computational principles in quasi-regular domains, *Psychological Review, 103*: 56–115.

Powell, D., Stainthorp, R., Stuart, M., Garwood, H., & Quinlan, P. (2007) An experimental comparison between rival theories of rapid automatized naming performance and its relationship to reading, *Journal of Experimental Child Psychology, 98*: 46–68.

Pressley, G.M. (1976) Mental imagery helps eight-year-olds remember what they read, *Journal of Educational Psychology, 68*: 355–9.

Protopapas, A., Siderisis, G.D., Mouzaki, A., & Simos, P.G. (2007) Development of lexical mediation in the relationship between reading comprehension and word reading skills in Greek, *Scientific Studies of Reading, 11*: 165–97.

Purcell-Gates, V. (1996) Stories, coupons, and the TV guide: Relationships between home literacy experiences and emergent literacy knowledge, *Reading Research Quarterly, 31*: 406–28.

Rack, J.P., Snowling, M.J., & Olson, R.K. (1992) The nonword reading deficit in developmental dyslexia: A review, *Reading Research Quarterly, 27*: 29–53.

Rack, J., Hulme, C., Snowling, M., & Wightman, J. (1994) The role of phonology in young children learning to read words: The direct-mapping hypothesis, *Journal of Experimental Child Psychology, 57*: 42–71.

Ramus, F., Pidgeon, E., & Frith, U. (2003) The relationship between motor control and phonology in dyslexic children, *Journal of Child Psychology and Psychiatry, 44*: 712–22.

Ramus, F., Rosen, S., Dakin, S. et al. (2003) Theories of developmental dyslexia: Insights from a multiple case study of dyslexic adults, *Brain, 126*: 1–25.

Rapp, D.N. & van den Broek, P. (2005) Dynamic text comprehension: An integrative view of reading, *Current Directions in Psychological Science, 14*: 276–9.

Redeker, G. (1984) On differences between spoken and written language, *Discourse Processes, 7*: 43–55.

Reynolds, D.J., Garnham, A., & Oakhill, J. (2006) Evidence of immediate activation of gender information from a social role name, Quarterly *Journal of Experimental*

Psychology, 59: 886–903.

Rochelle, K.S.H. & Talcott, J.B. (2006) Impaired balance in developmental dyslexia? A meta-analysis of the contending evidence, *Journal of Child Psychology and Psychiatry, 47*: 1159–66.

Rosenshine, B. & Meister, C. (1994) Reciprocal teaching: A review of the research, *Review of Educational Research, 64*: 479–530.

Roth, F.P. (2004) Word recognition assessment frameworks. In C.A. Stone, E.R. Silliman, B.J. Ehren and K. Apel (eds), *Handbook of Language and Literacy: Development and Disorders*, New York: The Guilford Press, pp. 461–80.

Rowling, J.K. (2007) *Harry Potter and the Deathly Hallows*, London: Bloomsbury Publishing.

Ruffman, T. (1996) Reassessing children's comprehension-monitoring skills. In C. Cornoldi and J.V. Oakhill (eds), *Reading Comprehension Difficulties: Processes and Intervention*, Mahwah, NJ: Lawrence Erlbaum Associates, pp. 33–67.

Sachs, J.S. (1967) Recognition of semantic, syntactic, and lexical changes in sentences, *Psychonomic Bulletin, 1*: 17–18.

Sadoski, M. (1985) The natural use of imagery in story comprehension and recall: Replication and extension, *Reading Research Quarterly, 20*: 658–67.

Sadoski, M. & Paivio, A. (2001) *Imagery and Text: A Dual Coding Theory of Reading and Writing*, Mahwah, NJ: Lawrence Erlbaum Associates.

Sanford, A.J. (1985) *Cognition and Cognitive Psychology*, London: Weidenfeld and Nicolson.

Scarborough, H.S. (1990) Very early language deficits in dyslexic children, *Child Development, 61*: 1728–43.

Scarborough, H.S. (1998) Early identification of children at risk for reading disabilities: Phonological awareness and some other promising predictors. In B.K. Shapiro,

P.J. Accrado and A.J. Capute (eds), *Specific Reading Disability: A View of the Spectrum*, New York: York Press, pp. 75–119.

Scarborough, H.S. & Parker, J.D. (2003) Matthew effects in children with learning disabilities: Development of reading, IQ, and psychosocial problems from Grade 2 to Grade 8, *Annals of Dyslexia, 53*: 47–71.

Scriven, M. (1981) *Evaluation Thesaurus* (3rd edn), Inverness, CA: Edge Press.

Seidenberg, M.S. (2005) Connectionist models of word reading, *Current Directions in Psychological Science, 14*: 238–42.

Seidenberg, M.S. & McClelland, J.L. (1989) A distributed, developmental model of word recognition and naming, *Psychological Review, 96*: 523–68.

Seidenberg, M.S., Waters, G.S., Barnes, M.A., & Tanenhaus, M.K. (1984) When does irregular spelling or pronunciation influence word recognition? *Journal of Verbal Learning and Verbal Behavior, 23*: 383–404.

Seigneuric, A. & Ehrlich, M.F. (2005) Contribution of working memory capacity to children's reading comprehension: A longitudinal investigation. *Reading and Writing, 18*: 617–56.

Sénéchal, M. (1997) The differential effect of storybook reading on preschoolers' acquisition of expressive and receptive vocabulary, *Journal of Child Language, 24*: 123–38.

Sénéchal, M. (2006) Testing the home literacy model: Parent involvement in kindergarten is differentially related to grade 4 reading comprehension, fluency, spelling, and reading for pleasure, *Scientific Studies of Reading, 10*: 59–87.

Sénéchal, M., LeFevre, J., Thomas, E.M., & Daley, K.E. (1998) Differential effects of home literacy experiences on the development of oral and written language, *Reading Research Quarterly, 33*: 96–116.

Seymour, P.H., Aro, M., & Erskine, J.M. (2003) Foundation literacy acquisition in

European orthographies, *British Journal of Psychology, 94*: 143–74.

Shanahan, T., Kamil, M.L., & Tobin, A.W. (1982) Cloze as a measure of intersentential comprehension, *Reading Research Quarterly, 17*: 229–55.

Shankweiler, D., Liberman, I.Y., Mark, L.M., Fowler, C.A., & Fischer, F.W. (1979) The speech code and learning to read, *Journal of Experimental Psychology: Human Learning and Memory, 5*: 521–45.

Share, D.L. (1995) Phonological recoding and orthographic learning: Sine qua non of reading acquisition, *Cognition, 55*: 151–218.

Share, D.L. (1999) Phonological recoding and orthographic learning: A direct test of the self-teaching hypothesis, *Journal of Experimental Child Psychology, 72*: 95–129.

Share, D.L. (2008) On the anglocentricities of current reading research and the practice: The perils of over reliance on an 'outlier' orthography, *Psychological Bulletin, 134*: 584–615.

Share, D.L., Jorm, A.F., Maclean, R., & Matthews, R. (1984) Sources of individual differences in reading acquisition, *Journal of Educational Psychology, 76*(6): 1309–24.

Shaywitz, S.E., Gruen, J.R., Mody, M., & Shaywitz, B.A. (2009) Dyslexia. In S.G. Schwartz (ed.), *Handbook of Child Language Disorders*, Hove: Psychology Press, pp. 532–48.

Siegel, L.S. (1988) Evidence that IQ scores are irrelevant to the definition and analysis of reading disability, *Canadian Journal of Psychology, 42*: 201–15.

Siegel, L.S. & Ryan, E.B. (1989) The development of working memory in normally achieving and subtypes of learning disabled children, *Child Development, 60*: 973–80.

Singer, M. (1994) Discourse inference processes. In M.A. Gernsbacher (ed.), *Handbook of Psycholinguistics*, San Diego, CA: Academic Press, pp. 479–515.

Singleton, C., Horne, J., & Thomas, K. (1999) Computerised baseline assessment of literacy, *Journal of Research in Reading, 22*: 67–80.

Singleton, C., Thomas, K., & Horne, J. (2000) Computer-based cognitive assessment and the development of reading, *Journal of Research in Reading, 23*: 158–80.

Singson, M., Mahony, D., & Mann, V. (2000) The relation between reading ability and morphological skills: Evidence from derivational suffixes, *Reading and Writing, 12*: 219–52.

Skarakis-Doyle, E. (2002) Young children's detection of violations in familiar stories and emerging comprehension monitoring, *Discourse Processes, 33*: 175–97.

Skarakis-Doyle, E. & Dempsey, L. (2008) Assessing story comprehension in preschool children, *Topics in Language Disorders, 28*: 131–48.

Smith, F. (1971) *Understanding Reading*, New York: Holt, Rinehart and Winston.

Snow, C.E. (1983) Literacy and language: Relationships during the preschool years, *Harvard Educational Review, 53*: 165–89.

Snowling, M.J. (2000) *Dyslexia* (2nd ed.), Oxford: Blackwell Publishing.

Snowling, M. & Frith, U. (1986) Comprehension in 'hyperlexic' readers, *Journal of Experimental Child Psychology, 42*: 392–415.

Snowling, M. & Hulme, C. (1993) Developmental dyslexia and language disorders. In G. Blanken, J. Dittmann, H. Grimm, J.C. Marshall and C. -W. Wallesch (eds), *Linguistic Disorders and Pathologies: An International Handbook*, New York: Walter de Gruyter, pp. 724–32.

Snowling, M.J., Gallagher, A. & Frith, U. (2003) Family risk of dyslexia is continuous: Individual differences in the precursors of reading skill, *Child Development, 74*: 358–73.

Snowling, M.J., Goulandris, N., & Defty, N. (1996) A longitudinal study of reading development in dyslexic children, *Journal of Educational Psychology, 88*: 653–69.

Snowling, M., Stackhouse, J., & Rack, J. (1986) Phonological dyslexia and dysgraphia: A developmental analysis, *Cognitive Neuropsychology, 3*: 309–39.

Snowling, M., Nation, K., Moxham, P., Gallagher, A., & Frith, U. (1997) *Phonological processing skills of dyslexic students in higher education: A preliminary report, Journal of Research in Reading, 20*: 31–41.

Spear-Swerling, L. (2004) Fourth graders' performance on a state-mandated assessment involving two different measures of reading comprehension, *Reading Psychology, 25*: 121–48.

Sperber, D. & Wilson, D. (1995) *Relevance: Communication and Cognition* (2nd edn), Malden, MA: Blackwell Publishing.

Spilich, G.J., Vesonder, G.T., Chiesi, H.L., & Voss, J.F. (1979) Text processing of domain-related information for individuals with high and low domain knowledge, *Journal of Verbal Learning and Verbal Behavior, 18*: 275–90.

Spinillo, A.G. & Pinto, G. (1994) Children's narrative under different conditions: A comparative study, *British Journal of Developmental Psychology, 12*: 177–94.

Stahl, S.A., Duffy-Hester, A., & Stahl, K. (1998) Everything you wanted to know about phonics (but were afraid to ask), *Reading Research Quarterly, 35*: 338–55.

Stanovich, K.E. (1986) Matthew effects in reading: Some consequences of individual differences in the acquisition of literacy, *Reading Research Quarterly, 21*: 360–406.

Stanovich, K.E. (1991) Discrepancy definitions of reading disability: Has intelligence led us astray? *Reading Research Quarterly, 26*: 7–29.

Stanovich, K.E. (1992) Speculations on the causes and consequences of individual differences in early reading acquisition. In P.B. Gough, L.C. Ehri and R. Treiman (eds), *Reading Acquisition*, Hillsdale, NJ: Lawrence Erlbaum Associates, pp. 307–42.

Stanovich, K.E. (1993) Does reading make you smarter? Literacy and the development of verbal intelligence. In H. Reese (ed.), *Advances in Child Development and*

Behavior Vol. 24, Newark, DE: Academic Press, pp. 133–80.

Stanovich, K.E. & Bauer, D.W. (1978) Experiments on the spelling-to-sound regularity effect in word recognition, *Memory and Cognition, 6*(4): 410–15.

Stanovich, K.E. & West, R.F. (1981) The effect of sentence context on ongoing word recognition: Tests of a two-process theory, *Journal of Experimental Psychology: Human Perception and Performance, 7*: 658–72.

Stanovich, K.E. & West, R.F. (1983) On priming by a sentence context, *Journal of Experimental Psychology: General, 112*: 1–36.

Stanovich, K.E., Siegel, L.S., & Gottardo, A. (1997) Converging evidence for phonological and surface subtypes of reading disability, *Journal of Educational Psychology, 89*: 114–27.

Stein, J. (2001) The sensory basis of reading problems, *Developmental Neuropsychology, 20*: 509–34.

Stein, J.F. & Talcott, J.B. (1999) Impaired neuronal timing in developmental dyslexia: The magnocellular hypothesis, *Dyslexia, 5*: 59–77.

Stein, J.F. & Walsh, V. (1997) To see but not to read: The magnocellular theory of dyslexia, *Trends in Neurosciences, 20*: 147–52.

Stein, N.L. & Trabasso, T. (1982) What's in a story: An approach to comprehension and instruction. In R. Glaser (ed.), *Advances in the Psychology of Instruction* (Vol. 2), Hillsdale, NJ: Lawrence Erlbaum Associates, pp. 213–67.

Storch, S.A. & Whitehurst, G.J. (2002) Oral language and code-related precursors to reading: Evidence from a longitudinal structural model, *Developmental Psychology, 38*: 934–47.

Stuart, M. (1990) Processing strategies in a phoneme deletion task, *Quarterly Journal of Experimental Psychology, 42*(A): 305–27.

Stuart, M., Dixon, M., Masterson, J., & Gray, B. (2003) Children's early reading vocabulary: Description and word frequency lists, *British Journal of Educational Psychology, 73*: 585–98.

Stuebing, K.K., Barth, A.E., Molfese, P.J., Weiss, B., & Fletcher, J.M. (in press) IQ is not strongly related to response to reading instruction: A meta-analytic interpretation, *Exceptional Children*.

Suh, S. & Trabasso, T. (1993) Inferences during reading: Converging evidence from discourse analysis, talk-aloud protocols, and recognition priming, *Journal of Memory and Language, 32*: 279–300.

Swan, D. & Goswami, U. (1997) Phonological awareness deficits in developmental dyslexia and the phonological representations hypothesis, *Journal of Experimental Child Psychology, 66*: 18–41.

Swanson, H.L. & Berninger, V. (1995) The role of working memory in skilled and less skilled readers' comprehension, *Intelligence, 21*: 83–108.

Swanson, H.L. & Howell, M. (2001) Working memory, short-term memory, and speech rate aspredictors of children's reading performance at different ages, *Journal of Educational Psychology, 93*: 720–34.

Tallal, P. (1980) Language disabilities in children: A perceptual or linguistic deficit? *Journal of Pediatric Psychology, 5*: 127–40.

Tannenbaum, K.R., Torgesen, J.K., & Wagner, R.K. (2006) Relationships between word knowledge and reading comprehension in third-grade children, *Scientific Studies of Reading, 10*: 381–98.

Teale, W.H. (1986) Home background and young children's literacy development. In W.H. Teale and E. Sulzby (eds), *Emergent Literacy: Writing and Reading*, Norwood, NJ: Ablex, pp. 173–206.

Temple, C.M. & Marshall, J.C. (1983) A case study of developmental phonological dyslexia, *British Journal of Psychology, 74*: 517–33.

Thompson, G.B. (1993) Appendix: Reading instruction for the initial years in New Zealand schools. In G.B. Thompson, W.E. Tunmer and T. Nicholson (eds), *Reading Acquisition Processes*, Clevedon: Multilingual Matters, pp. 148–54.

Thorndike, E.L. (1917) Reading as reasoning: A study of mistakes in paragraph reading, *Journal of Educational Psychology, 8*: 323–32.

Torgesen, J.K., Wagner, R.K., Rashotte, C.A., Burgess, S.R., & Hecht, S. (1997) Contributions of phonological awareness and rapid automatic naming ability to the growth of word-reading skills in second- to fifth-grade children, *Scientific Studies of Reading, 2*: 161–85.

Torgesen, J.K., Wagner, R.K., Rashotte, C.A., Rose, E., Lindamood, P., & Conway, T. (1999) Preventing reading failure in young children with phonological processing disabilities: Group and individual responses to instruction, *Journal of Educational Psychology, 91*: 579–93.

Trabasso, T. & Nickels, M. (1992) The development of goal plans of action in the narration of a picture story, *Discourse Processes, 15*: 249–75.

Trabasso, T. & Stein, N.L. (1997) Narrating, representing, and remembering event sequences. In P.W. van den Broek, P.J. Bauer & T. Bourg (eds), *Developmental Spans in Event Comprehension and Representation: Bridging Fictional and Actual Events*, Hillsdale, NJ: Lawrence Erlbaum Associates, pp. 237–70.

Treiman, R. & Rodriguez, K. (1999) Young children use letter names in learning to read words, *Psychological Science, 10*: 334–8.

Treiman, R., Goswami, U. & Bruck, M. (1990) Not all nonwords are alike: Implications for reading development and theory, *Memory and Cognition, 18*: 559–67.

Tunmer, W. & Bowey, J.A. (1984) *Metalinguistic awareness and reading aquisition*. In W.E. Tunmer, J.A. Bowey, C. Pratt and M.L. Herriman (eds), *Metalinguistic Awareness in Children: Theory, Research, and Implications*, Berlin: Spring-Verlag.

Tunmer, W.E. & Chapman, J.W. (1998) Language prediction skill, phonological recoding ability, and beginning reading. In C. Hulme & R.M. Joshi (eds), *Reading and Spelling: Development and Disorders*, Mahwah, NJ: Lawrence Erlbaum Associates, pp. 33–67.

Tunmer, W.E., Chapman, J.W., & Prochnow, J.E. (2004) Why the reading achievement gap in New Zealand won't go away: Evidence from the PIRLS 2001 international study of reading achievement, *New Zealand Journal of Educational Studies, 39*: 127–45.

Tunmer, W.E., Herriman, M.L., & Nesdale, A.R. (1988) *Metalinguistic abilities and beginning reading, Reading Research Quarterly, 23*: 134–58.

van den Broek, J., Lorch, E.P., & Thurlow, R. (1996) Children's and adults' memory for television stories: The role of causal factors, story-grammar categories, and hierarchical structure, *Child Development, 67*: 3010–28.

van den Broek, P., Kendeou, P., Kremer, K. et al. (2005) Assessment of comprehension abilities in young children. In S. Stahl and S. Paris (eds), *Children's Reading Comprehension and Assessment*, Mahwah, NJ: Lawrence Erlbaum Associates, pp. 107–30.

van Ijzendoorn, M.H. & Bus, A.G. (1994) Meta-analytic confirmation of the nonword reading deficit in developmental dyslexia, *Reading Research Quarterly, 29*: 266–75.

Vellutino, F.R. & Fletcher, J.M. (2005) Developmental dyslexia. In M.J. Snowling and C. Hulme (eds), *The Science of Reading: A Handbook*, Malden, MA: Blackwell Publishing, pp. 362–78.

Vellutino, F.R., Fletcher, J.M., Snowling, M.J., & Scanlon, D.M. (2004) Specific reading disability (dyslexia): What have we learned in the past four decades? *Journal of Child Psychology and Psychiatry, 45*: 2–40.

Vellutino, F.R., Tunmer, W.E., Jaccard, J.J., & Chen, R. (2007) Components of reading ability: Multivariate evidence for a convergent skill model of reading development, *Scientific Studies of Reading, 11*: 3–32.

Vukovic, R.K. & Siegel, L.S. (2006) The double-deficit hypothesis: A comprehensive analysis of the evidence, *Journal of Learning Disabilities, 39*(1): 25–47.

Wade-Stein, D. & Kintsch, E. (2004) Summary Street: Interactive computer support for writing, *Cognition and Instruction, 22*: 333–62.

Wagner, R.K. & Torgesen, J.K. (1987) The nature of phonological processing and its causal role in the acquisition of reading skills, *Psychological Bulletin, 101*: 192–212.

Wagner, R.K., Torgesen, J.K., Laughon, P., Simmons, K., & Rashotte, C.l.A. (1993) Development of young readers' phonological processing abilities, *Journal of Educational Psychology, 85*: 83–103.

Wagner, R.K., Torgesen, J.K., Rashotte, C.A. et al. (1997) Changing relations between phonological processing abilities and word level reading as children develop from beginning to skilled readers: A 5 year longitudinal study, *Developmental Psychology, 33*: 468–79.

Weekes, B.S. (1997) Differential effects of number of letters on word and nonword naming latency, *Quarterly Journal of Experimental Psychology A: Human Experimental Psychology, 50*A: 439–56.

West, R.F. & Stanovich, K.E. (1978) Automatic contextual facilitation in readers of three ages, *Child Development, 49*: 717–27.

West, R.F., Stanovich, K.E., Feeman, D.J. & Cunningham, A.E. (1983) The effect of sentence context on word recognition in second- and sixth-grade children, *Reading Research Quarterly, 19*: 6–15.

Whitehurst, G.J. & Lonigan, C.J. (1998) Child development and emergent literacy, *Child Development, 69*(3): 848–72.

Whitehurst, G.J., Arnold, D.S., Epstein, J.N., & Angell, A.L. (1994) A picture book reading intervention in day care and home for children from low-income families, *Developmental Psychology, 30*(5): 679–89.

Whitney, P. (1998) *The Psychology of Language*, New York: Houghton Mifflin.

Whitney, P., Ritchie, B.G., & Clark, M.B. (1991) Working memory capacity and the use of elaborative inferences in text comprehension, *Discourse Processes, 14*: 133–45.

Wiederholt, L. & Bryant, B. (1992) *The Gray Oral Reading Test – 3*, Austin, TX: Pro-Ed.

Williams, J.P., Hall, K.M., Lauer, K.D. et al. (2005) Expository text comprehension in the primary grade classroom, *Journal of Educational Psychology, 97*: 538–50.

Wimmer, H. (1993) Characteristics of developmental dyslexia in a regular writing system, *Applied Psycholinguistics, 14*: 1–33.

Wimmer, H., Mayringer, H., & Landerl, K. (1998) Poor reading: A deficit in skill-automatization or a phonological deficit? *Scientific Studies of Reading, 2*: 321–40.

Wolf, M. & Bowers, P.G. (1999) The double-deficit hypothesis for the developmental dyslexias, *Journal of Educational Psychology, 91*: 415–38.

Yopp, H.K. (1988) The validity and reliability of phonemic awareness tests, *Reading Research Quarterly, XXIII/2*: 159–77.

Yuill, N. & Joscelyne, T. (1988) Effect of organisational cues and strategies on good and poor comprehenders' story understanding, *Journal of Educational Psychology, 80*: 152–8.

Yuill, N.M. & Oakhill, J.V. (1988) Effects of inference awareness training on poor reading comprehension, *Applied Cognitive Psychology, 2*: 33–45.

Yuill, N.M. & Oakhill, J.V. (1991) *Children's Problems in Text Comprehension: An Experimental Investigation*, Cambridge: Cambridge University Press.

Yuill, N.M., Oakhill, J.V., & Parkin, A.J. (1989) Working memory, comprehension skill and the resolution of text anomaly, *British Journal of Psychology, 80*: 351–61.

Zevenbergen, A.A., Whitehurst, G.J., & Zevenbergen, J.A. (2003) Effects of a shared-reading intervention on the inclusion of evaluative devices in narratives of children from low-income families, *Journal of Applied Developmental Psychology, 24*: 1−15.

Ziegler, J.C. & Goswami, U. (2005) Reading acquisition, developmental dyslexia, and skilled reading across languages: A psycholinguistic grain size theory, *Psychological Bulletin, 131*: 3−29.

Ziegler, J.C. & Goswami, U. (2006) Becoming literate in different languages: Similar problems, different solutions, *Developmental Science, 9*: 429−53.

Zinar, S. (2000) The relative contributions of word identification skill and comprehension monitoring behavior to reading comprehension ability, *Contemporary Educational Psychology, 25*: 363−77.

Zwaan, R.A. & Radvansky, G.A. (1998) Situation models in language comprehension and memory, *Psychological Bulletin, 123*: 162−85.

찾아보기

ㄷ

ㅅ

ㅇ

저자 소개

케이트 케인(Kate Cain, D. Phil.)은 랭커스터대학교(Lancaster Univeristy) 심리학과 교수이다. 저자의 연구는 아이들의 언어이해 발달에 초점을 맞추고 있으며, 특히 이해의 어려움을 초래하는 인지 및 언어 관련 기술의 결합에 관심이 있다. 지금까지 저자는 언어 및 읽기발달에 대해 『Journal of Educational Psychology』『Journal of Experimental Children Psychology』『Journal of Speech, Language, and Hearing Research』와 같은 저널에 논문을 발표하였다. 또한 15개의 챕터를 집필하고 『Children's Comprehension Problems in Oral and Written Language: a Cognitive Perspective』(2007)를 Jane Oakhill과 공동 편집했다.

역자 소개

윤효진(Hyojin Yoon)
테네시대학교(Ph. D., 언어병리학)
현 조선대학교 언어치료학과 교수

〈연구개발〉
K-CELF-5 한국판 핵심언어 임상평가(공저, 인싸이트, 2023)
우리말카드와 함께하는 한국어 해독해2, 4(공저, 인싸이트, 2017)
K-SNAP 영유아 언어 및 의사소통 발달 선별검사(공저, 인싸이트, 2017)
KOLRA 한국어 읽기검사(공저, 인싸이트, 2015)

정경희(Kyunghee Jung)
한림대학교(Ph. D., 언어병리학)
현 용인대학교 재활복지대학원 언어치료학과 교수

〈연구개발〉
QRW 아동 간편 읽기 및 쓰기 발달 검사(공저, 인싸이트, 2021)
우리말카드와 함께하는 한국어 해독해1, 3, 5(공저, 인싸이트, 2017)

읽기발달과 읽기장애
Reading Development and Difficulties

2024년 7월 5일 1판 1쇄 인쇄
2024년 7월 10일 1판 1쇄 발행

지은이 • Kate Cain
옮긴이 • 윤효진 · 정경희
펴낸이 • 김진환
펴낸곳 • (주) 학지사
04031 서울특별시 마포구 양화로 15길 20 마인드월드빌딩
대표전화 • 02)330-5114 팩스 • 02)324-2345
등록번호 • 제313-2006-000265호

홈페이지 • http://www.hakjisa.co.kr
인스타그램 • https://www.instagram.com/hakjisabook

ISBN 978-89-997-3146-4 93180

정가 25,000원